I0826008

116.

LE NÉGRIER

PAR

ÉDOUARD CORBIÈRE.

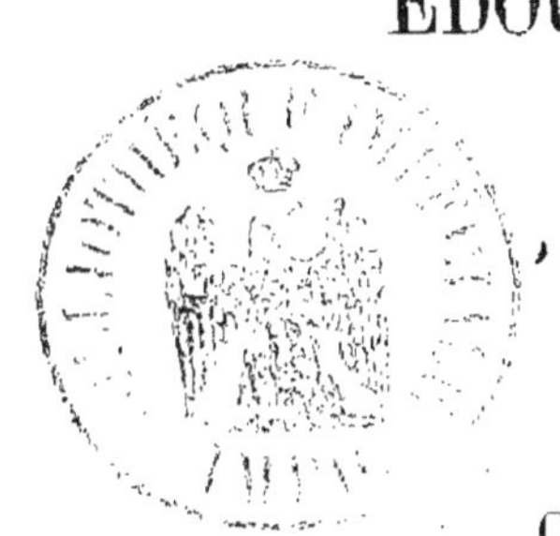

2000

QUATRIÈME ÉDITION

Revue sur un nouveau Manuscrit de l'Auteur.

HAVRE

CHEZ MM. H. BRINDEAU ET COMP^e,
Bureau du *Journal du Havre*,
RUE ST-JULIEN, 16,
ET CHEZ LES PRINCIPAUX LIBRAIRES.

1855

24522

Havre — Imp. de H. Brindeau et Cᵉ.

Une Confidence d'Auteur au Public.

Les livres, ces êtres intellectuels, enfans de la pensée, ont, dit-on, comme les hommes qui les produisent, leur individualité et leur destinée. Si, pour croire à ce vieil adage, il m'avait fallu une preuve personnelle de la vérité qu'il renferme, le sort de l'ouvrage que je publie aujourd'hui pour la quatrième fois, m'aurait fourni cette preuve, dans les circonstances que je vais me permettre de rappeler.

Lorsqu'il y a plus de vingt ans, il me prit fantaisie de faire du roman maritime, deux auteurs s'étaient déjà signalés dans ce genre de littérature encore tout nouveau. L'un, Fenimore Cooper, avait ouvert la carrière en peignant sous des couleurs que le temps a plutôt ravivées que vieillies, le caractère et les mœurs des marins de sa nation. L'autre, M. Eugène Sue, en donnant la mer pour théâtre ou pour cadre à ses drames émouvans, avait offert à la curiosité de ses lecteurs, une sorte de fantasmagorie nautique dans laquelle les marins avaient dû être plus étonnés que satisfaits de figurer avec les passions, les habitudes et la physionomie qu'on leur prêtait. J'avais lu Cooper, et je ne voulus pas le relire dans la crainte en m'inspirant trop de lui, de devenir le débile copiste d'un grand maître. Avec M. Sue, le danger me parut moindre. Je le relus en tout repos de conscience, et je persistai à le trouver plus brillant que vrai, plus coloriste que penseur, plus sceptique que philosophe, et en un mot, aussi ambitieux de paradoxes et de contrastes, que son célèbre devancier s'était toujours montré chaste et simple, naturel et incisif.

Placé entre la peur d'imiter et le désir de produire; ne voulant ni faire un choix ni suivre une route déjà frayée, je pris le parti qui pouvait le mieux me préserver du péril de devenir un fade paraphraseur ou du ridicule de ne me montrer qu'un rival impuissant. Je me décidai à m'abandonner à l'élan de mes seules idées, en retraçant, sous l'impression encore vibrante de mes souvenirs, ce que m'enverrait en plus mon imagination, pour revêtir d'une forme quelque peu littéraire, ces réminiscences de ma jeunesse et de ma profession.

J'avais passé une bonne moitié de ma vie sur mer. Je connaissais par conséquent les marins; et si ce n'était pas là une raison rigoureuse pour que je parvinsse à les peindre fidèlement, c'était au moins un motif suffisant pour qu'on ne pût pas dire que je les eusse mal peints, faute de les avoir assez connus.

Ma position individuelle favorisait, au reste, assez singulièrement cette résolution, pour que je pusse me flatter, en la suivant, d'arriver à quelque chose d'inattendu par des moyens peut-être inusités.

Je fesais alors, dans un de nos principaux ports de commerce, un journal dont la rédaction exigeait quotidiennement de moi, un travail qui pouvait passer pour un jet continu de composition, ou une sorte d'improvisation à la main. Esquisser un roman entre deux ou trois articles à rédiger sur l'heure, et cinq ou six épreuves haletantes à corriger à la minute, me parut un essai peu sérieux à tenter, mais aussi un essai piquant dans lequel il y aurait quelque satisfaction à réussir, et dans tous les cas peu de honte à succomber. Et ce fut surtout le côté bizarre de la tentative qui m'excita à en courir les chances. Sans plus de réflexion, enfin, je me livrai à l'excentricité de cette idée.

Les premiers feuillets du canevas ainsi faufilé sur le métier, et détaché de la rame de papier qui s'éparpillait auparavant en questions politiques et en documens commerciaux, allèrent sous les presses qui les recevaient à dix pas de moi, former, au bout de quelques semaines de griffonnage à chaque instant interrompu et repris, la première partie du *Négrier*.

Quand cette première liasse se trouva de la sorte avoir fait un volume, le volume fut envoyé à Paris pour y tenter fortune, et pour me dire le secret du sort que pourrait rencontrer la deuxième partie à laquelle j'étais bien décidé à ne songer que dans le cas où l'expérience que je faisais subir à son avant-courrière m'aurait pleinement satisfait.

Faut-il le dire? Le succès sur lequel je devais si faiblement compter, en raison du peu de soin que j'avais pris pour me le ménager, surpassa ou plutôt étonna, je ne dirai pas toutes mes espérances, mais toutes mes prévisions. Les personnes douées d'une mémoire assez fidèle ou assez oisive pour se rappeler les choses les plus frivoles de notre littérature, se souviendront peut-être encore de l'effet très général, quoique très fugitif, que produisit dans le public et dans la presse l'apparition de ce premier tome d'un ouvrage, à la seconde moitié duquel je n'avais pas encore pris la peine de penser.

Un fait particulier que je ne dois pas omettre pour être sincère, et que je dois même mentionner pour être tout-à-fait vrai, avait contribué beaucoup plus, sans doute, que la bizarrerie fort imprévue de mon livre, à cette vogue inespérée. Mon journal, qui, à tort ou à raison, s'était fait dans la presse parisienne une certaine réputation et plusieurs amis influens, avait attiré sur ma tentative de roman l'attention de tous ceux de mes confrères à qui j'étais à même de demander ou de rendre quelques petits services de publicité. On devine déjà ce qui dut résulter de ces rapports réciproques. C'est que la bienveillance de mes collègues fit pour moi personnellement, ce que le mérite absolu de mon ouvrage aurait fort difficilement fait pour lui-même, si tant est qu'il eût eu un mérite frappant et incontesté.

La franchise d'un pareil aveu, qui n'apprendra rien à ceux qui connaissent la vie intérieure des journaux, expliquera du moins à ceux qui ne la connaissent pas, comment il arrive qu'un livre nouveau puisse réussir avant d'avoir été lu, et faire son chemin de par le monde sans avoir vu le jour autrement que sous les vitreaux de la boutique de son éditeur. Pour ce qui me concerne, il me suffira d'ajouter que la faveur qui signala mon enrôlement dans la phalange alors assez compacte des romanciers en crédit, devint telle, qu'elle ne me permit plus de faire attendre plus longtemps la deuxième partie de mes aventureuses esquisses de mer.

Mais ici une grave difficulté et un danger menaçant s'élevaient pour moi de la facilité même de mon triomphe. Il n'y a certes aucune honte à ne rien entreprendre de trop hasardeux. Mais après avoir hardiment entrepris, il est humiliant de succomber avec fracas. C'est pour cette raison, sans doute, que la stérilité, qui n'a rien de honteux en soi, devient tout-à-coup digne de risée ou de mépris, dès qu'elle se tue à enfanter et qu'elle avorte.

Or, on voudrait en vain se le dissimuler : toute tentative littéraire est, au premier chef, un bel et bon acte de vanité qu'il faut justifier haut à la main, sous peine de ridicule ou de pitié. Le défi m'avait été jeté par tous ceux qui doutaient que je parvinsse à me tirer à mon honneur du pas qu'il me restait à faire pour toucher au but vers lequel j'avais si résolument et si étourdiment couru. Dans la voie du succès, c'est par les moyens qui vous ont déjà réussi que l'on doit se flatter de réussir encore. Il n'y a que les esprits aveuglément vains ou incorrigiblement faux, qui s'efforcent de vouloir faire mieux ou autrement que ce que la destinée a fait déjà de plus heureux pour eux.

Acculé entre la certitude de tomber en m'arrêtant et la

possibilité d'avancer en marchant comme déjà j'avais marché, je n'eus garde de me laisser prendre à la glu de mon amour-propre en ébullition. Le mode de composition dont je m'étais si bien trouvé dans le travail de mon volume d'essai, fut suivi sans hésitation, comme on le pense bien, dans la rapide élucubration du volume qui devait le compléter; et le résultat de cette dernière épreuve fut le même que celui qui avait couronné ma première initiative, toutefois, avec la différence qui existe entre une tentative irréfléchie, heureusement réalisée, et un effet calculé, contesté et en fin de compte victorieusement obtenu.

Telle est l'histoire du *Négrier*. Mais cette histoire, quoique déjà longue, a une suite que je veux livrer, à titre d'enseignement confraternel ou de sujet d'édification, aux écrivains de province qui, après moi ou comme moi, seraient tentés d'aller courir à Paris les bonnes fortunes littéraires.

Les Editeurs, ces alcyons toujours palpitans, qui visent d'un œil si perçant dans le flot plus ou moins limpide de la librairie, le fretin sur lequel ils doivent s'abattre pour en faire leur pâture journalière, les Editeurs, ai-je dit, ne me laissèrent pas longtemps être impunément et tout à mon aise, un producteur recherché. Il me fallut bientôt, bon gré, mal gré, travailler à grossir leurs catalogues et à réveiller de mon mieux le goût blasé de leur inconstante clientèle. Les obsessions furent vives, ma résistance devint faible. Je cédai, et j'eus tort; je fis vite, et, faute plus impardonnable encore que de faire vite, je fis trop, parce que je consultai beaucoup moins la prudence, qui m'aurait donné la juste mesure de mes forces, que mon amour-propre qui ne pouvait que m'abuser sur les effets inévitables de ma facilité à produire. La critique, qui jusques là s'était montrée si accommodante pour moi, commença dès lors à me reprocher, non pas comme elle aurait pu le faire avec raison, la surabondance hâtive de ma fécondité, mais tout simplement la hardiesse un peu trop familière de mon allure et l'intempérance par fois choquante de mes expressions techniques. L'odeur des termes que je saturais comme à plaisir de brai et de goudron, avait souvent, disait-elle, offensé la délicatesse de ses nerfs ou trop violemment stimulé l'excessive susceptibilité de ses fibrines de petite maîtresse. Ce n'étaient-là encore, à mon égard, que d'amicales remontrances, mais à ces bienveillans avertissemens, avaient bientôt succédé des conseils plus sévères et plus directement motivés. « Sans altérer la mâle énergie de mon style, et sans renoncer à la nouveauté quelquefois saisissante de mes études de mer, ne pouvais-je pas, m'avait-elle dit encore, devenir plus sobre d'épithètes scabreuses et moins prodigue de détails graveleux ? Devait-il m'être, après tout, si difficile, avec mon incontestable dextérité de pinceau, de tempérer, par l'adoucissement de certaines teintes trop vives, la crudité trop souvent inacceptable de mes plus énergiques tableaux de mer, et de satisfaire le goût exceptionnel de mes lecteurs ordinaires sans m'exposer à blesser imprudemment le goût plus délicat des gens du monde les moins exigens ? »

Quelque fermement que l'on se sente ancré sur le fond des principes que l'on s'est posés comme base de conduite, il est bien rare de ne pas se laisser ébranler au choc des conseils qui semblent ne vous être donnés que dans l'intérêt de votre réputation et de votre avenir. Cette rudesse de formes, cette verdeur d'expressions qui m'étaient si confraternellement reprochées, eurent pour effet de me rendre secrètement honteux des libertés auxquelles je m'étais laissé aller dans la verveuse négligence de mes premières ébauches ; et je ne tardai pas à m'accuser, comme d'une inexcusable irrévérence envers le public, du sans-façon avec lequel je lui avais presque jeté au nez, le roman qui m'avait valu de son indulgence, un accueil dont je m'étais montré si peu soucieux et peut-être trop peu digne. Le public, je le savais tout aussi bien qu'un autre, malgré l'erreur de la plupart de ses jugemens, veut être respecté à l'égal d'un juge toujours infaillible. Il sent pourtant bien qu'il n'a pas toujours pour lui l'infaillibilité; mais il sent aussi qu'il a de son côté la force et l'impunité. Il faut donc le respecter, non pas parce qu'il est juste, mais parce qu'on est faible et qu'il peut se montrer souverainement et impunément injuste.

Ce retour sur moi-même, conseillé par la critique et fortifié par mes propres scrupules, fut si vif et si prompt qu'il me fit dépasser la ligne rétrograde qu'un peu de réflexion aurait dû m'imposer comme limite extrême de mes concessions; et cette réaction intime m'inspira si mal à propos et si gauchement, que mes efforts n'eurent plus qu'un objet et qu'un but : l'absorption laborieuse de cette indépendance de ton, de cette vigueur de touche qui m'avaient porté à ne suivre que l'élan électrique de ma pensée et de ma volonté. Je m'étudiai si bien et si consciencieusement en un mot, à abâtardir ma manière et à réfréner mon indocilité d'allure, que je finis, haletant, épuisé, mais victorieux de moi-même, par rencontrer, comme cinquante ou soixante écrivains de notre temps, la forme admise, c'est-à-dire le ton flasque, la verbosité prétentieuse et le *faire* filamenteux de mes plus incolores prédécesseurs. Mais quelque chose de plus précieux que je n'ai plus retrouvé depuis cette pénible absorption de mon libre arbitre d'imagination, c'est le jet nerveux de diction, c'est la vive condensation d'idées, c'est enfin la sauvage fraîcheur de coloris dont, sans trop m'en douter, j'avais imprégné les pages frémissantes de mon abrupt et inculte *Négrier*.

Qu'on vienne donc nous rebattre maintenant, un Quintilien, un Horace ou un Boileau à la main, que c'est en remettant vingt fois sur le métier l'œuvre qu'on destine à une longue durée, qu'on peut lui assurer les justes hommages des connaisseurs! Combien d'auteurs, en dépit du précepte, seraient ravis de jeter au feu tout ce qu'ils ont fait avec le plus de soin et de maturité, pour le plus léger souffle de l'inspiration qui, en quelques heures de verve, féconda leur premier et leur meilleur ouvrage!

Dans un siècle comme le nôtre, ou, faute de fond suffisant peut-être, les écrivains se sont rejetés sur toutes les ciselures de la forme et sur toutes les mignardises de l'expression, on serait assez mal reçu probablement de venir leur demander pourquoi tant d'œuvres d'imagination, auxquelles nos Aristarques décernaient les couronnes de la postérité, ont à peine survécu aux acclamations que leur naissance avait fait éclater, alors que bon nombre de vieux livres, qui n'ont pour eux que la simplicité native de leur conception et le naturel du langage dans lequel ils sont écrits, se trouvent encore dans les mains et dans la mémoire de tout le monde. S'il était permis de se faire humblement cette question, ne pourrait-on pas penser, pour y répondre avec quelque apparence de raison, qu'il a fallu que ces derniers ouvrages, malgré le peu d'invention et l'indigence de style qu'on leur reproche, fussent en réalité doués de ce charme indéfinissable, de cette sève intellectuelle et enfin de cet attrait inexpressible dont la plupart de nos plus éminens esprits semblent avoir méconnu le pouvoir ou perdu le secret !

Mais laissons là le dédale des digressions pour reprendre plus sûrement le fil des idées que nous avons à compléter.

Quelle que fût ma prédilection assez avouée pour le premier-né de ma veine, un doute importun me restait sur sa valeur réelle. Un succès ne prouve qu'une chose : c'est le bonheur de celui qui a réussi, et je tenais à un autre avantage qu'à la satisfaction d'avoir été heureux.

Or, pour qui connaît la valeur exacte des applaudissemens d'un parterre de lecteurs, il n'est qu'un suffrage qui puisse être compté pour quelque chose de vrai et de satisfaisant : c'est celui que le temps consacre et qu'il met à l'abri de l'inconstance des appréciations irréfléchies et du retour des jugemens précipités. Après un premier et heureux début, j'avais encore raisonnablement à subir une épreuve plus concluante, plus décisive que celle de cette passagère expérience. Mais, pour être plus sûrement fixé sur le fait encore problématique qu'il m'importait de déterminer et de préciser, c'était trop peu que de subir nonchalamment l'épreuve ; je voulus l'attendre patiemment, mais avec pleine et entière connaissance de cause, et, pour y parvenir, voici le langage que je me tins à moi-même :

« Si la faveur qui a couronné mon capricieux essai est plutôt due à ce qu'on a eu la bonté d'appeler mon talent, qu'aux éloges que lui ont jetés en passant mes confrères en journalisme, l'essai vivra indépendamment de la cause artificielle qui a concouru à sa réussite. Si, au contraire, il ne s'est soutenu qu'à l'aide de cet étançon d'un jour, il tombera malgré l'appui et avec l'appui qu'il a rencontré en naissant. Un seul fait peut me tirer d'incertitude : c'est le temps, cette infaillible et dernière raison de toutes choses. Essayons donc de cette éternelle et universelle pierre de touche, sans trop m'intimider de la futilité de l'objet que je vais soumettre à l'imposante sévérité de son contact. »

Cette résolution m'était, du reste, suggérée par une

observation que j'avais eu lieu de recueillir en ne m'abusant en rien sur les faits qui l'avaient produite. Les journaux qui d'abord avaient contribué à répandre mon nom dans le public, s'étaient tout-à-coup retirés de moi, par satiété ou par caprice, et peut-être bien par l'effet d'un juste retour d'impartialité sur eux-mêmes. Après ce subit abandon qu'ont éprouvé tant de débutans dans la mouvante carrière des lettres, il me restait à savoir si le public, qui avait paru me prendre un instant au serieux sur la foi de mes premiers panégyristes, me deviendrait à son tour aussi infidèle qu'eux, et s'il n'avait définitivement gardé au fond aucun ressouvenir de moi. La contre-partie était à tenter, et il me semblait en écoutant ce pressentiment secret qui abuse si complaisamment les hommes de plume sur la valeur de leurs œuvres, qu'en faisant un appel à l'impartialité de ce public pour me venger des dédains de la presse, je retrouverais dans sa sympathie, de quoi me dédommager de l'oubli de la critique feuilletonée, qui, le lendemain même de ses trompeuses cajoleries, avait fini par ne plus même me compter au rang pourtant assez banal des écrivains militans de notre époque.

Pour avoir le mot de l'énigme renfermée dans la question ainsi posée, il fallait tout à la fois m'armer de patience pour un certain nombre d'années, d'attention pour observer toutes les circonstances dont il m'importerait de tenir compte, et de résignation enfin pour le cas où ma patience et mes observations auraient été employées en pure perte. — Qu'est-il arrivé? Ce que j'avais osé espérer : c'est qu'après avoir laissé venir le temps, comme il l'a voulu, il a fini par rendre et par m'apporter l'arrêt que j'attendais de lui; et aujourd'hui pleinement satisfait de cet arrêt et rempli de la confiance que je crois devoir placer en lui, je livre à ses nouvelles destinées, mon premier ouvrage, vieux de ses vingt ans de durée; mais, si je ne me trompe, jeune encore sous sa rude et verte écorce, de sa sève caustique et de sa fibreuse tenacité.

L'épreuve a été longue et lente, mais je l'ai crue sûre et décisive. Je la recommande à tous mes confrères en littérature futile.

Edouard CORBIÈRE.

CHAPITRE Ier.

Ma Naissance. — Ma Famille. — Ma Vocation.

Les circonstances au milieu desquelles je suis né, semblèrent tracer ma vocation sur la toile même du hamac qui me servit de berceau ; car il faut d'abord vous dire que j'ai reçu le jour en pleine mer, dans une traversée que mon père, vieil officier d'artillerie de marine, faisait faire, pour l'amener en France, à ma mère, jeune créole qu'il avait épousée pendant le séjour de sa frégate aux Gonaïves.

Un frère surgit au monde en même temps que moi et du même coup de roulis, attendu que ce fut dans la violence d'une bourrasque et au moment où notre frégate recevait par le travers le choc d'une lame effroyable, que ma mère, à demi-morte de peur, accoucha de nous, après une pénible grossesse de sept mois.

En arrivant à Brest, notre port de destination, mon père n'eut rien de plus pressé que de faire baptiser avec solennité ce qu'il appelait gaîment le double péché de sa vieillesse. Il voulut, malgré les observations du curé de Saint-Louis, nous faire tenir sur les fonts baptismaux enveloppés dans le pavillon de poupe de sa frégate; et par un hasard qui fut accepté alors comme l'indice du plus heureux augure, il arriva qu'en me débattant dans ces langes d'une espèce toute nouvelle, je passai tout à coup ma petite tête par un des trous de boulet que le pavillon qui m'emmaillotait avait reçu dans un combat mémorable. Les témoins du prodige pronostiquèrent, sur la foi de ce seul incident, que je ne pourrais rien faire de moins que de devenir tôt ou tard une des illustrations de la marine française. Les vieux marins sont quelquefois superstitieux; mais il est bien rare que leur crédulité s'associe à d'autres idées que celles qui leur sont inspirées par des habitudes d'honneur ou des souvenirs de gloire.

Mes commencemens ne parurent guère réaliser les brillantes espérances qu'on s'était un peu trop hâté de fonder sur la destinée qui m'était réservée. A neuf ans je savais déjà nager, mais je ne savais pas lire. A douze ans j'étais devenu assez mauvais petit sujet pour faire le tourment de mes professeurs et le désespoir de ma mère. Mon frère remportait tous les prix de la pension où mes parens m'avaient placé avec lui pour se débarrasser de moi pendant quelques heures de la journée. Quand on attaquait mon frère, je me battais pour lui, plus qu'il n'aurait voulu lui-même. Lorsque j'étais puni, il se chargeait des pensums que j'aurais été dans l'impossibilité absolue de faire. Je l'aimais à ma manière avec fougue, inégalité et autant que je pouvais aimer. Il me chérissait de son côté, mais son amitié douce et caressante, mêlée d'une sorte de retenue, avait quelquefois pour moi l'air du reproche ou de l'indulgence. J'étais avec tous mes défauts et peut-être même par tous mes défauts, l'idole de mon père qui retrouvait en moi avec un plaisir secret, l'impétuosité quelque peu déréglée de sa jeunesse. Toute la tendre sollicitude de ma mère se concentrait sur son fils Auguste. Mon père avait voulu qu'on m'appelât comme lui *Léonard*. C'était à son avis un nom vibrant et sonore qui avait quelque chose de martial et qui devait être bien porté par un marin.

Chaque semaine, nos parens nous donnaient quelques sous que nous employions, le dimanche, selon nos goûts différens. Auguste s'achetait des livres et des dessins avec le fruit de ses petites épargnes. Moi je me glissais dans les canots de passage du port, pour obtenir des bateliers le bonheur de manier leur aviron ou de brandir fièrement leur gaffe, dont je me faisais un trident fort inoffensif. Souvent je parvenais, en rôdant sur les grèves, à démarrer furtivement du rivage, un bateau isolé sur lequel je me livrais seul, au caprice des flots, que je voulais apprendre à connaître et à maîtriser, au risque de m'engloutir dans leur profondeur. Assis, la barre en main, sur l'arrière de la mauvaise embarcation que j'avais ainsi enlevée, je rangeais noblement avec ma misaine en lambeaux, les vaisseaux de ligne mouillés sur rade, tout en fumant de mon mieux un cigare détestable qui me soulevait le cœur, à défaut du mal de mer que je ne devais éprouver que plus tard. C'est dans ces momens de délices que, m'abandonnant à la destinée que je me croyais promise, je rêvais complaisamment au bruit des vagues qui me berçaient avec mollesse, le jour où je pourrais chercher des combats, affronter des tempêtes, les dompter ou périr intrépidement dans leur fougue.

Ces petites luttes préparatoires que mon inexpérienee livrait aux lames et aux vents de la rade de Brest, sont les seuls amusemens de mon enfance que je me sois rappelés avec cet attendrissement qui s'attache pour nous aux choses innocentes du passé. Mes espérances n'avaient qu'un objet, mes illusions qu'une chimère : ma mémoire n'a guère conservé précieusement qu'un souvenir.

Les jeunes gens des familles aisées de Brest, comme tous ceux des autres ports de guerre, n'ont à choisir à peu près qu'entre trois carrières, qui toutes trois conduisent au même but : servir sur mer comme chirurgien, aspirant ou commis de marine. Il semble que sur ces remparts maritimes de la France, les enfans ne naissent si près de l'Océan que pour être plutôt prêts à lui offrir le sacrifice de leur existence, sous un des trois symboles professionnels que je viens de mentionner.

Le temps était venu où il fallait que nos parens privés de fortune, songeassent sérieusement à nous donner un état qui pût nous tenir lieu de l'héritage qu'ils se voyaient dans l'impossibilité de nous léguer.

Les marins jurent sans cesse leurs grands Dieux qu'ils aimeraient mieux étouffer tout d'un coup leurs enfans au berceau, que de les voir prendre le métier auquel ils ont consacré, quelquefois trop inutilement, les plus belles années de leur vie; et tous finissent par pleurer de joie, quand leurs fils se jettent, malgré eux, dans la carrière au bout de laquelle ils ont laissé un nom, un souvenir et des amis. Mon père, loin de partager cette antipathie assez générale des vieux marins pour leur état, ne se dissimulait cependant pas les inconvéniens d'une profession dans laquelle il n'avait guère recueilli, pour prix de son dévouement, que des blessures, le scorbut, la fièvre jaune et une modique retraite. Mais avec les idées qu'il s'était faites sous l'influence de l'époque dans laquelle il avait vécu, un jeune homme ne lui paraissait avoir été mis au monde que pour servir militairement la patrie. Il appliquait sans pitié les noms ignominieux de *fainéantasses* et de *ventres sans cœur* à tous ceux qui n'avaient pas mangé, pendant une dizaine d'années au moins, le pain ou le biscuit du gouvernement à la gamelle d'un vaisseau ou d'un régiment. Mais pouvoir compter sur ses états de services trois ou quatre combats, quelque bon naufrage, un bras ou un œil de moins, c'était, à son avis, avoir rempli sa mission d'homme complet, et acquitté une partie de sa dette civique. Avec de tels principes, il n'était pas difficile de deviner le métier qu'il serait bien aise de voir ses héritiers embrasser sans hésitation.

La petite maison que nous habitions était placée sur un des côtés du cours d'Ajot, magnifique et longue esplanade qui domine à cent pieds de hauteur le rivage situé au nord-est de la spacieuse rade de Brest; et de chacune des croisées de front de notre modeste demeure, on découvrait dans toute sa majestueuse splendeur la partie la plus large de cette rade. Un jour que les vaisseaux de l'escadre mouillée en face de nous faisaient l'exercice à feu, mon père nous appela auprès de lui, mon frère et moi, et ouvrant tout à coup la fenêtre, d'où il contemplait depuis une heure le spectacle imposant d'un combat naval simulé, il nous demanda, au bruit roulant du canon et tout enivré de la fumée de poudre que lui apportait la brise : *Eh bien! que voulez-vous être, mes enfans?* — Marin, si tu le veux, répondit mon frère, avec sa soumission accoutumée. — Et toi Léonard? reprit-il en arrêtant ses yeux impatiens sur les miens. — Marin, quand tu ne le voudrais pas! m'écriai-je aussitôt. — Et peut-on être autre chose quand on voit cela! murmura le belliqueux auteur de nos jours, en pleurant de joie et en me pressant avec amour sur sa poitrine soulevée d'orgueil. — Viens, viens, ajouta-t-il, viens voir ta mère pour qu'elle sache que tu m'as fait là une réponse digne de moi!

Il fut dès-lors décidé que mon frère et moi nous entrerions dans cette carrière qui commence si positivement pour tous ceux qui s'y engagent, par le grade de mousse, et qui finit pour deux ou trois d'entr'eux, à chaque demi-siècle, par le grade d'amiral.

Pour prétendre au titre assez significatif d'*aspirant*, premier degré de l'échelle qu'ont à gravir les futures notabilités de la marine, il fallait alors comme aujourd'hui, avoir servi au moins une année sur les bâtimens de l'Etat et s'être enrichi l'esprit ou la mémoire de quelque peu de mathématiques élémentaires. Je fus d'abord embarqué avec mon frère sur un antique et vénérable vaisseau, qui, affourché depuis dix ans sur rade, n'aurait certes pu lever ses ancres rouillées sur le fond, que pour rentrer dans le port. Nous nous rendions à bord les jours de grande revue pour faire acte de présence et toucher les douze francs de solde mensuelle qui nous étaient alloués comme rémunération de nos utiles services. A cette époque on appelait cela *faire ses mois de mer sous voiles.*

Les cours de mathématiques sont publics et gratuits dans les ports de mer assez heureux pour avoir des classes d'hydrographie. Le cours d'arithmétique était professé de mon temps par un respectable septuagénaire, qui ne concevait pas comment il pût y avoir autre chose que des athées chez un peuple civilisé. L'originalité de ce patriarche des négateurs me plut, moins peut-être à cause de l'incrédulité un peu scabreuse qu'il affichait en toute occasion, que par la piquante singularité que cette incrédulité systématique répandait sur toute sa manière d'être. Le vieux professeur remarquant la curiosité qu'il m'inspirait s'intéressa de son côté à moi, moins aussi sans doute pour les dispositions fort problématiques que j'avais à la science, que pour celles que je pourrais avoir un jour à l'impiété. Toutes les fois que je me présentais au tableau pour démontrer une proposition, et qu'il m'arrivait, selon mon habitude, de débiter une balourdise au lieu de prouver une vérité mathématique, le vieillard grommelait tranquillement entre les dents qui lui restaient: *c'est faux comme la vie des saints*, ou bien: *voilà qui est vrai comme il y a un Dieu.* Il fallait alors effacer les chiffres crayonnés sur le tableau, et énoncer de nouveau la proposition à démontrer.

C'est aux soins de cet *ennemi particulier* de Dieu, qualification qu'il se donnait lui-même, que je dus l'avantage de ramasser çà et là, en courant sur les bancs de l'école, quelques miettes éparses d'arithmétique et ce qu'il me fallait strictement de géométrie nautique pour pointer une carte réduite et trouver une latitude en mer par le moyen le plus simple. C'est bien dommage, Léonard, me répétait quelquefois le mécréant, que tu ne te sois pas livré avec plus d'application à l'étude des seules vérités que l'on puisse démontrer rigoureusement par *A plus B*. Tu aurais fini par être ferré comme moi en bel et solide athéïsme. Une bonne proposition est, vois-tu, la seule chose à laquelle un être bien organisé puisse croire; et, en outre, les mathématiques ont un grand avantage moral pour nous apprendre à nous conduire en ce monde par les lumières du jugement plus que par les erreurs de l'imagination : elles nous enseignent peu à peu à n'avoir foi en rien, et à vivre comme à mourir en honnête homme, c'est-à-dire en crachant de dégoût sur l'espèce humaine et en envoyant la Divinité à tous les diables !

Un prêtre, un de ces pauvres ecclésiastiques, qu'il appelait des *comédiens lugubres*, sollicitait un jour de lui, une inscription qu'il pût tracer sur le fronton de son confessionnal : « Ecrivez sur votre boutique à sottises, lui dit l'impie, cette simple proportion : *L'hypocrisie est à la bêtise, comme un confesseur est à son pénitent.* »

Démocrate comme le sont presque tous les athées, le disciple raccorni de Lucrèce et d'Archimède fut choisi par les plus ardens républicains de Brest pour exercer les fonctions de premier adjoint de la municipalité pendant les jours les plus difficiles de la Terreur. Chargé de consacrer les mariages civils et de constater les divorces qui abondaient alors, il employait toute sa persuasion, non pas, comme on pourrait le penser, pour faire aux fiancés de beaux discours sur la sainteté des liens qu'ils allaient former, mais bien au contraire pour les détourner de l'idée de serrer des nœuds presque toujours funestes. Pour mieux convaincre ses auditeurs, il allait jusqu'à leur citer son propre exemple : « J'ai été marié aussi, leur disait-il, et de toutes les conditions humaines par lesquelles j'ai passé, je puis vous affirmer qu'il n'en est pas de plus anti-naturelle et de moins supportable que le mariage; et si quelque chose avait pu me faire croire à l'existence de l'enfer, c'est cette sorte d'accouplement légal qui seul aurait eu le privilége de me convertir à cette foi stupide qui nous peint le démon sans cesse occupé à torturer d'éternelles victimes. — Ainsi donc, pour peu que vous teniez à m'obliger en évitant de vous mettre la corde au cou, ne vous mariez pas. »

Lorsque les futurs conjoints résistaient à cette éloquence pressante, il leur disait en désespoir de cause : « Eh bien, puisque vous voulez décidément tâter de cette damnation anticipée, je vous marierai, parce que c'est là un de vos droits et mon devoir. Mais au moins, veuillez bien m'accorder huit jours pendant lesquels vous réfléchirez à la sottise que vous êtes sur le point de faire, et si ensuite vous persistez, alors ma foi, vous y passerez comme tous les imbéciles qui n'ont pas voulu se rendre à l'évidence de mes raisons et à l'autorité de ma propre expérience. »

Quand un couple de fiancés ainsi édifié et éconduit ne reparaissait plus, l'adjoint se disait dans la joie de son âme : « Encore deux malheureux arrachés au supplice conjugal et une bonne action de plus à compter dans le cours de mon administration paternelle. »

Cette façon d'administrer le mariage civil fut tellement remarquée, qu'au bout de quelques mois de fonctions, notre officier municipal se vit contraint de résigner le mandat qu'il avait accepté de l'enthousiasme de ses concitoyens.

Le curé de la paroisse voulut s'emparer au lit de mort des derniers momens de ce fanatique incrédule, comme d'une conversion friande et qui lui ferait honneur. Après avoir écouté assez patiemment les exhortations de l'homme d'Eglise, le vieux damné se contenta de lui dire : « Vous m'avez longtemps parlé de votre Dieu vengeur et rémunérateur ; mais c'est là, monsieur le jongleur, ce qu'il s'agit de démontrer. » Et il expira après avoir articulé cette formule à peu près semblable à celle dont on fait précéder usuellement les propositions énoncées en mathématiques.

J'insiste un peu sur les principes de mon professeur, car c'est à lui que j'ai dû les seules notions de science qui aient jamais pu entrer dans ma mauvaise tête, et l'indifférence religieuse qui, pendant trop longtemps, a si démesurément élargi pour moi le cercle moral au centre duquel la plupart des autres hommes restent sagement et invariablement attachés.

L'époque du concours pour les candidats au grade éminent d'aspirant de deuxième classe, arriva. Mon frère se présenta, et fut admis par acclamation. Je me présentai aussi après lui, et je fus refusé d'emblée et à l'unanimité des voix de mes examinateurs. Mon caractère irritable éclata à cette première contrariété, comme au choc d'une injustice. Je sentis une honte secrète attachée à cet insuccès qui venait de constater si publiquement mon infériorité. Ne pouvant vaincre de front la position que ma paresse m'avait faite, je la tournai; c'était déjà la pente de mon humeur se révélant dans le premier acte qui venait de mettre en mouvement les ressorts d'acier de mon organisation.

Un beau brick, le corsaire le *Sans-Façon* était venu se réparer à Brest des avaries qu'il avait reçues dans un combat tout récent. Il devait sous quelques jours réappareiller, pour tenter audacieusement les chances d'une nouvelle croisière. Les formes flibustières de ce joli navire, relevées par la grâce de sa mâture effilée, si hardiment inclinée sur son arrière; ses larges sabords peints d'un éclatant vermillon, ses pièces en cuivre brillant au soleil comme des bijoux étincelans, et tout son air si coquettement forban, enfin, m'avait séduit, et je ne me lassai pas de contempler du matin au soir ce chef-d'œuvre de construction et d'installation, par l'effet de cet instinct marin qui me fesait pressentir déjà la perfection du bon là où je ne croyais admirer que l'aspect du beau. Un des officiers du bord m'avait souvent remarqué regardant son corsaire avec l'œil du ravissement et de la convoitise. « Dis-donc, petit mousse, me dit-il un jour, veux-tu t'embarquer avec moi? » Cette proposition me sembla un avis du Ciel qui m'arrivait par la bouche de l'officier de corsaire. Sauter à bord, revêtir une casaque rouge et un bonnet de laine sang de bœuf, demander à être employé sur le *Sans-Façon* au titre dont l'officier venait de me gratifier, ne fut que l'affaire d'un moment. En sollicitant de mon père l'autorisation de faire une croisière sur le brick en relâche, j'aurais tout obtenu de lui sans doute, et je serais parti comblé des bénédictions de ma mère attendrie et des largesses de mon père satisfait. Mais grimper furtivement dans les enflèchures d'un corsaire, sans laisser la trace de ma fuite mystérieuse; mais faire répandre à mes parens des larmes intarissables sur mon sort inconnu, me semblait un début digne d'un marin qui veut remplir sa carrière de faits mémorables et de choses romanesques. — Je devins donc mousse de corsaire sans protection, par occasion et par-dessus le bord.

A peine nos huniers hissés à tête de mât furent-ils largués au fracas du coup de canon de partance, à la brise du nord qui nous poussait dans le Goulet de Brest, qu'un des lieutenans du bord, en prenant le commandement du quart, appela derrière le premier maître d'équipage : — *Philippe*, lui dit-il en me prenant assez fortement par l'oreille, *ton plat manque de mousse : en voilà un. Il n'a pas encore navigué. S'il s'avise d'avoir le mal de mer, tu lui feras élonger quinze coups de fouet sur le derrière pour la première fois, vingt pour la seconde et vingt-cinq pour la troisième ; ainsi de suite de cinq en cinq, jusqu'au parfait rétablissement de son altesse seringuissime.*

— Ça suffit, lieutenant, répondit maître Philippe, en

mesurant d'un regard sévère et dédaigneux, la dimension géométrique de mon individu, des pieds à la tête.

Je regagnai le gaillard d'avant en faisant déjà de pénibles réflexions sur l'acte d'indiscipline que l'on commettait à bord en se rendant coupable du mal de mer. Ce fut alors, mais pendant quelques minutes seulement, que le regret d'avoir quitté ma paisible famille pour me livrer à de pareilles gens, vint m'arracher des larmes que j'eus encore la prudence et la fierté de cacher.

La houle devenait grosse en dehors des passes que nous avions à vider pour nous trouver avant la nuit au large des dangers de la sortie.

La terre natale commençait à disparaître pour la première fois, à mes yeux plus étonnés qu'attendris, dans des flots de brume diaphane avec les contours déjà confus des petites îles et des rochers que nous laissions des deux côtés de la route que nous suivions. Le brick courait presque au plus près du vent, plongeant et relevant sa guibre élancée dans chacune des lames qu'il fesait écumer en filant sept à huit nœuds à la main. Les vagues, ainsi heurtées et divisées, sautaient à bord en mugissant, et chaque coup de tangage du *Sans-Façon*, se redressant pour retomber dans le creux des lames qu'il labourait une à une, me tournait la tête, me soulevait le cœur et m'arrachait les entrailles, malgré la sévère injonction que j'avais reçue et la ferme résolution que j'avais prise de ne pas être malade.

— Dis-donc, *Fil-à-Voile*, s'écria maître Philippe (ce

fut le nom de guerre qu'il jugea à propos de me donner pour toute la durée de la campagne), tu m'as l'air d'avoir des *haut de cœur*, mon doux ami ! — Est-ce que tu aurais déjà envie de compter tes chemises ?

— Pas le moindrement du monde, maître Philippe ! répondis-je, du ton le plus dégagé qu'il me fut possible de me donner pour la circonstance.

— A la bonne heure, vois-tu ; car je n'aime pas qu'une *moussaille* se donne des airs d'avoir des pamoisons. Mais pour *t'amariner en double*, mon fiston, fais-moi la sensible amitié d'aller voir par manière d'acquit, dans la hune de misaine, si par hasard je n'y suis pas.

— Oui, maître Philippe, tout de suite, j'y cours.

Et moi, malgré l'affaiblissement de mes jarrets tremblans, la fréquence de mes hoquets à grande peine réprimés, de grimper dans la hune, qu'ébranlaient les rudes secousses produites par l'affreuse combinaison du roulis et du tangage.

— J'ai dans l'idée que ce morceau de chrétien là fera un bon petit bigre, avec le temps, se prit à dire maître Philippe, en me voyant arrivé en deux ou trois minutes, sur le tenon du mât de misaine, sans avoir passé par le trou-du-chat, issue étroite, mais sûre qu'affectionnent particulièrement les grimpeurs inexercés.

Ce mot du maître d'équipage parvint à mon oreille au moment où je lançais sous le vent le superflu d'un déjeûner à moitié digéré. Je me tenais à peine sur mes jambes chancelantes ; mais le maître venait de tirer mon horoscope en des termes qui ne me permettaient plus de faiblesse ; je descendis sur le pont avec un aplomb fait pour justifier la bonne opinion que je venais en quelque sorte d'arracher à l'un des juges les plus inexorables du bord.

Un homme jeté inopinément à bord du *Sans-Façon* aurait frémi, quelque courage qu'il eût d'ailleurs, à l'aspect du ramas de renégats qui composaient l'équipage de ce noble corsaire. A l'âge que j'avais alors et avec les dispositions que j'apportais à ce lot commun de vauriens et de bandits, on ne s'épouvante de rien et on s'abandonne à tout. Cent quatre-vingts matelots, un bonnet écarlate sur les oreilles, une vareuse de laine rouge sur les épaules, la taille serrée dans une ceinture de cuir à laquelle pendait un couteau à gaîne, se pressaient sur le pont de ce navire dont les larges plabords étaient gracieusement ornés de dix canons de cuivre et de six caronades de douze. Il fallait entendre ces voix brutales confondre tous les jargons de l'Europe dans la cohue des entretiens les plus discordans et les plus grossiers ! Voir ces visages de bronze d'une expression à la fois si grotesque et si cruelle, et ces mains goudronnées si rudement endurcies au maniement des armes et des manœuvres, et enfin ce choquant amalgame de paroles, de figures, de couleurs et d'effets !.. Tout cela pour un autre enfant eût été peut-être repoussant, horrible; mais pour moi, tout cet ensemble fortement bizarre, était de l'harmonie, harmonie sauvage si l'on veut ; mais en rapport avec des sens qui apprenaient déjà à se mettre au diapason de cette farouche nature de marins.

Le capitaine Arnaudault qui nous commandait, était un de ces corsaires vigoureusement caractérisés, puissamment accusés, que les matelots nomment des *Vieux de la Cale ou des Frères-la-Côte.* Il menait en course avec lui deux de ses fils, qu'il avait récemment retirés du collége, pour en faire sous sa surveillance, disait-il, des flibustiers *comme il faut.* Quelques heures de repos qu'il prenait pendant le jour, lorsque tout allait bien à bord, lui permettaient de se promener une moitié de la nuit sur le pont, la longue-vue sous le bras, les mains dans les poches et un foulard à demi-noué sur sa belle tête brune et frisée. Sa large et mâle figure était sillonnée d'un coup de hache d'abordage qui lui était tombé de l'œil gauche au menton en passant par le nez, ainsi qu'il le disait souvent, et comme il eut été assez difficile de ne pas le remarquer. Lorsque du haut des mâts de perroquet, les matelots placés en vigie, criaient : *navire !* tous les yeux se portaient à la fois sur les siens ; car c'était dans ses regards que l'équipage lisait ce qu'il fallait faire en cherchant à deviner le danger qu'on allait courir. Jamais je n'ai vu depuis lui, sur le pont d'un bâtiment de guerre, un homme de mer plus simple et plus imposant. Dans les circonstances ordinaires, il n'avait que cinq pieds et quelques pouces comme tous les autres : dans les momens de péril ou d'effroi, c'était un géant et tous les autres des mirmidons.

Par une belle matinée d'hiver, après avoir versé quatre à cinq boujarons de tafia à Maître Philippe, qui en se réveillant se plaignait toujours d'avoir fait une mauvaise digestion, par une belle matinée d'hiver, ai-je dit, il me prit envie de monter dans la mâture avec les gabiers qui faisaient la visite quotidienne du gréement. Ma première et heureuse ascension sur le tenon du mât de misaine m'avait encouragé, et cette fois je voulus pousser plus loin mon excursion en hauteur. Parvenu sur le racage du petit mât de perroquet, je promène mes regards encore fort peu exercés sur le vaste horizon que le soleil levant commençait à étendre et à éclairer autour de moi; et mes yeux nagent avec une sorte de ravissement inconnu dans la vaste étendue dont je suis devenu le centre culminant. A peine avais-je porté la vüe sur l'espace que le corsaire paraissait vouloir dévorer de sa proue mugissante, que j'aperçois au loin, sur l'avant, un point rond dont la blancheur presque imperceptible encore, me semble trancher cependant sur la verdeur uniforme de la mer. Mon premier mouvement instinctif fut de crier : *navire!* A ce cri aigu, d'un timbre si nouveau pour les rudes oreilles du bord, tous les regards s'élèvent vers moi, en cherchant à découvrir sur le haut de mon mât de perroquet, le grêle individu qui a osé pousser ce son insolite et perçant. Le matelot en vigie, qui s'était laissé endormir à ce poste, se réveille en sursaut, et pour me punir d'une usurpation de fonctions et de surveillance qui l'expose à recevoir un dur châtiment, il me donne, pour premier à-compte, un grand coup de poing au milieu du visage. Je n'avais pas encore le pied marin; mais je me sentais adroit et j'étais méchant. Suspendu par la main aux haubans de catacois et au-dessus de la tête de mon agresseur, je prends mes longueurs et je lui assène, de mon mieux, un coup de soulier des plus applatissans juste sur la partie proéminente de la figure. Il me poursuit furieux, avec l'avantage de l'habitude : je lui échappe avec la promptitude de la peur. Une drisse de flamme tombe sous ma main : je la saisis, et, la tête en bas et les talons en l'air, je glisse, comme un serpent sur une liane, le long de ce cordage si grêle jusque sur les bastingages du navire, laissant dans les enflêchures mon adversaire, tout penaud, le nez aplati et la rage dans le cœur. Tout l'équipage, témoin de ce duel aérien, applaudit à mon adresse et à la confusion du vaincu. Maître Philippe, qu'il était fort difficile de dérider, riait aux éclats, en se disposant à accueillir à coups de garcette le dormeur qui venait de se laisser surprendre si honteusement, et battre avec tant de balourdise par un mousse enrôlé à bord depuis quelques jours.

Le capitaine, qui n'avait tenu compte que d'un fait dans toute cette petite scène assez réjouissante, me fit demander derrière. Je crus que c'était pour m'infliger la correction que, dans les replis cachés de ma conscience, je pensais n'avoir pas volée.

— Montre-moi où tu as vu le navire, me dit-il froidement.

— Là, sur l'avant à nous, capitaine, répondis-je tout ému, et encore un peu essoufflé.

— Est-il loin ou près ?

— Je n'en sais trop rien encore, capitaine !

— Va te coucher !

— Oui, capitaine.

Mais avant que je ne pusse obéir à cet ordre laconique, maître Philippe, qui avait échangé quelques mots avec le second du bord, me fit monter à ses côtés sur l'affût d'une des caronades de l'avant, et d'un air demi-sérieux, demi-goguenard, il m'adressa ces paroles, d'une grosse voix, passée depuis le matin au tafia.

— Tu as manqué à un matelot, qui est plus qu'un failli mousse comme toi. Mais tu ne l'as pas manqué, toi, et ça fait que vous voilà quittes. Toutefois et quantes, si ça t'arrive encore, n'oublie pas que c'est à moi, et non plus à lui, que tu auras affaire en particulier. En attendant, je te grade, par ordre de l'autorité supérieure, *capitaine des mousses*, et je n'ai pas besoin de te dire pour le premier qui bougera, *tappe dessus ! plutôt deux fois qu'une !* C'est là tout le secret de la boutique et l'âme du service en général.

Un petit sifflet de cuivre argenté me fut attaché à la ceinture, comme l'insigne du nouveau grade qui venait de m'être conféré, et le maître eut soin de me faire remarquer que ce sifflet avait été modelé en miniature sur celui dont il était lui-même décoré, et qui passait assez souvent dans sa main droite, de sa bouche corrodée de tabac, dans les reins des matelots raisonneurs ou paresseux.

Ce fut ainsi que je devins capitaine des mousses du

Sans-Façon, après cinq à six jours de mer seulement, et les premiers que j'eusse faits de ma vie!

Notre brick, pendant cette grotesque cérémonie d'installation, avait fait de la voile. Il courait dans la direction que j'avais assez vaguement indiquée. Bientôt on distingua de dessus le pont le navire aperçu par moi. C'est une *lettre de marque*, dirent les uns ; c'est un *gros ship* qui court comme nous et sur lequel nous tombons rondement, dirent les autres. Tant mieux, fredonnait maître Philippe, sur l'air alors encore en vogue, *de cœurs sensibles, cœurs fidèles*, en se donnant d'adorables grâces et d'agaçans tours de hanche :

Tant plus forte est une prise
Ou tant plus gras est le lard,
Et tant plus grosse est la part,
Et tant plus grosse est la part.

Dès que le capitaine put juger que nous ne tarderions pas à nous trouver par le travers du navire, que nous gagnions sensiblement de vitesse, il ordonna le *branle-bas* de combat.

A ce commandement que chacun s'attendait à entendre, tout le monde courut à son poste de bataille et de manœuvre. Le capitaine d'armes fit tirer des coffres les pistolets, les sabres, les fusils et les poignards, qu'il distribua aux hommes rangés le long des pièces prêtes à faire feu. Les mèches, allumées à la cuisine, furent piquées sur le pont, derrière les canons et les caronades chargés jusqu'à la gueule. Les grappins d'abordage montèrent suspendus au bout des vergues, dont on doubla les drisses et les écoutes par précaution. Une joie farouche scintillait, au milieu de tous ces préparatifs, dans les yeux hagards des matelots. Le capitaine, seul, avait conservé son calme habituel ; et à l'expression de sa physionomie, on devinait qu'il n'accostait qu'avec une certaine défiance le navire sur lequel il tenait depuis longtemps sa longue-vue braquée. Un groupe formé derrière lui par quelques-uns de nos lieutenans et de nos capitaines de prises, semblait, en chuchottant à voix basse, critiquer l'hésitation que laissait apercevoir notre chef. Arnaudault, cependant, après avoir consulté son second, se décida à faire hisser le pavillon anglais à notre pic, pour engager, de son côté, le bâtiment en vue à arborer ses couleurs; ce qu'il fit, en effet, en nous montrant le même pavillon que le nôtre. — *Silence !* s'écria le capitaine, en comprimant l'enthousiasme de nos gens : tout le monde à plat sur le pont. — Nous n'étions plus qu'à deux ou trois portées de pistolet de l'ennemi. Arnaudault, sautant alors sur le bastingage, crie au capitaine anglais, dans un large braillard (1), où sa voix détonne comme un coup de canon : *Amène, brigand, ou je te coule!* Au même instant, notre pavillon tricolore est hissé, et nos sabords masqués jusque-là sous une ceinture de toile peinte, se découvrent : nos cent quatre-vingts bandits, couchés à plat ventre, se redressent tout d'un jet, le poignard aux dents, le pistolet au poing : notre volée part pour se croiser avec celle que nous lance aussi l'ennemi, en laissant arriver en grand, enveloppé ainsi

(1) Nom que l'on donne à un petit porte-voix de commandement.

que nous d'un nuage de feu et de fumée : *A l'abordage ! à l'abordage !* hurle le capitaine, et une seconde escouade de matelots saute sur l'avant pour remplacer l'escouade mitraillée, qui, une minute auparavant, se disposait à grimper à bord de l'anglais. En quelques minutes l'ennemi est accosté, et les nôtres tombent sur son pont, en courant le long du beaupré ou en se laissant glisser de l'extrémité de nos vergues croisées avec celle du navire abordé. Le sang jaillit sous les poignards, ruisselle dans les dallots et va rougir les flots clapottant entre les deux navires. Malgré le carnage que nous faisions à bord de la prise, son pavillon n'avait pas encore été amené. *Allons Fil-à-Voile, à toi !* me dit Arnaudault, et il me montre le yack anglais en m'adressant ces mots. Je comprends sa pensée. Je saute à bord de l'ennemi comme un écureuil. Quelques balles sifflent à mes oreilles, je secoue la tête en continuant à grimper au bout du pic, et me voilà saisissant le pavillon anglais que j'arrache de sa drisse et dont je me fais une écharpe pour revenir à bord par le chemin que j'avais déjà si vîte parcouru. La prise était à nous... Un triple hourra poussé jusqu'au ciel par tout notre équipage fumant de poudre calcinée et de chairs ensanglantées, fut le *Te Deum* de notre victoire.

Il est des gens qui naissent braves : il en est beaucoup plus qui le deviennent par l'exemple des autres ou par l'habitude du danger. Moi je l'étais probablement par nature ou par instinct. Je venais de donner, pour mon premier coup d'essai, un gage assez peu équivoque de mon courage adolescent. Cet acte de précoce intrépidité accompli, pour ainsi dire, pour compléter publiquement une des inspirations hardies de notre capitaine, devait me profiter dans l'estime de l'équipage, et ce fut, en effet, ce qui arriva, comme on le verra bientôt.

Ce n'est jamais sans pertes que deux navires se combattent pendant une demi-heure ou trois quarts d'heure d'abordage. Vingt hommes avaient succombé de notre côté. Le pont du bâtiment capturé était jonché de cadavres. C'était un grand trois-mâts armé en guerre et en marchandises, qui se rendait de Calcutta à Londres, chargé de salpêtre et d'indigo.

Cinq barils de piastres avaient été trouvés dans la chambre du capitaine anglais. On les plaça sur le gaillard d'arrière, comme le trophée le plus visible et le plus éclatant de notre triomphe.

Assis sur un de ces barils, les bras croisés sur sa poitrine velue, à moitié découverte, Arnaudault, après que chacun fut revenu à son poste, nous adressa cette brève allocution :

« Enfans, vous vous êtes amoureusement tappés. C'est » bien pour le moment ; mais ce n'est pas encore tout. » Voilà des piastres que nous n'avons pas volées, et cha- » cun va recevoir la ration d'argent qu'il a gagnée. Mais » il faut, avant la distribution générale, envoyer nos » morts à la mer ; car c'est aussi à ceux de nos gens qui » se sont fait casser la figure que nous devons cette mon- » naie dont ils ne jouiront pas comme nous, les pauvres » bigres ! S'étant bien conduits parmi nous, tant qu'ils » ont vécu, songeons à nous bien comporter envers eux » maintenant qu'ils ne sont plus. Qu'on les envoie par

» dessus le bord, pour faire honneur à leur mémoire, et
» rappelons-nous tant que nous pourrons, que quelques-
» uns d'entre eux laissent une famille qu'il est de notre
» devoir de ne pas oublier. »

Quelques murmures se firent entendre parmi les plus mauvais garnemens du bord, les moins portés à admettre que la part des survivans dût aller légitimement grossir la part de ceux qui n'avaient plus besoin de rien.

— Eh bien ! dit Arnaudault, est-ce qu'il y aurait par hasard des mécontens chez nous, quand je ne propose qu'une chose juste et honorable?..... Au surplus, reprit-il, en se levant de son siége, s'il se trouve ici des mutins, je ne vois pas pourquoi ils se gêneraient avec moi qui suis si peu disposé à me gêner avec eux. Qu'ils parlent et je leur promets de ne pas laisser plus de cinq minutes leurs réclamations sans réponse.

En prononçant ces derniers mots, le capitaine avait tout doucement posé son index sur la gachette d'un pistolet d'arçon. Ses yeux étincelans d'un feu sombre sous ses larges sourcils, contractés plus vivement que d'habitude, semblèrent chercher dans les groupes des réclamans, le premier qui oserait proférer une plainte. Mais tout le monde se tut, et ces bandits, qui, moins d'un quart d'heure auparavant, allaient se faire broyer la tête de gaîté de cœur, reculèrent effrayés et humiliés devant l'énergie d'un seul homme. Mais aussi quel homme !

Pour remplir les ordres donnés à la suite du combat par le chef souverain, les mousses et les novices se mirent à nettoyer, à *fauberder* le pont, encore tout chaud et tout souillé de sang. On releva ensuite un à un les morts étendus à nos pieds. Le maître charpentier, un des lettrés de l'équipage, lisait, le chapeau bas, dans un vieux livre de piété qu'on avait trouvé dans le hamac d'un bas-Breton, la prière des morts pour chacun des défunts que l'on faisait glisser à la mer sur la planche de cuisine. Un officier, tué au plus fort de l'action, fut emballé dans un de nos pavillons tricolores et envoyé ainsi à l'eau avec les marques distinctives que l'on jugea à propos d'accorder à son grade. Un boulet de 12 et quelques cailloux à lest lui furent même attachés aux pieds par faveur spéciale pour qu'il coulât plus vite à fond que les autres morts. Mais le second, craignant que l'on ne se montrât trop prodigue de ses pierres à lest, eut soin de dire à ceux qui s'étaient chargés de l'inhumation : « Ménagez un peu plus ces cailloux là, pour qu'il y en ait un peu pour tout le monde ! »

Cette prévoyance ne devait pas au reste être inutile, pour celui-là même qui la prescrivait à ses subordonnés, car quelques jours après qu'il nous l'eut recommandée, il fut aussi jeté par-dessus le bord, et ses chères pierres à lest dont il s'était montré si parcimonieux pour les autres, ne lui manquèrent pas.

Les funérailles générales une fois faites, on nous gratifia d'une double ration de liquide. Un chef de pièce qui avait eu le bras emporté par un boulet, voulut, avant de se soumettre à l'amputation, recevoir la part d'eau-de-vie qui lui revenait, pour ne pas perdre, disait-il, ses droits à la cambuse après avoir perdu un de ses ailerons à son poste.

— Maintenant à nous, s'écria Arnaudault. Tout le monde à l'ordre et aux piastres ! L'écrivain comptable va appeler les noms et le nombre de parts stipulé pour chacun sur le rôle d'équipage. Le lot des morts sera mis de côté pour être compté à leurs familles s'ils en ont ; et après avoir défoncé chaque baril, chacun recevra ce qui lui revient selon son grade et son droit. — Philippe, fais faire silence, la distribution va commencer.

Le sifflet du maître jeta aussitôt ses sons perçans au milieu du tumulte, et toutes les bouches devinrent muettes pour laisser le comptable procéder à l'appel nominal.

A chacun des noms des manquans, l'équipage répondait pour l'éternel absent : *passé de l'autre bord!* ou *avalé sa gaffe par le mauvais bout!* et le cynisme de ces atroces plaisanteries, auquel se mêlait une odeur de sang, ne cessa que lorsqu'il fallut passer à la répartition des espèces.

Les piastres sorties des barils avaient été versées sur des voiles de rechange, étendues derrière en plein pont. Le capitaine s'était assis sur le demi-baril contenant les douze parts qui lui étaient revenues. Quand vint mon tour de toucher mon modeste lot, on me compta la demi-part que l'on m'avait attribuée par faveur. — Tiens, *Fil-à-Voile*, me dit alors Arnaudault, en me jetant deux larges poignées de monnaie blanche, voilà le supplément de solde que tu as mérité et que je t'envoie pour doubler ta ration du jour.

La répartition ainsi réglée à ma grande satisfaction, les matelots se mirent à jouer l'argent qui leur était tombé comme du ciel, dans ce partage expéditif. De mauvais dés en bois, faits au couteau, et un vieux jeu de cartes toutes crasseuses, découvert au fond du sac d'un de nos morts, armèrent les mains des joueurs. Pendant ces parties, qui avaient tout l'or conquis pour enjeu, on s'achetait la ration de vin et d'eau-de-vie à des prix qui n'avaient pour limites que la folie des acheteurs et l'avidité des vendeurs. Un quart de vin se paya jusqu'à vingt francs, et un boujaron d'eau-de-vie cinq ou six piastres.

La nuit, quelques heures après avoir amariné notre prise et l'avoir expédiée pour France, nous essuyâmes un coup de vent en cape sous le grand hunier. Nos prisonniers, pendant tout le gros temps que nous eûmes à passer dans l'inaction et l'attente se promenaient, l'air abattu, l'œil morne au milieu de nous, qui chantions et qui causions gaîment. Ils étaient nombreux, mais nous étions sans défiance; car leur découragement égalait au moins notre imprévoyance. A leur place, des marins français ne seraient pas restés deux heures prisonniers, sur un navire qu'un coup de main prompt et hardi aurait pu leur livrer si aisément.

Dès le soir même de notre coup de cape, nos hommes de quart s'étaient assis et ramassés en groupes à l'abri des pavois du vent avec autant de tranquillité que s'ils avaient été au cabaret ou couchés sur l'herbe à l'ombre d'un arbre touffu. Les uns, blessés dans le combat du matin, se traînant sur le pont, la jambe entortillée de linge ou le bras en écharpe, fredonnaient des complaintes de gaillard-d'avant, rauques comme le bruit des flots, monotones comme le mugissement plaintif des rafales qui sifflaient dans la mâture et le gréement. Les autres racontaient les histoires dont les marins bercent leur ennui pendant leurs longues heures de veille. Enfant comme je l'étais, je me plaisais à écouter ces vieilles légendes du bord, tout empreintes du caractère bizarre de leurs auteurs et de l'étrange naïveté de leur imagination. C'est par l'effet qu'elles produisaient alors sur moi que je les juge aujourd'hui. Pour un ancien marin, les mœurs des hommes du métier, n'ont plus rien de singulier ni de frappant; mais pour un passager par exemple, elles offrent quelque chose de neuf, d'inattendu et d'exceptionnel qu'aucune plume n'a encore bien rendu et qu'aucun écrivain peut-être ne saura jamais retracer de manière à en faire sentir le charme et l'excentricité. C'est en me rappelant la première impression qu'elles me firent éprouver, que j'essaierai d'en parler de temps à autre, tant bien que mal. Rien ne m'étonna plus entre toutes ces habitudes si nouvelles pour moi, que la manière dont s'exécute un changement de quart à la mer.

La moitié de l'équipage est toujours de service sur le pont, excepté à bord des forts navires de l'Etat, armés d'un personnel très nombreux. C'est là ce qu'on appelle *courir la grande bordée*. Un seul hamac sert à coucher deux matelots et n'est occupé que par celui des deux qui a fini son quart. Les quarts, c'est-à-dire étymologiquement les quatre parties de la journée, se font pratiquement de midi à six heures, de six heures à minuit, de minuit à quatre heures du matin, de quatre heures à huit, et de huit heures à midi. La cloche placée sur l'avant tinte chaque demi-heure sous la main du pilotin ou du timonnier chargés de surveiller le sablier fixé dans l'habitacle, et destiné à mesurer approximativement le temps du bord. A chaque changement de quart, cette cloche d'avant est mise en branle pour appeler la bordée qui, à son tour, doit prendre le service de nuit, et c'est alors que chacun des hommes de la bordée qui vient de se reposer monte sur le pont remplacer son matelot, rentrant en possession du hamac que le premier a occupé et réchauffé.

Ce matelotage des marins, cette camaraderie de hamac, établit entre ceux qui la contractent une solidarité d'intérêts, et, pour ainsi dire, une communauté d'existence bien plus intime encore que celle qui unit à l'armée un soldat à son camarade de lit.

Un marin, remontant sur le pont pour remplacer son matelot, reçoit de celui-ci la capote ou le paletot sous lequel il a veillé, et le chapeau de toile goudronné ou de cuir bouilli qui, pendant le mauvais temps, a abrité sa tête.

Il n'est pas jusqu'au tabac qu'il a commencé à macérer qui ne passe quelquefois avec le reste du bagage transmissible, de la bouche de celui qui l'a dégusté, dans celle du matelot qui entre en jouissance des avantages attachés à la charge qu'il vient de revêtir. Rien n'est plus divertissant que d'entendre alors la maussade humeur du réveillé, s'exhaler contre l'heureux mortel qu'attend le hamac chaud et vide, et qui est presque toujours accusé par son remplaçant d'être un chiqueur égoïste ou un perdeur de tabac. Le plus souvent les parties contendantes finissent par invoquer l'impartialité du maître de bordée, qu'elles invitent à pressurer lui-même la chique litigieuse, afin qu'il puisse prononcer avec connaissance de cause sur la manière abusive dont l'un est accusé de *supper* le tabac mis en commun avec l'autre. Ces détails, plus que vulgaires, soulèveront, je m'en doute bien, le cœur des personnes délicates et des petites-maîtresses; mais ces détails là sont vrais, et à ce titre ils méritent peut-être d'être connus, moins, comme on le pense, pour ce qu'ils peuvent avoir de rebutant, que pour ce qu'ils offrent de caractéristique dans leur âpre crudité.

Les contes et les histoires des gens de mer roulent ordinairement sur des aventures hors de proportion avec les aventures communes; sur des coups de main gigantesques, des dangers effroyables, des privations inouïes auxquelles succèdent tout à coup la splendeur et l'abondance d'une vie féerique, inespérée. Le narrateur entremêle à ces antiques fables du bord, des fictions qui lui sont propres et des saillies d'un cynisme à part, qui étincellent parfois d'esprit, mais de cet esprit dont le sel ne peut être goûté que par ceux qui connaissent les habitudes et les termes techniques de la profession. La peinture des douceurs de l'existence n'occupe qu'une place très circonscrite dans ces récits. C'est à l'*abri d'une bonne bouteille de vin* et *affourché à quatre amarres dans une bonne auberge*, que ces hommes simples et endurcis placent la félicité suprême. Un cabaret est toujours le théâtre de leurs jouissances, le palais enchanté de leurs illusions. C'est pour eux enfin le paradis terrestre, l'asile élyséen promis aux bienheureux. Ils ne s'en figurent pas d'autre, parce que leur imagination ne peut guère aller au-delà des seuls plaisirs qu'ils aient goûtés et des seules chimères qu'ils puissent rêver.

Le conteur commence sa narration en criant : *cric!* Les auditeurs répondent *crac!* et alors il reprend : *un tonnerre dans ton lit, une jeune fille dans mon hamac!* Formule emblématique, qui sous une antithèse philosophique, signifie peut-être qu'un hamac peut devenir l'asile du bonheur qu'on ne rencontre pas toujours à terre sur le mol édredon d'un bon lit.

Les histoires des matelots me ravissaient, comme je l'ai dit. Un jeune novice que le capitaine d'armes avait embarqué avec lui se plaisait, malgré les remontrances de son protecteur, à se placer à côté de moi pendant que j'écoutais ces histoires. La voix douce et flûtée du petit Jacques, ses mains blanches et délicates et ses manières à la fois timides et distinguées m'avaient déjà fait supposer qu'il devait y avoir quelque chose d'extraordinaire dans son arrivée et sa présence à bord du corsaire. Amateloté avec son capitaine d'armes, il faisait rarement le quart, et son mentor obtenait aisément du maître d'équipage l'indulgence qu'il fallait pour faire pardonner à son jeune protégé cette exception ou cette infraction à la règle rigoureuse du bord. Un matin où les grands yeux bruns de mon ami Jacques se réveillaient avec le jour, je lui demandai avec toute l'indiscrétion et la curiosité de mon âge :

— Dis-moi donc pourquoi je ne t'ai pas vu sur le pont comme tous les autres, quand nous avons abordé le trois-mâts anglais ?

— Ah ! vois-tu, me répondit-il, c'est que le capitaine d'armes m'avait placé à la soute aux poudres.

— Tu aurais donc eu peur d'être blessé, en restant sur le pont ?

— Mais à te dire vrai, sur le pont là je n'aurais peut-être pas été fort tranquille.

Mon intention étant d'engager avec mon petit camarade une conversation dans laquelle je pusse l'amener à employer quelques mots familiers aux femmes et à trahir ainsi le mystère que je soupçonnais, je continuai :

— Est-ce que tu serais aussi peureux que jusqu'ici tu m'as semblé paresseux ?

— Peureux, je ne dis pas, mais *paresseuse !*...

— Ah ! je t'y prends encore une fois, tu viens de dire *paresseuse !*

— Non, j'ai dit *paresseux*, je t'assure, et non pas...

— Et comme tu rougis, rien qu'en te défendant d'avoir dit ce mot. Pourquoi donc te trompes-tu toujours ainsi et parles-tu comme si tu étais une fille ? L'autre jour encore, quand nous causions ensemble de je ne sais plus quoi, il t'est échappé de me répondre : Non, je ne *la* suis pas, au lieu de : Non, je ne le suis pas.

— Eh bien ! qu'est-ce que cela prouve ? que je me suis trompé une fois, et voilà tout, répondit mon compagnon, fort embarrassé de la vivacité de ma remarque inattendue.

— Cela me prouve autre chose, à moi ; c'est que tu n'es pas un garçon.

— Enfant que tu es ! répondit-il. Quelle idée, ou plutôt quelle folie !

— Je te parie tout ce que tu voudras que tu es une fille. Et je m'en rapporte, si tu veux, à maître Philippe, qui vient justement à nous, et qui.....

— Au nom du ciel ! s'écria alors Petit-Jacques, tais-toi, malheureux..... Si tu savais combien je suis à plaindre et ce que je souffre..... Oui, je suis la femme du capitaine d'armes. Mais je t'en supplie, puisque tu as découvert ce que je voulais cacher à tous ces hommes qui me font peur, garde-moi bien, par pitié, le secret que je suis forcée de t'avouer..... Pour pouvoir suivre mon mari, il m'a fallu me faire passer pour son parent, son cousin, que sais-je ! Tu sauras tout plus tard. Mais promets-moi, au nom du ciel, de ne pas trahir la confiance que j'ai mise en toi. Tu m'as paru mieux élevé et moins impitoyable que ces matelots parmi lesquels nous sommes condamnés à vivre. Tu te tairas, n'est-ce pas ? Tu ne voudras pas perdre tout-à-fait une malheureuse qui n'espère plus qu'en ta bonté et qui se confie à ta discrétion.

Des larmes roulaient apparemment dans mes yeux comme dans les siens, car elle passa doucement sur mes joues la main dont elle venait de presser la mienne. Je promis tout; mais le faux Petit-Jacques me recommanda, surtout, d'éviter les conversations que nous avions trop souvent ensemble, et qui avaient commencé à inquiéter la jalouse défiance de son mari. Je me rappelai alors, en effet, que deux ou trois fois le capitaine d'armes m'avait menacé de me donner quelques tappes pour me punir de prétendus torts dont j'aurais été bien en peine de deviner la nature ou la gravité. Les aveux forcés de Petit-Jacques venaient de m'expliquer la réalité de ces torts et la source de la haine que son patron m'avait vouée. Je compris, dès lors, la nécessité de me montrer, à l'avenir, plus circonspect, ou du moins plus dissimulé dans l'intérêt de mon jeune ami, bien plus encore que pour mon propre compte.

CHAPITRE II.

La Croisière.

Après avoir essuyé quelques heures de cape et reçu deux ou trois coups de mer, nous éprouvâmes ce qu'on appelle une *acalmie*, un de ces momens de pénible transition entre la tempête qui expire et le beau temps qui veut renaître. Pendant la fureur de la bourrasque, un brick fuyant vent arrière à mâts et à cordes, avait passé près de nous, presque caché dans le nuage de molicules d'eau que l'effort du vent fesait voler sur les lames courrouéées ; mais la rage de la tempête nous avait empêchés de tomber sur cette proie qui nous échappait dans le désordre des élémens.

Il n'est peut-être pas de position plus fatigante à la mer, que celle dans laquelle on tombe à la suite d'un coup de vent, lorsque le bâtiment n'étant plus contenu sur les flots comprimés par l'impétuosité de la brise, devient le jouet de ces lames monstrueuses qui, croulant sur elles-mêmes de toute la lourdeur de leur poids, semblent se le disputer comme pour vouloir le démolir entre les chocs répétés de leurs mouvantes masses. Tout se brise, se disjoint à bord avec le craquement horrible qui paraît annoncer la destruction de tout cet ensemble qu'on nomme un navire. La mâture plie avec effort en secouant violemment le gréement qui la retient à peine sur les plabords ou les bordages qu'elle entr'ouvre. Les pièces d'arrimage s'ébranlent sourdement dans la cale bouleversée. Le bâtiment enfin, harassé dans toutes ses parties, devient l'objet de la fureur dernière des flots démontés par le fléau de la tourmente. Il faut, après l'*acalmie* qui lui succède, qu'une brise régulière s'élève sur le sommet des vagues entassées, pour les niveler et rendre à la mer encore si terriblement ébranlée, ce mouvement uniformément onduleux qu'a détruit le délire de la tempête.

Un joli frais du Nord-Est ne tarda pas cependant à se faire sentir et à nous permettre de manœuvrer et de faire de la toile. Rien ne peut peindre le bonheur que répand au milieu de l'équipage épanoui, une belle journée succédant à une nuit de gros temps et de fatigues. C'est une des plus douces joies accordée par le Ciel aux hommes de mer, qui, dans leur sauvage existence, ont si peu d'heureux momens à compter et à bénir.

Nous nous trouvions près du petit et riant archipel des Açores. Le point du capitaine nous indiquait depuis deux jours le voisinage de ce groupe d'îles d'un aspect si varié, d'un abord si facile et si peu dangereux. La quantité de goëlands et de mauves qui voltigeaient autour de nous et les nuages qui s'amoncelaient pour aller couronner sous leurs dômes éclatans la terre qui les attire toujours, auraient suffi, à défaut d'autres indices plus sûrs, pour nous signaler l'approche des parages où nous voulions établir notre croisière. Nous espérions faire, dans ces latitudes si fréquentées par les navires allant ou revenant en Europe, quelques bonnes et grasses rencontres. Nous crûmes bientôt avoir trouvé là ce que nous étions venus y chercher. Vers le milieu de la journée qui avait suivi notre coup de vent, les vigies auxquelles on avait recommandé la plus vive surveillance, crièrent : *Navire !*

— Où ? demanda le capitaine.

— Sous le vent à nous, répondirent les guetteurs.

Ces mots firent succéder le calme le plus profond au tumulte des conversations particulières qui vont toujours grand train à bord des bâtimens aussi mal disciplinés que le sont en général les corsaires.

Arnaudault, sans rien dire, grimpa, sa longue-vue en bandouillère, sur les barres du grand perroquet, pour mieux observer le navire signalé. C'était la première fois depuis notre sortie qu'on l'avait vu monter aussi haut dans les haubans ; et, sans trop savoir encore pourquoi, l'équipage pensa instinctivement que l'événement qui se préparait pourrait devenir intéressant. Toute l'attention se concentra dès lors sur les mouvemens du capitaine.

En descendant des barres de perroquet, sa physionomie nous parut sévère et réfléchie.

— Ce navire est gros si je ne me trompe, dit-il à ses officiers. Il a un entre-deux de mâts qui me fait croire qu'il est long et qu'il pourrait bien lui pousser avant peu une fameuse rangée de dents.

Les officiers qui avaient aussi observé le bâtiment que nous approchions en gouvernant un peu largue sur lui, pensaient que c'était un grand trois-mâts marchand ou bien même un navire de la compagnie des Indes. Lorsqu'on court les chances périlleuses de la fortune sur mer, on fait presque toujours pencher les conjectures les plus douteuses du côté de ses désirs ou de ses espérances. Le second du corsaire était d'une gaité folle. Il insistait plus que tous les autres pour que l'on accostât de près le trois-mâts et pour qu'on allât même jusqu'à lui *tâter un peu les côtes* : c'était son expression. Arnaudault prit la parole de manière à être entendu de tout son monde.

— Il me semble, dit-il, qu'il faut éviter ici de se mettre dedans par fanfaronnade : chacun est à bord pour sa part et pour sa peau, et comme je réponds en quelque façon de tout, à vous tous, je dirai d'abord mon opinion. — Je ne demande donc pas mieux, continua-t-il, en s'adressant à son second, que de *tâter les côtes* à ce navire ; mais s'il allait les avoir trop dures ?

Le second: N'avons-nous pas à bord des boulets encore plus durs que ses côtes ?

Le capitaine : Mais, s'il a plus de boulets que nous, et tout aussi durs et plus gros que les nôtres ?

Le second : Nous jouerons des jambes.

Le capitaine : Et s'il a les jambes plus longues ?

Le second : Il nous coulera et nous irons au fond. N'est-ce pas notre métier ? D'ailleurs, capitaine, vous vous rappelez bien que vous n'étiez pas d'avis d'accoster le trois-mâts que nous avons pourtant si facilement enlevé, comme je l'avais prévu, en me permettant de n'être pas de votre avis ?

Le capitaine, d'un ton ironique, et après un moment de réflexion : Ah oui, oui, ce trois-mâts de l'autre jour, n'est-ce pas ? que j'avais *peur* d'aborder. C'est vrai. maintenant que vous m'y faites penser, je me le rappelle parfaitement ce trois-mâts. Ah voyez-vous, c'est que ce jour là j'étais peut-être mal disposé, et que je sentais le cœur me manquer.

Le second, un peu déconcerté : Capitaine, je vous prie de croire que, dans ce que je dis, il n'entre, je vous en donne ma parole, aucune intention de vous offenser, bien loin de là. Mais vous avez demandé mon opinion, et j'ai cru, dans l'intérêt de tous, pouvoir vous la dire sans manquer au respect que je vous dois et que je vous porte.

Le capitaine à l'équipage : Garçons ! vous venez d'entendre ce qui s'est dit. — Etes-vous à présent d'avis d'accoster le trois-mâts qui court sous le vent à nous ou de....

— Oui, oui capitaine! s'écrièrent tous les matelots, sans donner à leur chef le temps d'achever sa phrase, tant l'hésitation que celui-ci avait montrée les avait déjà décidés en faveur de l'énergique résolution du second.

Le capitaine : C'est bien votre ferme idée, n'est-il pas vrai?

L'équipage : Oui, oui, capitaine! c'est notre idée à tous!

Le capitaine : Eh bien! la différence, c'est que ce n'est pas la mienne. Mais comme l'avis de tout le monde doit l'emporter sur celui d'un seul, votre intention unanime sera suivie, et crânement, je vous en donne mon billet. — Voyons, mes amoureux, chacun à son poste de combat et de manœuvre. Attention, timonnier! la barre au vent : brasse tribord devant et babord derrière. File l'écoute du guy et cargue le point de grand'voile au vent. — Branle-bas général de combat partout.

Ces dispositions et cet ordre furent accueillis avec transport. Les matelots firent voler en l'air leurs bonnets rouges en criant avec délire : *Vive l'Empereur! Vive Arnaudault!*

Et voilà le *Sans-Façon* cinglant grand largue sur le bâtiment qui, courant sous toutes voiles au plus près, nous présentait sa joue de tribord, sans nous laisser encore voir distinctement la longueur de ses dimensions. La mer, un peu agitée du coup de vent de la veille, nous cachait de temps à autre son bois, sous les crêtes de la houle qui s'élevait lourdement par intervalles réguliers entre lui et nous.

A bord d'un corsaire, les préparatifs d'attaque sont bientôt faits, disposés comme le sont ces navires à prendre à tout moment l'offensive; ce n'est même là pour eux qu'une chose usuelle du métier. Nous n'avions jeté qu'une vingtaine d'hommes sur notre première prise pour la ramener en France, et cent soixante gaillards déterminés à bien faire se pressaient encore sur le pont très *bastant* du *Sans-Façon*. Dès que le branle-bas ordonné fut exécuté, le second vint l'annoncer au capitaine en ces termes : Capitaine, *tout est prêt à bord pour le combat.* Arnaudault ne lui répondit qu'en lui commandant d'un ton froid et impératif de se rendre à son poste. Le second alla se placer sur le gaillard d'avant, le porte-voix à la main, disposé à répéter les ordres qu'il recevrait. On eût entendu voler une mouche à notre bord, tant le silence était profond dans ce moment d'attente, de curiosité et de péril.

Nous filions neuf à dix nœuds, en nous dirigeant, avec la brise que nous recevions par la hanche, sur le trois-mâts qui nous attendait en poursuivant sa bordée. Dès que nous l'eûmes approché de manière à découvrir le prolongement de sa batterie, que nous cachaient auparavant la houle et la sphéricité de la mer, il hissa un pavillon américain. Ce n'était pas un ennemi ! La stupéfaction fut soudaine et générale... Quel dommage, s'écriait-on de toute part. Il a des balles de coton jusques dans ses porte-haubans. Quelle belle prise cela nous aurait faite !... Notre capitaine, pour répondre au signal du bâtiment allié, ordonna de hisser le pavillon tricolore. A peine eûmes-nous arboré cette couleur, que la bannière américaine, qui s'était élevée à notre si grand déplaisir sur le couronnement de notre voisin, fut de suite remplacée par un large pavillon anglais. Une clameur de joie et de bonheur partit alors de toutes les bouches. *C'est un anglais, c'est un anglais!* s'écria-t-on du gaillard d'avant au gaillard d'arrière. — Un instant, mes amis, dit alors Arnaudault, il a hissé pavillon anglais; il faut lui répondre par un signe plus poivré que tout cela. Frappez-moi sur la drisse du pic le pavillon rouge: c'est sous cette couleur que nous allons en découdre. — Et pourquoi un pavillon rouge, au lieu de notre pavillon national? demanda le second. — Pour apprendre, repartit le capitaine, à ceux qui m'ont pris pour un jean-fesse que je n'amène jamais quand on me force à prouver qui je suis et ce que je sais faire au feu. Le second, déconcerté, retourna encore une fois à son poste, en se promettant sans doute de se montrer plus sobre d'observations. Nous n'étions plus qu'à une portée de canon de l'ennemi.

Chacune des lames que nous recevions par l'arrière nous poussait avec le vent vers le bâtiment sur lequel tous les yeux étaient fixés comme sur un point magnétique. Un coup de canon de fort calibre lancé de ses gaillards pour passer entre nos mâts, devint le signal d'un changement à vue auquel nous ne nous étions pas attendus. Les balles de coton si tentantes que nous avions convoitées dans ses porte-haubans, tombèrent à la mer en même temps qu'une longue bande de toile jaune qui, jusque-là, nous avait masqué sa batterie, et une respectable file de canons sortit aussitôt de ses flancs, spacieusement élongés. C'était la rangée de dents dont nous avait parlé Arnaudault. Il n'y avait plus à en douter, c'était une frégate. La consternation, succédant tout-à coup à un sentiment d'espoir trop légèrement conçu, se peignit comme d'un trait uniforme sur tous les visages.

Notre capitaine qui, avant ce coup de théâtre si peu prévu, nous avait laissé voir un air inquiet et préoccupé, prit une physionomie calme et dégagée dès l'instant où il put mesurer avec certitude le danger de notre position. On eût dit qu'il ne s'agissait plus pour lui que de parler amicalement à un bâtiment inoffensif que le hasard nous aurait fait rencontrer. Il demanda à l'un de ses fils son porte-voix de combat et un cigare qu'il alluma avec une tranquillité que lui seul avait à bord en ce moment d'anxiété. Chez les caractères persistans, les résolutions sont d'ordinaire lourdes et lentes à se former. Mais une fois leur parti pris, il leur en coûte moins d'agir qu'il ne leur en a coûté de se décider.

— C'est maintenant, mes amis, nous dit-il, qu'il va falloir en démancher; vous avez eu la vue basse en observant de loin ce chien d'Anglais. Vous l'aurez sans doute meilleure en tappant à boulet dessus. Parez-vous à faire feu à mon commandement.

Le second, à ce mot d'avertissement, se risqua, sans

quitter cette fois son poste, à crier : Mais y pensez-vous, capitaine, c'est une frégate?

— Tiens, cet autre, dit Arnaudault, sans daigner s'adresser directement à l'interrogateur pour lui répondre, il fait l'étonné comme si je ne l'en avais pas prévenu il y a plus de trois heures de temps. — *Allons, enfans, feu babord!*

Une détonation terrible ébranla le corsaire; le pont sembla crouler sous nos pieds frémissans. La fumée qui jaillit avec la foudre, de nos flancs embrasés, nous cacha pendant quelques secondes la frégate sur laquelle nous avions pointé toute notre volée à démâter. Un calme de mort succéda à ce fracas. C'était à la frégate de répondre à notre agression. Elle ne nous fit pas longtemps attendre sa riposte.

Maître Philippe, une demi-minute avant que l'ennemi ouvrît son feu, fit entendre, perché sur le bossoir du vent, un long et sinistre coup de sifflet de silence. Toutes les têtes étaient hautes et assurées; toutes les bouches muettes et contractées. Arnaudault, assis les bras croisés sur le bastingage de babord pour mieux suivre les mouvemens et la manœuvre de l'ennemi, continuait à fumer et à mâcher froidement son cigare, en jetant de temps à autre l'œil sur les pièces de dessous le vent, que nos canonniers venaient de recharger en double.

Tout à coup une assourdissante explosion de tonnerre se fait entendre. La volée de la frégate venait de partir avec l'éclat et la vivacité de l'éclair. Nous lui répondons en lui envoyant notre seconde bordée. Mais les boulets et les paquets de mitraille dont notre coque, notre mâture et nos agrès étaient déjà traversés avaient fait pleuvoir sur nous un amas énorme de débris de poulies, d'éclats de bois et de bouts de cordage. — *Ce n'est encore rien, enfans*, nous disait Arnaudault. *Du courage, de l'aplomb, et feu toujours babord!* Nous combattions de notre mieux, mais la frégate ayant pris la même bordée que celle que nous courions, nous couvrait à chacune de ses décharges, de flamme, de mitraille et de fumée. La mousqueterie, qui pétillait déjà sur ses passavans, commençait à nous atteindre.

Dans la violence de ce combat inégal, le second vint de l'avant à l'arrière prévenir Arnaudault qu'un boulet avait entamé notre petit mât de hune.

— *Je ne m'en f.... pas mal*, répondit Arnaudault, et vous?

— Et moi, capitaine, reprit le second, *je m'en contref...* Ce fut la dernière marque de sang-froid que donna cet officier, qui, du reste, manquait beaucoup moins de courage et de tête que de jugement et de prudence.

Ce malheureux second, cependant, qui, avec les autres personnes de l'état-major, avait à se reprocher l'acte de témérité qu'il avait intéressé la bravoure du capitaine à commettre, commençait à exprimer tout haut la nécessité de virer de bord pour échapper à notre perte. Déjà l'équipage, après avoir accusé de faiblesse la sage hésitation du capitaine, murmurait contre son obstination. — *Virons de bord ! virons de bord !* criait-on devant, avec une certaine timidité, à Arnaudault. — *Virons de bord !* Mais celui-ci, sans tenir compte de ces conseils assez tardifs, ne descendait de son bastingage que pour parcourir la batterie, ses deux pistolets à la main, et en jetant sur les chefs de pièce des regards plutôt faits pour les engager à faire vaillamment leur devoir, qu'à ralentir leur feu. Un des malheureux boulets de la frégate, pointé de travers en travers sur notre gaillard-d'avant, enleva, du bout de son bossoir, le brave Philippe et l'un des fils du capitaine, placé à côté de notre pauvre maître d'équipage. Le spectacle de ces deux infortunés, tombant à l'eau, coupés par moitié du même coup, n'arracha sur le moment aucune marque apparente de douleur à notre capitaine. Seulement, ses lèvres pâlissantes agitèrent fébrilement le bout de cigare qu'il pressait encore entre ses dents. Un regard terrible et sombre, qu'il lança ensuite sur le second, fut le seul indice auquel on put reconnaître tout ce que devait souffrir en ce moment cette âme déjà si impétueusement irritée.

Notre position sous la batterie sans cesse tonnante de la frégate, n'était plus tenable. A chacune de ses volées cinq à six de nos hommes tombaient sur le pont déjà encombré de morts et de blessés. Un découragement évident commençait à gagner l'équipage qui voyait enfin et l'imprudence qui l'avait entraîné et l'inutilité d'une résistance contre un si redoutable adversaire. — C'est le second, murmurait-on sourdement, qui nous a trompés en forçant le capitaine à accoster cette chienne de frégate. — Il est temps de revirer de bord. — Virons de bord !

Ce pauvre second devenu l'objet de ces violentes et unanimes récriminations, se décida avec effort à expier sa faute et à demander lui-même de prendre chasse pour échapper à l'ennemi. Il s'avança derrière (je me rappellerai toujours sa contenance pénible) et ne voulant pas encore avoir l'air de supplier celui qu'il avait à désarmer, il feignit de conseiller à Arnaudault la manœuvre à laquelle il croyait convenable d'avoir recours pour sauver le corsaire. Mais il avait affaire à un homme qui n'était pas d'humeur à se contenter du demi-aveu d'un tort aussi public et aussi grave. On rendrait difficilement le ton avec lequel le capitaine reçut son donneur d'avis officieux. — Quand je vous aurai fait tuer, lui dit-il, avec la moitié de ce sot équipage qui a écouté vos crâneries plutôt que mon expérience, je verrai ce qu'il me conviendra de faire. Mais jusques-là, *tâteur de côtes dures*, retournez à votre poste, et bien vite, pour ne pas m'obliger à vous ôter pour toujours l'envie de m'ennuyer de vos conseils impertinens.

Le second ne sut qu'obéir à cet ordre si durement exprimé. En retournant sur l'avant, il put remarquer toute l'irritation dont il était l'objet. *A bas le second!* lui criait-on aux oreilles. *C'est lui seul qui cause notre perte. A l'eau le second, et virons de bord, virons de bord!* Etourdi de ces clameurs et accablé du poids de son horrible situation, il revint vers le capitaine, mais non plus cette fois avec le ton d'assurance qu'il avait d'abord cherché à se donner : ce n'est plus qu'un suppliant qui s'offre comme une victime expiatoire à la colère de celui dont peut encore dépendre le salut commun.

— Je consens à revirer, lui dit Arnaudault, après un instant de réflexion, mais à une condition.

— Laquelle, capitaine, répondit-il, avec empressement. Je suis prêt à tout faire pour sauver le corsaire et l'équipage.

— C'est à condition que vous me crierez de devant, au porte-voix, et aussi fort que vous le pourrez, attendu que j'ai l'oreille un peu dure : *Capitaine, je vous en prie, virons de bord* : J'EN AI ASSEZ !

— Impossible, capitaine. J'aime mieux me faire tuer, dit le jeune marin, que cette exigence humiliante rappela tout-à-coup au sentiment de sa fierté.

— Comme il vous plaira, chacun son goût, reprit Arnaudault, en remontant avec calme sur son bastingage.

Les témoins de cette scène si dramatique à laquelle les dangers que nous courions donnaient un profond caractère de terreur, repoussèrent par des cris de rage le malheureux officier qui revenait désespéré à son poste. Il fallut à la fin qu'il se soumît, écrasé sous la masse d'imprécations qu'il avait soulevées, à la volonté inexorable du capitaine, et il s'immola ! Monté sur le bossoir où maître Philippe et l'un des fils d'Arnaudault venaient d'être broyés, il élève son porte-voix et se dispose à faire au capitaine l'amende honorable dont il a lui-même dicté les termes. Mais à peine avait-il commencé ces mots qui lui coûtaient tant : *Capitaine, j'en ai...* qu'un paquet de mitraille lui enleva la tête, avec sa phrase inachevée. Au mouvement que fit Arnaudault à ce spectacle horrible, on eût dit qu'il attendait cet événement comme un acte de réparation qui lui était dû, et il n'hésita plus à commander de virer de bord. Mais toujours lui-même; mais toujours froid, malgré l'imminence ou plutôt à cause de l'imminence du péril, il articula lentement les mots de *pare-à-virer*, avec cette autorité calme et dédaigneuse que nous étions forcés de respecter et d'admirer en lui. Personne, comme on le pense bien, ne fit attendre sa coopération pour exécuter la manœuvre qui seule pouvait encore nous tirer de presse. Au commandement d'*adieu-va*, qui suivit celui de *pare-à-virer*, le corsaire, obéissant à l'impulsion de la barre poussée à babord, se rangea dans le lit du vent, en faisant battre brusquement, en ralingue, ses voiles criblées de boulets et de balles. Mais par l'effet de cette prompte évolution, il présenta sa poupe au travers de l'ennemi, qui, profitant de notre position devenue momentanément toute passive, nous enfila de l'arrière à l'avant de sa volée entière de tribord. Cette lourde décharge, reçue quand nous combattions encore côte à côte avec la frégate, sans espoir de salut, eût achevé de nous accabler; mais essuyée en fuyant, elle ne fit seulement plus baisser la tête aux plus découragés. Le plus près du vent était l'allure favorite de notre brick, qui revirait de bord avec la vélocité et la promptitude d'un côtre. Forcée d'envoyer vent-de-vent comme nous, pour nous poursuivre et nous canonner d'aussi près que possible, la frégate reversant ses énormes voiles beaucoup moins vite que nous ne reversions les nôtres, perdait un avantage considérable à chacune des évolutions que lui faisait répéter habilement notre capitaine, toutes les vingt ou vingt-cinq minutes. En pinçant ainsi un grand nombre de petites bordées dans le vent, nous parvînmes bientôt à mettre une distance rassurante entre nous et l'ennemi. Mais à tous nos fréquens revireмens de bord, une volée nous était lancée au moment où nous présentions l'arrière au feu meurtrier que nous voulions fuir. La nuit enfin, avec ses gros nuages noirs et sa tutélaire obscurité, vint nous dérober au danger encore possible, d'une poursuite acharnée. Tous les feux furent soigneusement masqués à notre bord, pour ne pas offrir à l'ennemi rôdant à notre recherche dans les ténèbres, la trace de la fausse route que nous suivions pour échapper entièrement à la chasse qu'il nous faisait redouter encore. Qu'on se figure une centaine de matelots piétinant, pour manœuvrer dans l'ombre, sur les cadavres presque tièdes de leurs camarades et dans les flaques de sang qui couvraient notre pont, et l'on n'aura qu'une faible idée de l'horreur de notre position, quelques heures après le combat que nous avions eu la folle audace de livrer à la frégate anglaise.

Toute la nuit fut employée à réparer tant bien que mal nos nombreuses avaries. Pour prévenir les excès funestes auxquels le bonheur d'être échappés à notre perte auraient pu entraîner nos hommes, les officiers renversèrent sur le pont l'eau-de-vie mêlée de poudre, que pendant l'action on avait répandue à discrétion dans les bailles de combat. Les matelots, que ce breuvage de feu avait rendus furieux, tentèrent de s'emparer de vive force de la cambuse où étaient placées nos provisions liquides. Il fallut encore défendre cette partie réservée du navire contre leur stupide attaque, et ce ne fut qu'après avoir été repoussés le sabre à la main, dans une mêlée meurtrière, que les plus ivrognes s'endormirent côte à côte, dans le sang, avec les morts, que nous n'avions pas encore eu le temps d'envoyer à la mer. Les jeunes officiers, aidés des maîtres et de quelques gabiers de bonne volonté, travaillaient à repasser un petit mât de hune de rechange à la place de celui qu'un boulet avait à moitié coupé pendant l'engagement.

L'entrevue d'Arnaudault avec celui de ses fils que la mort avait épargné fut courte, mais caractéristique. Ce jeune homme, après le combat, vint embrasser son père, qui lui dit ces seuls mots : — Ton pauvre frère s'est fait tuer comme l'eût fait un vieux brave.

— Oui, mon père, il est mort bravement, répondit le jeune marin, en dévorant les larmes qui le suffoquaient.

— Eh bien, lui dit son père, pourquoi donc pleurer ainsi ?...

— C'était mon frère, et vous ne voulez pas que je pleure !

— Et n'était-ce pas mon fils... Crois-tu que le boulet qui l'a enlevé ne m'ait rien déchiré là-dedans non plus ?

Et le malheureux capitaine, vaincu un moment par la douleur et pleurant plus que le fils qui lui restait, s'enfonçait dans la poitrine le bout de ses doigts, crispés par un mouvement de rage convulsive.

Dès ce moment, le fils cacha ses larmes, étouffa ses sanglots, et ne parla plus de son frère.

Le jour nous trouva bouchant nos trous de boulets, rapetassant nos voiles et faisant jouer continuellement nos pompes. Notre mât de hune de rechange allait être guindé et mis en clé, lorsqu'un petit trois-mâts, que l'obscurité nous avait jusque-là empêchés de voir tout près de nous, passa, au lever du soleil, à nous *ranger à l'honneur*. Il nous hêla en anglais, en nous demandant notre longitude. Il nous eut bientôt dépassés, et dans notre état de délabrement il ne nous aurait guère été possible, malgré la supériorité de notre marche ordinaire, de lui appuyer la chasse avec avantage, s'il avait eu la prudence de continuer sa route.

— Hissez-moi, dit Arnaudault, un pavillon anglais en berne, et parez-nous quelques pièces de canon, pour apprendre à ce paria, à qui il est venu si bêtement se frotter le grouin.

A la vue du pavillon de sa nation, arboré en signe de détresse par un navire à moitié démâté, le petit trois-mâts revint sur nous, ne supposant pas sans doute qu'endommagés comme nous l'étions, nous pussions songer à nous emparer de lui, dans le cas même où nous l'aurions trompé sur notre nationalité. Douze à quinze de nos hommes avaient reçu l'ordre de se promener paisiblement sur le pont : les autres s'étaient cachés pour ne pas faire soupçonner la force encore très respectable de notre équipage. Rendu à demi-portée de pistolet de nous, le capitaine anglais nous demanda, d'un ton de voix tout sympathique : *De quoi avez-vous besoin ?*

— *De ton navire*, lui répondit Arnaudault. Deux coups de caronade à mitraille accompagnèrent cette brève et significative réponse. Le trois-mâts ainsi pris au piége, amena son pavillon en déclarant qu'il se rendait ; et pour nous assurer la possession de cette capture si facilement faite, nous l'amarinâmes en l'abordant de bout en bout et en nous accouplant pour ainsi dire avec elle.

Il fallut composer un équipage à cette nouvelle prise, ou pour mieux dire à cette dernière trouvaille : elle était chargée en plein de balles de coton. Son malheureux capitaine, en se rendant avec soumission à notre bord, eut l'imprévoyance de laisser voir à celui de nos officiers appelé à le remplacer, une montre assez belle pour tenter la cupidité d'un homme qui n'avait jamais porté de bijou de ce prix. — Pourquoi cette montre ? lui demanda celui-ci en anglais.

— Mais parbleu, pour savoir l'heure, lui répondit le possesseur de l'objet convoité.

— Oh ! à bord du corsaire, on te dira l'heure exacte, sans tant d'embarras, lui répondit le filou, et la montre du pauvre prisonnier passa de son gousset dans celui du rapace capitaine de prise.

Je mourais d'envie d'être désigné pour faire partie de l'équipage du trois-mâts capturé, malgré l'éloignement presque antipathique que j'éprouvais pour l'homme à qui son commandement allait être livré, et qui se trouvait être justement celui qui, à notre départ de Brest, avait confié la cure de mon mal de mer au brave maître Philippe. Mais j'avais pour désirer de ne plus rester à bord du *Sans-Façon*, des raisons qu'il est temps d'expliquer.

Le Petit-Jacques, le novice féminin avec qui j'avais déjà fait connaissance, cherchait tous les moyens de se séparer de son capitaine d'armes, dont la surveillance lui était devenue accablante et la tyrannie insupportable. Jacques m'avait avoué l'intention où il était de se blottir à bord du premier navire que nous expédierions pour France. Il avait été convenu entre nous que je ferais tous mes efforts pour le suivre sur le bâtiment où il parviendrait à se glisser. Persuadé, après l'avoir inutilement cherché pendant quelque temps à bord du corsaire, qu'il avait adroitement saisi l'occasion qui s'était présentée de se fourrer dans la cale ou la chambre du trois-mâts que nous avions tenu le long de nous, je me déterminai à risquer l'aventure. Je passe sur le gaillard-d'arrière, et, le bonnet à la main, j'adresse la supplique suivante au capitaine Arnaudault :

— Mon capitaine, j'ai envie de faire mon chemin. Nous venons d'amariner une prise. Je crois savoir prendre une hauteur, réduire une route sur le quartier et pointer une carte. Je voudrais, si c'est un effet de votre bonté pour moi, obtenir la permission de me rendre utile à bord du trois-mâts que vous allez expédier pour la côte de France.

Arnaudault, sans répondre à mon humble et pressante requête, demande à son fils un routier, qu'il déploie sur le capot de la chambre. — Voilà où nous sommes, me dit-il alors en me montrant un point marqué au crayon sur la carte et en me mettant un compas dans la main. Voyons quelle route ferais-tu pour attérir sur Ouessant, par exemple ?

Avant de satisfaire à cette question posée à bout portant, je place, en tremblant un peu, mes deux pointes de compas, l'une sur le point indiqué par le capitaine et l'autre dans la direction de Ouessant, puis je réponds assez hardiment, quoiqu'en rougissant : *Le nord-est quart d'est demi-est, sans compter la variation qui est de deux bons quarts nord-ouest.*

— Sans compter la variation, dis-tu ?

— Oui, capitaine, sans compter la variation, dont il convient de corriger cette route : ce qui n'est ni long ni difficile à faire.

— Tu en sais plus, le diable m'enlève, que le capitaine de prise sous le commandement duquel tu as le sot caprice de vouloir servir. Allons, puisque tu le désires, saute-moi à bord du trois-mâts, et que le bon Dieu ou l'enfer vous conduise, pourvu que vous arriviez ailleurs qu'en Angleterre. En attendant, note bien sur tes tablettes que je te fais lieutenant de la prise, pour qu'en me quittant tu sois au moins content de moi.

Mes préparatifs de translation ne demandèrent, comme on le pense bien, que fort peu de temps, et en moins de cinq minutes le bas de laine, qui, en guise de valise ou de malle, contenait tous mes effets de voyage, passa du *Sans-Façon* à bord du petit trois-mâts. Arnaudault, en recevant mes remercîmens, me donna une petite tappe sur la joue en signe de bienveillance, et non sans répéter le pronostic que le pauvre maître Philippe avait formulé en ces termes sur mon compte : *Ce petit Fil-à-Voile fera quelque jour un bon petit bigre.*

La prise, équipée de douze hommes, non compris le capitaine, un gros matelot bas-breton, qui devait servir de second, et moi devenu la troisième personne du bord, se sépara bientôt du corsaire. Arnaudault, monté sur le dôme de la chambre, nous commanda, après nous avoir vu prendre notre route, de faire force toile et de bien veiller autour de nous. Notre nouveau capitaine, dont le nom de course était *Bon-Bord*, désirant recevoir apparemment des instructions plus étendues, s'avisa d'interroger au porte-voix, et avec une certaine importance, le chef de qui il attendait ses derniers ordres :

— *Va te faire lanlerre et tâche de ne te souler qu'une fois par jour, double soiffard*, lui répondit d'une voix de taureau le capitaine du *Sans-Façon*. Ce furent les dernières paroles que nous adressa cet intrépide et brave marin, dont le mâle organe nous sembla retentir longtemps sur les vagues qui allaient nous séparer de lui. Le *Sans-*

Façon, toujours occupé de réparer ses avaries, disparut bientôt à nos regards dans l'ondulation des lames qu'il faisait blanchir en se traînant encore comme estropié, au milieu d'elles, et vers la partie de l'horizon à laquelle nous venions de tourner la poupe.

Mon premier soin, après avoir vaqué aux devoirs les plus urgens de mon nouvel emploi sur la prise, fut de visiter de toutes parts le navire pour m'assurer ou de la présence ou de l'absence de Petit-Jacques à bord. Je tremblais que ce jeune et gentil compagnon, à qui je m'étais déjà attaché sans trop savoir pourquoi, n'eût pu tenir à la parole que nous nous étions donnée de nous réunir sur le premier bâtiment capturé. J'avais si heureusement réussi à quitter le corsaire! Mais lui, me dis-je, surveillé comme il l'était, aura-t-il pu avoir le même bonheur? Et son maudit capitaine d'armes n'aura-t-il pas mis obstacle à un dessein qu'il aura peut-être soupçonné? Telles étaient les idées qui m'assiégeaient en foule, et mon cœur, qui n'avait tressailli ni à l'approche du combat, ni sous le sifflement de la mitraille, battait avec force à cette pensée, et de manière à me faire défaillir sous l'impression d'un sentiment qui m'était inconnu. Je cherche, je fouille dans la chambre, les cabines, le logement de l'équipage... Rien! Je me glisse dans la cale, entre les balles de coton. Rien encore!... J'étais désespéré. Le capitaine Bon-Bord m'appelle d'un air d'autorité pour dîner, des restes du déjeûné que nous n'avions pas laissé le temps au capitaine anglais d'achever. J'essaie de manger pour dissimuler ou pour vaincre mon trouble et mon malaise, et déjà, sans savoir ce que c'était qu'une femme, je commençais à les maudire toutes; car, à la place de Jacques, je sentais que rien au monde n'aurait pu m'empêcher de me cacher à bord de la prise, ou du moins, d'employer mes efforts à réaliser le projet dont nous étions convenus.

Les émotions douloureuses pénètrent vivement, mais peu profondément le cœur d'un enfant livré à la mobilité de son âge. Je me consolai donc un peu de l'absence de Jacques, en songeant au plaisir d'être devenu quelque chose dans ma première croisière, et de pouvoir me répéter que j'étais la troisième personne du bord sur la prise le *Back-House*.

Le matelot Ivon, devenu le second du navire, ce gros bas-breton dont j'ai déjà dit un mot, me prit avec lui pour faire le quart. C'était une façon d'homme aussi large qu'il était haut, quoiqu'il fût déjà d'une belle taille, une sorte de parallélipipède humain, ou pour mieux le classer dans l'échelle des êtres organisés, un de ces amphibies qui naissent sur les côtes de Bretagne pour barbotter à la mer en quittant la mamelle. Mais c'était aussi une de ces robustes créatures qui sentent le besoin de protéger de l'exhubérance de leur force quelque chose de plus faible ou de moins complet qu'elles, et qui paraissent être venues tout exprès au monde pour s'attacher à celui chez qui elles devinent une intelligence qui leur manque et un coup-d'œil qui puisse guider leur cécité intellectuelle. Ivon me prit, dès la première nuit de quart, sous son égide, et dans la suite, comme on le verra bientôt, il me couvrit de toute l'ampleur de sa colossale individualité. Mais dans cette première nuit de quart, je fus bien autrement favorisé de la fortune, à qui je venais de devoir déjà un protecteur. Il m'était réservé de retrouver quelque chose de plus précieux encore pour mon cœur. En descendant pour me nicher dans ma cabine, après avoir achevé mon service, la tête et le cœur remplis du souvenir de Petit-Jacques, je ne pus trouver de repos que lorsque je me fus en quelque sorte rassasié des réflexions les plus amères. Une main, que je pris d'abord pour celle du matelot qui devait me réveiller pour recommencer le quart, s'étendit en tâtonnant sur moi : au même moment une voix, qui n'était pas celle d'un homme, frappa mon oreille encore toute troublée de ces mots que je ne conçus pas d'abord :

— C'est moi, c'est moi, Léonard. N'aie pas peur.

— Mais qui toi?... Est-ce que ce serait?... Ah mon Dieu !

— Oui, c'est moi. Mais de grâce, parle moins haut, on pourrait nous entendre.

— Comment, c'est... Et où donc étais-tu, pauvre Petit-Jacques ?

— Cachée dans ta cabine, sous le lit même où tu te trouves maintenant. La crainte de nous trahir m'a empêchée de te répondre pendant le jour, quand tu m'appelais en me cherchant partout ici. Si tu savais combien j'ai souffert de ton inquiétude, que je n'aurais pu faire cesser sans risquer de tout perdre ! Mais me voilà avec toi, bien loin du corsaire et délivrée de la contrainte que j'éprouvais si cruellement près de mon tyran. Ah ! si nous pouvions tous deux revoir bientôt la France, que je bénirais le ciel et toi aussi mon ami, mon frère, mon enfant !

Et des caresses bien innocentes, de mon côté du moins, exprimaient à petit Jacques tout le plaisir que je sentais à le retrouver, après avoir renoncé à l'espoir de le revoir.

— Mais comment apprendre maintenant au capitaine de prise que j'étais à bord, ou comment lui cacher ma présence? me demanda ensuite mon compagnon.

— Je lui dirai tout, lui répondis-je ; je ne le crains plus. Il pourra bien me battre, me tuer, s'il le veut; mais il ne pourra plus te renvoyer à bord du *Sans-Façon*, et cela me suffit.

— Garde-toi bien, mon ami, de lui avouer... J'ai lieu de penser qu'à bord du corsaire même, il a soupçonné quelque chose. Mais c'est un homme qui m'inspire autant de peur que de dégoût.

— Et à moi donc, l'ivrogne ! N'importe, je dirai tout au second, à Ivon, qui est un brave homme, lui. Il aura pitié de toi et de moi...

Jacques me donna ses deux mains que je pressai dans les miennes et s'endormit auprès de moi, harassé par la fatigue et peut-être aussi par les émotions de cette nuit dont nous venions d'acheter la douceur au prix de plus d'un embarras et probablement d'un danger à venir.

L'heure de renouvellement du quart arriva trop tôt, hélas ! Ivon, le premier sur le pont quand le service l'appelait, vint me réveiller lui-même à la place du matelot qu'il avait chargé de cette commission.

— Debout, en double, *mon pays !* s'écria-t-il... Puis, étonné de trouver dans mon étroite niche, un individu de plus couché tout habillé, sur mon matelas :

— Ah bien, en voilà bien d'une autre ! se prit-il à dire. Est-ce que par hasard tu aurais fait des petits cette nuit ?... Voyons, débrouillons un peu nos amarres... Et sa main fouilla en une seconde toute ma cabine de fond en comble.

La lampe suspendue dans la grande chambre éclairait paisiblement de la lueur qu'elle jetait de côté dans mon humble réduit, la scène qui se préparait. Mon pays Ivon prend par le collet l'individu trouvé en trop et amateloté si extraordinairement avec moi.

— C'est toi, Petit-Jacques ! Et que fais-tu à bord, demanda-t-il avec surprise à mon camarade de lit.

Des larmes abondantes, comme savent en répandre à propos toutes les jeunes femmes, furent la seule réponse de Jacques.

Moi, déjà levé, je me trouvais la bouche entr'ouverte auprès de mon protecteur. L'aveu nécessaire ne se fit pas attendre. Je lui dis tout en peu de mots; car dans les occasions pressantes, la passion si souvent prolixe a aussi son laconisme éloquent. — C'est une femme, mon pauvre Ivon, que celui que vous avez pris jusqu'ici pour Petit-Jacques. Elle a voulu lâcher là son capitaine d'armes et venir avec moi.

— Ah ! la bonne farce, s'écria-t-il... Et ce pousse-caillou de capitaine d'armes s'est donc laissé faire le cataugan ras du cou par un bout d'homme comme toi ?... Ce n'est pas l'embarras, ça ne pouvait pas lui manquer : il a été soldat, et prétendait faire le suprême vainqueur auprès de la beauté. — Puis reprenant le ton sérieux qu'il avait un instant quitté, il m'adressa ces paroles :

— Tu as méconnu la subordination et c'est toujours mal. Mais le capitaine qu'on nous a donné ici est un véritable relicheur, sans aucune espèce de palan de retenue sur l'article de la boisson.. Verse-moi un petit verre de rum anglais, dit de la Jamaïque... Je te dirai donc que tu n'en as pas moins manqué à la discipline et que tu es répréhensible en cela.., Mais comme ce n'est pas la mort du pécheur que je veux, monte sur le pont, et laisse, en attendant la marée qui porte au vent, ta femme dans ta cabine... Ah ah ! sa femme ! ça ferait pleurer des épingles... Un petit particulier de cet acabit avoir à bord, une femme qu'il a enlevée tout seul pour sa consommation individuelle et journalière... C'est égal : je me charge de toute la négociation en ma qualité de négociant d'amour, et laissons courir grand largue, la bordée qui nous porte à terre.

Un poids énorme venait de m'être ôté de dessus le cœur, par l'intervention d'Ivon dans le nœud si embrouillé de nos affaires. Petit-Jacques sauta au cou de notre futur sauveur, qui, dès lors, nous fut conquis. J'étais presque accablé, honteux et ravi tout à la fois de tant de bonheur inattendu et si peu mérité.

En me promenant sur le pont avec mon second, une confiance intime s'établit entre lui et moi, et ce n'était encore que le deuxième quart que nous faisions ensemble. Les marins vivent vite. Ils ont besoin de tout se dire promptement pour pouvoir se dire les choses qu'ils sont intéressés à savoir ou à se communiquer. Ils n'ont ni la possibilité ni l'envie d'être verbeux ou trop longtemps dissimulés. Ivon m'avoua qu'il aurait déjà fait sa fortune s'il avait su lire et écrire.

— Comment, vous ne savez pas lire, mon second, lui dis-je ?

— Non, mon lieutenant, me répondit-il.

— Mais cela s'apprend.

— Oui, quand on n'a pas la tête dure et l'esprit bouché comme un gros *Vrézounec* (un Bas-Breton) que je suis.

— Et bien, moi, je veux vous apprendre à lire.

— Tu pourras alors te flatter d'être plus malin que les deux ou trois autres amis qui y ont perdu leur temps et leur latin.

— Et même je veux vous apprendre à écrire, et tout aussi couramment que moi.

— Allons donc, Fil-à-Voile... Ah ! mais, à propos, je ne veux plus, entends-tu bien, qu'on t'appelle *Fil-à-Voile*. Voyons, comment te nommes-tu, là, sans plaisanterie ?

— Je m'appelle Léonard, maître Ivon.

J'avais à peine eu le temps d'articuler mon véritable nom, qu'Ivon passa devant pour faire entendre ces mots aux matelots de quart :

— Ah ça, vous autres, je suis bien aise de vous prévenir que ce petit jeune homme, ici présent, s'appelle... Comment déjà m'as-tu dit ?

— Léonard !

— Ah ! c'est vrai... s'appelle Léonard et pas *Fil-à-Voile*, entendez-vous, et j'ai conséquemment l'honneur de vous avertir que s'il arrive à n'importe qui de l'appeler encore Fil-à-Voile, je casserai les reins du susdit n'importe qui, à seule fin de lui apprendre le légitime nom de son lieutenant.

Malgré l'engagement assez difficile que prenait là mon ami Ivon en cas d'infraction à cet ordre, l'équipage comprit qu'il était de force et d'humeur à faire respecter ses volontés. On ne m'appela donc plus que Léonard.

Le pauvre Petit-Jacques, consigné dans ma cabine, n'avait pu trouver le sommeil qu'il y cherchait sans moi : il monta bientôt sur le pont pour faire aussi le quart avec nous. Mais au même instant le capitaine Bon-Bord parut au haut de l'escalier de la chambre. Je prévis dès-lors, quoiqu'Ivon se fût chargé d'aplanir toutes les difficultés de notre position, qu'un conflit inévitable ne tarderait pas à jaillir du choc des deux caractères que l'événement venait de mettre en présence, ou pour mieux dire en contact immédiat.

Les capitaines lorsqu'ils s'éveillent sont ordinairement d'humeur peu traitable, et le nôtre n'avait pas été créé, tant s'en faut, pour faire une agréable exception à cette règle à peu près générale. Bon-Bord, en mettant le nez sur l'habitacle, trouva que la route que nous suivions n'était pas celle qu'il avait donnée.

— Quelle route avez-vous donc donnée? lui demanda Ivon.

— Une bonne route, et celle-ci est mauvaise.

— Pourquoi mauvaise?

— Parce qu'elle n'est pas bonne.

— C'est donc le coup que vous avez bu de trop qui était bon et qui vous a fait perdre la mémoire, puisque cette route que vous ne reconnaissez plus, est justement celle que vous avez ordonné de suivre, au vu et su de tout l'équipage.

— C'est moi? alors j'étais donc fameusement paff!

— Comme vous le dites et comme j'ai l'avantage de vous le confirmer, pour n'avoir pas la malhonnêteté de vous démentir.

— Je parie dix contre un qu'elle ne vaut pas un piment, cette route.

— Et moi je vous parie mille contre la moitié d'un que vous ne savez ni ce que vous faites, ni ce que vous dites.

— Qui est-ce qui me prouvera qu'elle est bonne?

— Qui? dit Ivon, en me montrant, cet enfant-là, qui en sait plus dans son petit doigt que vous et moi dans toute notre bête de personne? Voyons, approche un peu Léonard, et dis-nous ce que tu penses de cette route sur laquelle il nous a fait gouverner sans savoir ce qu'il faisait.

— Cette route est celle que nous devons suivre, répondis-je, si nous voulons entrer en Manche à moitié environ du canal; et j'expliquai de mon mieux alors les raisons qui pouvaient le plus clairement convaincre mes auditeurs, de la justesse de mon opinion. Le capitaine Bon-Bord ne parut se rendre que de fort mauvaise grâce à l'évidence de mes preuves. Ivon grognait. Bon-Bord semblait chercher une occasion de prendre sa revanche et de n'avoir plus tort. Après un moment de silence entre nous, il reprit :

— Est-ce que je n'ai pas vu, en montant sur le pont, un petit jeune homme causer avec vous?

— Oui, sans doute, répondit Ivon. Une sueur froide me monta subitement de la poitrine au front.

— Ah! il paraîtrait, répartit Bon-Bord, que je n'ai pas toujours la berlue... Et sans être trop curieux, ne pourrait-on pas savoir ce que c'est que ce jeune homme en question que j'ai cru ne pas reconnaître pour un des gens de ma prise?

— Tiens, répondit Ivon, comment l'auriez-vous reconnu pour un des hommes du navire, quand c'est une femme.

— Une femme !

— Oui, une femme de son sexe, et par-dessus le marché, la femme du capitaine d'armes, qui désirant, comme de juste, larguer en grand Monsieur son mari, a passé par-dessus le bord en nous donnant la préférence.

Bon-Bord : Ignorez-vous qu'il ne doit y avoir de femme à bord, sous aucun prétexte?

Ivon : En ce cas, puisque la loi s'oppose à ce qu'il y ait des femmes à bord, mettez que cette femme est un jeune homme.

Bon-Bord : Ah ça, me ferez-vous l'amitié de me dire décidément si c'est une femme ou un homme?

Ivon : L'un ou l'autre, je vous en réponds. Mais si vous êtes si curieux, je vous répondrai comme cet autre : Mettez vos lunettes, et allez-y voir.

Bon-Bord : Il faut me répondre autrement que cela. Qu'est-ce enfin que cet individu, et quel est son sexe, masculin ou féminin? J'entends et je prétends le savoir, comme capitaine et chef responsable du bord.

Ivon : Puisque vous commandez et que mon devoir est d'obéir, je vous répondrai, pour ne pas me compromettre et pour ne pas vous tromper, que je crois que c'est une *hermaphroidique.*

Bon-Bord : Eh bien, puisque vous me répondez ainsi, c'est ce que nous verrons, et dans peu.

Je tremblai de toutes mes fibres à cette menace du capitaine. Ivon reprit bientôt très tranquillement :

— Je voudrais bien trouver dans le moment actuel, quelqu'un pour m'apprendre si, dans les ordonnances de la marine, il y a un article qui dit que le capitaine aura à son bord le droit de s'assurer si les individus de son équipage sont mâles ou femelles ?

Bon-Bord : Les ordonnances disent qu'un capitaine est roi à son bord, et comme je suis capitaine, j'ai le droit de vouloir et de faire faire tout ce qu'il me plaira.

Ivon : Vous qui êtes si savant, capitaine Bon-Bord, n'avez-vous pas lu dans les ordonnances, que quand un capitaine est soûl comme une grive, il ne doit avoir d'autre droit que celui d'aller se coucher ?

Bon-Bord : Tu m'insultes, je crois?

Ivon : Si la vérité t'insulte, tant mieux pour la vérité et tant pis pour toi, vilain *sac-à-rum !*

Bon-Bord : Ah ! tu te mets à parler latin pour m'injurier plus à ton aise. Mais veille bien au grain, je t'en avertis.

Ivon : Latin ? Tu prends ça pour du latin, *sac-à-rum ?* Oh ! si tu aimes mieux que je te parle français, je t'appellerai *sac-à-vin*, *sac-à-rack*, ou si tu veux *sac-à-tafia*, et qui plus est *à-ratafia !*

Bon-Bord : Eh bien ! moi, pour te parler en bon français aussi, je te dis et te certifie, pour ne pas te prendre en traître, qu'à la première terre je te ferai fusiller comme un caniche pour t'apprendre à me manquer de respect.

Ivon : Et moi, pour te traiter avec les égards qui te sont dûs, je t'étouffe dès à présent comme un dindon, si tu t'avises de faire un pas ou une menace de plus.... Mais comme il faut de la subordination à bord, non, je ne te torderai le cou qu'à la première relâche.

En prononçant ces mots, Ivon avait saisi son capitaine par le bras droit qu'il serrait de manière à le lui briser comme dans un étau. Bon-Bord, rappelé à lui-même par cette énergique pression, parut remettre sa vengeance à un temps plus opportun. Il descendit dans la chambre pour achever, en buvant une moque de rum, de calmer sa juste irritation.

Ivon, que cette querelle avait remué d'autant plus violemment qu'il avait fait plus d'efforts intérieurs sur lui-même pour se contenir, Ivon, dis-je, après avoir trois ou quatre fois promis à son capitaine de lui rompre la barre du cou à la prochaine occasion favorable, bourra sa pipe avec force et m'envoya devant la lui allumer à la cuisine.

Petit-Jacques, qui s'était tenu tout coi pendant le temps où les deux interlocuteurs avaient échangé ces paroles véhémentes en son intention, vint à nous avec désespoir : Quelle scène ! s'écria-t-il.

Ivon : Ne craignez rien, je vous ai pris tous deux sous mon écoute de grand'voile, et je vous réponds que je vous ferai attérir à bon port ou que le diable m'enlèvera du premier coup de ralingue.

Petit-Jacques : Et si le capitaine veut m'opprimer en vous sacrifiant vous-même à son ressentiment?

Ivon : C'est un gredin à qui j'ai promis de casser l'épine du dos sur mon genou comme une baguette de tambour, et à qui je tiendrai parole, je vous en donne mon billet.

Petit-Jacques : Mais s'il s'obstine, avec l'autorité qu'il a ici sur nous, à nous persécuter?

Ivon : Vous opprimer, vous persécuter? Allons donc, tout cela est bon dans les comédies. Mais à bord d'un navire et avec Ivon, je voudrais bien le voir, rien que pour contenter ma curiosité... Mais il ne s'agit plus, à présent qu'il a été se coucher, de tout ce qui vient de se passer entre lui et moi : c'est une affaire à régler plus tard entre nous deux. — Voyons maintenant, mam'selle, ou madame, racontez-nous un peu, pour nous amuser, comme quoi vous vous êtes trouvée à bord du corsaire, avec votre petite mine si gentiment retroussée, et vos petites mains plutôt faites pour manier l'aiguille que l'épissoire; car, le bon Dieu m'enlève ma part du Paradis, si je comprends un seul mot dans toute cette histoire de passe-passe.

— Cette histoire est cependant fort simple, répondit Petit-Jacques, c'est celle de toutes les jeunes personnes qui ont plus d'éducation que d'expérience et plus de crédulité que de sage réserve. Mais, puisque vous avez bien voulu vous intéresser si généreusement à moi, il est juste que je vous apprenne à qui vous avez accordé votre précieuse bienveillance.

Ivon et moi, nous nous assîmes sur le banc de quart, à côté de Jacques. Le temps était beau, la nuit fraîche et sereine. Le navire filait à toutes voiles sur une mer unie dont on n'entendait que par intervalles le doux frôlement le long du bord. Jacques commença sa narration à demi-voix pour ne pas être entendu du timonnier, à qui Ivon répétait tous les quarts d'heure, en allant jeter les yeux sur la boussole : *Attention à gouverner en route, et ne nous amusons pas à chicaner le vent !*

Histoire du Petit-Jacques.

Mon nom est Rosalie Le Duc. Privée fort jeune de ma mère, je fus envoyée à l'âge de douze ans, de Brest, ma ville natale, au pensionnat d'Ecouen, pour y être élevée aux frais du Gouvernement, faveur à laquelle les bons et longs services de mon père, ancien premier maître canonnier, m'avaient donné des droits. Je reçus dans cette maison une éducation trop peu en rapport avec le modeste rang que j'étais destinée à occuper un jour dans le monde. Mon père ayant perdu la vue par suite d'une de ses blessures à la tête, je revins auprès de lui pour lui prodiguer les soins que je devais à son malheur et à la tendresse qu'il avait pour moi, son unique enfant. Le capitaine d'armes de votre corsaire avait connu mon père au service. Il ne lui fut pas difficile de trouver accès dans notre humble demeure. Ce jeune homme avait des manières qui, sans être distinguées, pouvaient ne pas déplaire à une jeune fille bien élevée. Son air de libéralité, sa physionomie ouverte et ce ton de sincérité qu'ont les marins et qui indique presque toujours un bon cœur, me prévinrent favorablement pour lui. Il appartenait d'ailleurs à une famille aisée et honorable dont il avait dissipé une partie des biens, il est vrai, mais à laquelle il promettait une conduite à l'avenir exempte de reproches. Il devait renoncer dans peu à faire la course. Il demanda ma main. Le désir de rendre plus douce la position de mon père, réduit à une modique retraite, m'engagea surtout à accepter la proposition de mon amant. Mais l'auteur de mes jours me fut enlevé au moment où j'allais m'unir à celui qu'il m'avait paru satisfait de pouvoir nommer son gendre. Après cet événement si douloureux et si fatal pour moi, il ne fut plus question du mariage auquel je m'étais résignée. Je voulus renoncer avec fierté à un homme dans lequel j'avais déjà vu mon mari; mais il était trop tard.

Ivon à ces derniers mots interrompit brusquement Rosalie qu'il regarda de la tête aux pieds et plutôt vers les pieds que vers la tête.— Comment trop tard? s'écria-t-il. Est-ce que par malheur?.. Il ne manquerait plus que cela! Mais non, je ne vois pas, autant qu'il m'est permis d'en juger, que... Quoi! ce grand rien-qui-vaille, après vous avoir promis le mariage, a eu le cœur de couper la remorque et de vous laisser ensuite aller en dérive avant la noce?

Je suppliai l'interrupteur de laisser Rosalie poursuivre son récit. Elle reprit ainsi :

« Une ancienne réputation d'honneur nous impose la nécessité de fuir les lieux où nous ne trouverions plus que le mépris. J'étais aussi malheureuse que j'avais été coupable. Mon séducteur me proposa de m'amener avec lui aux Etats-Unis d'Amérique. Je ne demandais qu'à ne plus vivre au milieu des personnes qui m'avaient connue irréprochable. Il m'assura que son corsaire allait à New-York, et qu'une fois là nous vivrions du fruit de notre travail commun. Je consentis à suivre enfin sous des habits d'homme, celui qui m'avait perdue, déshonorée.

Ivon : Déshonorée! allons donc! Est-ce que la gredinerie d'un autre nous déshonore? Je voudrais bien voir ça, moi! Mais voyez-vous, cette canaille de capitaine d'armes! Aller dire à une innocente que nous partions pour *New-York*, quand nous filions pour courir bon bord de côté et d'autre! Peut-on tromper une jeunesse de la sorte sur la destination des navires en appareillage? Il faut que ce soit un fameux rien de propre dans toute sa personne que monsieur votre suborneur!

Rosalie : Sur le corsaire, mon séducteur se montra ce qu'il était. Comme il ne lui était plus nécessaire de feindre pour me tromper, il osa, afin d'avoir un prétexte de me maltraiter, afficher de la jalousie pour une femme qu'il avait cessé d'aimer. Léonard, le premier peut-être, découvrit mon travestissement. Je lui fis croire que j'étais mariée au capitaine d'armes. J'avais besoin de ne pas paraître trop méprisable aux yeux de cet enfant, pour qui j'ai éprouvé, je ne le tairai pas, un penchant que je ne cherche pas plus à cacher qu'à me faire pardonner.»

Je tressaillis à cet aveu d'un bonheur que j'ignorais encore. Ivon reprît avec sa grosse voix, et en exhalant une bouffée de fumée de tabac : C'est-à-dire, tout bonifacement, que vous en tenez d'àplomb pour ce petit nom de Dieu. Mais, c'est physique ces sortes de choses là. On a de l'amitié pour quelqu'un sans savoir pourquoi ni comment, parce que cela vous saute à bord, quasiment comme une lame sourde qui vous tombe par le travers en Manche avant d'avoir pu pousser la barre à tribord ou à babord pour la parer.

Rosalie : J'ai tout lieu de croire que vous n'excusez pas si facilement que vous le dites, M. Ivon, et ma faute et mes aveux ; mais vous me paraissez avoir un si bon cœur, que vous devez être naturellement porté à l'indulgence. — Cependant, vous n'avez peut-être jamais aimé, vous ?

Ivon : C'est peut-être ce qui vous trompe. Moi, voyez-vous, j'aime comme un autre, une fois à terre et pour mon argent. Mais jamais, je puis m'en vanter, je n'ai suborné personne : j'ai trouvé toujours l'ouvrage tout fait quand j'ai voulu m'en mêler. C'est plus commode et c'est plutôt fini. Et, tel que vous me voyez, si je disais à une jeune innocente ou non : *il faut nous marier*, je crois que je ferais la bêtise que j'aurais promise, non pas pour l'innocente en elle-même, le tonnerre m'en garde, mais rien que pour tenir à ma parole, et pour qu'il ne fût pas dit qu'Ives-Marie Lagadec a fait le Jean-fesse une seule fois en sa vie. On est bas-breton et honnête homme, ou l'on n'est ni l'un ni l'autre. Eh bien, cela dit tout ou ne dit rien, n'est-il pas vrai ?

Pendant ce temps, pendant ces entretiens délicieux et ces confidences mutuelles, notre navire continuait à filer avec vitesse sous l'impulsion d'une douce et bonne brise de ouest-nord-ouest. Cinq à six jours se passèrent ainsi. Notre capitaine se grisait régulièrement deux ou trois fois par vingt-quatre heures, et dans les intervalles de ses deux ou trois cuvées quotidiennes, il montait sur le pont pour essayer de faire prévaloir l'autorité qu'il perdait sur l'équipage, de cuvée en cuvée. Seul un peu au fait des petits calculs nautiques qui nous étaient indispensables pour nous diriger, je donnais la route à suivre : Ivon ordonnait la manœuvre à faire, et il avait soin de mettre sur le corps du navire autant de toile qu'il pouvait lui en faire *charroyer*, comme il disait. Les bâtimens que nous apercevions à temps, nous les évitions : ceux à qui il prenait fantaisie de nous chasser, nous les perdions dans la nuit en faisant fausse route. A force de procéder ainsi, avec autant de bonheur au moins que d'habileté, nous finîmes par atteindre la Grande-Solé. Le plomb de sonde jeté sur ce vaste banc, nous annonça le fond à la hauteur que nous avions à peu près prévue. La terre que nous cherchions ne pouvait guère tarder à se montrer. C'est alors que l'anxiété, dirigée vers un but unique de salut, devint générale à bord ; car c'était toujours sur les attérages que les croiseurs anglais attendaient les prises qui cherchaient à se glisser dans un port français ou neutre.

Pour moi, je l'avouerai, je pressentais presque avec regret le moment où nous allions toucher au terme de notre voyage : je me trouvais si bien de ma situation présente, que j'aurais voulu qu'elle durât toujours. Les dangers même de notre traversée n'offraient qu'un attrait de plus à ma jeune imagination, amoureuse d'aventures, et surtout avide d'émotions. Cette vie brusquement saccadée des corsaires, ce désir sans cesse irritant d'échapper, avec une riche cargaison, à d'odieux ennemis sans cesse acharnés à ressaisir leur proie, me flattaient beaucoup plus que n'aurait pu le faire la perspective d'une existence calme et assurée, au milieu de ma famille..... Et puis Rosalie n'était-elle pas là, toujours près de moi, sans que personne pût me ravir ou me disputer le plaisir de l'occuper seule? Toutes les nuits elle partageait sur le pont, à mes côtés, pendant les heures de quart, toutes mes joies, toutes mes espérances, et quand le moment du repos était venu pour elle et pour moi, jamais je ne m'endormais dans ma cabine sans que mes mains fatiguées ne s'abandonnassent dans les siennes, si douces et si caressantes. Ses tendres soins pour moi ressemblaient beaucoup plus, il est vrai, à ceux d'une mère ou d'une sœur, qu'à ceux d'une amante passionnée. Mais je sentais une si douce volupté dans ses caresses, que mon cœur ne cherchait à concevoir rien au-delà de ce que j'éprouvais si délicieusement, et je savourais cette volupté avec d'autant plus de plénitude et de bonheur, qu'elle était plus nouvelle pour mes organes, encore si neufs, et pour ainsi dire si candides. Cette fraîcheur de sentiment de l'adolescence, qui devient la source de nos premières jouissances, n'est-elle pas, en effet, mille fois préférable à l'impétuosité avec laquelle, quelques années plus tard, on épuise tous les désirs de l'âme en abusant de tous les plaisirs des sens. C'est à quinze ou seize ans qu'on éprouve tout ce que l'amour a de divin ou d'exquis. Passé cet âge, ce n'est plus qu'une passion ou qui pis est, un égoïste besoin du cœur.

Une nuit, on cria: *Terre!* C'était le feu d'un phare que l'homme placé en veille au bossoir venait de découvrir au loin sur notre avant, dans la profondeur de l'obscurité qui nous environnait. Tout le monde s'assembla derrière pour s'entretenir de l'événement qui nous intéressait à un si haut degré. Les uns pensaient que le feu aperçu était le phare des îles Scylly; les autres, que ce ne pouvait être que celui du cap Lézard, et les derniers, enfin, qu'il était impossible que ce ne fût pas la Tour d'Ouessant. L'équipage, incertain entre ces opinions si diverses, sembla solliciter et attendre mon avis, que j'avais modestement jusque-là hésité à exprimer. Le capitaine Bon-Bord, un peu dégrisé, ne paraissait pas trop mécontent de la déférence qui m'était si visiblement accordée. Flatté de la confiance que je savais en ce moment inspirer à tous ceux qui m'entouraient, je me hasardai à formuler hardiment mon avis à peu près dans les termes suivans :

— Hier, dis-je alors, au risque de n'être pas très bien compris de mon auditoire, hier j'ai obtenu une latitude par la hauteur méridienne, à l'instant même où le soleil s'est montré et a éclairé pendant quelques minutes l'horizon. Or, comme nous avons toujours couru à l'est corrigé depuis ce temps, j'en conclus que le feu vu par babord à nous, d'après la distance et l'aire de vent auxquels il nous reste, ne peut être que celui du cap Lézard.

Tout le monde fut de mon avis, dans l'impossibilité sans doute où chacun se trouvait de le contredire en faisant valoir le sien.

— Maintenant quelle route ferons-nous ? demanda Ivon, pour attérir avec des vents de nord sur quelque endroit bien mauvais de la côte de France ; car moi je suis pilote des mauvais parages.

Avant de répondre à cette question, je sollicitai la permission de descendre un moment dans la chambre pour consulter la carte et m'orienter de manière à ne pas induire en erreur ceux qui avaient placé leur espérance de salut en moi. J'étais d'ailleurs bien aise, sans trop vouloir me donner des airs d'importance, de faire les choses avec un certain relief scientifique.

Lorsque je crus être bien sûr de mon fait, je remontai sur le pont pour dire à Ivon qu'il nous fallait gouverner au sud-sud-est du compas, afin de couper sur la partie la plus difficile des côtes de la Basse-Bretagne.

— Et pourquoi, s'écria Bon-Bord, choisir les parages les plus dangereux ?

— Parce qu'il y a toujours moins de croiseurs là où il ne fait pas bon mettre le nez, reprit Ivon, que là où l'attérissage est facile pour tous les imbéciles comme... comme il y en a trente-six à la douzaine.

Cette opinion hardie prévalut. Dans les circonstances épineuses, les hommes dont les résolutions sont vives et promptes, ont toujours raison, moins parce que leur opinion peut être bonne, que parce qu'ils osent en avoir une. Sans daigner consulter le capitaine Bon-Bord, nous orientâmes vent arrière, laissant les feux du cap Lézard se perdre dans les ténèbres et scintiller par intervalles au-dessus des lames que nous mettions entre eux et nous, et qui nous poussaient comme avec complaisance vers les côtes de notre patrie. Je dis ici avec complaisance, en parlant d'une chose aussi inintelligente que la mer, parce que l'habitude des marins est d'animer tout ce qui les environne et tous les objets inertes avec lesquels ils sont en contact. Ainsi la mer leur semble bonne ou méchante, le vent propice ou taquinant, selon que la lame les seconde ou les menace, selon que la brise les favorise ou les contrarie.

Je ne pourrais bien dire ici l'impression que la vue de ces phares étincelans que nous quittions, avait pour la première fois produite sur moi. Ces jets d'immense lumière établis sur une langue de terre, au milieu des vagues, pour guider pendant la nuit les navires battus des vents et des flots, me remplissaient l'âme d'un sentiment de plaisir et de mélancolie que je serais inhabile à exprimer. Il faut avoir navigué pour devenir accessible à certaines émotions qui ne peuvent être produites que par des objets ou des phénomènes d'un ordre exceptionnel. Tous nous savions que ces feux, qui frappaient notre vue, s'élevaient sur une côte ennemie, mais nous aimions à les voir briller de leur éclat tutélaire, parce qu'après une longue suite de dangers et de privations, ils devenaient pour nous l'indice certain de notre retour à terre, et parce qu'ils nous disaient que là même où ils projetaient leur lumière secourable, il y avait une ville, des plaisirs, de l'abondance et de la civilisation enfin, pensée toujours douce au cœur de ceux qui ont longtemps habité cette vaste et sauvage solitude que l'on nomme l'Océan.

De quelle perplexité cependant n'est-on pas tourmenté lorsqu'en temps de guerre on cherche, au terme d'une traversée d'angoisses et de périls, à se jeter dans le port avec le navire qui porte toute votre réputation, votre fortune et vos dernières espérances? Tout vous semble ennemi dans ces momens de crainte et d'irritation fébrile. La moindre barque que vous devinez au loin devient à vos yeux un menaçant et inévitable vaisseau de ligne. La plus petite variation de brise semble vous présager un vent obstinément contraire, ou la plus effroyable tempête. La plus ordinaire contrariété vous exaspère ou vous abat. L'obstacle, même le plus léger, vous arrête ou vous désespère, et vous retrouvez à peine le calme qui vous était habituel pour ordonner et surveiller la manœuvre, qui au large ne serait et n'a jamais été pour vous qu'un jeu d'enfant. C'est un port qu'il faut aux corsaires qui attérissent, pour qu'ils retrouvent leur gaîté et leur heureuse insouciance. Et c'est dans ces momens d'incertitude cruelle que l'on sent, à l'approche du but, que la crainte de perdre le fruit sur lequel ils ont compté, les rendrait les plus pusillanimes des hommes, s'ils étaient longtemps réduits à trembler pour ce qu'ils ont si péniblement acquis.

Un homme à bord soutenait notre courage de toute l'énergie que lui seul avait conservée : c'était Yvon. Il ne dormait plus, mais il buvait et fumait sans cesse. Depuis que nous avions quitté le *Sans-Façon*, il n'avait pas une seule fois déchaussé les grosses bottes qui lui couvraient, selon son expression, le bout des pieds jusqu'aux cuisses. Souvent je l'avais remarqué visitant et remettant en état, quatre petits canons que la prise avait sur son gaillard d'arrière. Il s'était aussi assuré par lui-même, de l'existence d'un baril de poudre qui se trouvait encore intact dans une des soutes de la chambre. — Avec cela, disait-il, nous pourrions nous défendre d'une embarcation à qui il prendrait envie de nous embêter de trop près.

L'occasion d'utiliser les quatre pièces que mon ami entretenait avec une si tendre sollicitude, ne tarda pas à s'offrir.

Vers l'heure où nous supposions, d'après la route que nous avions tenue depuis le phare de Lézard, qu'au jour nous pourrions voir la terre de France, nous crûmes apercevoir derrière nous dans l'obscurité que la clarté de l'aube n'avait pas encore percée, une masse noire qui nous suivait à une assez faible distance. Une mauvaise petite longue-vue de nuit, extraite du mince bagage avec lequel Bon-Bord s'était embarqué, ne nous permit pas de reconnaître, aussi bien que nous l'eussions désiré, le navire qui paraissait ainsi nous appuyer la chasse. La brise était ronde et maniable, et nous traînions autant de voiles que nous avions pu en livrer au vent qui continuait à nous favoriser. Tout nous portait à croire que si le bâtiment que nous avions dans nos eaux était armé, il n'avait pas du moins sur nous un grand avantage de marche, puisque depuis le moment où nous l'avions aperçu, il n'avait pas encore pu nous rallier. Les deux meilleurs timonniers de l'équipage avaient été placés à la barre, car dans les conjonctures où l'on ne peut se sauver qu'à force de vitesse, il est surtout essentiel de suivre bien exactement la route donnée, et de ne pas perdre par la maladresse de ceux qui gouvernent, le chemin que l'on s'efforce de gagner sur l'ennemi, en exagérant la voilure. Pour alléger autant que possible notre navire, nous jetâmes à la mer tout ce qui encombrait inutilement notre pont et qui eût pu nuire à la rapidité que nous voulions faire acquérir à notre sillage. Nous brûlions tous d'impatience de voir le jour se lever, et la crainte que les vents de nord, qui jusque-là nous avaient favorisés, ne passassent au nord-est, comme il arrive souvent en Manche, ajoutait encore à l'anxiété fort naturelle que nous éprouvions. Le jour commença, enfin, à poindre à travers les vapeurs rougeâtres qui épaississaient l'horizon. Les formes du bâtiment à vue se dessinèrent alors peu à peu sur le fond d'un ciel surchargé, dans la partie du nord, d'une masse de nuages compacts. Sa mâture était élevée, et les bonnettes qu'il avait poussées au bout de ses longues vergues donnaient à la base de la pyramide que figurait sa voilure, une dimension qui nous paraissait colossale. C'était un fort croiseur anglais, selon toutes les apparences : mais comme nous ne le voyions que par son avant dans la position où il se trouvait placé par rapport à nous, il ne nous était possible de hasarder que des conjectures assez peu précises sur sa force réelle. Nous étions dans le mois de février ; le grand jour ne se faisait que très tard, et nous attendions, avec une sorte de serrement de cœur, que la terre, dont nous ne devions plus être éloignés, se montrât à nous, pour nous offrir un refuge ou quelque chance de salut. Bientôt, en effet, elle nous apparut sur notre avant, basse, blanche dans quelques-unes de ses parties, et coupée de distance en distance par des blocs ou des pointes de rochers noirâtres. La mer qui écumait en mugissant sur des brisans vers lesquels nous courions, nous indiquait assez que, pris entre l'ennemi qui nous chassait et les écueils que nous avions à éviter, nous ne pourrions nous tirer que bien difficilement du double danger de cette cruelle position.

Notre capitaine, à qui le sentiment du péril commun avait enfin rendu quelque lucidité d'esprit, voulut reprendre l'autorité jusque-là très contestée du commandement ; mais il savait à peine sur quelle partie de la côte nous devions nous trouver. Ivon que son coup-d'œil plus exercé avait initié, comme praticien des parages où nous nous étions engagés, à la connaissance assez exacte de notre situation, assuma encore cette fois sur lui seul, la responsabilité des événemens et de la conduite du navire. Monté dans les haubans pour explorer la côte aperçue, il nous cria, avec la conviction la mieux faite pour nous rassurer : Ne craignez rien, je suis pilote du lieu, et j'ai fait pendant dix ans la pêche dans ces cailloux que vous voyez là.... Ce plateau de sable que vous prenez pour une langue de terre, ce n'est pas la côte ferme : c'est l'île de Batz, et bientôt vous verrez au-dessus d'elle les trois clochers de Saint-Pol-de-Léon. — La confiance qu'il nous communiquait ainsi lui conquit l'obéissance passive de tout l'équipage. Ce fut lui que nous reconnûmes tacitement alors pour capitaine. Il ordonna à Bon-Bord, ainsi démonté de son commandement, de se tenir près de la barre du gouvernail, et de veiller à bien faire gouverner selon les ordres qu'il recevrait.

Notre pauvre capitaine de prise ne sut que se soumettre à cette injonction si précise, sans être tenté, comme auparavant, de revendiquer en sa faveur le bénéfice des ordonnances qui l'instituaient *Roi à son bord*.

Notre navire allait toujours grand train, sur une mer que verdissait la brise devenue plus que fraîche ; mais malgré la force croissante du vent et la brusque agitation des lames, nous ne continuions pas moins à tenir toujours toute notre toile haute et nos bonnettes dehors.

Le trois-mâts chasseur n'avait encore de son côté, amené aucune de ses voiles. La poursuite à laquelle nous nous efforcions d'échapper, était enfin aussi vive que notre fuite était prompte. Notre *Back-House* avait ce qu'on pouvait appeler une belle marche : le bâtiment qui se tenait si obstinément dans nos eaux, ne nous avait pas gagné de la route ; mais il paraissait aussi n'en avoir pas perdu. La situation devenait très critique pour nous, par la prévoyance de la manœuvre que bientôt il nous faudrait forcément tenter pour contourner les écueils dont nous approchions en entraînant sur notre sillage un ennemi que l'aspect des rescifs environnans ne semblait pas effrayer plus que nous-mêmes.

Ivon, tout en faisant gouverner pour attaquer résolûment l'Ile-de-Batz dans l'Est, s'occupait de charger à mitraille ses quatre petits canons. — Que prétendez-vous faire avec ces quatre engins, contre ce grand navire, si c'est surtout une frégate? lui demandai-je. — Oh! si c'est une frégate, me répondit-il, ce n'est pas d'elle que j'aurai le plus de peur; mais ce sont les péniches qu'elle pourra mettre à la mer, la coquine, qui me mettraient la puce à l'oreille. En attendant, ajouta-t-il, je charge le plus dur que je peux, ces espèces de pierriers montés sur affût, pour leur envoyer par le nez la *crache* de nos gargousses, s'il leur prend envie de nous sentir au derrière.

Lorsque nous nous trouvâmes en position de donner dans la passe de l'Est de l'île, il fallut, comme nous l'avions depuis longtemps prévu, revenir un peu au vent de manière à enfiler le chenal étroit par lequel nous nous proposions d'entrer. Le croiseur imita notre manœuvre et nous laissa voir dans son *oloffée* la batterie couverte et l'ample travers d'une grosse corvette. Il faut, répétait Ivon, que cette gueuse-là ait un pilote français pour nous taquiner comme ça jusque dans les cailloux. Ah! si je tenais les traîtres vendus à l'Anglais sous la semelle de mes bottes, Dieu! quelle bonne marmelade je ferais de leurs gredines de têtes!... Et en proférant cette imprécation, il appliquait avec rage sur le pont son large et vigoureux pied. Un coup de canon de chasse de la corvette nous annonça à qui nous allions avoir sérieusement affaire, et bientôt après cette lourde détonation nous vîmes un long pavillon anglais s'élever et se déployer à l'extrémité du pic d'artimon de l'ennemi.

— Attention à gouverner, Bon-Bord! s'écria Ivon impérieusement. Moi, je vais relever le muffle à cet Anglais. Léonard, cours devant m'allumer ce bout de mèche à la cuisine.

Effectivement après avoir pointé deux de nos pièces qu'il venait d'établir en retraite tant bien que mal sur l'arrière du *Back-House*, Ivon, avec son bout de mèche, mit le feu aux amorces. Nos deux petits coups de canon firent ricocher leur mitraille sur l'avant de la corvette, qui nous riposta de suite à boulet. Le feu s'engagea dès-lors de part et d'autre, et l'on n'entendit plus au milieu de ce bruit d'artillerie, que la voix d'Ivon s'élevant pour commander à Bon-Bord, selon le besoin : *Loffe, la barre un peu dessous, laisse un peu arriver, pas plus au vent,* ou s'adressant à nous pour nous crier : *Feu dessus, garçons!*

chargeons en double, et tâchons de la désemparer en pointant à démâter!

Je lui apportais des gargousses: il en chargeait ses pièces, les visait, les tirait, riait, et le nez tantôt fourré dans l'habitacle pour faire gouverner bien en route, ou l'œil collé sur la culasse de nos canons pour envoyer des *grappes de raisin* à la corvette, il remplissait à la fois les fonctions de capitaine, de pilote et de maître canonnier. On a dit souvent qu'un marin était plus qu'un homme. Jamais, à ce compte, je n'ai vu de matelot être plus de fois un homme à lui tout seul, que mon pays Ivon, dans notre entrée à l'Ile-de-Batz.

Les boulets de la corvette nous serrant presque au plus près du vent, nous dépassaient depuis que nous étions revenus sur babord: notre mitraille devait quelquefois ricocher jusqu'à elle. Nous parvînmes enfin, tout en la canonnant de notre mieux, à nous réfugier sous terre sans qu'elle pût nous approcher d'assez près pour nous faire amener pavillon. Mais au moment où nous nous supposions sauvés, en reprenant les amures à tribord pour donner dans la passe de l'Est, un faux coup de barre de Bon-Bord, toujours placé au gouvernail, nous jeta sur la queue d'un îlot, nommé en breton, *Tî-Sozon* (1) (maison à l'anglais). A l'ébranlement violent imprimé au navire par cet échouage soudain, nous ne doutâmes plus de la perte totale de notre prise. Un grand coup de poing as-

(1) Tî, *maison*, zozon ou zauzon, *à l'Anglais*, *au Saxon*; en un mot, *maison à l'Anglais*.

séné par Ivon, vola sur la figure de Bon-Bord, à la maladresse ou à la peur duquel il attribuait, avec raison, notre terrible mésaventure. Le *Back-House* roulant bord sur bord sur les rochers où s'était brisée sa quille, se pencha sur le côté de babord, présentant le flanc opposé au feu de la corvette qui prit aussitôt la panne pour nous canonner tout à son aise à moins de trois quarts de portée de canon. Nous ne songeâmes plus qu'à atteindre à la nage ou dans un de nos canots, l'îlot sur lequel nous nous étions échoués, et que la mer battait avec une certaine force. Ivon, seul parmi nous tous, s'entêtait à rester à bord, en accusant la lâcheté de Bon-Bord, qui, entraîné par l'exemple des autres fuyards, s'apprêtait à abandonner le navire qu'il devait ne quitter que le dernier.

Pendant que nous nous disposions à gagner avec quelques chances de succès le rivage, qui n'était qu'à une vingtaine de brasses, la corvette, pour s'emparer de la prise et de nous, ou tout au moins pour incendier notre malheureux bâtiment, lança à la mer deux de ses embarcations. Ces grandes péniches, chargées de monde, débordèrent en forçant de rames pour nous couper la retraite sur Tî-Sozon. Notre chaloupe, poussée à la mer par les plus pressés, reçut tous ceux qui voulurent fuir les premiers. Rosalie, en cherchant à m'entraîner après elle, me conjurait de ne pas la laisser partir sans moi dans ce moment d'effroi. Ivon, que ses tendres supplications contrariaient très visiblement, la prit dans ses robustes bras et la flanqua comme un ballot dans la chaloupe, qui se trouva bientôt, avec tout l'équipage, mais sans lui et sans moi, à une demi-portée de pistolet du navire, où seuls tous deux, nous allions recevoir l'ennemi. Notre perte devenait certaine. « Cours vite me chercher encore de quoi recharger cette pièce de canon, si tu en trouves, me dit mon pays. Je veux, avant de *filer mon loff*, m'amuser à déquiller quelques-uns de ces gueux d'Anglais. » Il convient de rappeler, ici, que le pavillon anglais renversé se trouvait encore hissé tout haut à notre pic, comme il était d'usage à bord des prises faites sur nos ennemis d'outre-Manche, et que, par conséquent, notre navire devait passer, aux yeux de nos assaillans, pour n'avoir pas amené ses couleurs en signe de reddition.

Pour obéir à l'ordre que vient de me donner mon chef, je descends dans la chambre, sous le tillac de laquelle était la soute aux poudres : une chandelle, que l'on avait oublié d'éteindre, comme à l'ordinaire, aux premières lueurs du jour, se consumait encore dans le globe de verre suspendu sous la claire-voie de cette chambre. A cette vue, une idée prompte comme l'effet d'une étincelle électrique me frappe ; je saisis le bout de chandelle dont la mèche charbonnée s'éparpille entre mes doigts dans le mouvement rapide auquel je me livre, et sans calculer le danger de ma folle action, j'enfonce cette chandelle tout allumée dans le tas de poudre que le baril défoncé par Ivon a formé sur le fond de la soute qui le contient. Puis remontant comme un fou sur le pont, je crie à mon ami : *Sauvons-nous, sauvons-nous, le feu est à la soute aux poudres!* A ce cri aigu, Ivon me regarde fixement, tout étonné du désordre de mes mouvemens et de l'égarement de mes traits ; il me saisit par les reins, me lance par dessus le bord, comme un paquet de mauvaises étoupes, et, croyant que je ne sais pas nager, plonge sur moi, me ramène à flot, et m'attirant en croupe sur ses larges épaules, me remorque jusqu'à terre dans ses eaux.

Rosalie, accourue au-devant de nous, me reçoit avec des cris de frayeur de la lame qui me pousse, dans ses bras qui m'enlacent pour m'arracher au danger qu'elle redoute encore pour moi. Ivon, déjà rendu sur le rivage, tout ruisselant d'eau de mer et de sueur, me demandait les mains sur les hanches : *Eh bien, mon pays, comment as-tu trouvé le bouillon?* Sans rien lui répondre, je saisis Rosalie par la main, et de toutes mes forces, j'entraîne Ivon avec elle derrière un des rochers de l'îlot. Il était temps. Une détonation épouvantable ébranle, entr'ouvre le granit sur lequel nous marchons, et en nous jetant comme anéantis, la face contre terre, nous couvre de feu, de fumée et de débris, derrière ce rocher même où nous nous sommes cachés. C'était la prise qui, avec les deux péniches anglaises qui venaient de l'aborder, avait sauté en l'air. Ivon, tout bouleversé d'un événement si terrible, qu'il ne pouvait encore bien comprendre, me questionnait en hurlant. J'étais devenu sourd, je lui hurlais de mon côté aux oreilles et il ne m'entendait pas plus que je l'entendais moi-même. Ce ne fut qu'au bout de quelques minutes que je pus lui faire concevoir que c'était moi qui au moyen d'un reste de chandelle venais de faire sauter le *Back-House*.

On ne peut s'imaginer quelles furent sa surprise et sa joie, en apprenant cette prouesse et le succès de mon imaginative. Il sautait, dansait, en chantant; s'arrachait les cheveux dans l'excès de son ravissement, et se tenant les côtes à force de rire, il s'écriait : *Ah ! la bonne sacrée farce !* Ah ! mon Dieu, est-il possible, jamais je n'ai tant ri, et je crois, le diable me le pardonne, que je suis fichu pour en crever de plaisir ! — Et après avoir de nouveau sauté et gambadé jusqu'à l'épuisement de ses forces, il répétait : O ! la bonne farce, la bonne farce ! Notre brave ami ne voyait dans l'explosion du navire éparpillant en l'air une centaine de bras et de jambes ennemies, qu'une de ces espiègleries qu'il eût faite de grand cœur à ma place, si l'idée lui en était venue.

Etonnés, confondus de la destruction si subite de notre prise, les gens de notre équipage réfugiés avec nous sur l'île, accoururent vers l'endroit du rivage où nous nous étions tenus blottis. Ils nous entouraient, nous pressaient pour savoir quel motif avait pu porter les Anglais à faire sauter le navire qu'il leur aurait été encore possible de renflouer. Tous attribuaient cet accident à quelque acte d'imprudence commis par les capteurs dans la confusion qui avait dû accompagner l'instant où ils étaient venus envahir le *Back-House*, les armes à la main.—Sont-ils donc bêtes, nos gens ! s'écria à la fin Ivon. Ils se mettent dans leurs bigres de têtes que c'est l'Anglais lui-même qui s'est fait sauter pour son plaisir. Mais apprenez donc, escouade de pelletas, que c'est ce petit nom-de-Dieu que vous voyez là, qui a tout fait avec un simple bout de chandelle, pas plus long que le doigt. Allons, accoste ici à l'ordre, Léonard, que je t'embrasse : Tu viens de mériter mon estime ! Et après cette brève allocution, les lèvres d'Ivon, noircies de poudre et de tabac, se collèrent sur mes deux joues enflées de plaisir et d'orgueil.

Comme mon *pays* était quelquefois un peu nuageux dans ses récits d'apparat, il me fallut raconter après lui, à nos co-naufragés, le moyen que j'avais mis en usage pour faire voler en éclats tout l'arrière du bâtiment et les deux péniches anglaises. Aux deux tiers de ma narration, Ivon, que jusque-là j'avais toujours traité avec les égards que je devais à la supériorité de son grade et de son âge, m'interrompit en me pressant fortement le bras : Je n'entends plus, me dit-il, que tu me dises *vous*, ni que tu m'appelles *maître Ivon* ou *mon capitaine* : je prétends, et j'ordonne au besoin, que tu me tutoies, comprends-tu ça petit bougre ? je te grade enfin mon égal, et si tu n'es pas content, tu peux me faire l'honneur de m'en avertir. Mais pour commencer par un petit temps d'exercice le *tutoyage* ordonné, supposons pour le moment que je t'embête : voyons, que répondrais-tu?

— Mais je vous assure, que vous ne m'embêtez nullement, maître Ivon?

— Ah ! t'y voilà encore! tu as dit *vous* et *maître Ivon*, en manquant à la consigne. Est-ce que tu aurais l'intention de me molester? Allons réponds-moi mieux que cela. Voyons, une supposition que je t'embête, que me répondrais-tu ?

— Eh bien ! puisque tu le veux, je te répondrais : *Va te faire lanlerre* !

— Lanlerre ! ce n'est pas encore ça. Ce n'est pas assez *matelot,* cette parole là. Et pour ne te rien cacher, il faut que tu saches, que tu commences toi-même à m'embêter joliment !

— Dès qu'il en est ainsi, répondis-je alors en prenant mon parti, va donc te faire f. . . .

— A la bonne heure ! s'écria-t-il, voilà au moins ce qui s'appelle parler français. Vive la mère Gaudichon et les enfans de la mère Ribotte !. . . Mais reprit-il bientôt en jetant ses regards au loin, voilà je crois des embarcations qui nous arrivent de tous les bords... Oui, je ne me trompe pas... Ce sont des amis qui viennent à notre secours, de l'Ile-de-Batz, de Roscoff et de la Pointe-de-Carantec.

En effet, au bruit de la détonation qui s'était fait entendre au loin, les pêcheurs, les pilotes de l'Ile-de-Batz, ceux des lieux voisins, et les corsaires mêmes qui, mouillés sur le chenal de cette île, avaient pu observer notre naufrage, s'empressèrent de nous porter secours. Les uns arrivaient peut-être avec l'espoir secret de se vautrer sur les débris du navire sauté ; les autres, les canots des corsaires, pour nous prêter main-forte dans le cas où la corvette ferait une autre tentative pour nous arracher du rivage que nous venions de couvrir des cadavres mutilés d'une partie de son équipage. Mais quelles que fussent les intentions plus ou moins honorables de nos assistans, leur aide ne nous fut pas inutile. En moins d'une demi-heure, l'îlot se vit entouré d'un essaim d'embarcations françaises. Les pilotes de l'Ile-de-Batz, dans leurs pirogues effilées, débarquaient avec les courts jupons de grosse toile qu'ils portent à la mer, et les lourds sabots dont ils sont toujours chaussés. Les marins des corsaires sautaient lestement à terre, le mousqueton au dos, le sabre sous le bras et un long pistolet à la ceinture. Chacun d'eux nous proposa un verre d'eau-de-vie. Ivon n'en refusa pas un seul, pour fraterniser avec d'aussi généreux confrères.

La corvette anglaise, se tenant toujours en panne devant Tî-Sozon, non découragée par son premier insuccès, avait déjà remis à l'eau ses deux derniers canots pour les envoyer sur la rive encore fumante des débris de ses malheureuses péniches. Embusqués entre les roches qui bordent la petite plage où nous nous étions sauvés, nos libérateurs, la main sur la crosse de leurs mousquetons, attendaient le moment où les Anglais tenteraient de débarquer. Mais ceux-ci se défièrent du piége que nous leur tendions. Les deux canots ennemis, après s'être assurés du sort éprouvé par ceux qui les avaient précédés, retournèrent à bord de leur navire, qui, dans quelques minutes, les eut rehissés sur leurs palans. Nous entendions de terre les sifflets aigus des bossmen qui faisaient exécuter cette prompte opération.

Dans un clin-d'œil, la corvette disparut en louvoyant parmi les brisans et les écueils qu'elle avait à éviter une seconde fois pour regagner le large.

— Sont-ils donc marins, ces chiens-là ! répétait Ivon, en admirant malgré lui la leste manœuvre de la corvette. Ah ! si la nation n'avait pas été trahie au combat du 13 prairial par Jean-Bon-Saint-André, le soi-disant représentant du peuple!... C'était là, du reste, l'exclamation qui échappait à mon pays Ivon dans ses accès de récriminations historiques. Car il faut bien remarquer que presque tous les marins d'alors paraissaient convaincus, pour se dissimuler autant que possible notre infériorité navale, que la marine anglaise ne l'avait emporté sur la nôtre que par la trahison des ministres français et l'impéritie de nos amiraux.

Une fois le danger passé, en présence de l'inutilité des efforts que l'on ferait pour sauver les lambeaux du *Back-House*, nous ne songeâmes plus qu'à gagner le port le plus voisin. Ivon, Rosalie et moi, nous prîmes passage sur le canot du corsaire le *Revenant*, un des premiers navires qui s'était empressé d'envoyer ses embarcations à Tî-Sozon; et heureux d'avoir glorieusement disputé notre prise à l'ennemi, nous nous rendîmes, du rivage où nous l'avions ensevelie avec tous les honneurs de la guerre, au petit port de Roscoff, situé en face de l'Ile-de-Batz, la terre que, la première, nous avions aperçue à notre attérissage sur les côtes de France.

Les pêcheurs des environs, restés sur le lieu du naufrage, après le départ des canots du corsaire, s'acharnèrent à sauver et à se disputer les restes du navire détruit à la fois par la mer et par le feu. C'est ainsi, qu'on me passe la prétention de cette comparaison en faveur de sa justesse, c'est ainsi, dis-je, que sur l'arène qu'ont ensanglantée deux tigres furieux, les oiseaux de proie s'abattent après le combat, pour s'arracher les chairs encore pantelantes du monstre vaincu.

CHAPITRE III.

Vie de Corsaire.

Quels hommes que les corsaires ! Quelle brusque et nerveuse saillie ils forment sur le fond monotone du reste de l'espèce civilisée ! La terre a ses brigands, ses contrebandiers et ses bravi, avec leurs aventures romanesques, leurs rencontres meurtrières et leur mort quelquefois héroïque. Mais le métier des guerriers de grands chemins n'est que vil ou coupable, et rien ne saurait racheter aux yeux de la société l'abjection d'un Cartouche ou d'un Mandrin. Mais un corsaire, un flibustier, un pirate même, peut illustrer sa gigantesque audace et jeter de l'éclat jusque sur ses fureurs. Le corsaire surtout, en dépouillant l'ennemi dont il s'est rendu l'effroi, sert le pays qui lui permet d'exercer sa rapacité sur les mers où flotte fièrement son pavillon redouté, et la reconnaissance nationale n'a pu se tromper en confondant dans la même admiration Duguay-Trouin et Jean-Bart, qui furent d'abord écumeurs de mer, avec Tourville et Suffren, dont le sang généreux ne coula que sur les navires de l'Etat.

Combien pour le poète qui vivrait de la vie d'artiste parmi ces hommes d'airain, il y aurait de belles et sombres couleurs à prendre dans leurs mœurs mêmes, pour peindre sur un tableau colossal leur mépris de la mort, leur soif de débauches et leur amour de dangers et de gloire! Quelle farouche philosophie dans cette existence si forte, si vite dépensée et si souvent offerte aux tempêtes, aux combats et au naufrage! Quelle sauvage noblesse dans leur prodigalité de toutes choses, de leurs richesses, de leur énergie et de leurs jours! Comment expliquer cette avidité du pillage et cette insouciance pour l'or qu'ils ont teint de leur sang! — Comparez les basses intrigues, le servilisme rampant au moyen desquels on s'élève à la fortune dans les antichamhres ou sur les palliers de la cour, à la dédaigneuse fierté et au désintéressement altier des corsaires, et dites-nous ensuite à l'honneur de qui tournera ce rapprochement?

Le petit port de Roscoff, où nous débarquâmes après notre exploit incendiaire, était le rendez-vous de tous les corsaires qui se réfugiaient dans le chenal de l'Ile-de-Batz, poursuivis par l'ennemi ou harassés par les tempêtes de l'hiver. Ce chenal, d'une demi-lieue de largeur et de quelques brasses de profondeur dans son milieu, n'est autre chose qu'un canal naturel qui, hérissé de rochers à chacune de ses extrémités, sépare de l'est à l'ouest l'Ile-de-Batz de Roscoff, son opposite sur la terre ferme.

Les croiseurs anglais avaient soin de se tenir continuellement à vue de ce point commode de relâche, en épiant la sortie des bricks, des cutters, des lougres et des goëlettes, toujours prêts au premier bon vent à quitter leur refuge, pour aller chercher fortune dans tous les coins et recoins de la Manche.

Notre aventure avec la corvette et ses péniches, répétée de bouche en bouche, et embellie à notre gloire par l'exagération de tous ceux qui se la racontaient, ne contribua pas peu à répandre sur Ivon et sur moi un certain éclat de renommée. Les marins, nos confrères, nous accueillirent avec le plus cordial empressement, et j'oserai même dire avec un certain orgueil. Les habitans nous regardèrent avec une surprise mêlée d'admiration, et le travestissement masculin de Rosalie, dont on ne manqua pas de faire une sorte d'amazone maritime, devint, dès le premier jour, ce qu'il devait devenir dans une très petite ville : la grande affaire de tout le pays.

Le commissaire de la marine, à qui nous eussions dû, dès notre arrivée, nous présenter hiérarchiquement pour lui faire notre rapport, fut obligé de nous inviter à passer chez lui avec les autres hommes de la prise. Il nous engagea, sans trop nous faire sentir l'inconvenance de cet oubli, à l'informer de tous les détails relatifs à notre naufrage, certain, ajouta-t-il, que l'Empereur n'entendrait pas, sans satisfaction, le récit d'un événement si honorable pour quelques-uns de ses sujets. Le rapport d'Ivon fut bientôt dicté au secrétaire chargé de le transcrire. — Nous avions un capitaine de prise que voilà, dit-il, en montrant Bon-Bord, un ivrogne fini, soifant toute la journée, y compris la nuit. Une corvette nous chasse sur les attérages. Pendant que, selon mon devoir, je cherche à lui envoyer quelques mauvais boulets par le nez, cet animal de capitaine, parlant par respect, nous flanque à la côte, sur des cailloux qui lui crevaient les yeux, et où les petites filles de l'Ile-de-Batz vont, à mer basse, pêcher des moules. Une fois le navire abandonné par ces tas de lâches ici présens, ce petit Léonard, resté seul avec moi, s'est avisé de faire sauter la barque, au moyen d'un bout de chandelle de deux liards, et les Anglais venus pour nous chenoper ont payé le feu d'artifice en s'éparpillant en l'air comme de vraies étincelles. Le reste, vous le savez, et il serait par conséquent inutile de vous le récidiver. »

Pendant la narration de mon compagnon de gloire, je m'étais à peu près endormi sur la chaise que le commissaire avait eu la bonté de m'offrir. L'accablement que j'éprouvais encore l'avait emporté sur le plaisir que j'aurais dû avoir à entendre mon illustre ami rendre à ma valeur le témoignage officiel le plus éclatant. Le commissaire, en m'arrachant avec un sourire à ma somnolence, me demanda mon nom, le domicile de ma famille, et m'engagea à revenir le voir souvent, ce que je ne manquai pas d'oublier pendant tout mon séjour à Roscoff.

En nous jetant à la mer pour échapper aux Anglais des péniches, nous avions sauvé avec nous, par bonheur, une partie des piastres qui nous étaient revenues dans le partage des barils d'argent à bord du *Sans-Façon*, et que nous avions eu soin de transborder à bord de la prise.

Une ceinture dans laquelle nous avions cousu nos espèces nous était restée jour et nuit autour du corps, pendant notre traversée. C'est là un usage adopté d'ailleurs par les marins, que de porter sur eux ce qu'ils ont de plus précieux. Sans cesse exposés à tous les événemens, ils ont la prévoyance de s'arranger de manière à ne jamais sauver leur vie sans ce qui peut contribuer à la soutenir ou à leur épargner l'humiliation de la mendier.

Le philosophe Ivon ne tarda pas à trouver l'emploi des gourdes qu'il avait ainsi arrachées au naufrage. Il commença par se faire habiller de la tête aux pieds en Monsieur, comme il disait, et aussi élégamment qu'on put y parvenir à Roscoff. Il acheta ensuite au prix qu'on voulut les lui faire payer, trois ou quatre montres qu'*il rangea en batterie* à sa ceinture, et dont les lourdes breloques allèrent lui battre l'abdomen d'une façon à coup sûr beaucoup plus incommode que gracieuse. Un parapluie à canne ne quitta plus, quelque temps qu'il fît, ses mains recouvertes sur leur couche de goudron, d'une belle paire de gants blancs glacés. A le voir ainsi paré et épinglé, on eût pu croire qu'il allait à une noce ou plutôt qu'il en revenait; car une fois nos petites affaires réglées, il ne *dégrisa* plus, malgré la retenue qu'aurait dû lui imposer la toilette recherchée sous laquelle il se montrait du matin au soir aux habitans du lieu.

Rosalie avait repris le costume de son sexe. Jamais je ne l'avais vue encore aussi piquante que sous le chapeau de soie au fond duquel se dessinait coquettement sa petite figure chiffonnée que l'air de la terre avait refaite et embellie. Elle voulut elle-même régler les détails de ma mise que je négligeais d'une façon désespérante pour elle, et elle s'attacha avec une persistance qui ne fut pas je crois sans succès, à me vêtir d'une manière un peu moins grotesque que mon matelot Ivon.

— Et tes parens, me dit-elle quelques jours après notre arrivée, tu n'y penses donc plus, Léonard ? Tu n'as donc jamais songé aux mortelles inquiétudes que ta mère a dû concevoir sur un fils qui l'a quittée sans lui faire savoir ce qu'il était devenu ? Maintenant elle te pleure comme si elle t'avait perdu pour toujours, et tu n'as pas encore pensé, cruel enfant, à lui dire le mot qui doit lui rendre le repos et peut-être la vie !

— Ma foi, répondis-je, j'aime bien ma mère à qui je sais avoir causé, comme tu dis, beaucoup de chagrin ; mais rien ne me coûterait autant que de lui écrire. Jamais encore je n'ai fait une lettre, et je ne vois pas trop comment je m'y prendrais pour demander pardon à mes parens de la faute que j'ai commise en les abandonnant comme je l'ai fait.

— Eh bien ! si je t'avouais, mauvais petit sujet, que j'ai écrit à ton père une lettre bien suppliante pour toi, que dirais-tu ?

— Je dirais que tu as bien fait, que tu as même mieux fait que je n'étais disposé à faire moi-même.

— Et tu ne m'embrasses seulement pas pour me remercier ? Tu n'aimes donc plus tes parens ?

Et j'embrassai encore une fois Rosalie.

— Mais que crois-tu que va nous répondre ton père ? me demanda-t-elle. Voilà ce qui m'inquiète.

— Il répondra, repris-je, ce qu'il voudra. Ce n'est pas là ce qui m'alarme le plus.

— Et tu dis encore que tu tiens à ta famille !

— Sans doute, que j'y tiens ; mais comme un enfant qui l'aime toujours, et qui sent qu'il peut se passer d'elle. J'y tiens, enfin, mais à ma manière, et autant qu'il m'est possible d'y tenir ; comme, en un mot, je tiens à toi.

— Tu m'aimes donc un peu aussi, à ta manière, mauvais enfant ?

Et, après des entretiens pareils, qui se renouvelaient souvent entre nous, Rosalie me prodiguait les caresses les plus tendres, auxquelles je répondais par des caresses d'enfant. Celles-là suffisaient encore à mon bonheur, et au sien même, je crois ; car l'attachement que le hasard et la conformité d'âge avait fait naître dans nos cœurs était aussi désintéressé de son côté que du mien. Ce n'était pas un amant qu'elle cherchait en moi. Mais, avec le sentiment que je lui inspirais sans le savoir, elle avouait qu'elle pouvait se passer de l'amour plus exigeant des autres hommes. Plus tard, j'ai voulu m'expliquer avec elle la singularité de cette sympathie et de cette réserve, qui nous fesaient trouver, si jeunes tous deux, tant de félicité dans une union pour ainsi dire étrangère à l'attrait des sens. Mais jamais nous n'avons pu nous rendre compte de ce que nous sentions le mieux alors, et nous nous sommes souvent avoué que les momens les plus regrettables de notre amour étaient ceux où nous nous aimions avec toute la candeur et la tendre vivacité d'un attachement fraternel.

La gentillesse, les grâces de celle qui passait pour ma maîtresse, et peut-être aussi la réputation de galanterie que devait lui donner sa liaison supposée avec un adolescent, attirèrent autour d'elle tous les capitaines et les officiers les plus fringans. Nous logions tous les trois dans une petite auberge que l'on nommait très hyperboliquement l'*Hôtel Tirard.* Deux mauvais billards transplantés, aux trois quarts usés, dans ce logis, et qui jusque-là n'avaient réuni autour de leurs tapis rapés que fort peu de joueurs, devinrent peu à peu le rendez-vous des galans flibustiers qui convoitaient Rosalie. M. Tirard, notre hôte, celui-là même qui avait eu la gloire de donner son nom à l'établissement, se plaisait à proclamer que, pour peu que la vogue continuât, nous lui ferions faire fortune. Cet aveu devint un trait de lumière pour Ivon. Il faut, dit-il, que Mam'selle Rosalie fasse quelque chose de son corps ici, et ne se contente plus de travailler bêtement aux affaires des autres, quand elle peut, sans se donner beaucoup de mal, faire si bien les siennes pour son propre compte.

— Comment, faire quelque chose de son corps? Qu'entends-tu par là, demandai-je à Ivon, qui, comme on sait, avait ordonné que je le tutoyasse.

— J'entends par là, puisqu'il faut te mettre les points

sur les i et sous les yeux, qu'il est plus que temps qu'elle travaille ; car l'homme et la femme, ainsi que nous le dit la Sainte-Ecriture, ont été créés et mis au monde pour se servir de leurs quatre doigts et le pouce.

— A quoi prétends-tu qu'elle s'occupe ?

— A tenir boutique en long ou en travers, par devant comme par derrière, peu n'importe, pourvu qu'elle tienne boutique de quelque chose de la première manière venue.

— J'y avais déjà songé et elle aussi ; et il me semble que, si de l'argent qui me reste, nous lui montions un petit magasin de bonnets et de rubans....

— Mauvais, cela ! dans un trou à rats, comme Roscoff surtout. La bonneterie et la rubannerie, d'ailleurs, ça tombe dans la classe des marchandes de modes, et qui dit marchande de modes dit immoralité patentée à travers des carreaux de vitre donnant sur la rue.

— Et si nous lui faisions vendre de la mercerie ou de la quincaillerie ?

— Plus mauvais encore ! Vendre des épingles à des particuliers qui courent tout débraillés, et des aiguilles à des femelles qui n'ont jamais fait un point de couture dans toute leur vie ? Ce n'est point un métier, ça. Cherche-nous quelque petite chose de mieux *rahuché*.

— Marchande épicière ?

— Trop commun, et ça rougit les mains et le bout

du nez, l'hiver. Pointe encore plus haut pour viser plus juste.

— Et que pourrait-elle donc faire, selon toi ?

— Elle pourrait tenir un petit café anodin, pour nous vendre aussi cher qu'elle voudrait, autant de verres de grog, de punch et de rum que nous pourrions en flûter, et en sus de cela, de bon tabac avec accompagnement de tuyaux de pipes, blagues assorties, boîtes d'allumettes, briquets, bric-à-brac, *eccetera.*

— Mais tu n'ignores pas que pour débiter du tabac il faut avant tout avoir obtenu une licence du Gouvernement ?

— Oui, pour vendre du mauvais tabac, avec la permission des autorités constituées; mais pour en vendre de bon sous le nez et sans l'autorisation de qui de droit, il n'y a pas besoin de licence. On fait la fraude, quoi donc; et à Roscoff il ne manque pas de gueusards, je t'en réponds, tout parés à faire la contrebande sans la moindre modestie. Je la ferai aussi quand j'y trouverai mon compte. Mais, en parlant de contrebande, tu n'as peut-être pas encore remarqué, toi, comme tous les *corsairiens* viennent louvoyer sous le vent et au vent de ta bonne amie ?

— Oh que si ! et peut-être plus que toi et avant que tu ne l'aies remarqué toi-même.

— Alors mon fiston, c'est qu'apparemment tu as l'œil

plus américain que le mien. Mais puisqu'ils ont l'air si friands sur l'article, j'ai pensé qu'il fallait leur faire payer leur louvoyage et le droit d'ancrage dans la rade où nous nous sommes donné la peine d'affourcher notre petite corvette, armée pour le moment en stationnaire. Voici en quatre mots mon plan. Ecoute bien. — Quand, je suppose, nous lui aurons espalmé un café muni de cinq à six mois de provisions de campagne, la turne ne désemplira pas, sois-en bien sûr. Elle fera également bonne mine à chacun, afin de pouvoir dire bonsoir à tout le monde, toutes fois et quantes on voudra lui souhaiter le bonjour de trop près. Le plomb tombera dans son comptoir à mesure que la consommation tombera dans nos gosiers, et les payans se frotteront les babines avec le dos de la main gauche, pour peu que cela les amuse, pour leur argent. Que dis-tu de ce plan-là?

— Je dis qu'il faut d'abord en parler à Rosalie. Mais en attendant son avis, tu me permettras de te faire observer que le métier de marchande de modes, que tu trouves immoral, ne vaut guère moins que celui d'une maîtresse de café, sous le rapport de la condition s'entend.

— Ce n'est pas la femme qui vit au milieu des hommes, me répondit mon moraliste, qui a le bord de sous le vent le plus faible. C'est plutôt celle qui, assise du matin au soir sur son derrière, l'aiguille à la main et l'œil en l'air du côté de la rue, rencontre à la brune de nuit les fendans avec qui elle a joué de la prunelle toute la journée.

Rosalie fut consultée. Après une longue et mûre discussion, Ivon eut la gloire de faire adopter son projet. Nous nous mîmes aussitôt en course pour trouver un local. Une assez jolie maisonnette à deux étages, avec boutique sur le devant, un salon spacieux au premier, fit notre affaire. Un bail de trois années fut passé avec le propriétaire, moyennant le paiement d'un an d'avance. Nous entrâmes immédiatement en jouissance des droits ainsi stipulés. Il fallut ensuite trouver un nom au nouveau café à établir dans le logis. Ivon prit encore la parole dans cette grave délibération.

— Si nous nommions la case, le café des *Trois Amis*, dit-il. Qu'en pensez-vous, vous autres?

— Ce titre est peut-être un peu trop banal, répondit Rosalie, et puis nous sommes tous trois de bons amis, sans doute; mais je suis votre *amie* et non pas votre *ami*, et l'enseigne n'exprimerait pas assez bien ou exprimerait trop significativement ce qu'il ne convient pas d'afficher. Rosalie me regardait en hasardant ce dernier mot, avec un sourire timide qu'Ivon comprit à merveille.

— J'entends, j'entends la malice, reprit-il... suffit !... Il y a bien un nom qu'on pourrait barbouiller crânement, en lettres dorées, sur notre enseigne.

— Lequel? demandai-je.

— Aux *Corsairiens*, par exemple.

— Mais ce mot là qui est usité parmi nous, n'est pas français.

— Pourquoi pas français aussi bien qu'un autre?

— Parce qu'il ne l'est pas et qu'il ne se trouve dans aucun dictionnaire.

— Tout le monde cependant dit un corsaire pour dire le navire, et corsairiens pour dire ceux qui font la course à son bord.

— Tout le monde à tort, mon pays.

— Est-ce que quand tout le monde a tort, tout le monde n'a pas raison d'avoir tort?

— Mais le dictionnaire seul peut avoir raison pour ce qui concerne l'usage des mots qu'il est permis d'employer.

— Est-ce que ça me fait à moi le Dictionnaire? et je voudrais bien savoir qui m'empêchera de dire *corsairien* quand j'en aurai envie. Ton Dictionnaire aurait-il par hasard été décrété au nom de l'Empereur et Roi, pour qu'on s'y conforme dans les vingt-quatre heures?

— Non, mais, en fait de langue, il faut bien s'en rapporter à quelque chose.

— Quand un capitaine de vaisseau, un contre-amiral et le préfet maritime lui-même seraient là pour me dire que *corsairien* n'est pas français, je leur répondrais qu'il est peut-être meilleur français qu'eux tous, et que je veux qu'il le soit, moi.

— Comme il te plaira, au surplus. L'observation que j'ai cru pouvoir me permettre ne doit pas te fâcher, et si j'avais pu penser qu'en la hasardant...

— Je ne me fâche pas non plus, tonnerre de D...; mais quand un mot est bon pour tout le monde, il est toujours assez français pour tous ceux qui l'entendent... En définitive, je viens à penser à une chose, qui me prouve encore mieux que ton bête de Dictionnaire que ce nom-là ne peut pas nous aller. Il est de fait qu'en mettant *Aux Corsairiens*, tous les muscadins d'officiers et de capitaines de prises de Saint-Malo pourraient croire, parce qu'ils sont *corsairiens* comme nous, que c'est pour eux que nous aurions *guindé et mis en clé* une jolie femme sur le *tenon* d'un comptoir de café. Et comme ils sont assez puans comme ça, il ne faut pas que nous leur donnions la satisfaction de se mettre sous leur toupet, pommadé et frisé, que nous avons voulu travailler pour leur agrément particulier... C'était pourtant un fameux intitulé : *Aux Corsairiens !*

— Voyons, quel nom donnerons-nous, enfin, à notre café, ou plutôt au café de Rosalie?

— Si nous mettions tout uniment et à la bonne franquette : *A la belle Bretonne ?*

— Y pensez-vous, M. Ivon, reprit vivement Rosalie, me dire à moi-même, sur l'enseigne de mon café, que je suis belle ?

— Et pourquoi pas, si c'est la vérité ? D'ailleurs le

premier singe qui, en lisant l'enseigne, s'aviserait de faire la grimace, aurait plutôt ma main sur la figure, qu'un quine à la loterie, je vous en fiche mon billet.

— Mais, en admettant que je fusse belle, comme vous vous l'imaginez, serait-ce à moi, en bonne conscience, de proclamer publiquement et effrontément ma beauté à tous les allans et venans ?

— Non, non, repris-je, Rosalie a raison.

— Raison, raison ! c'est si l'on veut. Mais voyons, puisque tu te crois si savant en fait d'esprit, cherche toi-même un *intitulé* à ton café. Pour moi, je m'en bats l'œil avec la plus parfaite indifférence, comme dit cet autre, et je ne m'en mêle plus.

Ivon allait se fâcher tout rouge, je le prévoyais. Rosalie calma son amour-propre d'auteur par quelques mots de douceur, comme elle savait en trouver et en dire dans les momens difficiles. Notre ami, vaincu par la séduction de notre compagne, se remit bientôt à chercher un autre titre plus convenable que ceux qu'il nous avait déjà proposés avec si peu de succès ; et au moment où nous nous y attendions le moins, il s'écria transporté, en se tenant la tête à deux mains : Le voilà, le voilà ! Je l'ai enfin désarrimé de ma cale au vin, ce chien de nom !

— Quel est-il donc ? lui demandai-je, avec l'empressement le plus flatteur pour lui.

— *A l'Anglais sauté!* Hein! trouveras-tu encore quelque chose à rabotter à celui-là? Et dire qu'il ne me soit pas arrivé de suite à l'idée! Mais le voilà, je le tiens, et il y aurait là deux mille Dictionnaires de vingt-quatre braqués à mitraille sur mon cadavre, qu'il n'y aurait pas moyen de me le faire larguer, cet intitulé qui dit tout en trois mots et qui est tout ce qu'il y avait de mieux à dire, et je m'en flatte. *A l'Anglais sauté!* c'est notre balle, attendu que c'est notre propre histoire en dix ou douze lettres d'écriture. Un beau navire de trois cent cinquante à quatre cents tonneaux, avec le pavillon anglais renversé pour annoncer que c'est une prise, sautant en l'air comme une fusée romaine, de compagnie avec deux bêtasses de péniches, ça fera un coup d'œil charmant, comme on dit, ou il faudra qu'ils soient joliment difficiles à Roscoff sur les écriteaux publics. Que dites-vous de celle-là, vous autres mes amoureux?

Le ton avec lequel Ivon nous demandait notre avis, ne nous laissait guère la liberté d'en avoir un autre que le sien, et il venait d'ailleurs de nous exprimer son opinion avec un enthousiasme assez propre à la faire passer sans opposition. Rosalie et moi nous donnâmes notre pleine adhésion au titre qu'il venait d'enfanter avec un si laborieux effort de génie. Il fut décidé que notre jolie commanditée entrerait le plus tôt possible en possession du café de l'*Anglais sauté*.

Il ne s'agissait plus que de trouver l'artiste auquel on pourrait confier la tâche de rendre avec vérité et talent l'explosion du *Back-House*. La difficulté n'était pas facile à résoudre à Roscoff où les peintres de marine furent de tout temps beaucoup plus rares que les héros qui auraient pu fournir de nobles sujets à leurs pinceaux. On nous indiqua en désespoir de cause un peintre-vitrier qu'il nous fallut aller chercher à Morlaix, à sept lieues de poste de notre domicile, pour lui faire barbouiller avec du gros rouge brique et du vert choux, une espèce de trois-mâts enflammé, couvrant la mer de feu et de fumée et s'éparpillant en l'air entre deux bouchons noirs qui étaient censés représenter les deux péniches dont il était accompagné.

La partie concernant les liquides dont nous devions approvisionner l'établissement, donna lieu à une nouvelle et savante discussion, que notre associé traita cette fois en homme versé depuis longtemps dans ces sortes de questions toutes pratiques.

— Le rum est rare en France depuis la guerre, nous dit-il; mais il y a cependant encore moyen de s'en procurer de bon pour peu de chose; car, ainsi que je me suis fait l'honneur de vous le dire, ce ne sont pas les fraudeurs qui manquent ici. Et puis, il n'y a rien de plus achalandant pour un café, que d'avoir pour les pratiques ce qui est défendu par le Gouvernement et les Droits-Réunis, parce qu'alors, sous prétexte que la contrebande est difficile à faire, on la vend le double de ce qu'elle coûte et le triple de ce qu'elle vaut. D'ailleurs, moi, je suis là pour un coup, quand il s'agira d'acheter la marchandise, et je défie au plus fin filou de faire entrer dans la maison une bouteille de ginn, de tafia ou de soi-disant cognac, sans que je n'y mette le nez pour m'assurer de la parfaite qualité de la boisson; car c'est là ma partie. Les corsairiens, les officiers, s'entend, tappent, pour se donner des airs de gueules-fines, sur le punch chaud plutôt que sur le petit verre froid. Il faudra, par conséquent, qu'il y ait à demeure, sur le feu de notre pharmacie à ivrogne, une chaudière à punch pour les plus pressés. Je me suis laissé dire depuis longtemps que pour rendre cette espèce de rafraîchissement plus délicat, on pouvait y ajouter quelques larmes d'*Alcide sulfurique* : je leur en mettrai tant, que pour peu qu'ils soient connaisseurs, ils n'auront pas lieu, après avoir sifflé quelques verres de ce brûlot de ma composition, de se plaindre de notre avarice. Pour ce qui est du café, ils le boiront tel qu'il sera : moitié avarié, moitié chicorée; ce n'est pas là-dessus qu'ils sont le plus difficiles à manier. Mais, sur le trois-six et le tafia, dit rum de la Jamaïque, nous ne saurons jamais nous montrer trop sévères dans la manière de les préparer, soit en y mêlant quelques clous de girofle ou quelques brins de poivre pilé pour rendre la liqueur plus marquante au gosier. C'est moi, au reste, qui me chargerai de tous ces petits détails de cuisine, et qui serai, je l'espère bien, la première et la meilleure pratique de l'*Anglais sauté*. L'article de la boisson, en lui-même, n'est pas néanmoins, comme vous pourriez peut-être le penser, mon seul et unique élément. Mais quand il s'agit d'achalander la boutique d'une petite femme comme vous, je crois que j'irais, le diable m'élingue, jusqu'à me *biturer* une demi-douzaine de fois dans les vingt-quatre heures sans désemparer s'il le fallait dans votre intérêt et pour ma satisfaction.

Toutes les dispositions intérieures et extérieures étant

prises, nous songeâmes à mettre à exécution la partie, jusque là, la plus controversée de notre projet. L'enseigne de l'*Anglais sauté*, sortie enfin des mains de l'artiste en barbouillage, fut inaugurée au-dessus de la porte d'entrée du café. Elle fit l'admiration de la foule, après avoir victorieusement subi la critique des connaisseurs. Nous plaçâmes ensuite force spiritueux dans la cave et un comptoir assez élégant dans la salle. Rosalie, revêtue de ses plus beaux atours, y monta comme sur un trône. Un petit billard, acheté d'occasion au noble propriétaire ruiné d'un château voisin, fut installé au premier étage. Bientôt on ne parla plus dans toute la bourgade que du nouvel établissement de la belle cafetière, qui eut la gloire de recevoir de la publique voix, le nom qu'elle avait eu la modestie de ne pas vouloir laisser inscrire sur son enseigne. Il fallait voir avec quelle avide curiosité les passans lorgnaient la reine du comptoir! Les capitaines et les officiers de corsaires fesaient mieux : ils entraient dans le café, et pour faire leur cour à la maîtresse du logis, ils saisissaient, afin de donner du prix et du faste à leur consommation, des prétextes qu'on mettait la meilleure grâce du monde à accepter. Ce qu'avait prévu Ivon avec tant de sagacité, arriva : la chaudière à punch ne quitta plus les fourneaux du laboratoire. Les verres remplis sans cesse circulaient autour des salles, trop petites pour la foule des buveurs, des joueurs et des adorateurs. Ivon, présidant avec une activité au moins égale à son exactitude, à la confection de ce qu'il appelait les raffraîchissemens, se distingnait entre tous par le zèle avec lequel il sablait le punch au rum, pour prêcher d'exemple et exciter les habitués à en faire encore plus que lui. Quant à Rosalie, coquette comme le sont par instinct ou par nécessité toutes les femmes que tout le monde courtise, elle ordonnait, surveillait le service, comptait l'argent, attirait les chalands par son joli babil, et se tenait à son poste, sans donner l'air de la contrainte au motif intéressé qui l'y enchaînait toute la journée. Il me semble encore la voir si grâcieusement assise sur le divan dont elle avait fait le trône des amours, souriant à l'un, accordant un regard à l'autre, à travers le nuage de fumée de tabac et les vapeurs du grog fumant, qui s'élevaient du sein des groupes de ses courtisans, comme l'encens le plus digne qu'ils pussent offrir à la divinité du lieu. Et quand au milieu de cette foule de soupirans, je me disais : c'est moi seul qu'elle préfère malgré l'or, le rang des plus riches capitaines et les cajoleries des plus jolis officiers, je sentais mon jeune amour-propre se gonfler de la plus enivrante et de la plus délicieuse vanité.

Un incident fort inattendu vint m'arracher aux douces illusions qui jusques-là avaient suffi à mon bonheur imprévoyant. Mon frère arriva un soir à l'*Anglais sauté*, au moment où je jouais à la drogue, avec mon ami Ivon, une soupière de punch pour toute la galerie.

— Enfin, te voilà donc retrouvé, mauvais sujet, me dit Auguste, en me sautant au cou et en me serrant dans ses bras, avec un attendrissement expansif, dont malgré moi je me sentis remué jusques au fond du cœur.

— Comment c'est toi, Auguste, m'écriai-je. Pauvre frère, que je suis content de te revoir ! Et maman, et le père, comment sont-ils ?

— Tu me le demandes ! Ils t'ont pleuré, malheureux, comme s'ils t'avaient perdu pour toujours. Si tu savais toute la peine que tu leur as faite !

— Ah je crois bien ! Mais que veux-tu, je voulais naviguer, moi, j'ai navigué et me voilà encore.

— Et tu ne nous as pas seulement écrit toi-même ton arrivée, et il a fallu qu'une main étrangère nous ait appris ce que nous désirions tant savoir.

— J'ai bien pensé à vous écrire. Mais ayant l'intention d'aller vous voir, j'ai mieux aimé attendre le moment de prendre la poste que de vous faire une lettre pour vous demander pardon de vous avoir tant affligés.

Rosalie, pendant cet entretien, s'était peu à peu discrètement rapprochée de nous : elle semblait jouir du bonheur de mon frère et du mien, en nous contemplant tous les deux avec le plus vif et le plus touchant intérêt. Ivon resté en suspens, les cartes sous le pouce, et toujours assis à la table où je l'avais laissé, attendait que la conversation fût finie pour continuer sa partie. Fatigué enfin de la longueur de cette scène d'effusion de cœur, il se leva en jetant sur la table les sept ou huit cartes qu'il tenait inutilement en éventail dans sa main gauche, depuis plus d'un grand quart d'heure.

— Sans être trop curieux demanda-t-il, à Auguste, ne pourrait-on pas savoir comment Monsieur ici présent, a pu savoir que son frère était pour l'instant à Roscoff?

— Mais nous l'avons appris, répondit Auguste, par la lettre qu'une demoiselle Rosalie Leduc, a eu la bonté et l'attention de nous adresser à Brest.

A ces mots, Ivon ne pouvant plus contenir sa satisfaction, prit à deux mains la tête de Rosalie, et après l'avoir embrassée avec une expression de tendresse à lui faire perdre haleine, il s'écria : vous êtes une brave fille, ou que l'Antechrist me tortille?

Cette exclamation fit beaucoup rire mon frère qui comprit que c'était à la maîtesse de l'établissement où nous nous trouvions réunis, que ma famille devait les renseignemens qu'elle avait obtenus sur mon compte. Moi, je ne la remerciai pas; mais je la regardai avec reconnaissance, et ses mains qui saisirent les miennes avec un tressaillement nerveux, me dirent qu'elle m'avait compris.

Mon frère ne se lassait pas de me regarder avec bonheur. Je le contemplai avec orgueil. Ivon lui demanda la permission de lui donner une poignée de main, et pour faire dignement les honneurs de la maison au nouveau venu, il fit apporter sur la table autour de laquelle nous nous étions replacés, tout ce que le café contenait en flacons de liqueurs. Il fallut bien parler de nos aventures. Ivon raconta notre histoire, sans oublier le travestissement de Rosalie et tout ce qui s'en était suivi. Rendu au naufrage du *Back-House,* il rappela en termes magnifiques ma conduite et l'explosion du navire anglais, qui l'avait si fort récréé. Auguste, à ce récit, me pressa de nouveau dans ses bras. Nous passâmes le reste de la nuit à boire et à causer. Rosalie ne m'avait jamais encore paru aussi attentive pour personne qu'elle l'était pour mon frère: elle semblait en cherchant à lui plaire, m'oublier tout-à-fait pour lui.

Le jour vint : il fallut songer à partir ; car Ivon, et Rosalie, surtout, me pressaient de me rendre à Brest avec Auguste, pour aller embrasser mes parens et les dédommager, par ma présence, des longues inquiétudes que je leur avais si cruellement causées. Je consentis à suivre mon frère.

L'ordre d'amener deux chevaux de louage à notre porte fut donné par Rosalie elle-même, qui, avant notre départ, avait préparé un bon déjeûner, auquel Ivon et Auguste firent seuls honneur, car notre compagne, suffoquée par les grosses larmes qu'elle s'efforçait de cacher, ne put manger. Moi, malgré mon indifférence apparente, je me trouvais tout mal à mon aise. Le repas fini, on parla de se quitter, de se revoir bientôt, et je sentais en moi quelque chose qui me disait que je ne resterais pas longtemps éloigné des amis que je laissais à Roscoff. Bien des baisers furent donnés et reçus dans nos adieux. Rosalie, tout en pleurs et cherchant toujours à dissimuler son attendrissement, priait mon frère de lui pardonner la douleur qu'elle éprouvait à se séparer d'*un enfant* à qui elle avait tenu lieu de sœur au milieu des dangers auxquels nous avions tous deux été exposés. Ivon, pour couper court aux embarras d'une plus longue explication, me donna une grosse poignée de main en flanquant un grand coup de parapluie à ma monture, qui m'enleva auprès du cheval de mon frère, aux dernières émotions de cette scène d'adieu. « Si tu ne viens pas nous revoir bientôt, j'irai te chercher moi-même, Léonard, entends-tu ; car il n'y a que trente lieues d'ici à Brest. — Au plaisir, porte-toi bien, et moi aussi. » Tels furent, textuellement, les derniers mots que me cria Ivon, après m'avoir fait partir assez inopinément au galop de mon coursier.

Deux petits marins vont vite quand ils peuvent faire galopper les chevaux qu'ils ont loués. En moins de cinq heures de coups de fouet et d'éperon, mon frère et moi nous nous trouvâmes rendus à Brest.

Je ne dirai pas tout ce que mon retour au foyer paternel eut de touchant pour moi et pour mes bons parens surtout. Le reproche expira sur les lèvres de ma mère dans ses tendres embrassemens. Mon père me pressa avec plus de satisfaction encore que de sensibilité sur son sein, et en me faisant raconter mes prouesses, sur lesquelles mon frère se plut à renchérir, il déclara que j'avais bien mérité de la patrie, sans que je susse trop comment moi-même je pouvais avoir acquis des droits à la reconnaissance nationale.

Rappeler ici toute les visites qu'il me fallut faire, les félicitations que je reçus, les questions dont les oisifs m'accablèrent, serait chose aussi difficile pour moi que fastidieuse pour le lecteur. J'abrègerai donc l'histoire de mon séjour à Brest, avec d'autant plus de raison que je serais plus embarrassé de retracer toutes ces scènes de famille, qui, dans une narration moins rapide que la mienne, trouveraient peut-être une place convenable, mais qui dans le journal d'un marin ne seraient propres qu'à affadir le récit, en rebutant l'attention de ceux que des événemens plus importans peuvent intéresser.

Deux faits assez notables pour moi vinrent seuls varier la monotonie des jours que je coulais, comme on dit, dans le sein de mon heureuse et paisible famille.

Un matin, le préfet maritime, c'est-à-dire la première autorité du lieu, fit inviter mon père à vouloir bien passer en son hôtel avec moi. Je m'attendais pour le coup à recevoir au moins une verte semonce de la part de ce chef du service naval, pour m'être embarqué sur un corsaire en négligeant les formalités usitées en pareil cas. Mais quel ne fut pas mon étonnement lorsqu'au lieu de la sévère réprimande sur laquelle je comptais, j'entendis M. le préfet dire avec solennité à l'auteur de mes jours : « Capitaine, vous avez un jeune fils qui déjà vous fait honneur. Son Excellence le ministre de la marine m'écrit pour m'informer que sur le rapport qu'il vient d'adresser à l'Empereur, Sa Majesté a daigné le décorer, ainsi que le matelot Ives La Gadec, de la croix des braves. Recevez-en tous deux mes sincères félicitations. »

La croix d'honneur qu'à cette époque on appelait encore métaphoriquement le bijou des héros, avait conservé tout le prestige éclatant qu'avait su lui imprimer son immortel fondateur. Ce ne fut qu'un peu plus tard qu'elle se trouva n'être plus trop souvent qu'une chose de mode, un objet de toilette, ou qui pis est, une marque de soumission officielle ou de capitulation de conscience.

Des larmes de joie, des gestes de saisissement furent la seule réponse de mon père à la harangue du préfet. Pour moi, je reçus la nouvelle si inattendue de mon élévation au rang des héros étoilés, avec un peu plus de sangfroid, si ce n'est d'indifférence. Quoi, M. le préfet, demandai-je, on me donne la croix pour avoir fait faire la dernière gambade à quelques malheureux matelots anglais?

— Oui, mon ami; et n'est-ce donc pas une distinction que vous croyiez avoir méritée? me dit l'autorité.

— Ma foi, repris-je, je trouve que c'est recevoir une très grande récompense pour assez peu de chose.

— Mais, avec les heureuses dispositions que vous annoncez, vous promettez de faire encore mieux un jour pour justifier la haute faveur dont Sa Majesté a bien voulu honorer votre brillant début dans la carrière.

— Je me ferai tuer si j'en trouve l'occasion, Monsieur le préfet, et voilà tout ce que je pense pouvoir faire de moins mal pour le service de Sa Majesté.

Mon air déterminé et la hardiesse de mes réparties parurent enchanter mon nouveau protecteur, et avant de quitter l'hôtel de la préfecture maritime, le préfet lui-même voulut attacher à la boutonnière de ma petite veste bleue de corsaire, le ruban et la croix de la Légion-d'Honneur. Je ne saurai dire l'impression que cette fois j'éprouvai, en sentant rayonner en quelque sorte sur ma poitrine cette marque éclatante de gloire, que je ne croyais réservée qu'à ces grandes actions, dont je n'avais encore qu'une idée confuse. Mon père, visiblement gagné par une émotion devenue de plus en plus intense, avait à peu près perdu l'usage de la parole et celui de ses jambes.

En le soutenant de mon mieux pour descendre les escaliers de l'hôtel, nous retrouvâmes mon frère qui attendait avec anxiété le résultat de notre entrevue avec le préfet. A la vue de mon ruban rouge, il resta pétrifié de joie et de surprise, et tout lui fut expliqué sans qu'il fût nécessaire de lui rendre minutieusement compte de cet heureux événement.

La paix dont nous jouissons depuis plusieurs années, en ôtant peu à peu aux récompenses militaires le prix qu'elles devaient avoir lorsque nous avions à combattre toute l'Europe, ne peut guère aujourd'hui nous faire concevoir l'effet que produisaient les distinctions décernées à la bravoure par l'Empereur des Français. Il n'y a que les temps héroïques qui puissent inspirer à une nation l'enthousiasme de l'héroïsme : une fois l'exaltation passée, les signes restent, mais l'enthousiasme s'éteint, et les souvenirs même des événemens qui les firent naître s'évanouissent. Qu'on se figure cependant, en se reportant à l'époque de fièvre guerrière dont je parle, tous les habitans d'un port de mer comme celui de Brest, voyant un marmot de quinze ans décoré pour un fait d'armes éclatant, et répétant avec des cris d'admiration sur leurs portes ou à leurs fenêtres : *Tiens, le voilà ! c'est le petit mousse qui a fait sauter une prise anglaise !* et l'on n'aura encore qu'une idée fort incomplète du genre de sensation que produisait mon passage ou mon apparition dans les rues de ma ville natale.

L'autre événement important qui eut lieu pendant mon séjour à Brest, fut l'arrivée à Labervrack, petit port de la côte du Finistère, de la première prise que nous avions faite à bord du *Sans-Façon*. Ce bâtiment, richement chargé, avait réussi, après bien des contrariétés et des dangers, à toucher la terre de France. C'était presque une fortune qu'il apportait dans sa cale pour Ivon et pour moi; car à mon âge surtout quelques milliers de francs gagnés à la mer, ne laissent pas que d'entourer fort utilement un jeune débutant d'un certain prestige d'opulence. Quant au corsaire le *Sans-Façon*, que nous avions laissé errant sur les flots près des Açores, cherchant, à moitié démâté et coulé, à faire encore quelques captures, nous n'en avions plus entendu parler.

Le partage de la prise si heureusement attérie à Labervrack fut bientôt réglé. Un vingtième pour l'Etat, la moitié du surplus pour l'armateur et l'autre moitié pour l'équipage du corsaire. Une somme de 2,500 francs me fut libéralement comptée pour mon lot dans la répartition générale. Ivon reçut pour le sien un peu plus de 9,000 francs. Aussi peu soucieux du fruit matériel de mes premiers succès, que je l'avais été d'abord des récompenses honorifiques accordées à ma valeur, je voulus offrir à ma famille l'argent que mes débuts venaient de me rapporter. Mais mon père toujours rempli de scrupules militaires et de désintéressement paternel, repoussa d'une main tendre et ferme, ma précoce largesse : il exigea que mes parts de prise fussent placées chez un négociant de sa connaissance, comme un capital dont les intérêts accumulés d'année en année, pussent avec le temps me ménager une utile ressource pour les occasions difficiles.

La plénitude du bonheur amène bientôt la satiété, et si douces que soient les jouissances de cœur et d'amour-propre, il suffit d'une âme active et d'un cœur bouillant pour les épuiser en quelques semaines de molle oisiveté. Le calme plat au milieu duquel je vivais à terre ne pouvait plus convenir à une imagination qui, après avoir essayé les violentes émotions qu'elle avait cherchées comme un aliment nécessaire, rêvait encore des hasards, des combats et peut-être même un peu de gloire. Une lettre de Rosalie, dont le souvenir s'attachait pour les attrister, à tous mes instans de fête et d'ivresse, vint me reprocher, dans les termes les plus tendres, mais aussi les plus réservés, mon oubli de mes anciens et de mes meilleurs amis. J'aurais pu montrer à mes parens cette douce épître, sans qu'ils se crussent en droit d'en être choqués. Mais la crainte de leur laisser deviner ce que je sentais trop bien pour n'avoir pas à me défier de la pénétration des autres, me fit garder le silence sur le compte de ma conquête de Roscoff, à l'égard de laquelle ma famille avait toujours observé une retenue qui ne laissait pas que de m'embarrasser en m'imposant la plus timide circonspection. Rosalie terminait sa lettre en m'annonçant que si je ne revenais pas bientôt à Roscoff, ne fût-ce que pour revoir un instant Ivon, celui-ci accourrait à Brest pour me ramener avec lui de gré ou de force.

Il y a des organisations que le repos dévore et que le travail et les agitations seuls vivifient. Les autres hommes perdent presque toujours dans une trop grande activité la force dont ils sont doués; mais c'est, au contraire, dans l'emploi presque exagéré de leurs facultés que les marins multiplient, pour ainsi dire, leurs ressources vitales. J'étais arrivé, comme je l'ai dit, à une situation de malaise que la terre avait causée et que la mer seule pouvait guérir. Il est à remarquer que cette affection, connue sous le nom de *mal du pays*, et qui atteint particulièrement les jeunes gens éloignés de leur famille, ne gagne guère les marins que lorsqu'ils prolongent leur séjour dans le sein de leur pays même. Il semblerait en quelque sorte que la mer, avec sa solitude et sa monotonie habituelle, a le singulier privilége d'éloigner la nostalgie et de devenir la véritable patrie de ceux qui se sont voués à elle. L'aspect de cette vaste rade de Brest, sur laquelle se balançaient les navires que je voyais rentrer au port ou en sortir, répandait dans mon esprit un trouble, une mélancolie que je ne m'expliquais que par l'impossibilité où j'étais d'occuper ma tête, mes bras, ma vie enfin sur ces flots où je m'étais déjà entrouvert une carrière. Mon frère, toujours studieux, sage, attaché à ses devoirs, voulait en vain m'enseigner ce qu'il m'était encore indispensable d'apprendre comme marin; je ne pensais qu'à naviguer, et mes parens se décidèrent par raison à me laisser encore une fois courir la fortune sur la route où déjà j'avais de moi seul essayé de la tenter.

Un jour, en rentrant vers le soir à la maison avec mon père, nous vîmes arriver à nous un marin poussant ventre à terre, une grosse branche d'arbre à la main, le cheval qu'il prétendait gouverner contre toutes les règles qu'il aurait dû suivre pour n'être pas conduit par lui.

A dix pas de distance, je reconnus dans ce grotesque écuyer, qui? Mon ami Ivon. Descendre d'un bond de dessus son cheval, en lui donnant un grand coup de pied sur le ventre, ne fut pour lui que l'affaire d'une seconde. Après m'avoir étreint dans ses bras de toute la force de sa tendresse, il tendit la main à mon père : Excusez la liberté, lui dit-il, en jetant un regard sur ses épaulettes de capitaine d'artillerie; car il est facile de voir que c'est vous qui êtes le père de votre fils, qui est mon ami. Dis donc, Léonard, ça m'a l'air, ma foi, d'un bon vieux corps, que Monsieur ton papa !

— Et ton cheval, lui dis-je, que tu laisses aller en valdrague, est-ce que tu ne penses pas à le faire conduire à l'auberge ?

— Il n'y a pas besoin de cela, me répondit-il. Cette rossaille je l'ai achetée pour venir à Brest, parce que je me suis toujours laissé dire qu'il vaut mieux naviguer à bord de son navire que sur celui des autres.

— Mais que ferez-vous de ce pauvre animal-là? lui demanda mon père. C'est de l'argent perdu.

— Perdu ? vous voulez rire, sans doute, l'ancien, reprit Ivon. Je veux, au contraire, pour ne pas perdre mon argent, vous faire cadeau de mon bidet, à seule fin qu'un brave homme comme vous n'aille pas toujours à pied, quand il y a tant de canailles qui se font trinqueballer en carosse verni.

Je logeai la monture d'Ivon, aussi bien qu'il me fut

possible, dans la petite cour de notre demeure. Mais mon père ne put obtenir quelque repos qu'après avoir promis en riant, à notre hôte qu'il accepterait le présent équestre que sa munificence lui avait destiné.

La première entrevue de mon ami et de ma mère fut caractéristique, mais d'un autre genre que celle qu'il venait d'avoir avec mon père. Ivon l'embrassait comme s'il l'eût connue depuis dix ans, et il ne l'appela plus que sa bonne femme de mère. Puis se rappelant un peu plus tard qu'elle avait reçu le jour dans les colonies, il se mit à lui parler créole à tout propos, mais à la façon dont les matelots français ont l'habitude d'écorcher le langage si doux des naturels des Antilles. Le lendemain de son arrivée enfin il se trouva établi dans la maison comme il l'était à Roscoff dans le café de l'*Anglais sauté*.

— Et Rosalie, que fait-elle? lui demandai-je dès que je pus entretenir mon confident en particulier.

— Elle pleure un petit brin, me répondit-il. Et puis elle fait tout ce qu'elle veut sans bouger de place. La boutique ne désemplit pas. Mais elle m'a signifié vert et sec, que si je ne te ramenais pas à ma remorque à Roscoff, elle ne m'adresserait plus la parole de sa vie.

— Eh bien, puisqu'il en est ainsi, j'appareille demain.

— A la bonne heure, et tu feras bien; car vois-tu, pendant que tu étais ici à *balander* d'un bord et de l'autre sur le pavé, moi, j'ai boutiqué, là bas, une affaire superbe pour nous deux.

— Et quelle affaire ?

— J'ai pris un intérêt dans un petit corsaire d'été, taillé pour ruiner tout le commerce anglais en une seule course. Trente-deux hommes d'équipage, tout compris, bordant vingt-quatre avirons. C'est un lougre. Il a filé huit nœuds au plus près du vent, en venant de St-Malo, où il a été construit, à l'Ile-de-Batz, où il est mouillé maintenant. Je serai de plein droit second à bord, et toi premier lieutenant ; c'est une affaire entendue. Le capitaine est un lapin à peu près, mais en petit, dans le genre d'Arnaudault, et si nous ne faisons pas notre beurre cet été avec notre petit lougre, c'est qu'il faudra qu'il n'y ait plus rien à frire pour personne dans la Manche.

Le projet d'Ivon me parut aussi bien conçu qu'il était séduisant pour moi. Un joli corsaire, à bord duquel j'occuperais l'importante place de lieutenant, ramenant à Roscoff, aux pieds de Rosalie émerveillée, les riches dépouilles arrachées au commerce ennemi rempli d'effroi, était un rêve à me rendre fou de bonheur..... Allons à Roscoff de suite, m'écriai-je.

— Un instant, me répondit mon ami. Je pense à une chose... Et tes parens, que vont-ils radoter, en te voyant filer ton nœud sous mon écoute ?

— Peu m'importe ce qu'ils diront ! Une fois mon parti pris, je me moque du reste.

— En ce cas, faisons notre sac. Pour moi, ce ne sera pas long, attendu que je n'ai porté ici, avec moi, que quatre onces de tabac à moitié consommé dans le voyage. Je vais tout de même, en attendant, arrêter deux locatis d'avance, et demain matin, pas plus tard qu'à la pointe du jour, nous larguons nos amarres, et nous torchons de la toile, le cap sur Roscoff.

En me préparant à signifier ma résolution à mes parens, je m'attendais à rencontrer dans leurs dispositions une résistance ou une répugnance que j'aurais à combattre vivement. Mais, à ma grande surprise, quand il fallut m'expliquer, je trouvai ma famille à peu près résignée au sacrifice que je venais encore lui imposer. Ma mère, sans me dissimuler sa douleur, me dit que depuis long-temps convaincue de l'inutilité des efforts qu'elle ferait pour me retenir, elle consentait à se séparer de moi, en faisant des vœux pour le bonheur que j'allais chercher si loin d'elle. Mon père, qui n'avait pu voir sans un secret orgueil l'éclat que j'avais su jeter sur mon premier acte de désobéissance filiale, se contenta de me dire solennellement : Puisque le Ciel n'accorde guère contentement et richesse qu'au travail et au courage, tire-toi d'affaire le mieux et le plus honorablement que tu pourras, et fasse la Providence que si j'entends parler de toi, je n'aie jamais qu'à me féliciter de t'avoir donné le jour !

Le lendemain nous partîmes donc pour Roscoff. Il fut impossible à mon père, en nous quittant, de faire reprendre à Ivon le cheval dont il s'était mis en tête de lui faire cadeau. — Vous étiez, lui dit celui-ci, capitaine d'artillerie de marine, je viens de vous faire passer avec votre grade dans la cavalerie des mal-montés. Ivon, sous l'égide duquel ma famille m'avait placé, ne répondit aux dernières recommandations de mon père et de mon frère que par ce mot : Appelez-moi tout ce qui vous viendra à l'idée de plus crapule, si avant qu'on ne le tue, je ne me suis pas fait casser cent fois la figure que vous venez de me faire l'honneur d'embrasser sur les deux joues.

Et comme en ces sortes d'occasions mon compagnon tenait singulièrement à abréger le dénouement des scènes larmoyantes, il frappa du bout de son gourdin les deux chevaux de louage qui nous firent reprendre la route de Brest à Roscoff.

Assis sur sa monture comme sur une vergue au moment de prendre l'empointure du dernier ris dans un hunier, mon pays les jambes écartées et les bras en l'air, se flattait de filer d'après son estime, huit à neuf nœuds à l'heure. Il m'encourageait de temps à autre à suivre son sillage, malgré l'effet que produisait sur la partie la plus directement en contact avec l'échine de mon coursier, le frottement d'une mauvaise selle. C'est Rosalie, me criait-il, en galoppant, qui réparera les petites avaries que les coups d'acculage te font dans ton arrière. Et à ce nom de Rosalie, je frappais de toutes mes forces les flancs de mon cheval essoufflé. Vers deux ou trois heures de l'après-midi, le rude pavé de Roscoff étincelait sous les fers usés de nos deux palefrois d'occasion. Mon compagnon de route, pour rendre notre entrée en ville plus retentissante, criait à tue-tête aux passans que nous épouvantions : Place ! place ! tas de parias, que je passe sans vous chavirer ! En apercevant le café de l'*Anglais sauté*, le cœur faillit me manquer. Ivon y était rendu le premier. Rosalie ne fit qu'un saut de son comptoir dans mes bras, et porté à moitié par elle, je me trouvai entraîné dans la salle, où une vingtaine d'officiers de corsaires, nouvellement arrivés sur le chenal de l'Ile-de-Batz, paraissaient tout étonnés de la promptitude avec laquelle la maîtresse du logis les avait quittés pour accueillir si tendrement un joli petit garçon décoré du ruban rouge.

— Est-ce son frère, son cousin ou quelque chose comme ça? se demandaient les uns.

— C'est mieux que ça, répondait Ivon.

— Est-ce que par plaisanterie, ce serait son amant? demandaient les autres.

— Pas encore, répliqua de nouveau Ivon; mais patience, cela pourra venir avec un peu de temps et de la barbe au menton. Pour le moment, et pour votre satisfaction, il vous suffira de savoir que c'est mon petit matelot, celui qui a fait sauter la prise en question, et qui m'a fait avoir cette croix, laquelle ne dit pas grand'chose, si vous le voulez, mais laquelle pourtant a fait casser bigrement des figures plus jolies que la mienne.

Il me serait plus facile d'exprimer tout le bonheur que j'avais à revoir Rosalie, que de donner une idée de celui dont mon retour l'avait pénétrée. Toute la nuit se passa en conversation, en causeries délicieuses entre elle et moi, pendant qu'Ivon au milieu de ses confrères en course, faisait marcher la consommation au pas accéléré, toujours par intérêt pour la prospérité de notre spéculation ; car c'était là, comme on le sait, son grand principe d'économie commerciale.

Le lendemain, en prenant connaissance de la nouvelle installation de la maison et de l'extension qu'on avait donnée pendant mon absence à notre établissement, je fus fort surpris d'apercevoir une échelle en corde, qui descendait d'une des fenêtres de la salle de billard, située au premier, jusques sur le pavé de la rue, où deux crampes la tenaient tendue à peu près comme une paire de haubans sur les rebords d'une hune de navire. Rosalie, pour me mettre au fait de la nouveauté de cet étrange appareil, m'expliqua la raison qui en avait fait naître l'idée. C'était encore une invention sortie de la féconde imaginative d'Ivon.

Notre grand installateur ayant remarqué que les capitaines et les officiers de corsaires, quelque gris qu'ils ussent, montaient trop facilement les escaliers du billard, où la décence prescrivait de ne recevoir que des joueurs qui pussent se tenir sur leurs jambes, avait pensé que pour couper court à un tel abus, il serait prudent de rendre à peu près impossible pour les plus avinés l'accès du premier étage, sans qu'ils fussent en droit de trop se fâcher contre une exclusion qui ne proviendrait, en réalité, que de leur propre maladresse. En conséquence, quelques capitaines et lui avaient arrêté qu'on ne monterait plus au billard par l'escalier ; mais bien par une échelle de corde, gréée extérieurement sur la fenêtre en manière de haubans de perroquet garnis d'enflêchures. C'était, du reste, plaisir de voir les *corsairiens* grimper plus ou moins lestement, et toujours avec un sérieux imperturbable, ces degrés d'une nouvelle architecture. Mais ce n'était pas sans peine, je vous assure, que les plus lourdement *lestés* parvenaient quelquefois à saisir les rebords de la fenêtre promise et à s'embarquer dans la salle de billard, dernier terme de leur terrestre ascension. Souvent même, ils ne parvenaient à achever leur oblique trajet qu'après s'être laissé tomber sur le pavé ; et au bruit de leur chûte et des jurons dont elle ne manquait pas d'être accompagnée, on voyait les joueurs quitter le tapis pour se grouper aux croisées de la salle en riant de la mésaventure du grimpeur dévoyé. *Il montera ! Il ne montera pas !* criaient-ils en chœur, et le vaincu terrassé, de remonter et de retomber de plus belle aux bruyantes et joyeuses acclamations de ses frères d'armes. Mais quelque plaisans que fussent tous ces exercices bachiques, il n'aurait pas fallu que les passans s'arrêtassent pour s'égayer aux dépens des corsaires en goguette : un châtiment toujours prompt, et peut-être assez peu proportionné au délit, aurait ôté pour longtemps aux rieurs l'envie de se livrer à d'indécens écarts d'hilarité. Au surplus, les corsaires couvraient de tant d'or leurs bizarres désordres, que les habitans qui s'engraissaient de leur folle prodigalité, semblaient beaucoup plus disposés à respecter leurs débauches qu'à s'irriter de leurs excès. C'était, en un mot, à leur manière qu'ils faisaient du bien dans les lieux où ils se trouvaient, et quelque étrange que fut cette manière, le bien n'en finissait pas moins par être fait.

Je me rappellerai toujours comme un fait d'originalité à noter, la dispendieuse fantaisie que voulut se passer le capitaine d'un beau lougre de Saint-Malo, arrivant avec une prise chargée de richesses. En débarquant à

Roscoff, il ordonna chez Rosalie un dîner général, en invitant tous les corsaires qu'il rencontra à venir faire honneur à sa table, qui fut somptueusement servie. A la fin du repas, lorsque les garçons viennent pour enlever la nappe et verser le café, lui et trois de ses officiers saisissent les quatre coins de cette nappe et jettent par la fenêtre tout ce qui se trouvait sur la table, assiettes, plats, cristaux, argenterie, service de dessert, etc. Puis sans sortir du calme imposant avec lequel il a présidé à ce sacrifice, le capitaine demande une poèle et du beurre, fait frire au brasier de la cheminée une centaine de napoléons et de pièces de cinq francs qu'il tire de sa poche. Ces pièces, ainsi passées au beurre brûlant, sont jetées sur la foule qui se pressait depuis longtemps sous les fenêtres. Les plus avides parmi les curieux se précipitent sur les pièces de métal presque en fusion. Mais bientôt les cris de ceux qui, les premiers, se sont rôti les doigts, se font entendre, et tous les corsaires alors de rire aux éclats. C'était là le plaisir qu'ils s'étaient promis pour leur argent. Sept ou huit cents francs avaient passé de la poèle à frire dans les mains des habitans. Une seconde friture aurait eu lieu sans la précaution qu'eurent les plus avisés de ne plus prendre les dernières pièces qu'avec de gros gants de laine ou entre le manche et la lame de leur couteau de poche. L'amphitrion de cette orgie, pour couronner dignement la fête, ne trouva rien de mieux à faire que d'allumer sa pipe avec un billet de banque de mille francs qu'il avait envoyé chercher au comptoir d'un de ses correspondans.

Cette fièvre de débauches, ce scandale de profusions, avaient pour mon imagination un charme d'extravagance qui l'enivrait délicieusement. Je ne rêvais qu'au temps où je pourrais aussi à mon tour remplir toute une ville du bruit et de la magnificence de mes fastueux excès. Je faisais déjà de mon mieux pour imiter la tournure et les manières de ces capitaines au teint carabiné, aux gestes brefs, impératifs, saccadés, qui, en petite veste ronde et en chapeau de feûtre verni, se présentaient partout respectés et sans changer de ton, chez les premiers négocians comme chez le dernier cabaretier. Oh! combien ces hommes intrépides et simples, brusques et généreux, me semblaient supérieurs à tous ceux qu'ils enrichissaient au prix de leur noble sang et qui s'humiliaient devant eux sous leurs habits coquets, leur air caressant et leur physionomie efféminée. Les corsaires seuls me paraissaient des hommes, tout le reste des femmelettes. Et l'on s'étonne encore que les marins aient une si haute opinion de ce qu'ils sont et un dédain si prononcé pour les gens d'un autre métier que le leur! Mais c'est qu'ils sentent, en se mesurant avec le commun des autres hommes, tout ce qu'ils doivent gagner à cette comparaison; mais c'est qu'ils ont la conscience de ce qu'ils peuvent par eux-mêmes, eux les rois d'un élément qu'ils ont conquis à la civilisation, à force de s'être élevés par le courage et le génie au-dessus du reste de l'espèce humaine.

Notre café de l'*Anglais sauté* allait au-delà même des espérances que nous avait fait concevoir son principal fondateur. La gentillesse de Rosalie, en captivant toutes nos pratiques, faisait cependant mon désespoir. Aussi combien mon amie à qui ma naissante jalousie ne pouvait échapper, était-elle ingénieuse à dissiper les soupçons dont elle me savait agité ! Quelle contrainte délicieuse ne s'imposait-elle pas pour me prouver l'injuste défiance qui saisissait mon cœur irrité et le plus souvent abattu !

« Tu m'en veux, me disait-elle, de tous les soins que je prends pour ne pas éloigner de moi tous ces hommes dont je suis sans cesse entourée. Mais sache donc bien, aimable petit mauvais sujet, que cette prétendue coquetterie dont tu t'alarmes, n'est qu'un sacrifice forcé que je fais à la position dans laquelle vous m'avez placée. Figure-toi combien je serai heureuse quand je pourrai te dire un jour : Tiens, Léonard, me voilà riche, et c'est à toi que je dois le bonheur de pouvoir t'offrir ma fortune et une félicité que je ne puis trouver qu'avec toi. Je ne veux d'autre ami, d'autre amant que celui qui a su le mieux m'aimer et me plaire. »

En l'entendant parler ainsi quels reproches aurais-je pu trouver encore à lui adresser ? C'était alors à moi et non plus à elle d'implorer le pardon que je devenais trop heureux d'obtenir. Le soir, assis à ses côtés en face de son comptoir, au milieu de tous les corsaires qui buvaient et chantaient bruyamment, je m'endormais quelquefois les mains dans les siennes et la tête appuyée sur ses blanches et douces épaules. C'était un enfant gâté auprès de sa sœur bien-aimée. Les corsaires, loin d'effaroucher nos innocentes amours, ne nous étaient même plus importuns : ils voyaient avec une sorte d'indifférence habituelle, comme une chose tout ordinaire, la tendre familiarité de leur belle cafetière, avec un adolescent sans conséquence possible pour eux et pour elle. Aussi les plus galans, accoutumés à ne me regarder que comme un très faible obstacle à leurs prétentions, ne cessaient-ils d'adresser, même en ma présence, de pressantes déclarations et des billets doux à Rosalie, qui dans nos entretiens secrets ne manquait pas de me donner à lire les tendres épîtres dont elle était l'objet. Tu n'es pas mon amant, me répétait-elle, tu ne le seras peut-être jamais. Eh bien ! ton attachement remplit tellement mon cœur, que je sens que je serais moins heureuse si je cherchais dans une inclination plus sérieuse, un autre bonheur que celui que je trouve à t'aimer.

— Ma foi, lui disais-je, j'ignore combien et comment je t'aime; mais tout ce que je sais bien, c'est que je me jetterais mille fois dans le feu plutôt que de souffrir qu'on te dît quelque chose qui te déplût. Tu vois bien, par exemple, cet ivrogne de Bon-Bord, celui qui commandait ou qui était censé commander notre prise? Depuis qu'il est à terre, où personne ne veut le ramasser, et qu'il s'est un peu décrassé, il s'avise de papillonner autour de toi. Eh bien! je t'avertis que la première fois qu'il m'ennuiera, et cela ne peut guère tarder, je le remoucherai de façon à t'épargner désormais ses stupides importunités.

— Allons, cruel petit, me répondait Rosalie, en me pressant les joues entre ses deux jolies mains, ne sois pas si emporté. A ton âge, il faut savoir ne pas prendre ce ton, que l'on excuse à peine dans les hommes faits. Sois moins prompt à te fâcher, je t'en conjure, pour des bagatelles qui n'ont pas même le privilége de m'offenser. C'est ta meilleure amie, c'est ta bonne sœur qui t'en supplie.....

— Homme fait ou non, je prouverai à tous ceux qui pourraient en douter, que je suis plus qu'un enfant pour un garnement comme Bon-Bord.

Rosalie apaisait toujours ainsi par des cajoleries l'impétuosité de mon caractère ombrageux ; mais quelque empire que sa douceur exerçât sur moi, le naturel reprenait bientôt le dessus. Je redevenais enfin le plus fougueux des enfans, dès que ses yeux quittaient les miens ou que ses caresses n'enchaînaient plus mon irritable jalousie.

L'occasion de faire un mauvais parti au capitaine Bon-Bord, ne tarda pas à se présenter, et je vous laisse à penser avec quelle satisfaction je m'empressai d'en profiter !

Ce drôle, du reste, à toutes les impertinences qu'il nous avait fait endurer, à bord de la prise, s'était permis d'ajouter depuis son arrivée à terre, un ton et des manières de lourde fatuité que nous ne lui connaissions pas encore. Je ne sais où diable il avait été chercher, par exemple, un précepte de morale galante auquel il disait avoir toujours subordonné sa conduite avec les femmes, et qu'il répétait à chaque instant pour se donner l'air d'un homme à bonnes fortunes. Ce précepte, il le formulait en rabâchant du matin au soir la phrase suivante, qu'il avait apprise par cœur sans doute à l'occasion de Rosalie. — Lorsque je me trouve seul avec une jolie femme, disait-il effrontément, je croirais lui manquer de respect, si je ne l'insultais pas ; car le meilleur moyen de prouver aux dames toute l'estime qu'on a pour elles, c'est de leur proposer et de leur faire accepter la botte à fond.

Et lorsque quelque nouveau venu s'avisait de lui demander sur quel principe il fondait l'audace qu'il paraissait mettre dans ses rapports avec le beau sexe, il répondait avec le plus insolent sang-froid du monde. — Les femmes ne se sentent jamais plus profondément outragées, que lorsqu'on paraît dédaigner leurs charmes. Par conséquent le plus sûr moyen qu'on ait de leur plaire et de leur démontrer tout le cas que l'on fait de leurs attraits, c'est d'attaquer en plein bois et debout au corps, ce qu'elles appellent leur honneur. Les respecter à la manière des imbéciles, c'est les mépriser. Mais les insulter avec discrétion et d'à plomb, c'est en réalité les honorer comme elles sont bien aises, et comme elles méritent d'être honorées par les hommes de bonne compagnie.

Un soir, l'élégant prôneur de cette belle maxime entre à l'*Anglais sauté*, le chapeau sur l'oreille et le nez en l'air, et du ton le plus cavalièrement grossier qu'il pût prendre, il se met à dire, je ne sais à quel propos, en papillonnant, selon son habitude, autour de la fleur de notre comptoir. — Ah, que j'eus du plaisir ce matin !...

Comme j'attendais depuis longtemps, avec une impatience qu'irritait le redoublement d'impudence du maroufle, le moment d'exercer ma taquinerie à ses dépens, je prends aussitôt la parole pour lui répondre : Un autre, pour parler français, aurait dit au moins : *que j'ai eu du plaisir ce matin.*

Et pourquoi donc, demande en ricanant le causeur, *j'ai eu du plaisir*, plutôt que *j'eus du plaisir ?*

— Par la raison toute simple, repris-je vivement, que lorsqu'on veut faire l'aimable il faut parler sa langue autrement qu'un malôtru, et n'employer le *parfait défini* que quand il y a au moins une nuit d'écoulée entre le fait dont on parle et le moment où l'on est.

C'était, je crois, la seule règle de grammaire que j'eusse retenue de toutes mes études classiques.

— Un malôtru, répliqua Bon-Bord, plus piqué de la rudesse de l'épithète que de la citation de la règle, malôtru toi-même, mauvais allumeur de bout de chandelle.

A peine mon interlocuteur eut-il prononcé ces mots, sanglante allusion à mon éclatant exploit du *Back-House*, qu'un flacon de liqueur s'aplatit sur sa figure. Rosalie accourt et voit Bon-Bord essuyant son visage si subitement aromatisé. Rosalie, en pleurs, lui adresse les plus vives supplications pour tempérer l'explosion de sa trop juste fureur; mais sa colère s'irrite en raison même des efforts qu'on fait pour la contenir. — Si tu n'étais pas, me dit-il, le dernier des moussaillons, dans un quart d'heure j'aurais ta vie ou tu aurais la mienne. Mais qu'y a-t-il à faire avec un morveux de ton espèce?

Pour moi, bientôt remis de mon premier moment d'émotion après ce bel acte de crânerie, j'approchai de ma victime en sifflotant un petit air narquois, et je lui dis à l'oreille : Un moussaillon, qui porte ce ruban-là à sa boutonnière, te prouvera qu'il se fiche en long et en large d'un drôle comme toi, qui as lâchement abandonné le navire que ce morveux a fait sauter avec un bout de chandelle. Au reste, quand tu le voudras, je t'apprendrai ailleurs qu'ici à dire : j'ai eu du plaisir.

— Non , vile marmaille , je dirai toujours jusqu'à la mort : *j'eus du plaisir.*

— C'est ce que nous verrons avant peu , tendre roucouleur de cuirs tannés !

— Tout de suite , si tu as pour deux liards de cœur.

— A minuit ! si la nuit ne te fait pas peur , lui dis-je tout bas en pirouettant lestement sur le talon et en continuant de siffler mon air.

— A minuit soit , mauvaise raccaille , puisque tu ne te sens pas le courage de te faire payer plus tôt ton décompte.

Rosalie se lamentait , nous séparait , invoquait le secours des témoins de la dispute. Elle tremblait qu'Ivon ne parût. Mais notre ami , occupé en ce moment à faire les délices d'un bal qu'il voulait bien appeler une société bourgeoise , n'eut connaissance de cette chaude affaire que lorsqu'il n'était plus en son pouvoir d'en arrêter les suites.

Bon-Bord , gluant de la liqueur que j'avais fait ruisseler si abondamment sur ses joues et ses habits , sortit en se promettant de me tuer à minuit sonnant. Je ne lui répondis que par un sourire de pitié et en reprenant entre mes lèvres dédaigneuses mon petit air sifflé. Rosalie, éplorée, me fit jurer, par tout l'attachement que j'avais pour elle, que je ne provoquerais plus un homme que j'avais déjà si indignement outragé. Je promis tout ce qu'elle voulut, avec un ton de sincérité qui dut la tromper. Mais, pour plus de sûreté encore, elle exigea que j'allâsse me coucher, et, par une prévoyance que la tendresse peut seule inspirer aux mères et aux amantes alarmées, elle m'enferma dans ma chambre, en prenant la clé sous laquelle elle se figura pouvoir me mettre dans l'impossibilité de me trouver au rendez-vous qu'elle redoutait tant pour moi.

Je me jette sur mon lit d'abord; à chaque quart d'heure, j'entendais de petits pas faire gémir l'escalier, et la tête discrète de mon ange tutélaire se coller doucement sur ma serrure pour entendre ma respiration que je faisais ronfler pour la rassurer. Mais, vers minuit, au moment où ma tendre espionne venait de faire sa ronde pour la cinquième ou sixième fois, je prends un drap que j'amarre à ma fenêtre, et d'un saut me voilà dans la rue, me dirigeant chez Bon-Bord. Le pauvre diable ne m'attendait pas si tôt peut-être: C'est un mousse, lui criai-je, qui vient réveiller son *brave capitaine*, pour lui répéter qu'il n'est que le dernier des lâches. A cette nouvelle insulte, le capitaine se pique d'honneur. Il prend son poignard. J'avais le mien. Nous marchons sur la jetée du port, qu'un réverbère éclairait faiblement en vacillant au souffle léger de la brise. Je saute sans bruit à bord d'un caboteur amarré le long du quai, et deux manches à balai que je trouve sur son pont nous servent à emmancher nos poignards de manière à en faire des espèces d'espadons ou de contre-pointes.

— A nous deux maintenant, me dit-il, en se mettant en garde.— Un Français est toujours bon là.

— Un Français, répondis-je, qui ne sait pas mieux parler français qu'un goujât savoyard. — Voyons, dis vîte, *j'ai eu du plaisir*, au parfait indéfini, ou je te démâte!

— Non, *j'eus du plaisir*, au parfait défini, que le diable emporte, failli mousse!

Nos bâtons sont croisés le fer en l'air, le manche en bas. Je pousse de mon mieux en avançant : mon adversaire rompt d'une semelle en répétant : *j'eus du plaisir* : je le presse à la mobile lueur du réverbère, criant toujours: *j'ai eu du plaisir*. Enfin, je sens mon poignard s'enfoncer malgré l'arme de Bon-Bord, qui a cédé à la pression de mon coup. Un cri part, et la voix affaiblie et entrecoupée de mon ennemi, répète encore..... : Ah..... *j'eus du plaisir... j'eus du... du plaisir*. Un homme accourt en jurant; c'était Ivon, qui, averti de mon évasion par Rosalie, me cherchait partout. Il voit Bon-Bord étendu devant moi. Il entrouve les vêtemens qui couvrent sa poitrine, cherche sa blessure. Bah, dit-il, le nom-de-Dieu n'est qu'entamé. Il est bien heureux, sans cela demain, je l'aurais tué tout frais.

Mon pays charge le blessé sur ses épaules; il le porte chez le médecin de l'endroit en lui recommandant d'en avoir bien soin et de le guérir le plus tôt possible, à seule fin qu'il puisse plus tard avoir la satisfaction de le tuer tout-à-fait et selon toutes les règles.

J'étais fort embarrassé de ma contenance en rentrant au café après ce beau coup. Je composai de mon mieux ma figure encore tout altérée ; mais en m'apercevant les mains dans les poches et un sourire affecté sur les lèvres, Rosalie s'évanouit ; c'était de saisissement et de plaisir : elle m'avait cru perdu.

Le lendemain de l'événement, il fallut bien recevoir la morale d'Ivon. Je m'y attendais, car c'était toujours le matin, quand il n'avait encore dégusté que quelques boujarons préparatoires d'eau-de-vie ou de rum, qu'il se sentait le plus disposé à parler raison. Il vint me relancer au lit.

— Sais-tu bien, Léonard, me dit-il d'un ton sévère, qu'hier tu m'as fait affront ?

— Comment cela ?

— Pardieu, comment cela ? Est-ce que tu n'as pas été te donner un coup de peigne sans moi ?

— Que veux-tu ! Dans ce moment, j'étais fou, et je n'ai pas eu la patience d'attendre.

— Ce n'est pas l'embarras, tu ne t'en es pas trop mal tiré pour une première fois ; mais, vois-tu, si j'avais été présent, ça t'aurait donné plus de confiance, et tu te serais un peu mieux fendu à fond. Le pèlerin, au reste, n'est que blessé. Dans moins de quinze jours il courra comme un lièvre ; mais, Dieu merci, nous serons là pour l'empêcher d'aller bien loin.

— Pour moi, je sens que je ne lui en veux plus, et si tu m'en crois, tu en feras autant de ton côté.

— Tiens, écoute, je pense à une chose : c'est que nous menons ici une vie qui n'est pas dans le réglement. Je bois trop et je ne travaille pas assez. Toi, tu n'as ni l'âge ni la raison qu'il te faudrait pour t'apercevoir qu'il y a ici une femme qui finira par t'abatardir l'esprit et le tempérament, et par faire, sans s'en douter, son malheur et le tien. Quand je la vois le soir te caliner comme un nouveau-né, je ne puis m'empêcher de dire : Voilà un petit jeune homme qui serait cent fois mieux placé sur l'empointure d'une vergue de hune, que sous la ralingue d'un cotillon *efféminin*. C'est de la course, finalement, qu'il nous faut sur l'avant à nous, et de la lame du ouest au derrière; et, pour ne rien te cacher, je t'avouerai que je commence proprement à m'embêter de n'avoir plus rien à gratter de bon sur le plancher des vaches.

— Et que veux-tu que nous fassions ! Notre petit corsaire d'été ne s'arme pas. Nous n'avons pas même d'équipage en vue.

— Pour ce qui regarde l'armement, la chose sera bientôt parée. Je m'en vais faire regréer le sabot à mon idée. Déjà même je lui ai donné un nom, et, pour ce qui est de baptiser une embarcation ou un café, on peut, tu le sais bien, s'en rapporter à moi.

— Et quel nom encore as-tu trouvé pour notre petit lougre ?

— Je l'ai baptisé le *Vert-de-Gris*. L'invention m'en est venue en lui repassant de l'avant à l'arrière une couche de peinture verte. Il a déjà un faux air d'une cage à poule.

— Quel singulier nom que le *Vert-de-Gris !* Pourquoi pas le *Perroquet-Vert*, puisque le vert t'a si fort donné dans l'œil ?

— L'idée m'en était d'abord passée en tête; mais je vais te dire ce qui m'a fait renoncer à ce dernier nom. Un perroquet, quand on le happe, est mis en cage, au lieu que le vert-de-gris empoisonne ceux qui sont assez bêtes pour en manger. Et puis, au bout du compte, ce nom de vert-de-gris n'est, je le sais bien, ni *sentimanesque*, ni *romantal*, mais pourvu qu'il tienne sur la barque autant que la couche de peinture que je viens de lui repasser, c'est tout ce que je lui demande. — Tu sauras, au reste, que si le capitaine qui l'a ramené de St-Malo, ne revient pas bientôt de Brest où il flâne depuis quelques jours, l'armateur qui se trouve ici pour le moment, me donnera le commandement du bateau pour sa première sortie en course. Alors tu deviendras naturellement mon second. Tu n'es pas très marin encore, ceci soit dit sans t'offenser; mais c'est égal je te communiquerai en autorité sur nos gens par la vertu du Saint-Esprit, tout ce qui pourra te manquer du côté de la pratique, pour être un officier consommé.

Je sentais aussi de mon côté qu'il était déjà plus que temps de m'arracher au séjour amollissant de Roscoff. Je le désirais surtout pour mon excellent ami, qui trop disposé à semer au vent tout ce que lui avaient rapporté ses parts de prises, vidait ridiculement le fonds de ses poches à galopper de Morlaix à Roscoff dans une mauvaise calèche, où quelques fous comme lui s'amusaient à jeter un grappin de mouillage sur la route ou à filer le loch, ainsi qu'ils l'eussent fait pour mesurer le sillage d'un navire. Ivon s'était de plus amouraché d'une grosse servante qu'il avait retirée de sa cuisine pour la caricaturer en grande dame et lui faire porter, comme il disait, un gréement complet de femme à la mode. Il fallait rompre avec toutes ces folies. Nous pensâmes à armer le *Vert-de-Gris*.

Une petite circonstance, qui pour tout autre que moi eût été sans doute fort indifférente, contribua à réveiller encore la passion que je nourrissais pour mon état, et qu'une autre passion n'avait que momentanément assoupie.

Une nuit, pendant que ma bonne Rosalie me tenant presque caché sous son comptoir, cherchait en m'agaçant à se distraire de l'ennui que lui causait le radotage de quelques marins qui occupaient le café, le hasard voulut que les quatre plus renommés corsaires de la Manche entrassent pour sabler du punch. A l'aspect de cette réunion de célébrités flibustières, les officiers groupés autour des tables se levèrent avec respect. Chacun sollicita la faveur de trinquer avec ces chefs illustres. La conversation s'engagea bientôt, et devint intéressante et générale. Les capitaines, en remarquant le plaisir avec lequel je les écoutais, me donnèrent une poignée de main comme ils l'eussent fait à une vieille connaissance. On prit place autour d'eux; on se raconta les motifs pour lesquels on avait relâché à l'Ile-de-Batz. On jura surtout avec force imprécations contre les Anglais. Un des assistans qui faisait chorus dans ce concert de malédictions à l'intention de nos ennemis, eut à ce propos une idée que l'assemblée s'empressa d'accueillir. — Parbleu! s'écria-t-il en s'adressant aux quatre capitaines, puisqu'un heureux sort nous procure l'avantage de vous posséder tous les quatre ensemble au milieu de nous, vous devriez bien, Messieurs, nous raconter quelques-uns de ces bons tours que vous avez joués à nos amis de l'autre côté de l'eau. Le capitaine Le Bihan, avec son air de ne pas y toucher, en a fait de fameuses, si l'on en croit l'histoire du pays. Le capitaine Polletais est Dieppois, et passe pour s'y connaître en fait de coups de seconde et de ruses normandes. Allons, accordez-nous la faveur de commencer, et les capitaines Ribaldar et Niquelet, j'en suis sûr, ne demanderont pas mieux ensuite que de nous dire ce qu'ils ont servi de mieux en plats de leur métier, à ce chien de John-Bull, que Dieu confonde!

Les capitaines, ainsi sollicités, parurent accepter d'assez bonne grâce la proposition, et, sans faire les modestes ni les fanfarons, ils se préparèrent à satisfaire notre juste curiosité. Le capitaine Le Bihan, épais et petit homme, sentant le Bas-Breton à une lieue, commença, à l'invitation de ses trois collègues, à rappeler de la manière suivante, dans un jargon assez peu intelligible, son aventure encore récente avec la frégate anglaise la *Blanche*.

Confession du capitaine Le Bihan.

« Ma foi de Dieu, s'écria-t-il en se grattant l'oreille, je

n'ai pas à vous dire grand' chose qui soit digne de vous être récité, si ce n'est pourtant que j'ai fait *vinir* dernièrement *un frégate anglais d'à la côte*, oui, et un belle frégate encore.

» C'était avec un *bon* brise de vent de nord carabinée. Je revenais d'avec mon *petit* lougre pour relâcher à Portsal. La frégate y me chassait au jour tombant. Ma foi de Dieu, que je dis, si celle-là veut me suivre dans les cailloux, bientôt pour *le sûr*, il ne fera pas aussi bon pour elle que pour moi. Je fis alors tout pitit voile afin de me faire chasser tout proche de la côte de Plouguerneau. Quand la nuit il fut *vénue*, me voilà à donner dans un petit port de rien où ce qu'il y avait des douaniers. — Attends un peu que je dis à nos gens, je m'en vas aller à terre parce que voilà la brise qui porte en foudre sur la côte où ce qu'il y aura peut-être bientôt pour nous *quèque chose* à ramasser, *d'avec* l'aide du bon Dieu. Pour lors, que je fus débarqué avec un fanal, je dis à un paysan du pays, il faut que tu me prêtes *ton* vâche, pour un mauvais coup. Et avec *le vâche* me voilà allé à un dimi-quart de lieue sur le sable. Si bien que là z'étant, j'amarre mon fanal allumé sur le corne de *le vâche* et je *souque* sous le ventre de l'animal *un de* ses pattes de l'avant. *Le vache* une fois que je le laisse courir, s'en va sans comparaison comme un navire qui tangue à la mer d'avec un feu à son pic d'artimon ou à la tête de son mât de misaine. *Le frégate anglais* en voyant un feu tanguant quasiment à la lame, *il* s'imagina que c'était mon *pitit* lougre qui était resté au large là *où ce qu'il* y avait encore de l'eau et *il* gouvèrna sur mon fanal ou plutôt sur *mon vâche*. Pour lors je m'en revins à bord, et je dis à l'équipage :

mes amis, il est temps de prier le bon Dieu pour que *ce* coquine de frégate *y* vienne à la côte : demain matin nous ferons dire une *messe, s'il s'est* perdue, et rien du tout *s'il* a réussi à parer la coque. Le lendemain matin, foi de Dieu, en regardant par dessus *un* petite île qui se trouvait par babord à nous, je vois la mâture d'un grand navire qui était en grand au plein. Ah, que je dis à tout notre monde, le bon Dieu est juste pas moins : il y a des Anglais de noyés et du profit pour nous : c'était effectivement le beurre qu'avait fait mon vache avec son fanal sur ses cornes. En allant avec tous mes gens à l'endroit où le *frégate*, qui se nommait la *Blanche* était restée, je fis prisonniers de guerre plus de vingt douzaines d'*anglisman*, et je volai tout d'à bord du bâtiment avant que la gendarmerie et les douaniers *y* soient vénus pour se mèler de la boutique. »

La naïveté du capitaine Bas-Breton fit beaucoup rire tous les auditeurs sans qu'il parût se douter lui-même de tout ce que son récit pouvait avoir de plaisant pour eux. On engagea ensuite le capitaine Niquelet, de St-Malo, à prendre la parole. C'était un homme délié, grand, svelte et vif, passionné dans son langage comme dans ses actions, et qui parlait presque aussi bien qu'il savait agir. Il s'exprima ainsi :

Confession du capitaine Niquelet.

« Il y a près d'un an que me trouvant avec mon dogre près de Torbay, pour y chercher fortune, je rencontrai un grand trois-mâts qu'escortait un brick de guerre. La mine piteuse de mon petit corsaire qu'on aurait plutôt pris pour un charbonnier que pour un des plus fins voiliers de la Manche, n'inspira aucune défiance aux deux navires que j'avais résolu d'observer et de suivre. Le calme étant venu avec le soir, les deux compagnons de route mouillèrent près de la côte pour étaler la marée, qui leur était contraire. Je fis semblant de continuer mon chemin, pour leur laisser la sécurité que j'avais été assez heureux pour ne pas troubler; mais, avant de les perdre totalement de vue dans l'obscurité, je les relevai au compas, afin de venir leur rendre bientôt une visite intéressée. Une brume épaisse qui s'étendit bientôt, avec la nuit, sur une des mers les plus unies qu'on pût désirer, favorisa mon projet au-delà de toutes mes espérances. Je fis border mes avirons, que j'eus soin de faire garnir d'étoffe ou d'étoupe au portage, pour ne pas interrompre, par le bruit de la nage, le silence qui m'était si nécessaire, et je gouvernai tout doucement sur le point où je savais bien avoir laissé l'ennemi. Quand je me supposai rendu à courte distance du trois-mâts, je jetai discrètement une de mes petites ancres sur un fond de douze à quinze brasses d'eau. En un clin d'œil mon grand canot fut armé des hommes les plus déterminés du corsaire. Je fis prendre à mon frère, qui commandait la petite expédition, le bout d'une longue drisse de bonnette, dont je gardai à mon bord une des extrémités, et je dis à mon luron : « Fais maintenant pour le mieux, et rappelle-toi que, dans tous les cas, tu pourras toujours, avec ce bout d'amarre, revenir à bord du corsaire malgré la brume au milieu de laquelle tu vas t'engager. Si tu réussis à enlever le trois-mâts, tu m'en avertiras en hâlant par trois fois, à cinq minutes d'intervalles, l'amarre que je tiendrai toujours à bord. Vous aurez tous des poignards et pas de pistolets; c'est assez vous dire la consigne : *lestement et pas de bruit.* Adieu, bonne réussite! »

» J'avais, en outre, recommandé à mon frère de nager toujours contre le fil du courant, parce que j'avais eu la précaution de me mouiller dans les eaux du trois-mâts. Mon frère, pour plus de prévoyance encore, avait eu l'idée d'emporter avec lui un panier rempli de bouchons qu'il devait semer à la mer pour me faire savoir son arrivée sur l'arrière du navire anglais.

» Vingt minutes s'étaient à peine écoulées depuis le départ de notre canot, que le courant, qui passait le long du bord, nous apporta une masse de bouchons. C'est cela, me dis-je, avec satisfaction : l'amarre frappée à bord, et dont mon frère a le bout, ne tardera pas à me donner l'autre signal convenu; et, en effet, nous entendîmes bientôt cette amarre frémir et se raidir par trois fois sur nos bittes. Aussitôt, je fais lever mon ancre à petit bruit, et je me hâle, au moyen de cette bienheureuse amarre, le long du trois-mâts, que j'atteignis en un quart d'heure. Mes gens firent la culbute sur son pont, où je ne rencontrai que ceux de mes hommes que j'avais envoyés pour opérer le coup de main préparatoire. Mon frère me raconta qu'étant arrivé sans être vu ni entendu dans les petites eaux du bâtiment, il était parvenu, en grimpant le long des ferrures de son gouvernail, à escalader son couronnement et à pénétrer de là sur le gaillard d'arrière. Deux Anglais veillaient seuls sur les passavans. Se jeter sur eux, les précipiter dans la cale et fermer le capot de la chambre où dormaient le capitaine et les officiers, et condamner le logement de l'équipage, où ronflaient les autres paresseux, ne fut que l'affaire d'un instant. Maître du trois-mâts, je fis passer mes quatre-vingts meilleurs matelots sur cette riche prise. J'ordonnai alors à mon second de filer à quelque distance de nous avec le corsaire, et de me laisser à bord du trois-mâts débrouiller mes lignes de pêche comme je l'entendrais. Nous attendîmes ainsi le jour.

» Ce jour désiré vint enfin, et il dissipa à la clarté d'un beau soleil d'hiver la brume qui toute la nuit avait caché si heureusement ma manœuvre. Le petit brick de guerre sur lequel le trois-mâts avait conservé une amarre de précaution, nous héla d'appareiller comme il allait le faire lui-même. Je fis de suite virer sur mon câble pour exécuter l'ordre reçu, mais en appareillant j'eus soin d'aborder par une maladresse assez bien simulée ce pauvre brick qui mettait sous voiles en même temps que moi. A peine le capitaine de ce confiant convoyeur eut-il commencé à jurer contre ma gaucherie manœuvrière, en m'envoyant à tous les diables de son calendrier, que tous mes forbans couchés à plat ventre derrière mes gaillards, bondirent à son bord comme des sauterelles. Une grêle de coups de poignards et de pistolets acheva l'affaire. Les Anglais, surpris au milieu de la confusion et du désordre d'un appareillage, ne purent tenir contre mes drôles disposés à l'attaque et armés de pied en cape. Quarante-huit heures après cette escobarderie, je mouillai à Perros avec mes deux prises. Mais mon nigaud de second qui, resté avec le corsaire, n'avait qu'à courir tout droit pour regagner promptement la terre, eut le talent de se faire pincer au large jusqu'au sang, par une corvette, pour laquelle il amena en vue de Bréhat, au bout d'un quart-d'heure d'engagement. »

Mais, demanda un de mes auditeurs dès que Niquelet eut terminé ce récit, ne vous est-il pas arrivé quelque chose d'aussi plaisant, à bord de votre dogre? Il me semble que votre affaire avec un certain petit navire de la compagnie.....

« — Ah ! c'est vrai, repartit Niquelet, vous me rappelez une autre plaisanterie à peu près du même genre, et qui ne mérite d'être mentionnée que comme une rouerie dont nous avons retiré quelques cents mille francs. Voici le fait en peu de mots : Un pilot-boat vient m'accoster pendant la nuit, à trois lieues environ des feux de Lézard, pour me demander si je n'ai pas eu connaissance de quelques gros navires arrivant en Manche. Pour toute réponse, je m'empare de la petite barque des questionneurs, et je passe à son bord avec une cinquantaine de mes hommes pour aller offrir mes services aux bâtimens emmancheurs. Au point du jour, j'aborde un grand trois-mâts armé qui, me prenant pour un pilote anglais, me laisse monter à son bord : je l'enlève avant qu'il n'ait le temps de reconnaître son erreur. — Pardieu ! me dit le malheureux capitaine ainsi allégé du poids de son commandement, il faut avouer que j'ai eu plus que du guignon de vous rencontrer. A Calcutta, d'où je viens, je fais le pari avec un navire de la même maison que moi d'arriver à Londres avant lui. Nous partons le même jour : je le rencontre à l'ouvert du Canal, après lui avoir gagné quelques heures de marche seulement, et c'est justement cet avantage-là qui m'a fait tomber plutôt que lui dans vos terribles griffes !

» Cette naïve lamentation du pauvre capturé devient pour moi un trait de lumière. Je me rembarque aussitôt dans mon pilote-boat, après avoir laissé la conduite de la prise à l'officier qui m'avait secondé dans mon coup de main, et me voilà en quête du deuxième navire de la même maison que mon niais de prisonnier. A la pointe du jour, je rencontre un trois-mâts que je suppose devoir être le retardataire que je cherche. Je le hèle en lui donnant des nouvelles de l'heureux antagoniste qui vient de lui gagner le pari fait à Calcutta : il me laisse l'aborder, tout en causant, pour lui donner un pilote, et au lieu du diable de pilote qu'il me demande, je lui en flanque libéralement une trentaine qui le conduisent tout droit à Brest dans les eaux du premier trois-mâts, fait et refait comme il vient de l'être lui-même. Mais ces deux riches navires, dont on a plus tard exagéré la force jusqu'à en faire de petits vaisseaux de la Compagnie des Indes, pour donner sans doute plus d'éclat à cette double et heureuse supercherie, n'étaient, en réalité, que de gros bâtimens armés en guerre et en marchandises. »

— La *bamboce il* est bonne ! s'écria, quand Niquelet eut fini, le capitaine Ribaldar, Portugais à l'accent rocailleusement lusitanin, naturalisé en France par droit de bravoure et de célébrité. — Je veux à mon tour, nous dit-il, vous *aracounter* oune *adventoûre* qui ressemble oun peu à celle que vient de vous dire le capitaine Niquelet.

CONFESSION DU CAPITAINE RIBALDAR.

« Z'étais tombé un soir, environ à demi-Manche, dans un *counvoi* de grands bâtimens qui venaient de la Zamaïque, sous l'escorte de trois ou quatre frigatignes. La nuit arrive, z'aborde un gros trois-mâts que z'avais choisi, bien lourd et bien dodu parmi tous les autres. — Vous m'abordez ! mé dit le capitane anglaise. — Par Diu, zé crois bien que zé t'aborde, imbécile, que zé lui réponds, et z'ai l'hounneur de t'avertir qué si tu dis un seul mot de trop, zé te fiche à la mer avec tout ton monde pour t'apprendre à mé manquer de respect. — Il sé tut, et ze zette à soun bord vingt bouns garçons qui se çargent de la manouvre du drôle. Oune heure après, zé me laisse culer sur la quoue dou counvoi et z'aborde encore, comme par maladresse, oun autre gros papa dé navire. — Oh de la goëlette ! me crie encore cet autre bêtasse de capitane : Vous m'abordez : toujours la même çanson ? qué zé me dis, en ce cas toujours donc la même ritournelle. — Oui, canaille, qué zé t'aborde, qué zé lui hèle en boun français, et si tu veux faire le méçant, ze te fais sauter par-dessus toun bastingaze pour t'apprendre un peu de politesse. — Malgré moun invitation, lé mal-appris résiste, et comme je m'étais fait l'hounneur de lé lui proumettre, après l'avoir, sans beaucoup de peine, empêché de faire trop de bruit, zé le fis décapeler par-dessus son propre bord pour né pas manquer à la parole qué zé lui avais donnée. — Las frigatignes convoyeuses font pour la nuit des signaux qué mé deux prises répétitionnent comme les austres bastimens dou counvoi. Mais oune fois la nouit devenue bien noire, zé t'en fice ! mes dos prises brûlent la politesse à tout le convoi et font route pour la coste de France, en torchant de la toile à en faire fumer la barbe dou diable. Si z'avais eu seulement dos cents hommes, zé crois que z'aurais fait vingt prises et qué ze les aurais amarinées les ounes après les autres, commé sur la coste dé Patagounie oun assoume les veaux marins, à coups dé baston.

» Mais cé né fut pas lé tout. En disant boune nuit à ce coquin de counvoi, qu'il mé fallut quitter à la petite pointe du zour, zé cru rémarquer, à cinq à six portées dé canon de l'arrière-garde, un petit brick armé qui m'avait l'air dé faire le zentil. Tiens, zé me dis, si pour né pas m'en revenir sans avoir brûlé une amorce, zé m'avisais dé cracher un mot à l'oreille de ce pétit crâne!... Et là dessus, au lieu dé battre en retraite coumme j'avais commencé à le faire, me voilà reprenant la bourdée du brick pour lui chercher dispoute. Il mé laisse d'abord l'acouster à oune encâblure sans faire mine dé rien. Alors, zé dis aux zens de mon équipage: Couchez-vous tous à plat-pont, entendez-vous bien mes amoureux, et né donnez signé dé vie, qué quand jé vous commanderai de vous lever pour tapper dessus coumme zé l'entends.

» Céla dit et counvenu, z'accoste moun counpère tout doucement, tout doucement; mais, à l'instant de lui mettre la patte dessus, il sé réveille et m'envoie par lé museau une volée qui m'aurait tout balayé sur moun pont, si zé n'avais pas eu la proudence dé faire faire cassé-cou à tout mon monde. C'est égal! que zé crie en countinuant dé toujours gouverner dissus, volée qui né coule pas, n'est pas volée réçue : c'est oun prouverbe dé moun pays. — Oussitôt zé l'aborde, lou couquin, et voilà tous mes zens couchés qui sé rélèvent raides pour courir coume des chats-tigres sur les bastingazes dé moun envoyeur dé coups de canon par traîtrise. L'assaut, ma foi, sé prolongeait et zé né sais pas coumcnt la plaisantérie aurait fini sans oune idée qui mé vint tout innocemment au milieu du feu. Attrape qué zé dis à cinq à six de mes plus enragés gaillards, attrape tout cé qué nous trouverons d'étoupes sèches dans la cabane au maître-calfat, et envoyons-lui lou paquet enflammé dans sa cale si nous pouvons ! Cé qui fut ourdonné fut fait et vivement encore, et, coume dans l'abordage nous galoupions tantôt zur son pont quand nous étions les plus forts et tantôt sur lé nôtre quand nous étions repoussés, nous trouvâmes bientôt moyen de lui jeter dans son entrépont, par lé grand panneau, lou paquet en feu à soun adresse : ceci fait, et voyant qué zé perdais mon temps à vouloir l'enlever avant qué les frégates convoyeuses ne vinssent à son secours, zé lé largué, et boun nez qué j'eus, car déjà une de ces grédines dé frégates, attirée par lé tintamarre qué nous fésions en nous caressant dé la sorte, était à portée dé fusil de ce petit engagement d'amitié.

» Zé pris chasse devant elle, et, en moins d'oune heure, zé la dépassai dé près d'oun bon mille ; mais, au bout dé cette heure, z'eus la petite satisfaction dé voir lé brick en question fumer coume la cheminée d'une vieille maison qui prend feu un jour de noces : lou petit polisson brûlait tout à son aise entouré dé toutes les embarcations qué les austres counvoyeurs avaient affalées à la mer pour lui pourter aide et secours. Oune vraie farce dé vauriens ; mais qué voulez-vous ! quand oun n'a pas autre chose à faire, on cherche à passer lé temps lé moins mal qu'on lé peut. »

— Mais en rentrant à Tréguier avec vos deux prises, demanda le capitaine Niquelet au conteur, n'eûtes-vous pas quelque chose encore à démêler avec certain lougre de Jersey !

— Ah si, parblu! reprit vivement Ribaldar, et vous mé rappelez là une autre bamboce qui né vaut guère la peine d'être citée. Ce grand imbécile de lougre mé voyant attérir avec mes prises s'avisa de vouloir tâter du fricot qué z'avais été bien loin, comme vous lé pensez, de faire pour lui. Pour mieux amuser lé drôle et défendre plus sûrement cé qué zé tenais, zé mé laissais tout bêtement crocher par lui; mais lé mot d'ordre avant notre embrassade bord à bord ayant été donné à mes çarpentiers, pendant que nous travaillions à coups de sabres et de pistolets avec messieurs les Jersiens, ces çarpentiers susdits s'affalent entre les deux navires, et, l'erminette à la main, ils vous font sauter zuste au raz de la flouttaison du gaillard qui était à clins, deux ou trois bourdages qui ne s'attendaient pas à être délivrés si vite. — Nous coulons, nous coulons! crièrent mes Anglais en s'apercevant que l'eau pendant l'abourdage allait leur mounter aussi haut dans la cale qué lé long de leur bord. — Pardiu! qué tu coules, grédin, qué zé leur dis: c'est bien pour céla que zé t'ai fait travailler dé la sorte. — Effectivement, après avoir décroché les grappins qu'il avait eu lé front de mé jeter à bord, il s'en alla de soun côté et moi du mien. Mais zé crois bien qu'il ne fit pas longue route avant de faire un trou dans l'eau. Dé sorte, comme vous le voyez, si dans cette campagne z'ai fait l'affaire d'un brick par le feu, z'ai réussi à faire celle du lougre par lé contraire : il faut quelquefois varier ses plaisirs pour ne pas risquer de toumber, comme on dit, dans la monotounie. Oune véritablé bamboçade militaire ! »

Quand le capitaine Ribaldar eut fini, et qu'il eut avalé un demi-bol de grog avant de rallumer sa pipe, les auditeurs s'écrièrent : A votre tour, capitaine Polletais. — Le vieux marin dieppois se gratta l'oreille en soulevant le rebord de son bonnet de laine rouge, et cherchant d'un air un peu embarrassé le commencement de la narration qu'il était invité à nous faire, il nous parla ainsi :

Confession du capitaine Polletais.

« Ma foi, mes bonnes zens, ze vous dirai que ze ne sais pas trop ce que vous voulez que ze vous raconte. Zai bien tiré, comme dirait cet autre, queuques petites carottes et d'longueur aux Anglais ; car on a tant de peine à gagner sa pauvre vie avec ce monde là. Mais nous autres, pauvres *péqueux* de harengs, je n'sommes pas bien malins ; à cependant queuques fois, je n'en fesons pas moins not' petit bonhomme de chemin avec la grâce du bô Dieu et l'assistance de notre sainte mère Adresse. Ze vous dirai donc, pour commencer m'nhistoire, que l'Anglais, tout fier qu'il est, n'a pas toujours biau zeu à taquiner nos corsaires d'la *Mance* et du Pas-de-Calais ; dont moi qui vous parle, z'ai l'avantage d'faire partie.

» Une fois donc une corvette voulut me chasser sur

l'grand lougre que v'zavez vu, et que ze viens d'mouiller dans le chenal de l'Ile-de-Batz ici présent. Ze laissai tomber m'nancre su la côte de Somme, en dedans des bancs, et toujours à vue de m'n anglais.

» La corvetteu, d'sespéréede ne pouvoir m'approcher à distance de m'canarder, *armit* d'suite *trouais* d'ses embarcations pour venir m'accoster d'amitié dans la nuit. Z'fis aussitôt, voyant l'coup de temps, faire à bord mes filets d'abordaze pour les hisser en-dedans des doubles filets que z'avais déjà fait gréer en-dehors de mon lougre. V'savez biè, ze pense, ce que c'est qu'des doubles filets? C'est une manière de grande sène qui vous enveloppe tout un navire, et tendus avec des cartahuts qui ont des boulets au bout, pour faire tomber c'tespèce de toile d'araignée sus l'zembarcations qui viennent vous accoster. Les trois pénices anglaises *m'abordirent à nuit, à ménuit* sonnant, pour *proufiter* de l'heure où se relevait le quart, et *créyant* bien qu'à ce moment-là il y aurait de la confusion entre la *bordée* qui allait descendre et la bordée qui allait la remplacer. Aussitôt que ze me sentis accosté par les ennemis, ze les fis sâler un petit brin à coups de fusil et d'espingole pour les mettre tant soit peu en appétit, v's'entendez bien. Mais ce fut quand ze commandai d'laisser tomber en grand les doubles filets sur toute c'te mauvaise *enzeance* qu'il y eut de quoi à rire, m's'amis. Tous l's'Anglais s'trouvèrent happés là quasiment comme du frétin dans un coup de sène. Ils s'débarbouillaient qu'c'tait un vrai plaisir d'les entendre grouiller. Voyons que z'dis alors à nos *zens*, il faut actuellement compter ce que nous avons d'*pesson* pris, et les faire défiler à la parade un à un pour les arrimer bien gentiment dans notre cale. C'qui fut ordonné fut fait, et une *fouais* que j'eus toute c'te belle fichue cargaison sous mes écoutilles *biè* fermées, *ze* me dis : C'est bien l'diable, *Zean-Michel Polletais,* si tu ne parviens point à vendre ton *çargement* pour l'*arzent* que tu as mis dedans pour te le *procurè.* »

Tous les auditeurs se prirent à rire à cette naïve saillie du vieux corsaire dieppois qui continua ainsi :

— « Ah ça, que *ze* dis alors à nos *zens,* tout n'est point fini, m's'amis, attendu qu'il nous reste encore le plus fin d'note besogne à faire. Sautez-moi vite les plus *éveillatifs* dans les penices que nous venons de vider si souplement, et courez m'prendre une *toulène* de l'avant pour *rémoquer* l'corsaire vers la corvette, tout comme si vous veniez d'amariner l'lougre. Mais poussez-moi ferme un bon *hourra* d'jubilation pour tromper l's'Anglais qui se *crèront* vainqueurs de nous, les bigres d'bêtes.

» Un *hourra* qui aurait fait trembler l'bô Dieu lui-même dans sa barbe, fut poussé par nos *rémorqueux* : l'*équipaze* d'la corvette y répondit par un autre *hourra* qui m'prouva qu'elle était mise d'*dans.*

» Une fois, v's'entendez bien que *ze* me vis tout près d'en découdre avec la corvette, qui ne s'attendait pas au coup de *zarnac*, *ze* commandai à tout notre monde de se tenir paré à sauter à bord d'elle qui s'était épuisée d'son équipaze pour armer ses pénices. Le commandant anglais m'voyant arriver sur lui d'un peu trop proche, me héla d'mouiller d'crainte de lui faire d'savaries. Oui, oui, que z'me dis, ze vas mouiller, bigre de sotte, mais avec mes grappins sur ton pont, espèce d'imbécile. Ze l'*abordis* comme de fait, et en deux temps trois mouvemens ze l'*enlevis* comme une *pleume*. Que voulez-vous, mes bonnes *zens*, il faut bien savoir gagner sa vie dans c'pauvre monde, d'une manière ou d'une autre, pourvu toutefois et quantes ce soit honnêtement et sans reproces.

» *Ze* ne pourrais pas bien vous dire aujourd'hui qu'la fête est passée, la réception qu'on m'fit à Calais, quand on m'vit rentrer avec mon lougre, une corvette anglaise au derrière, et les trois pénices qui m'avaient abordé et qui m'avaient si bien servi à jouer c'te farce à la corvette. *Son Altesse* l'Empereur des Français, en apprenant la nouvelle d'la chose par les gazettes de l'endroit, *zuza* que z'avais mérité d'être décoré *cavalier d'la relizion d'honneur*, et d'porter c'te *queroix* en forme de crapaudine en *arzent*, dont vous n'voyez ici que l'estrope de suspente en ruban *rouse*. »

Ces récits des hauts faits des capitaines, que je voulais un jour égaler, enflammaient mon imagination au point de me donner des vertiges. Dieu que je souffrais, avec l'ambition qui me bouillait au cœur, de n'être encore, parmi les marins au milieu desquels je vivais, qu'un enfant inaperçu de leur mâle et belliqueuse famille. A terre, me disais-je, un jeune homme sans expérience, ou du moins avec une expérience facile à acquérir, peut se distinguer en payant vaillamment de sa vie l'espoir de quelque gloire; mais à la mer c'est peu que d'être le plus brave; si l'on n'a pas vieilli dans le métier, si, à force de pratique, on n'est pas parvenu à se rendre aussi habile qu'intrépide, on végète confondu parmi ces hommes que l'on embarque sur le pont d'un navire, moins pour s'assurer leur dévoûment et leur valeur, que pour pouvoir disposer de la force brutale que l'on a acheté le droit d'appliquer à quelque lourde manœuvre ou à quelque grossier emploi.

Je ne pouvais plus y tenir: il me fallait naviguer: c'est à la mer que je voulais respirer l'air qui devait me rendre à la vie pour laquelle je me sentais fait. Une sorte de maladie du pays se serait irrésistiblement emparée de moi, en sens contraire de cette nostalgie qui atteint souvent à bord les novices qui contractent ce qu'on appelle le mal de terre. Je tourmentai Ivon du matin au soir, pour qu'il hâtât l'armement du petit corsaire qui, selon ses espérances, devait, par le plus court chemin, nous conduire tous deux à la gloire et à la fortune. Mais rien ne se faisait encore assez vîte au gré de mes vœux ardens et de ma dévorante impétuosité.

Un motif nouveau vint ajouter au désir et au besoin que j'éprouvais de quitter Roscoff. Depuis quelque temps j'avais remarqué dans Rosalie une réserve que j'étais assez naïf pour attribuer à de la froideur, et qui, aux yeux de tout autre que moi, n'aurait été que l'indice de la contrainte qu'elle imposait au sentiment le mieux fait pour me rendre heureux. Les caresses innocentes qu'elle me prodiguait auparavant avec tant d'abandon et de bonheur, étaient devenues plus rares et moins vives. Moi-même, quelquefois troublé, embarrassé quand je me trouvais seul avec elle, je commençais à redouter, et cependant, à rechercher avec plus d'ardeur et d'inquiétude sa présence. Je sentais, plus que jamais je ne l'avais fait jusque-là, que Rosalie me chérissait; et son refroidissement subit m'alarmait encore moins qu'il ne m'irritait. Je me montrais auprès d'elle tourmenté et rêveur, exigeant et découragé. Il me fallait sortir de cet état de trouble et de doute. J'expliquai de mon mieux à Rosalie, et en faisant un pénible effort sur moi-même, ce qui se passait d'étrange dans tout mon être, et elle me parut attristée de cette confidence. Je la grondai presque du changement que j'avais trouvé en elle, et elle me regarda avec des yeux où se peignaient à la fois la tendresse et la compassion. Un amant plus expérimenté n'aurait peut-être pas mieux fait pour obtenir beaucoup, que moi en cette circonstance pour n'arriver qu'à une simple explication.

— Tu ne sais pas, me dit-elle, de quel poids tu soulages mon cœur en me parlant ainsi! J'avais besoin de te confier aussi ce que j'éprouve; mais il fallait pour en venir à cet aveu que l'occasion d'épancher mon âme dans la tienne vînt de toi plus que de moi. Oui, je sens, aujourd'hui surtout, que malgré la mauvaise opinion que tu aies pu concevoir sur mon compte, je ne suis pas née pour vivre avilie et encore moins pour mériter le mépris de celui pour qui je donnerais volontiers toute mon existence. Je t'aime cent fois plus que je ne saurais le dire; mon plus grand bonheur serait de pouvoir te posséder comme mon amant, ne fût-ce qu'un jour, un instant, dussé-je renoncer ensuite au monde, à mon avenir, à la vie. Mais tu n'es encore qu'un enfant; mais j'ai quelques années de plus que toi, et je connais mieux que tu ne peux le faire ce que doit laisser de remords une mauvaise action dont on a pu prévoir toutes les conséquences. Non, je combattrai mon cœur, mon entraînement et tes désirs ; je vaincrai enfin mon délire, et je ne te perdrai pas. Qu'une autre femme que moi abuse de ta jeunesse et de ton inexpérience. Qu'elle soit heureuse en te laissant un souvenir d'ivresse que plus tard tu flétriras de ton mépris ; mais moi qui veux rester ton amie après avoir été ton guide, je ne consentirai jamais à devenir ta maîtresse à un âge où tu ne peux pas faire un choix, à un âge où l'on m'accuserait non de t'avoir cédé, mais de t'avoir séduit. Léonard, il faut nous imposer à tous deux quelque temps d'une séparation nécessaire à mon repos et à ton bonheur. Les périls que tu pourras courir loin de moi m'effraieront moins que la dangereuse oisiveté qui te perdrait, en m'arrachant la consolation d'avoir cherché à te préserver.

En prononçant ces derniers mots, Rosalie fondit en larmes. Elle pressait mes mains dans les siennes, et son haleine humide inondait mon front fiévreux. J'essuyais ses yeux. Je l'embrassais avec ardeur, et je ne savais que balbutier les protestations d'attachement avec lesquelles je l'avais souvent consolée.

— Oh! je me suis trop vivement aperçue, continua-t-elle, à tes regards plus pénétrans, à tes caresses plus exigeantes, du désordre que notre intimité d'abord si ingénue commençait à jeter dans tes sens. — C'est la séduction contre laquelle je craignais le plus de me trouver trop faible. — C'est cependant celle à laquelle je me crois encore la force de résister aujourd'hui : demain il ne serait plus temps. — Fuyons-nous, mon ami, je t'en supplie, au nom du respect que je porte à ta famille et et de l'amour que je ne puis cesser d'avoir pour toi.

. . . .

Cette entrevue, la seule que j'eusse encore redoutée avec Rosalie, produisit sur mon cœur une impression que je n'avais pas encore connue. Jamais Rosalie ne m'avait paru si belle, si touchante. L'idée surtout d'une séparation prochaine donnait à cet entretien si intime quelque chose de si tendre et de si irrésistible, que nos caresses devinrent d'autant plus vives que nous croyions pouvoir nous abandonner sans défiance à leur dangereux entraînement.

— Oh ! laisse-moi fuir, je t'en conjure, me répétait-elle, en s'arrachant de mes bras : c'est le moment de nous vaincre et de nous séparer. Laisse-moi, Léonard, je t'en supplie, par le souvenir de tout ce que tu dois avoir de plus cher et de plus sacré, laisse-moi !

Le petit appartement de Rosalie donnait sur le haut de l'escalier du premier étage. Par une prévoyance que l'on commence à avoir fort jeune, quelque novice que l'on soit, je remarque pour la première fois encore que la porte a un verrou : je saute sur cette porte malgré les efforts de Rosalie, et je parviens à la fermer. Ce mouvement si vif, si déterminé, parut l'épouvanter. Je m'approche d'elle : elle recule vers la fenêtre de son cabinet. — Au nom du Ciel, dit-elle, ne m'approche pas ; car je ne sais ce que je ferais si... La fenêtre était ouverte, la main de Rosalie appuyée sur le rebord tremblait avec violence, sa poitrine battait avec force, son regard avait quelque chose qui m'étonnait... J'avance, elle jette un cri, et au même moment un grand coup de pied frappant la porte du cabinet, renverse presque sur moi cette porte, sur les débris de laquelle paraît Ivon.

A l'aspect de mon mentor s'arrêtant en face de moi, les mains dans les poches, et dans l'attitude d'un fantôme accusateur, je reste stupéfait, et à l'ardeur qui, une minute auparavant, circulait dans mes veines palpitantes, succède un fluide glacial.

— Vous, vous êtes une honnête fille, et depuis un demi-quart d'heure vous avez toute mon estime, dit-il froidement à Rosalie, qui, se laissant tomber échevelée sur sa chaise, tenait sa tête en pleurs entre ses mains convulsivement agitées.

— Quant à vous, mon pays, dit-il en s'adressant ensuite à moi, il est plus que temps que vous filiez vos amarres par le bout. J'étais là, j'ai tout entendu, et si Rosalie, ici présente, avait eu l'air d'écouter votre petite chanson, vous pouvez compter que je vous aurais coupé un peu amoureusement la musette.

Je ne savais que répondre: les bras pendans et les yeux baissés, je paraissais attendre, dans l'attitude d'un coupable, l'arrêt qui allait décider mon sort.

Ivon sentit qu'il était temps de changer de conversation, et jugeant à mon air confus et humilié que j'avais suffisamment compris la leçon de morale qu'il venait de me donner avec son grand coup de pied dans la porte, il nous dit jovialement pour faire diversion :

— Ah ça vous ne savez peut-être pas que je donne un grand bal à tout Roscoff avant le départ du *Vert-de-Gris?* J'étais monté ici pour vous en avertir. Comme mon intention est d'amuser et de griser tous mes invités, j'ai demandé une charrettée de musiciens à Morlaix et tous les masques de louage que l'on pourra me trouver pour faire rire la société. Mlle Rosalie aura l'entreprise des rafraîchissemens. On ne sera reçu, comme dans le grand monde, qu'en bas de soie et culotte courte, et je donnerai moi-même l'exemple de cet uniforme. Ce sera enfin un bal décent et amusant. Il sera ordonné de boire tant qu'on pourra, et permis de fumer dans la salle.

Comme je cherchais à me donner une contenance et à sortir de mon attitude embarrassée, je m'efforçai de sourire au projet d'Ivon. Rosalie conservait son air pénétré et rêveur. Nous parlâmes cependant bientôt tous les trois de la fête splendide que se proposait de donner notre somptueux ami, et il ne fut plus question de la scène qui venait de se passer; mais elle laissa dans le cœur de Rosalie et dans le mien une impression qui de longtemps ne devait s'effacer.

Le *Vert-de-Gris*, le premier corsaire qui se trouvât prêt à inaugurer, cette année, la campagne d'été en Manche, venait enfin d'achever son armement. Il avait été décidé par les intéressés qu'Ivon en deviendrait le capitaine. Je n'avais pu obtenir, eu égard à mon âge et à mon peu d'expérience, que le poste déjà assez avancé de lieutenant. Notre navire, long tout au plus d'une quarantaine de pieds de tête en tête, devait être monté par trente-cinq hommes d'équipage, et nous n'avions pu trouver pour former son personnel que vingt-quatre matelots plus ou moins alertes, nombre exact des avirons que pouvait border le petit lougre. Le capitaine Ivon ne s'inquiétait guère, au surplus, de l'insuffisance numérique de l'équipage déjà enrôlé. Quand viendra l'occasion de faire un bon coup, répondait-il à toutes nos objections, je trouverai assez de faillis chiens pour se laisser affriander par le gros morceau que je leur mettrai sous le muffle. Le capitaine, en un mot, ne voulait plus penser qu'au grand bal dont les apprêts absorbaient toutes les ressources de sa galante imagination. De larges affiches jaunes placardées sur les murs de la ville, et une étourdissante publication faite au son du tambour, annoncèrent, comme on annonce une vente publique aux enchères, le jour, l'heure et le local où la fête se donnerait. Un ancien magasin de liquides, dont les murs humides et noirs avaient été cachés sous les couleurs bigarrées de deux ou trois séries de pavillons de signaux, fut indiqué pour le lieu de réunion. Une triple rangée d'estrades, faites à la hâte par des charpentiers du bord, entourèrent l'espace consacré à la danse. Une douzaine de ménétriers de village composèrent l'orchestre. Tout le matériel du café de Rosalie fut transporté dans la salle réservée pour les raffraîchissomons et le gigantesque menu dont l'ordonnateur de la fête avait lui-même dressé la carte. Les notables de l'endroit et ceux des environs ne manquèrent pas de se rendre à l'aimable et affectueuse invitation du capitaine, dans le costume de rigueur qu'avait indiqué le programme. Tous les marins conviés, voulant se conformer à l'étiquette prescrite, avaient même été jusqu'à chausser la culotte courte et les bas de soie collans, et Dieu sait avec quelle élégance cette toilette d'emprunt était portée par la plupart d'entre eux! Deux douzaines de contredanses auxquelles il ne manquait que des danseuses, s'ébranlèrent au signal discordant de l'orchestre. La troupe de masques commandés arriva pour rendre la cohue plus intense, et bientôt des plateaux couverts de verres de grog fumant et de limonade très énergiquement punchée, circulèrent dans la foule avec une telle activité, que les danses cessèrent pour ne laisser entendre que les chants des buveurs et les éclats de rire délirant des spectateurs.

A minuit, le bal était dans sa fleur. Ivon, épanoui de joïe, recevait les félicitations des uns, les poignées de main des autres. Les femmes ont manqué à l'appel, répétait-il, ce sont des bégueules. Mais c'est égal : les blancs-becs feront le service de danseuses, et nous ne nous en amuserons que mieux. Vers une heure du matin, l'ordre de servir est donné, et déjà la voracité des invités s'apprêtait à se repaître de la masse de pièces de bœuf, de gigots, de longes de veau, de jambons et de saucissons qui composaient l'ambigu, lorsqu'un des armateurs du *Vert-de-Gris* arrive tout haletant pour annoncer au Lucullus de la fête, qu'un grand trois-mâts anglais, drossé par le calme et les courans, avait été vu sur le point de faire côte dans le nord de l'Ile-de-Batz. A ces mots, qui jettent un certain trouble dans la réunion, Ivon me saisit vivement le bras et m'ordonne de rallier en double les gens de notre équipage et de le suivre sans perdre une minute à bord du *Vert-de-Gris*. La marée pressait : il nous manque du monde : le capitaine, sans se laisser déconcerter par ce contre-temps, regarde autour de lui et s'écrie : Voyons, qui veut s'embarquer, sans passer au bureau des classes, pour douze francs par jour ?... Pour dix-huit francs ?... Pour un louis d'or ? Il y a de l'argent à gagner, mais que l'on se décide vite ! Une douzaine de matelots à moitié ivres se présentent. On saute à bord avec ce supplément d'équipage si soudainement enrôlé. Nous bordons nos avirons. Notre unique caronade est chargée tant bien que mal, et nous voilà partis, tout en sueur du bal, pour amariner le trois-mâts que notre petit corsaire pouvait seul, disait-on, aborder avec assez de prestesse avant qu'il ne fît côte ou qu'il ne réussit à regagner le large.

En toute autre conjoncture moins grave, j'aurais ri de bon cœur, je l'avoue, de voir notre capitaine Ivon débutant dans la carrière du commandement au sortir d'un bal, les bas de soie collant aux jambes et la fine culotte de satin noir lui dessinant étroitement la cuisse. Mais l'idée du danger, l'audace de la tentative, le souvenir de Rosalie surtout, que j'avais quittée sans pouvoir lui dire adieu, remplissaient trop toute ma pensée, pour que je songeasse à m'égayer de la bizarrerie de notre départ et de la singularité de la figure que ferait au milieu de nous notre élégant capitaine.

L'ardeur que notre équipage et nos nouveaux enrôlés à la journée mettaient à *hâler* sur nos vingt-quatre avirons était incroyable. La mer, que nous faisions blanchir au bout de nos agiles rames, était, selon l'expression des marins, unie comme une planche et calme comme de l'huile. — Grâce à cette circonstance favorable et au sillage que nous imprimions à notre petite barque, nous ne tardâmes pas à vider le chenal de l'Ile-de-Batz, pour franchir la passe de l'Est, et à revoir, au clair de lune, l'îlot près duquel, quelques mois auparavant, nous avions fait sauter le *Back-House*. Notre capitaine Ivon daigna à peine jeter un coup-d'œil sur le rocher que cet événement avait rendu célèbre, tant l'habitude des choses extraordinaires l'avait prémuni contre la faiblesse des émotions vulgaires. Ses yeux de lynx ne se promenaient que sur la partie des flots où il s'attendait à voir paraître le bâtiment anglais signalé à son avidité et promis à sa belliqueuse convoitise.

A deux heures du matin, parvenus à trois lieues de terre, après avoir rôdé inutilement dans le nord de l'île que nous avions à moitié contournée, nous aperçûmes enfin le navire qui devait devenir le prix de notre témérité et de nos efforts. Les rayons de la lune, projetés obliquement sur la surface presque immobile de la mer, nous montraient une masse noire sur un des points de l'horizon, qu'argentaient les jets chatoyans de l'astre qui semblait nous guider providentiellement vers la plus sûre et la plus glorieuse conquête. Il ne nous restait que quelques bons coups de rames à donner pour engager le bâtiment, que le mouvement paresseux de la houle continuait à bercer au sein du calme plat que troublait seul le bruit de notre nage haletante et de nos cris d'enthousiasme. Notre petite caronade, bourrée à double charge, allait tonner à la voix du capitaine, qui avait déjà ordonné de se tenir paré à quitter les avirons pour sauter à l'abordage, lorsqu'une brise, la brise la plus inattendue et la plus malencontreuse que nous pussions recevoir, s'élève tout-à-coup sous de gros nuages qui nous cachent comme sous un voile de deuil le front pâlissant de la lune. Le hazard fait que le navire ennemi, dont les voiles battaient affaissées sur leurs vergues une minute auparavant, recueille le premier souffle de cette risée si malencontreuse pour nous, de manière à s'éloigner de deux ou trois fois la distance que nous avions encore à parcourir pour aller jusqu'à lui. Il continue à filer dans l'obscurité avant que nous ayons pu rentrer brusquement nos avirons et hissé toutes nos voiles pour lui appuyer une chasse dans toutes les règles. Cette contrariété, que nous eussions pu accepter pour un assez triste présage, ne nous rebuta cependant pas. Nous poursuivîmes gaîment la proie que nous nous étions trop tôt flattés de dévorer. A trois heures et demie, la lune déjà à l'horizon se dégagea pour nous laisser voir avant de disparaître notre Anglais fuyant toujours dans l'Ouest, à cinq ou six portées de canon de nous.

Avec le jour naissant enfin, et alors que tous les objets prenaient à nos yeux une forme et une couleur moins indécises, nous pûmes nous rendre exactement compte des indices qu'il nous importait d'apprécier sans illsuion. Le navire chassé que nous avions approché à petite distance était un fort trois-mâts, plus fort même que nous n'avions pensé. Il courait à contre-bord de nous, au lieu, comme nous l'avions cru jusque-là, de cingler de façon à nous fuir. Cette circonstance nous surprit, mais sans trop nous décourager encore. Quelques-uns de nos hommes affirmaient tout haut que ce n'était pas là le bâtiment qu'ils avaient observé au clair de lune, et que celui-ci leur paraissait beaucoup plus long et beaucoup plus élevé sur l'eau que le trois-mâts que nous avions chassé. Personne n'était d'avis de l'accoster de trop près sans nous être assurés de la possibilité de faire retraite. Mais notre capitaine, que les conseils de la prudence commençaient à irriter, répondit à nos donneurs d'avis officieux, ces seuls mots, qui mirent fin à tous les commentaires et à toutes les indécisions : Ah ça, vous seriez-vous mis, par hasard, dans l'idée de me faire la loi, comme à ce brave capitaine Arnaudault, avec qui je sors de naviguer ? Apprenez, tas de badernes, qu'il n'y a qu'un chef ici et un commandement à suivre. — *Pare à virer !... Adieu-vat et à l'abordage!* s'il vous reste encore une demi-once de bon sens dans la tête et pour deux sous et demi de cœur au ventre!

Nous venions de virer de bord pour prendre la même direction que l'ennemi. En le rejoignant avec d'autant plus de facilité qu'il semblait mettre moins de persistance à nous éviter, Ivon lui-même convint qu'il était plus gros qu'il ne s'y était attendu, mais il se contenta d'attribuer l'apparence d'ampleur qu'il lui trouvait à l'effet du mirage ou à l'erreur inexplicable de quelque illusion d'optique. L'ennemi, au reste, sous la volée duquel nous venions de nous engager, ne nous laissa pas longtemps le loisir de former sur son compte de fausses conjectures. Un coup de canon à boulet, qu'il nous lança en revenant un peu au vent et en nous laissant voir la double rangée de pièces qui garnissaient ses batteries, nous arracha à toutes nos incertitudes. C'était un bel et bon vaisseau de quatre-vingts.

Nous voulûmes fuir ; mais ce fut en vain. En quelques minutes, nous nous trouvâmes criblés de biscayens et de balles sous la grêle de mitraille qu'il faisait tomber sur nous ! Capitaine, vint dire à Ivon, au plus fort du fracas, un matelot épouvanté, le corsaire coule par un trou de boulet à la flottaison. — Eh bien ! que veux-tu que j'y fasse, Lofia ? — Mais il faut le boucher ! — Et avec quoi ? bigre de bête. — Mais avec ce que vous direz ! — Alors mets-y ta vilaine bougresse de tête, à moins que tu ne trouves quelque chose de plus laid et de plus sot à bord, mais j'en doute. Notre impassible capitaine se contentait de siffler l'air de *Mademoiselle voulez-vous danser*, pendant que le vaisseau nous foudroyait ainsi. L'équipage, couché à plat-ventre sous les bancs de notre *corsaillon*, ne trouvait de voix que pour crier qu'il fallait amener avant que l'eau qui entrait de toutes parts dans la cale nous fît couler à pic. Force fut de nous rendre, malgré la résistance et les imprécations de notre capitaine contre nous tous, au vaisseau sous la batterie duquel nous nous trouvions d'ailleurs affalés en vrac et à moitié pleins d'eau.

Notre facile vainqueur voyant que nous nous étions rendus enfin d'assez bonne grâce, mit en panne pour nous donner fièrement toute la commodité désirable de venir à lui. Aussitôt nous vîmes monter sur ses basses vergues des gabiers qui frappèrent sur leurs extrémités de fausses balancines et de lourdes cayornes. Les crocs de ces cayornes furent affalés sur la chaloupe que portait le vaisseau, et nous aperçumes quelques minutes après ces dispositions prises, cette chaloupe quitter les chantiers sur lesquels elle avait reposé jusque-là, pour s'élever au-dessus des bastingages de notre capteur. — Que diable veut donc faire ce chien d'Anglais en mettant sa chaloupe à la mer? répétait Ivon irrité d'attendre dans la position passive à laquelle il s'était résigné, qu'on lui ordonnât de monter à bord du vaisseau. Croit-il donc avoir besoin de mettre une embarcation à l'eau pour nous amariner, quand il nous voit le long de son bord comme une poste-aux-choux. (1) Fatigué enfin d'attendre si long-temps l'ordre que devait lui donner le commandant anglais de quitter pour toujours son corsaire, notre capitaine se disposait à grimper l'escalier de tribord, lorsqu'une voix rauque et brève lui fit entendre ces mots impératifs : *Be quiet*, *Be quiet*, *Sir !* C'était le commandant lui-même qui venait de lui intimer cette injonction.

— *Be quiet*, *be quiet*, répéta notre capitaine, il est bon là ce Charabia, avec son *Be quiet*. Mais encore une fois, coquin d'Anglais, que veux-tu définitivement faire de nous, avec ta manœuvre à laquelle je n'entends pas un fichtre ni toi non plus.

Bientôt cette manœuvre si énigmatique jusque-là pour nous, s'expliqua de la manière la plus claire pour notre intelligence, et la plus humiliante aussi pour notre orgueil.

Dès que la chaloupe du *Gibraltar* (c'était le nom du vaisseau) se trouva descendue à l'eau sous le vent par le

---

(1) On désigne sous le nom trivial de poste-aux-choux, à bord des bâtimens de guerre, l'embarcation qui sert à ramener de terre, les provisions fraîches, la viande, le pain, les légumes destinés à la consommation journalière.

côté de babord, une douzaine de matelots s'affalèrent à notre bord, tenant à la main les bouts de deux forts grelins dont ils passèrent les doubles sous la quille de notre pauvre *Vert-de-Gris*. Puis quand ces sortes de grosses élingues, ramenées par leurs extrémités sur notre pont, se trouvèrent croisées solidement vers le milieu de nos panneaux, les cayornes et les bouts de vergues qui avaient servi à mettre à la mer la chaloupe par le bord de dessous le vent, furent passées du bord du vent, et frappées immédiatement sur la croisure de nos élingues. Au bruit des sifflets perçans des *bossmen*, tout l'équipage anglais virant à courir sur les garans, se mit à hisser en l'air notre corsaire et nous, pour l'établir à la place qu'occupait un quart d'heure auparavant la chaloupe entre le grand mât et le mât de misaine du vaisseau. A ce comble d'outrages, notre indignation ne connut plus de bornes: — Canailles! lâches gredins! infâmes brigands! hurlions-nous pendant notre ascension, c'est donc là le seul courage que vous ayez quand vous êtes les plus forts! Mais à toutes ces vaines imprécations nos vainqueurs n'opposaient que le silence le plus profond et l'indifférence en apparence la plus froide, et toute cette grotesque exécution se fit avec ce flegme insultant et cette tranquille morgue, dont les insulaires britanniques savent si bien assaisonner leurs grossières et cruelles plaisanteries.

Une fois notre corsaillon bien établi sur ses chantiers de chaloupe, nous essayâmes de sauter de notre bord sur le pont du vaisseau. Mais des sentinelles préposées à la garde du *Vert-de-Gris* nous signifièrent sévèrement la consigne qu'elles avaient reçue de ne nous laisser descendre que lorsque nous serions rendus à Plymouth, lieu de notre destination, et dernière station du supplice auquel venait de nous condamner la générosité anglaise.

Ivon, que l'excès de tant d'humiliations avait poussé jusqu'à l'extrême degré du désespoir, voulait se tuer de rage. Nous avions même été forcés de le garotter sur le plabord même de son malheureux corsaire pour l'empêcher de se ruer le poignard à la main sur les sentinelles qui nous surveillaient, ou de se frapper lui-même dans l'exaspération de sa douleur ; et ce fut dans cet état de compression et d'immobilité forcée, qu'en arrivant à Plymouth il fut débarqué comme nous du vaisseau le *Gibraltar*, qui, pour donner plus d'appareil et de pompe à sa victoire et à notre honte, attendit que toute la population de la ville se trouvât rassemblée sur le rivage, pour remettre à l'eau notre pauvre *Vert-de-Gris*, encore monté par son équipage vaincu et conspué.

CHAPITRE IV.

Les Prisons d'Angleterre.

Tant que chez les nations policées il restera un souvenir pour flétrir un des plus grands attentats qui ait jamais été commis contre l'humanité, on se rappellera *les prisons d'Angleterre*.

L'aspect de ces vastes et terribles cachots ne révélait que trop les souffrances qu'ils renfermaient et l'affreuse captivité dont ils étaient le gouffre. Il suffisait d'approcher d'une prison de guerre, pour deviner toutes les douleurs physiques, toutes les tortures morales concentrées dans son sein. Une file de longs édifices à peine récrépits, grossièrement bâtis à une petite élévation du sol, composait le corps de bâtimens de ces sombres lieux de réclusion. Des murs épais, hérissés de guérites et de sentinelles, formaient, à la hauteur des toits, l'enceinte de ces bâtimens. Sur le flanc et un peu en dehors de ce pourtour infranchissable, s'élevait un hôpital au milieu ou à côté d'un cimetière, et, à l'une des extrémités de l'enceinte, la demeure du commandant, le logement des officiers, des comptables, du geôlier et de la garnison de la prison, complétaient, avec une double ou triple grille d'entrée, l'ensemble matériel du lugubre établissement.

Mais, lorsqu'après avoir été attristé par le sombre aspect de ces lieux, l'œil plongeait dans la cavité de ces sépulcres de milliers de vivans, un spectacle plus navrant encore s'offrait aux curieux assez sûrs d'eux-mêmes pour venir se repaître de la vue de tant de maux et de tant de misères. Ce spectacle était celui des têtes amaigries, des figures livides, collées aux noirs barreaux de fer des rares lucarnes de la prison, ou bien encore celui des groupes de soldats exténués, de matelots languissans, errans dans des cours fangeuses, sous des haillons de serge jaune, des restes d'uniformes bigarrés ou de lambeaux de couvertures.

Le régime alimentaire des prisonniers ne s'accordait que trop bien avec les soins hygiéniques dont ils étaient l'objet. Quatorze onces de pain noir et gluant, six onces de mauvaise viande ou de morue avariée, leur étaient jetées chaque jour en pâture. C'était là leur nourriture réglementaire, leur portion congrue. Une veste et un pantalon de mince étoffe jaune, marquée au coin du roi d'Angleterre, leur étaient accordés pour braver la rigueur des hivers pendant trois années. A certaines heures de la journée, on leur permettait de sortir des salles infectes où ils avaient été entassés pendant la nuit, pour respirer l'air dans la boue d'une grande cour à peine pavée ; et lorsque les soirées d'été venaient avec leurs douces émanations et leur fraîcheur vivifiante, porter un peu de joie et de mouvement dans le *pré* (c'est ainsi qu'on nommait le préau des prisons), les geôliers avec leurs clés énormes, les *cintries* avec leurs longues baïonnettes, faisaient rentrer, comme un vil bétail, ces troupeaux d'hommes qui demandaient à jouir quelques minutes de plus d'un air moins impur, moins homicide que celui qu'ils allaient respirer dans les étables fétides où on les parquait impitoyablement jusqu'au lendemain. La captivité, qui devrait n'être que la punition du crime, est sans doute un des plus injustes supplices dont on puisse frapper ceux à qui on ne peut reprocher d'autre tort que d'avoir succombé en servant loyalement leur pays. Mais quel que fût pour les prisonniers le poids des maux attachés à leur réclusion, il était pour quelques-uns d'entr'eux une douleur plus intolérable encore que celle de leur cruelle détention : c'était le spectacle de la dépravation que les privations de toute espèce et l'avidité de toutes les jouissances engendraient au milieu de tant d'êtres entassés pêle-mêle, avec toutes les passions, tous les vices qui fermentent dans le sein des agglomérations d'hommes, affranchis sous le niveau d'une compression étrangère, de toute règle sociale, de tout frein matériel et de tout respect d'eux-mêmes et des autres.

Les gens qui ont été assez heureux pour n'être pas à même de connaître le degré de dépravation jusqu'auquel peut descendre la nature humaine abandonnée à ses instincts les plus grossiers, se refuseront à croire à l'excès d'avilissement qu'elle est susceptible de subir. Mais la vérité est là, et il ne suffit pas de la nier froidement pour anéantir les preuves et le témoignage accablant qu'elle oppose à notre vanité et à notre orgueil. Elle ne doit même ni épargner à notre malheureuse espèce, ni cacher à notre fausse délicatesse les honteuses faiblesses auxquelles peut être entraînée cette humanité que par une erreur, qui n'est qu'une faiblesse de plus, nous nous obstinons à regarder comme une classe d'êtres privilégiés.

Un vice, le plus infâme de tous, celui que l'on ne peut nommer décemment dans aucune langue, le vice enfin que l'antiquité païenne a eu la honte de donner pour rival à l'amour, régnait avec frénésie dans les prisons. J'ai vu là des actes de mariage gravement signés par les fiancés, des noces sérieusement célébrées entre des amis qui semblaient tout fiers de servir de témoins à quelque chose de cent fois plus abominable que l'aurait été un inceste. J'ai vu là des asiles de prostitution publiquement ouverts à la lubricité de la plus impudente corruption. J'ai vu là des jeunes gens se donner la mort en duel, en se disputant les faveurs des misérables qu'ils appelaient leurs maîtresses ou leurs épouses. Il y avait enfin dans les prisons d'Angleterre des suicides par jalousie, des infidélités et de l'adultère ; et cependant, comme je l'ai déjà fait remarquer, il n'y avait là qu'un sexe!...

La force physique avait, comme on le pense bien, parmi les prisonniers, ses priviléges, ses flatteurs et ses victimes. C'était la seule supériorité dont la masse pût concevoir l'idée et qu'elle fût disposée à reconnaître, à estimer et à subir.

Les athlètes, ceux-là que les anciens nommaient dans leurs armées *campi doctores*, composaient une espèce de corporation, de sénat gouvernant, d'aristocratie musculaire : on les désignait sous le nom de forts-à-bras.

Les *forts-à-bras* obtenaient ce titre (accepté de bonne grâce par ceux-là même à qui il était donné) après avoir fait leurs preuves d'excellence, c'est-à-dire après avoir terrassé ou étouffé leurs plus redoutables adversaires. Les vainqueurs étaient portés en triomphe, et promenés dans toutes les salles, musique en tête et la foule de leurs admirateurs en queue. C'était là leur avènement à l'un des cinquante ou soixante trônes occupés dans chaque prison, par ces sortes de Sardanapales ou de Caligulas du Pré.

Ces sauvages et crapuleux tyrannicules s'attribuaient, en vertu de leur suprématie herculéenne, la surveillance des jeux de hasard ; leur intervention mettait fin à tous débats entre les parties engagées, et ils s'emparaient presque toujours des pièces de tous les procès, dont ils manquaient bien rarement de s'arroger la connaissance souveraine et la prompte solution.

Les *corvettes* (qu'on me permette ce mot depuis longtemps connu et consacré) employaient toutes les ressources de leur obscène coquetterie à faire la conquête des *forts-à-bras*. Ces Messieurs (c'est de ces derniers que je veux parler) accordaient, en échange des faveurs qu'ils obtenaient de leurs masculines Laïs, la protection qu'ils étendaient de plein droit sur tout ce qu'ils pouvaient trouver de plus ignoble et de plus abject qu'eux-mêmes.

La plupart de ces gladiateurs étaient des gabiers de navires, des matelots dont la vigueur animale et le caractère querelleur s'étaient développés et fortifiés déjà dans l'exercice de leur rude profession. Quelques *forts-à-bras* régnaient par la terreur sur la faiblesse, à plus d'un titre. Ils étaient pour la plupart, maîtres d'armes, bâtonnistes, professeurs de boxe ou de savatte. C'était dans les lieux disposés pour les jeux de boules, de dés ou de quilles, qu'ils établissaient ordinairement leur forum, leur gymnase ou leur tribunal.

Quand une querelle particulière éclatait parmi les prisonniers, ils s'établissaient aussitôt juges du camp ; et pour peu que deux adversaires se montrassent d'humeur à vider leur différend les armes à la main, les champions se rendaient dans une salle religieusement consacrée aux combats singuliers. Là, les hérault d'armes remettaient à chacun des combattans, un bâton au bout duquel on attachait un rasoir, une lame de ciseaux ou une branche de compas, pour tenir lieu, aussi bien que possible, d'épée, de sabre ou de fleuret. Alors en présence de tous les curieux alléchés par l'appât du duel annoncé, le sang jaillissait, l'affaire se trouvait réglée, et le mort ou le blessé était transporté à l'hôpital, lieu funeste où l'avarice présidait encore aux soins que l'endurcissement le plus froidement calculé ne peut pas toujours refuser à la souffrance ou à l'agonie.

Les *Romains* formaient une classe ou plutôt une caste de parias, une bande de lépreux, parmi les prisonniers. Voici l'origine de cette dénomination toute classique sous laquelle on désignait par dérision les rebuts des prisons de guerre. Elle mérite d'être expliquée pour la singularité du fait qui la produite et en raison de la fréquence de l'usage qu'on a fait d'elle.

Les jeux de dés, le passe-dix, le brelan, les mauvais jeux, enfin, étaient hantés par les vauriens qui, chargés du fardeau de leur oisiveté et de leur dénuement, devaient chercher avec plus d'avidité encore que leurs autres compagnons d'infortune, une distraction à leur ennui ou à leur misère. Le jeu n'est pas seulement la ressource des esprits paresseux : c'est surtout le besoin des âmes vides. Il n'était pas rare de voir les prisonniers risquer sur un coup de *paroli*, leur ration d'une semaine, d'un mois, leur hamac, leur unique pantalon et jusqu'à leur dernière chemise; et lorsque, dépouillés par la fatalité du hasard, ils allaient grossir la phalange des *raffalés*, on les voyait se blottir avec ceux-ci dans un des coins les plus reculés de la prison. Là, couchés entièrement nus sur les dalles humides ou sur les planches pourries de leur refuge, et se rapprochant le plus possible les uns des autres pour avoir moins froid et pour mettre leur chaleur animale en commun, ils se retournaient à la fois, en bloc, à certaine heure convenue de la nuit, au coup de sifflet de commandement de celui qu'ils avaient proclamé leur *général*. Forcés de quitter momentanément leur dortoir, quand le jour du nettoyage était venu, ils erraient çà et là pendant cette lente opération, tremblant, grelottant et cachant sous leurs mains transies les parties secrètes que les Sauvages ont la pudeur de couvrir d'une natte de jonc ou d'une pagne de latanier.

Le Gouvernement anglais, sollicité par la commisération des commandans de prison, d'accorder quelques lambeaux d'étoffe qui servissent à voiler l'affreuse nudité de ces misérables, envoya enfin, à Mill-Prison, à Dartmoor et à Stapleton, plusieurs centaines de couvertures, usées au service des casernes. Chaque raffalé reçut alors une de ces guenilles ; et bientôt on vit se pavaner à l'air libre ces citoyens réhabilités, se drapant dans leur enveloppe trouée, comme autrefois les pères conscrits de la ville éternelle, dans leur tunique de pourpre romaine.

L'épithète de *Romains* leur fut dès lors appliquée. Elle était juste et plaisante : elle tint bon. On ne les connut plus, d'un bout de l'Angleterre à l'autre, que sous cette nouvelle dénomination, d'une ironie plus cruelle encore que plaisante.

Mais au milieu de tant d'horreurs, de tant d'objets de dégoût ou de pitié, les arts et l'industrie, qui se glissent partout avec les Français, venaient apporter quelques consolations aux victimes les plus déplorables de la cruauté britannique.

La paille tressée par les prisonniers pour former des chapeaux de femme, offrait à leur oisiveté un travail dont le produit servait à acheter le pain qui leur manquait. Un bon tresseur, en s'occupant dix à douze heures, pouvait gagner dix-sept à dix-huit sous par jour. Ces tresses de paille, achetées par des *bazardeurs*, qui les revendaient aux soldats de la garnison, donnaient quelquefois un bénéfice assez considérale aux marchands en gros, pour qu'au bout de dix à onze ans de trafic, on ait vu les *négocians* les plus heureux du *pré*, ramasser un capital de trente à quarante mille francs, en vivant avec une aisance qui, aux yeux de la multitude, passait pour un excès scandaleux de luxe ou d'opulence.

Dans presque toutes les prisons de guerre, les anciens capitaines de vaisseau chargés de les commander, avaient permis à leurs malheureux administrés de bâtir, dans les cours intérieures, de petites cabanes en bois, où des restaurateurs tolérés par l'autorité donnaient à manger à la carte. Rien n'était plus singulier que de voir un pauvre diable, portant sa ration de pain noir sous le bras, venir demander au garçon d'un de ces établissemens gastronomiques le menu du dîné du jour, et finir par dévorer à belles-dents une dure lanière de beafsteak de cheval à deux pences. Car telle était la chère la plus splendide que pussent se permettre les Lucullus et les Aspicius de cette autre Rome, moins voluptueuse, comme on le pense bien, mais encore plus dégénérée que celle des premiers Césars.

Thalie avait aussi ses autels, ses élèves et même ses prêtresses dans ces tristes asiles si peu faits cependant pour les délassemens de l'esprit et les plaisirs de l'imagination. On jouait la comédie jusques sur les pontons. Mais quelle comédie, quels acteurs et surtout quelles actrices ! Pour donner une idée de la délicatesse de ces amusemens scéniques, il nous suffira de rappeler que les rôles de jeunes premières et de grandes coquettes étaient ordinairement remplis par de petits moûsses ou de jeunes tambours, et que la plupart de ces robustes ingénues ou de ces viriles Celimènes, devenues presque barbues, faisaient beaucoup plus de conquêtes dans la foule de leurs admirateurs, que n'en comptent les plus séduisantes danseuses et les cantatrices les plus ravissantes de l'Académie de musique ou du théâtre de la Scala.

Il existait à côté de ces contrefaçons des temples élevés si grotesquement aux beaux-arts, un autre culte moins profane, par malheur, que celui des Muses. — D'anciens enfans de chœur, se rappelant la messe qu'ils avaient servie dans leur jeunesse, célébraient tous les dimanches, sous les costumes sacerdotaux, l'office divin auquel un certain nombre de fidèles se faisaient un devoir d'assister dévotement. A Stapleton, par exemple, c'était un officier de grenadiers de l'armée expéditionnaire de St-Domingue qui avait été revêtu, comme chef électif du diocèse, de la mître épiscopale. Un autel peint à fresque sur un pan de mur délabré, et terminé par quelques marches en grisaille, tenait lieu de tabernacle à cet évêque *in partibus.* Deux ou trois mousses assistaient monseigneur le grenadier dans la célébration du saint-sacrifice et répandaient autour de lui les nuages d'encens qu'ils faisaient fumer dans des écuelles à soupe. Et tout cela se pratiquait avec sincérité, avec recueillement, avec ferveur, tant le besoin des habitudes prises et la puissance des souvenirs l'emportent sur le ridicule des plus gauches imitations et des plus bizarres parodies !

Les sciences et les mathématiques surtout étaient cultivées par le peu d'esprits studieux qui se rencontraient dans la foule de tant d'intelligences forcément désœuvrées. Des officiers de marine professaient, pour les jeunes gens qui voulaient s'instruire, des cours de géométrie, de navigation, de langue anglaise et de grammaire française. Les musiciens se réunissaient pour organiser de petits concerts, les danseurs pour monter des bals, les maîtres d'escrime pour donner des assauts.

Un assez grand nombre d'officiers de vaisseaux et d'officiers de l'armée de terre expiaient, dans les prisons, le tort d'avoir voulu se soustraire par la fuite aux vexations qu'ils avaient longtemps éprouvées dans les cantonnemens qu'on leur avait assignés comme lieux de détention. Les matelots, en revoyant sous les mêmes fers qu'eux quelques-uns des chefs qu'ils avaient pris en aversion à bord des bâtimens de l'Etat, se plaisaient à leur faire sentir l'égalité qu'ils avaient conquise sous l'empire de la loi des mêmes besoins et de la même captivité. Il n'était même pas rare de voir les plus infimes enrôlés d'un équipage, insulter, sous le prétexte le plus frivole, l'orgueil justement révolté de leurs anciens supérieurs, pour avoir ensuite le droit odieux de les maltraiter et de les livrer aux huées de la populace de ces ignobles démocraties de détenus.

Les militaires cependant, et il faut ici leur rendre avec noblesse cette justice, surent presque toujours se préserver de ce honteux excès. On les voyait, au contraire, lorsqu'un de leurs officiers venait partager leur mauvais sort, redoubler d'égards envers lui, en raison de son malheur, et l'on pourrait dire en raison même de l'autorité qu'il avait perdue sur eux. Je dois ajouter qu'il n'est pas sans exemple que des soldats aient nourri de leurs épargnes ceux de leurs anciens chefs que le peu d'habitude des travaux manuels auxquels il aurait fallu qu'ils se livrassent pour vivre, réduisait à la ration insuffisante de la prison. C'était la dignité de l'épaulette qu'ils ne voulaient pas, disaient-ils, laisser déchoir en face de l'Anglais. C'était l'honneur de l'armée qu'ils soutenaient enfin dans la personne de leurs supérieurs déchus momentanément de leur grade. Tant une discipline admirable était encore vivace chez ces serviteurs affranchis par le fait même de la captivité du joug de toute subordination, mais que le sentiment de l'honneur militaire replaçait librement sous la règle du devoir !

Mais si l'on avait à déplorer si amèrement pour la gloire du nom français, les mœurs intérieurs que nous venons de retracer à regret, c'était du moins avec un juste orgueil que l'on retrouvait dans l'attitude et la conduite des prisonniers en face de leurs oppresseurs, toute la fierté de la nation à laquelle ils appartenaient encore par un de ses plus nobles côtés. Bien rarement les prêtres émigrés parvenaient, dans les hôpitaux qu'ils visitaient assidûment, à recruter parmi les malades convalescents, quelques traîtres pour l'armée ennemie, dont ils ne rougissaient pas de devenir les pourvoyeurs. Presque jamais les plus pauvres prisonniers ne s'abaissaient à solliciter l'aumône des ladies ou des gentlemen que la curiosité attirait sur les murs d'enceinte pour contempler ou pour plaindre les souffrances dont le spectacle se déroulait de si près sous leurs yeux. Ce sensentiment d'amour-propre national était même poussé si loin jusques dans les âmes en apparence les moins faites pour l'éprouver, que tel affamé qui ne rougissait pas de se jeter sur les pelures de pommes de terre tombant de la main d'un de ses compatriotes, aurait cru s'avilir en acceptant quelques pièces de monnaie de la main d'un visiteur anglais. Quand le bruit d'une victoire remportée par nos armées retentissait au milieu des groupes auxquels les geôliers n'avaient pas pu la cacher, c'est aux cris délirans de *Vive l'Empereur!* que la nouvelle était accueillie et répandue avec ivresse. Plus les prisonniers enfin enduraient de privations et de tortures, et plus le souvenir de cette patrie à laquelle ils s'honoraient d'offrir leur dernier sacrifice, semblait leur devenir cher et sacré. En 1814, lorsque délivrés des fers qu'ils avaient portés pendant onze années, ils retournaient en masse vers Calais, ils donnèrent une preuve bien mémorable de leur dévoûment à Napoléon détrôné, en répondant par des cris unanimes de *Vive l'Empereur!* aux acclamations de *Vive le Roi!* que poussaient sur leur route les piqueurs anglais pour signaler l'approche de la voiture qui transportait triomphalement à Douvres l'héritier restauré des Bourbons.

La justice, à laquelle toutes les réunions d'hommes reviennent toujours comme à une nécessité, si ce n'est comme à une vertu, avait aussi parmi les prisonniers des tribunaux, un président et des juges. Mais les effets de cette justice expéditive étaient aussi prompts que ses formes étaient simples. Les causes étaient plaidées et les jugemens rendus à l'heure même où le délit se trouvait dénoncé par la clameur publique, la principale preuve, si ce n'est la seule, que les juges se montrassent disposés à admettre.

Le corps judiciaire était composé des notabilités du Pré, qui, dans l'opinion du grand nombre, passaient, non pas tant pour être en état de bien comprendre les causes, que pour être de force à faire respecter leurs arrêts. Le chef des maîtres d'armes était ordinairement investi des premières fonctions de la cour, qui prononçait toujours sans appel ni recours. Aucun dossier ne figurait dans les procès, et cette manière toute orale d'expédier les affaires convenait d'autant plus à la magistrature, que les magistrats auraient été souvent bien embarrassés de prendre une connaissance scrupuleuse des pièces écrites qu'on aurait produites pour éclairer leur équité. L'espace pris à une douzaine de hamacs, entouré d'une mauvaise serpillière, servait de palais, de prétoire, de siége au tribunal, et de sanctuaire enfin à la Thémis du lieu. Le prévenu comparaissait escorté par les robustes agens de cette force publique qui résidait surtout, comme je l'ai déjà dit, dans la vigueur physique de ses assistans. Le plaignant était interrogé brièvement; il se défendait lui-même comme il pouvait, en invoquant quelquefois le témoignage des gens qu'il croyait pouvoir produire à sa décharge, et quand l'accusé était convaincu du vol qu'on lui reprochait, car c'était là le seul genre de délit dont la justice eût à connaître, on l'amarrait, séance tenante, à une épontille pour recevoir, sous les yeux mêmes du tribunal, quinze, vingt, vingt-cinq coups de bout de corde, selon la gravité du méfait et de ses circonstances. Cette pénalité, empruntée à la jurisprudence du code maritime, était la seule que l'on connût et qu'on infligeât légalement en prison.

Ce fut dans un de ces abîmes, qu'en arrivant à Plymouth sur notre vaisseau capteur le *Gibraltar*, nous fûmes jetés à trois ou quatre heures du soir. Les grilles de Mill-Prison s'ouvrirent pour tout l'équipage du pauvre *Vert-de-Gris*, et se refermèrent aussitôt sur lui, en nous laissant à penser au bruit qu'elles firent en ce moment sur leurs gonds, qu'il ne faudrait rien moins qu'un miracle pour qu'elles se rouvrissent à notre intention.

Il nous fallut traverser une haie de geôliers et de soldats avant d'arriver à la dernière barrière contre laquelle nous nous trouvâmes nez à nez, et non sans un certain effroi, avec des spectres vivans qui nous attendaient là en se groupant entr'eux, pour nous demander des nouvelles de France.

Ivon, comme on doit se le rappeler, avait été pris en culottes courtes et en bas de soie collans, et pendant notre rapide séjour à bord du *Gibraltar*, il n'avait pu, à son grand dépit, changer sa toilette de bal contre un costume plus conforme à sa nouvelle situation. En entrant à Mill-Prison, il fut donc obligé, quoiqu'il en eût, de se montrer avec sa parure de fête aux forts-à-bras et aux curieux qui promenaient des regards scrutateurs sur chacun des nouveaux arrivans.

— Excusez du peu, dit l'un de ces plus importuns et

de ces plus impudens inquisiteurs, ne vous gênez pas. Monsieur fait son entrée en mollets, et après que le bal est fini.

— Oui, malin, répondit Ivon, et en mollets pas trop mous encore, et de seize pouces et demi de tour, bien comptés, bonne mesure.

— Monsieur a de la chair de reste, à ce qu'il paraît; mais il lui en dégringolera avant que ça ne me revienne.

— Il en restera encore assez à celui-là pour t'envoyer le bout du manche de ces mollets sur ta vilaine mine de marcassin de prison. Mais si tu as envie d'y mordre, tiens, ajouta mon ami rougissant de colère et se caressant la jambe d'un air provocateur, en voilà de la viande pour ton chien.

— Puisque Monsieur veut bien le permettre, nous essaierons un peu de tâter de lui, repart le *fort-à-bras*, en jetant son chapeau à terre et en prenant une attitude gymnastique.

La patience n'était pas une des vertus capitales de mon cher compatriote. Peu initié encore aux secrets académiques de la boxe, mais doué de toute la vigueur qui pouvait lui tenir lieu des règles qu'il ignorait encore, il allonge un bras nerveux sur le cou du fort qui riposte à cette entrée en matière, par un coup de poing fort artistique qui lui tombe sur l'œil. — Ivon ne se connaît plus, et devenu, par l'excès de la fureur, insensible aux horions qui pleuvent sur lui, il imprime ses doigts de fer dans les flancs essoufflés de son adversaire à qui il fait perdre la respiration. Profitant alors de ce soudain avantage pour compléter sa victoire, il enlève son homme du sol sur lequel celui-ci cherche en vain à se cramponner et le jette enfin presque expirant sur l'arène, et non sans lui avoir fait décrire une élégante parabole par dessus sa tête qu'il lui a préalablement et pour plus de sûreté enfoncé dans la poitrine, à la manière antique des lutteurs bas-bretons.

Un moment de saisissement ou d'admiration muette succéda à ce coup prodigieux. Le vainqueur, au milieu du silence qui s'était fait autour de lui, se contenta de dire au vaincu avec plus de mépris encore que d'irritation :

— Les bons comptes font les bons amis : ta note est réglée, ramasse ta viande.

L'enthousiasme des spectateurs qui, jusque-là, paraissait avoir été contenu par un mouvement surnaturel de surprise et de respect, semble avoir attendu ces mots pour éclater sous la forme étourdissante des plus délirantes acclamations. — Ivon, qui ne s'appartient plus, est saisi, emporté par la foule, qui le promène comme son labarum ou son oriflamme dans tous les coins et recoins de la prison livrée à la plus vive, à la plus irrésistible émotion. Ce triomphe se trouva enfin si complet que, le soir même de son apothéose, il fallut coucher le nouveau demi-Dieu dans le hamac que les plus renommés des *forts-à-bras* s'étaient disputé l'honneur d'offrir à un si éminent confrère.

Quant à moi, pendant que s'accomplissaient ces rapides événemens, j'attendais philosophiquement que les fumées de la gloire et de la forte bière se fussent un peu dissipées pour obtenir de la protection du triomphateur une couchette et une humble place dans quelque petit réduit que ce fût. Cette modeste faveur ne se fit pas longtemps désirer. Le lendemain de son agrégation dans la corporation des Forts, en m'abordant avec plus de réserve que de coutume, il me prit par la main, et en présence de la noble assemblée de ses nouveaux collègues, il s'exprima ainsi :

— Malgré le peu de rations de pain que j'ai encore mangées ici, je connais la manière dont les choses s'y passent. En conséquence, le premier qui dira un mot plus haut que l'autre à ce petit lapin qui a l'honneur d'être mon pays, aura affaire à moi, Ives-Marie Lagadec de Lannilis, canton de Brest, département du Finistère. C'est dit, entendu et conclu. Maintenant, veille au grain !

Après cette courte allocution, chacun me toisa des pieds à la tête, comme pour prendre bonne note de l'avertissement qui, à ce qu'il paraît, ne fut pas inutile, car jamais, pendant mon séjour à Mill-Prison, il ne m'arriva aucune mésaventure, malgré mes quinze ans, mes cheveux bouclés et ma mine encore assez féminine.

En prenant peu à peu connaissance des êtres de notre nouveau gîte, je retrouvai dans la foule d'anciennes connaissances, que je m'attendais, du reste, à revoir là, le brave Arnaudault, qui s'étant fait couler sur son *Sans-Façon* par une frégate ennemie, était devenu marqueur de billards, sous un hangar où un *négociant* en paille avait obtenu la permission d'élever un tapis consacré à ce noble jeu. Le fils du vaillant capitaine avait appris à faire de la dentelle, et ce ne fut pas pour moi un spectacle peu étrange que celui de ce robuste garçon employant à faire du point de Caen ou d'Alençon, des doigts nerveux qui, jusques-là, n'avaient manié que des barres de guindeau et l'épissoire. Presque tout l'équipage de mon ancien corsaire, enfin, se trouvait dispersé au milieu de cet amas de travailleurs ou d'oisifs, et chacun y gagnait à peu près sa vie, selon ses moyens, son industrie ou sa friponnerie. Le capitaine d'armes, à qui dans les temps j'avais enlevé Rosalie, me reconnut et ne me sembla médiocrement désireux de renouer connaissance avec moi. Je m'imaginai même que toutes les fois que nous nous rencontrions, il s'avisait de me regarder de travers. Pour être plus exactement fixé sur les sentimens qu'il pouvait nourrir à mon égard, je lui proposai, à l'insu d'Ivon, une entrevue particulière dans la salle des duels, et grâce à cette énergique initiative, il feignit envers moi la plus parfaite indifférence. Ivon, dont la popularité s'était très rapidement étendue dans le Pré, ne tarda pas à fixer l'attention de l'autorité anglaise, qui cherchait à s'attacher les notabilités dont l'influence pouvait utilement s'exercer sur les prisonniers. Pour preuve de la bonne opinion que le commandant avait conçue de son mérite, on lui proposa la place de *maître cook*, c'est-à-dire de premier distributeur de soupe et de viande d'une des salles de notre logis. Cette place de confiance ne trouva pas notre ami insensible, et il accepta le poste qui lui était si gracieusement offert et qui lui laissait entrevoir dans un avenir assez prochain la perspective de quelques petites douceurs et peut-être de quelques jolis bénéfices.

Les principes de mon cher Mentor n'étaient pas toujours fondés sur la morale la plus sévère, comme il arrive presque toujours à ceux qui font marcher leurs intérêts avant leurs scrupules. Mais si ses calculs manquaient quelquefois d'équité, il était assez rare qu'ils manquassent de justesse. La manière dont il me raisonna son affaire dans la circonstance où venaient de le placer ses nouvelles fonctions, servira à prouver une fois de plus jusqu'à quel point la logique de l'égoïsme peut égarer les meilleurs esprits sur la saine raison du droit.

« Vois-tu toutes ces canailles là ? me disait-il sousouvent; eh bien, si je m'avisais de ne pas leur rogner un peu la portion, nous serions misérables comme elles, sans qu'elles fussent plus contentes de nous ou plus reconnaissantes de la bêtise que j'aurais de ne pas les flibuster un petit brin. Au contraire, même, ils iraient tous tant qu'ils sont jusqu'à me mépriser par la raison toute simple que je ne les volerais pas assez pour faire figure au milieu d'eux. Au lieu, comprends-tu bien ceci, qu'en *rabiotant* honnêtement sur chacun, je ne fais crier personne et je me donne les moyens de me faire, à coups de quartes de bière, des amis de tous ceux qui paient sans trop s'en douter les frais de la guerre. Nous nous portons bien; nous ne vivons pas trop mal, et nous faisons envie à tout ce gibier là, ce qui vaut mieux que de lui faire pitié; car je ne connais rien de plus *chamberdant* au monde que d'être plaint par la crapule. »

« Ecoute, cependant, ajoutait mon ami, après m'avoir exposé ainsi le fort et le faible de son système administratif, il ne faut pas embrouiller ses lignes quand on veut faire bonne pêche. Tu es *éduqué*, Léonard, et sans chercher à te flatter ni sans vouloir trop me rabaisser, je te dirai que je ne sêrai qu'un ignorant toute ma vie; mais je n'ai pas besoin pour rouler mon palanquin d'être autre chose. Toi, c'est différent. Sur ce que tu as déjà appris, il faut *épisser* ce que tu peux apprendre encore en prison où tu n'as rien de mieux à faire qu'à devenir un savant du premier brin. Ici il y a des génies : deviens génie comme eux, quand je devrais payer n'importe combien ton apprentissage. Les pensionnaires à qui je taille les vivres sont là, et plus la ration de savoir que tu prendras sera chère, plus leur ration de viande et de pain à eux sera petite. Ainsi donc ne t'embarrasse pas de la dépense, et ne t'occupe que de devenir un crâne fini sur ta *grand'mère*, *l'arismétrique* et *l'astromomie*. C'est là ta balle. Chaque homme, vois-tu, sur cette grosse gueuse de boule tournante où nous *capeyons* tous dans la crotte, a son sac à porter. Mais tout le monde n'a pas la même manière de trinqueballer sa charge : les uns ont la force qu'il leur faut dans la tête, les autres dans les bras; quelques-uns dans le dos et plusieurs dans les jambes. Moi, tout mon esprit est dans les poignets que tu vois-là et qui, Dieu merci, ne sont pas trop bêtement emmanchés... Tu es assez gentil garçon, c'est vrai; mais ce n'est pas tout. Si l'on n'avait son chemin à faire que sur une route pavée de jolies femmes, je ne dis pas qu'avec ta figure, tu ne pourrais pas aller ton train en filant le sentiment huit ou neuf nœuds à la bouline. Mais ici, mon fiston, nous ne sommes plus au café de l'*Anglais sauté*, chez Rosalie. C'est en plein et en grand que nous sommes tombés au milieu d'un tas de vermines d'où nous nous retirerons Dieu seul sait quand. Ah! si en allant à l'école pour devenir savant, tu pouvais apprendre le moyen de déguerpir de ce chien de domicile forcé!...» Et, en prononçant ces derniers mots, Ivon l'œil en feu et fixé sur les murs de notre donjon poussait de gros soupirs qui soulevaient fébrilement sa large et mâle poitrine.

Pour moi, je ne soupirais qu'au nom de Rosalie. — Ce n'est pas l'embarras, reprenait-il pour faire diversion à son émotion et à la mienne, il y a Mme Milliken, la femme du *Purser*, du commissaire de Mill-Prison, qui, l'autre jour, en dehors de la barrière, m'a demandé ton nom et comment tu te portais.

— Quoi, cette jolie dame qui paraît quelquefois à la fenêtre du bureau?

— Justement, tu a mis le cap dessus. Est-ce que tu aurais mis aussi le nez en dehors du capot de chambre, pour voir d'où vient la brise?

— Non; mais la semaine dernière, elle m'a fait signe d'avancer sous sa croisée, et elle m'a jeté une Bible renfermant l'ancien et le nouveau Testament.

— Le beau fichu cadeau que du Testament pour de pauvres *ralingueurs* qui n'ont pas seulement un liard fendu en quatre à laisser à Messieurs leurs héritiers! Mais ce n'est pas de cette bagatelle qu'il s'agit. L'affaire à quoi il faut penser, c'est à jouer des quilles que Dieu nous a données, et le plustôt possible ne sera que le mieux. Car, quand même je gagnerais de l'argent plein la cale d'un vaisseau à trois ponts, la liberté sera toujours pour moi le premier bien de la terre. C'est la fortune des gueux et le paradis des oiseaux coffrés.

— Et quel moyen encore imaginer et employer pour démarrer d'ici ?

— Quel moyen?... Si à ton âge on pouvait taire sa langue et arrimer à fond de cale un secret qui regarde tout le sort de la prison, je te dirais bien à demi-longueur de gaffe quelque chose.

— Et quelle raison aurais-tu de douter de ma discrétion et de mon honneur?

— Aucune, et je vais, pour te prouver ma confiance... Accoste ici à l'ordre, bord à bord de moi, et écoute bien ce que tu vas entendre. Depuis plus de quinze jours, la moitié de la prison travaille à un trou d'un bon demi-quart de lieue de long. Chaque piocheur du premier corps-de-logis ramasse dans sa poche la terre que nous grattons la nuit au lieu de dormir comme des carognes, et puis on jette cette terre dans les latrines ou le *bargou* des cours, afin de cacher la farce que nous voulons jouer à l'Anglais.

— Pas possible?

— Rien n'est impossible à qui veut respirer le bon air

de France et manger des choux de sa patrie. Dans trois jours, enfin, tu me diras des nouvelles de mon trou.

— Mais si quelque espion, quelque traître venait à découvrir aux Anglais...

— On l'escofie, et c'est toujours une consolation dans le malheur. Mais en attendant, tu sauras qu'on m'a nommé l'ingénieur en chef de ce travail de taupe, et qu'il n'y a pas de temps à perdre pour terminer l'ouvrage commencé. Ainsi donc bon courage, espérance et motus!

Le trou, le souterrain dont l'exécution venait de m'être ainsi annoncée, se pratiquait effectivement avec une ardeur que soutenait l'espoir que les travailleurs avaient fondé sur ce difficile moyen d'évasion. L'issue projetée devait s'ouvrir à plus de trois cents toises de la ligne des murs extérieurs. Il fallait voir avec quel mystère, quelle patiente sollicitude, les prisonniers passaient les nuits pour creuser de quelques pieds seulement, au bout de douze à quinze heures de fatigues et de sueurs, le sombre et bienheureux *tunnel* par lequel devait s'échapper, comme de la porte ouverte d'une volière, tous les pauvres *encagés* de Mill-Prison. Le projet des premiers évadés, et Dieu sait si les projets manquaient, était d'égorger par prévoyance les sentinelles anglaises dans leurs guérites et de massacrer ensuite tous ceux qui se présenteraient à leurs coups, si les cinq mille déserteurs étaient assez malheureux pour ne pas se frayer une route qui les conduisît à temps sur les bords de la mer. Ivon, comme un des acteurs les plus actifs et les plus importans de ce drame nocturne, devait obtenir, avec quelques-uns de ses plus intrépides compagnons, les honneurs du pas au moment décisif du défilé de tant de libérés en imagination. L'orifice intérieur du trou était recouvert, masqué, déguisé chaque matin, avec une précaution et une adresse telles qu'il eut été impossible aux balayeurs anglais de deviner les traces de ce travail si discret, si opiniâtre et si précieux.

Un misérable fou, une sorte d'idiot qui végétait parmi les prisonniers sous le sobriquet de *Jean-Café*, et dont personne ne se défiait assez, divulgua, par stupidité, le secret que cinq mille initiés avaient religieusement gardé au milieu d'eux, dans l'intimité de leurs cœurs. Peut-être aussi la joie que les travailleurs ne prirent pas assez le soin de cacher, au moment de recueillir le fruit de leurs efforts, révéla-t-elle à leurs surveillans le mystère que ceux-ci étaient si intéressés à pénétrer. Quoi qu'il en soit, en s'enfournant deux à deux dans le sombre défilé et en touchant à l'issue extérieure de l'excavation, les premiers engagés furent reçus par un détachement de soldats écossais qui s'emparèrent d'abord de tous ceux qu'ils cernaient au milieu d'eux. En cinq minutes, les prisonniers arrêtés tout-à-coup dans leur marche en avant firent connaître à ceux qui n'attendaient que leur tour pour les suivre, que le trou était vendu et qu'ils étaient trahis ! ! A ces mots foudroyans : *le trou est vendu*, portés dans tous les cœurs comme par l'effet d'une commotion électrique, la consternation pétrifia tous les visages, glaça toutes les bouches... Puis, quand ce premier effet de stupéfaction fut passé, des imprécations effroyables, des menaces de sang annoncèrent le sort que les victimes préparaient aux traîtres qui venaient de les sacrifier si lâchement. Ivon, que j'avais suivi autant qu'il m'avait été possible dans l'obscurité du souterrain jusqu'au deux tiers à peu près du trajet, revint tout pâle, tout tremblant, tout souillé de boue et de sang. Il venait de poignarder de sa main un soldat écossais, au moment où celui-ci s'efforçait de l'arracher du bord extérieur du trou.

Le tambour battait autour de Mill-Prison ; le signal d'alarme avait été donné ; toutes les troupes de la garnison étaient sous les armes et le tocsin sonnait à Plymouth. La garde, doublée autour de la prison, nous cria d'éteindre les lumières qui étaient encore allumées dans les salles où nous étions restés réunis et consternés. Personne n'obéit à cet ordre deux ou trois fois répété, et la garde alors fit feu sur nous jusqu'au jour, sans que nul songeât, en voyant ses camarades tomber sous les balles anglaises, à faire disparaître une seule des lumières qui servaient de point de mire à ces vaillans tirailleurs. C'était là le seul héroïsme qu'il nous fût possible d'opposer à la magnanimité de nos ennemis. Il dut mêler quelque amertume à la douceur de leur facile triomphe.

Le lendemain de cette nuit cruelle, on ne permit qu'au tiers des prisonniers de sortir pendant quelques heures dans les cours. Ces rapides instans furent employés à la recherche des coupables à qui l'on attribuait l'insuccès de la tentative avortée. Un des instructeurs les plus actifs de ce terrible procès se mit en tête de fouiller Jean Café, sur lequel on trouva deux ou trois guinées en or. Il ne fallut pas d'autre preuve de conviction contre un accusé qui ne vivait auparavant que des aumônes de ses compatriotes. *C'est lui qui nous a vendus*, s'écriait-on de toutes parts ; *il faut le tuer et le manger entre nous tous. Non*, répondit Ivon à cette exclamation générale, *il faut le flétrir avant de le tuer, et il sera ensuite trop vil pour qu'on le mange!*

Cette inflexible opinion devint la sentence du pauvre Jean-Café; et celui qui l'avait si impétueusement exprimée se chargea d'être l'exécuteur de l'arrêt et l'ordonnateur du supplice. Des *piqueurs*, de ces gens qui, à coups d'aiguilles, dessinaient sur les bras ou sur le corps des matelots ces symboles et ces devises que le temps n'efface plus, s'emparent du condamné, l'étendent, comme un cadavre à disséquer, sur une longue table, où ses membres frémissans sont rivés sous les poignets d'acier de quatre *forts-à-bras*. Sa tête est rasée, son front frotté d'une mixture de poudre et de vermillon, et les *tatoueurs* alors tracent de la pointe de leurs dards impitoyables, sur ce front déshonoré, cet arrêt éternel d'une justice infernale : *Flétri, à Mill-Prison, pour avoir vendu* 5,000 *Français aux Anglais, dans la nuit du 4 septembre* 1807.

Le dernier chiffre de l'homicide légende est tracé. Ivon, qui attend sa proie, qu'il n'a consenti à abandonner un moment que pour la ressaisir avec plus de sûreté, s'empare alors du supplicié : il élève ce sanglant trophée au-dessus de sa tête, demande une échelle, qu'on place sur le bord supérieur de la première barrière de la prison, et, parvenu au dernier échelon, il rejete avec rage son indigne fardeau au milieu des soldats de la garde consternée, en leur criant : — *Tenez, empoignez celui-là, vous autres Anglais, c'est un Français digne de vous !*

A cet accent de la fureur, de l'indignation et du mépris, la foule, qui, jusques-là, était restée muette et palpitante, éclate en cris de joie, de féroce ironie, en agitant au-dessus d'elle ses bras crispés, ses mains délirantes, ses chapeaux, ses bonnets, ses casques dépouillés, ses schakos brisés. Elle venait d'être trahie; mais elle se sentait vengée, et elle jouissait du moins du plaisir de sa vengeance, en insultant au triomphe de ses vainqueurs.

Les Anglais ne cherchèrent ni à punir, ni même à inquiéter les auteurs de cette horrible exécution. Ivon ne perdit même pas sa place de maître-cook qui pourtant dépendait du choix de l'autorité; car il faut dire à la louange de nos ennemis de cette douloureuse époque, que s'ils ne dédaignaient pas assez souvent de chercher parmi nous des traîtres, ils ne nous réduisaient jamais à la honte de les respecter et à la nécessité de les épargner. Le commandant de Mill-Prison, en apprenant le sort que l'on avait fait subir au coupable, se contenta de dire : « A la place des Français, j'aurais fait comme eux, et à la mienne, ils ne feraient pas d'autre réponse que moi. »

A en croire les pronostics assez flatteurs formés sur moi par les anciens habitués du lieu qui savaient la bienveillance que commençait à me témoigner la femme du commissaire de la prison, je ne pouvais guère tarder à recevoir des preuves certaines de la protection de cette dame, dont le cœur, disait-on, avait été plusieurs fois compatissant pour quelques-uns des plus jeunes et des plus jolis emprisonnés.

Peu de jours, en effet, après notre malencontreuse tentative de fuite, le commissaire, M. Milliken, me fit demander chez lui à ma grande surprise. Je crus d'abord que c'était pour me remettre des lettres de France, ou bien même quelque envoi d'argent qui, d'après la règle établie, devait passer par ses mains, avant de parvenir à leur destination. Il s'agissait de tout autre chose.

— Savez-vous écrire de manière à faire un bon copiste? me demanda sans autre préambule M. Milliken en s'exprimant en assez bon français.

— Mais, monsieur le commissaire, répondis-je, sans posséder ce qu'on appelle une belle main, je crois au moins avoir une écriture passable.

— Voyons, mettez-vous là et tracez-moi quelques lignes sur ce papier.

L'homme de plume, après avoir jeté attentivement les yeux sur ce spécimen, fait avec une certaine hardiesse, trouva que mes caractères étaient nettement et correctement tracés. Il me dit ensuite qu'ayant besoin d'un copiste qui pût lui faire le double de ses rôles et de ses feuilles d'appel, il obtiendrait pour moi, comme il l'avait obtenu pour quelques jeunes français d'éducation, l'autorisation de m'employer dans ses bureaux; qu'une fois cette faveur accordée par le commandant, je sortirais chaque matin de la première barrière de la prison, pour n'y rentrer que le soir, la règle invariable pour tous les prisonniers ne permettant à aucun d'eux de coucher en dehors de l'enceinte soumise à la surveillance de la garde et de la police du Transport-Office. Je reçus, comme on le pense bien, avec des marques de vive reconnaissance, une proposition qui m'offrait le moyen d'adoucir la durée et la rigueur d'une captivité dont rien encore ne me faisait entrevoir le terme.

Le surlendemain de mon entrevue avec le commissaire, je fus installé près de lui, à une petite table, sur laquelle on me donna à copier des états nominatifs et des bulletins de livraison de rations. A l'heure du dîner, que je vis venir avec plus de curiosité que d'impatience et presque en rougissant, une fort jolie femme de chambre m'apporta quelques friands morceaux, sur lesquels je jugeai bienséant de ne pas assouvir mon appétit déjà trop immodérément excité par le jeûne et le régime auxquels il était quotidiennement soumis. Quelques jours se passèrent ainsi sans que rien de bien intéressant vînt en varier la douce uniformité. Le soir, je rentrais sous les verroux, pour en sortir le lendemain matin, et reprendre ma besogne dont le calme et la régularité commençaient à me fatiguer; car j'étais dans l'âge où l'impatience de jouir gâte toujours le plaisir présent. Un pressentiment qui ne fut pas trompé, contribuait aussi à me faire désirer avec une imprévoyante vivacité, le moment où quelque incident heureux viendrait changer et embellir ma situation déjà fort supportable, comme on le voit.

Un jour où mon chef s'était absenté pour assister à un conseil tenu à Plymouth, Mme Milliken, que je n'avais pas encore vue depuis mon installation dans les bureaux de son mari, vint négligemment feuilleter quelques papiers sur la table même où j'écrivais en ce moment, sans oser lever les yeux sur ma belle protectrice. Devinant sans doute à l'embarras très visible de ma contenance qu'il fallait entamer la conversation avec moi pour arracher quelques mots à ma timidité, elle me demanda, en essayant avec un sourire à parler français, si je me plaisais mieux dans ma nouvelle position que dans l'intérieur de la prison. Ma réponse, quoique gauchement faite, ne lui laissa aucun doute sur la préférence que j'accordais à la situation que je devais à sa bonté. La jolie femme de chambre entra fort à propos en cet instant pour me sauver la gêne du tête-à-tête. C'est dans de telles occasions que le nombre trois est heureux. La jeune camériste de Mme Milliken me parut avoir avec sa maîtresse une familiarité peu ordinaire, et cette remarque, en me confirmant l'opinion que j'avais déjà conçue de l'affabilité de la dame, me rassura un peu. Mme Milliken me questionna, en s'excusant avec une grâce charmante de s'exprimer si mal en français, sur mon âge, ma famille, et quelques-unes des circonstances de ma vie, si malheureusement commencée. Quand, pour répondre à sa première interrogation, je lui dis que je n'avais pas encore tout-à-fait seize ans, elle s'écria en joignant les mains et en arrêtant sur moi des regards où se peignaient à la fois la bienveillance et la compassion: *Poor Fellow!* Et Sarah, sa jolie suivante, de répéter avec plus de vivacité encore, mais beaucoup moins de sentiment: *Poor Fellow!* Mon écriture devint ensuite l'objet de l'attention de Mme Milliken, qui la trouva fort belle, quoiqu'elle ne présentât rien de bien extraordinaire. Enfin, après quelques instans de causerie, on me laissa à mes graves occupations, en m'engageant à lire la Bible qu'on m'avait donnée pour entretenir en moi les principes religieux si nécessaires à la jeunesse. Je tirai, à ces mots, de dessous ma veste le précieux livre qu'avait si fort dédaigné mon ami Ivon, et cette preuve parlante du soin que j'avais mis à garder le cadeau qui m'avait été fait, parut satisfaire celle à qui je le devais. Un *good bye!* des plus affectueux et un regard d'intérêt plus significatif encore me firent comprendre, malgré mon peu d'expérience en fait de choses sentimentales, que cette première entrevue n'avait pas déplu.

Ce jour-là, en effet, mon dîné se ressentit de la bonne opinion que je croyais avoir inspirée à la maîtresse du logis. Je fus servi comme un prince, et Sarah eut pour moi toutes les attentions qui pouvaient le mieux s'accorder avec la tendre sollicitude qu'elle avait exprimée en répétant avec sa maîtresse le *Poor Fellow*. Ce *Poor Fellow* ne devait pas tarder à devenir le plus heureux de tous les habitans de Mill-Prison.

Avant d'aller plus loin dans le récit de mes aventures, je dois peut-être dire brièvement au lecteur, quelle était la femme qui va un instant occuper la scène dans le premier acte du drame de mon existence. Mme Milliken était une belle brune de 22 à 23 ans, blanche comme presque toutes les jeunes anglaises, et vive comme il en est peu qui le soient. L'éducation fort commune qu'elle passait pour avoir reçue, donnait au premier abord à sa physionomie d'ailleurs très douce, quelque chose de hardi ou plutôt de soudain qui ne mentait pas. Bonne et capricieuse, légère et passionnée tout à la fois, elle fesait avec tous ses défauts et autant d'excellentes qualités, le bonheur facile du mari le moins soupçonneux et le moins exigeant du monde, qui la voyait la plus fidèle des femmes, parce qu'il était, lui, le plus honnête et le plus confiant des hommes.

M. Milliken, appartenant à une bonne famille du Devonshire, avait eu le tort de prendre son épouse dans un rang inférieur au sien, malgré l'opposition de tous ses parens, et, en descendant jusqu'à elle, il n'avait plus trouvé ensuite assez de ressources dans sa femme pour l'élever jusqu'à lui. Mais son aveuglement était tel et l'illusion du premier sentiment qui l'avait conduit à ce sacrifice, s'était si heureusement prolongé au-delà de son terme ordinaire, qu'il croyait encore que l'entraînement de sa compagne pour quelques jeunes prisonniers fort connus, n'avait été chez elle que l'effet d'une vertu compatissante, qui devait la lui rendre encore plus chère et plus respectable. Des désordres, enfin, qui ne pouvaient être ignorés de personne, si ce n'est de celui qui en était la première victime, avaient rendu M. Milliken l'époux le plus ridiculement populaire de tout Plymouth ; car l'on sait assez que si le mépris public retombe avec raison sur les femmes infidèles, tout le ridicule revient de droit aux maris trompés.

Au reste, plus la femme me témoignait d'intérêt, plus le mari se croyait obligé de me montrer d'affection. A ce train, je devins bientôt l'enfant gâté de toute la maison, et quand le soir je quittais ce couple heureux pour retourner dans le fond de la prison, j'entendais ma protectrice placée mélancoliquement à sa fenêtre, se lamenter, au bruit des gonds des grosses portes qui se rouvraient pour moi, le sort d'un pauvre enfant réduit à s'engouffrer toutes les nuits dans les ténèbres d'un cachot.

Quelques singulières réflexions que le souvenir de ce ménage m'ait conduit à faire depuis sur l'aveuglement conjugal de certains époux, je ne puis me rappeler, sans m'étonner encore de l'impunité presque toujours attachée à l'imprudence des femmes, une scène délicieuse, pour moi du moins, qui eut pour acteurs les deux époux, Sarah et leur heureux protégé.

Ma bienfaitrice, un jour, en retour sans doute des petites leçons de prononciation française que j'avais osé lui donner, voulait m'apprendre quelques mots d'anglais, que je répétais avec une incorrection qui faisait rire parfois jusqu'aux larmes la peu indulgente Sarah. M. Milliken, occupé à écrire en ce moment, et tiraillé par sa femme, qui s'obstinait, quoiqu'il en eût, à attirer son attention sur moi, s'impatientait en souriant des distractions qu'on s'efforçait de lui causer au milieu d'un travail sérieux. Convenez, Monsieur, disait la dame, qu'il est bien dommage qu'avec des dents si bien rangées, il ne sache pas parler anglais ! Comme il prononcerait nettement les mots difficiles de notre langue ! Puis s'adressant tout-à-coup à Sarah : Mais voyez donc comme il a les dents blanches et la bouche fraîche ! Dirait-on que ce pauvre enfant a déjà tant souffert ? — Ce *pauvre enfant !* oui, je vous conseille de le plaindre, répond alors Sarah, savez-vous ce qu'il est ? c'est un petit pirate, ni plus ni moins, qui, avec son air de fille et ses grands yeux modestement baissés, a fait sauter sur la côte de son pays tout un grand bâtiment de notre nation.

— Pas possible! s'écrie Mme Milliken. Si jeune et encore si peu fait pour ce vilain métier! Et dirait-on qu'avec cette mine encore si innocente, jeté au milieu des dangers qu'il a dû courir parmi les hommes qu'il a suivis sur mer, il ait été souvent exposé à périr dans les combats! Quelle douleur pour sa famille, si la mort eût frappé une tête comme celle-là.

Le bon M. Milliken, à peine distrait de son travail par les remarques pourtant très significatives de sa femme, semblait dire de temps à autre, en portant ses regards sur elle et sur Sarah : Vous êtes toutes deux plus enfans que cet enfant là! Sarah, pendant l'entretien, furetant dans l'appartement, me donnait par-ci par-là, au passage, de petites tapes sur les joues, et sa maîtresse alors de la gronder avec douceur en lui répétant qu'elle finirait par me faire mal. Quant à moi, affriandé plus que je ne pourrais le dire, de toutes ces folles et vives cajoleries, j'oubliais et mes plumes et ma copie, pour baiser à la dérobée les mains blanches et caressantes de ma bienfaitrice, et j'allais presque alors jusqu'à ne plus penser à Rosalie, qu'auparavant la vue de toutes les femmes suffisait pour me rappeler. Bientôt enfin, à quelques jours de là, enhardi par des avances trop positives pour rester sans effet, je passai d'un baiser sur la main à un baiser sur la joue, qu'on me pardonna en rougissant. Un peu plus tard, on fit plus que de me pardonner mes audacieuses tentatives; on les encouragea. Je fus enfin comblé des plus douces faveurs: Et Rosalie, Rosalie!...

Je ne l'oubliai pas : j'éprouvais même au sein d'un bonheur qu'elle ne m'avait pas fait connaître, que cet amour qu'on n'oublie jamais est moins une sensation qu'un sentiment, et qu'il date dans notre cœur non de la première femme que l'on possède, mais de la première émotion qui s'empare de notre âme.

Un homme fait aurait, à ma place, trouvé dans la captivité, une félicité que beaucoup de gens à bonnes fortunes ne rencontrent guères dans le monde. Une maîtresse belle, attrayante, dévouée; les soins empressés et délicats d'une famille pour qui j'étais devenu un enfant chéri; des plaisirs, de l'abondance, tout concourait à la plénitude de mes désirs et des vœux qu'avec un peu plus de raison j'aurais dû borner-là, en attendant sagement le moment de revoir mon pays. Mais à seize ans, mais avec une imagination dévorante qui m'emportait toujours au-delà de la réalité, mais avec des souvenirs qui me tourmentaient et avec la passion que je nourrissais pour une carrière aventureuse si tôt interrompue, comment être heureux dans l'enceinte d'une prison, cette prison fut-elle un palais enchanté? Les douces exigences de Mme Milliken et cet empire toujours inévitable, qu'à l'âge que j'avais on est forcé de subir, faute de pouvoir le prendre surtout quand il est imposé par une femme à qui l'on doit tout, devinrent pour moi une gêne d'abord, une contrainte plus tard et un supplice en fin de compte. Notre amour propre est si subtil à nous cacher les torts de notre jugement ou de notre cœur, que j'allais jusqu'à accuser mes bienfaiteurs de la lassitude du bonheur qu'ils m'avaient assuré et que je ne pouvais plus supporter. Après être devenu injuste envers eux, je sentais qu'il ne faudrait plus qu'une occasion pour que j'allasse me montrer ingrat. Le ciel par bonheur, m'épargna cette indignité et ce remords.

Un matin, on m'annonce qu'un petit paquet et une boîte venaient d'arriver de France à mon adresse. C'étaient des lettres, un peu d'argent que m'envoyaient mes parens, et la boîte renfermait le portrait de Rosalie, de cette bonne Rosalie qui, voulant aussi contribuer à adoucir mon sort, avait économisé vingt-cinq louis qu'elle me priait d'accepter comme le prêt d'une amie à son meilleur ami. En apprenant la prise du navire sur lequel je m'étais embarqué, elle avait supplié tous les capitaines de corsaires qu'elle connaissait de s'intéresser à moi, à elle, et de m'échanger contre les premiers prisonniers qu'ils feraient et qu'ils auraient occasion de renvoyer en Angleterre. Elle avait donné mon nom, mon signalement, indiqué le lieu de ma détention à vingt capitaines, qui lui avaient promis de combler ses vœux. Son portrait, elle me le donnait pour qu'il me rappelât quelquefois une femme qui ne vivait plus que pour m'aimer; et puis venaient les protestations les plus tendres, les conseils les plus sensés sur la conduite que je devais tenir, la résignation dont il fallait m'armer pour sortir, à la satisfaction de mes bons parens, de la cruelle épreuve à laquelle il plaisait à la Providence de soumettre mon cœur, ma jeunesse et mon courage.

Ces lettres me remplirent de bonheur, mais aussi d'impatience. Dans l'excès de mon agitation, j'allai trouver Ivon, ce brave Ivon dont Rosalie me parlait avec toute la chaleur de l'amitié. C'était à lui seul que je pouvais confier le trop-plein de mon cœur. Il reçut mes communications et mes épanchemens avec calme, et je puis même dire avec froideur. Le maître-cook n'avait pu voir sans quelque déplaisir l'empire que Mme Milliken avait pris sur moi. Il s'en était quelquefois expliqué entre nous en termes assez peu flatteurs pour ma nouvelle conquête et pour moi-même. Ce qu'au reste il paraissait voir de plus avantageux et de plus positif dans l'envoi que venaient de me faire ma famille et Rosalie, c'était l'argent avec lequel je pourrais, selon toute probabilité, m'assurer tôt ou tard les moyens de déserter, et il ne lui fut pas difficile, avec les sentimens que venaient de réveiller en moi les lettres de Rosalie, de me faire accueillir des projets d'évasion. En causant, en trafiquant entre barrières, avec quelques petits marchands anglais du dehors, Ivon s'était flatté de l'espoir de trouver asile chez l'un d'entr'eux, jusqu'à ce qu'il pût, une fois échappé de la prison, saisir une occasion favorable de traverser la Manche et de passer en France. Il ne s'agissait, disait-il, pour s'assurer un refuge à Plymouth, que d'une somme de vingt guinées, à offrir à son futur receleur. Cette condition ne fut pas, comme on le pense bien, un obstacle. J'étais en fonds, et du côté de l'argent, cette première difficulté fut de suite levée. Il fut dès lors convenu entre nous que mon ami commencerait dès le lendemain par brûler la politesse à nos hôtes de Mill-Prison. Mais moi, comment ferais-je ensuite pour rejoindre à temps à Plymouth, dans le lieu convenu, mon compagnon de fuite et de fortune? La jalouse surveillance qu'exerçait sur toutes mes actions Mme Milliken ne serait-elle pas un obstacle de plus à l'exécution déjà assez embarrassante de mon projet d'évasion? Que faire, que tenter, que résoudre? Ce qu'il plaira à Dieu! m'écriai-je, pour mettre fin avec plus d'ardeur que de prévoyance à toutes les hésitations : les fenêtres du bureau où je travaille sont peu élevées, ajoutai-je, le dernier mur qui les entoure n'est pas infranchissable. Je suis leste, alerte, résolu et chanceux. Pars toujours, ne t'inquiète pas de moi. Le Ciel et Rosalie seront pour nous.

Vingt-quatre heures après l'adoption définitive de ce beau plan de campagne, mon Ivon avait pris la clé des champs. Resté seul en prison, car il y était tout pour moi, je n'eus plus de repos, plus de courage sans lui. Je ne fus plus capable que de songer au moyen que je pourrais imaginer, inventer ou tenter pour rejoindre celui qui depuis si longtemps était devenu pour moi ma famille, mon refuge et ma patrie.

Mme Milliken remarqua trop bien mes inquiétudes, mon ennui et le vide, très peu flatteur pour elle, que la fuite de mon compatriote venait de faire dans toute mon existence. Elle redoubla à mon égard d'empressement, de prévenances et aussi de surveillance, et me devint deux fois plus importune qu'elle ne l'avait été jusqu'à ce moment. Au désir déjà très vif de suivre mon ami Ivon, vint donc se joindre la nécessité d'échapper à l'obsession de ma trop amoureuse maîtresse. Mais plus la situation était pressante, moins l'occasion semblait favorable. Un miracle seul pouvait se charger de vaincre les difficultés et d'aplanir les obstacles. Le miracle se fit, et voici dans quelles circonstances inattendues il s'opéra.

Un beau jour où mon Ariane folâtrait comme d'habitude avec moi, il lui prit tout-à-coup fantaisie de me jeter sur la tête un de ses chapeaux dont elle me noua gracieusement les rubans sous le menton. Sarah trouva que la coiffure m'allait à ravir et qu'elle me donnait un air deux fois plus frippon que mon lourd chapeau de matelot. Toujours disposée à s'extasier sur les avantages de ma physionomie et les piquants agrémens de ma figure, la maîtresse appuya sur la remarque de sa louangeuse femme de chambre.

— Oh ! Madame, s'écria celle-ci, comme soudainement frappée d'un trait de lumière, la bonne idée ! Si nous habillions ce mauvais petit sujet là en femme ?

— Quelle extravagance, répondit sa maîtresse. Deux personnes raisonnables jouer à la poupée avec un cavalier de cette importance ! Et tout en souriant de la folle idée de sa soubrette, elle dénoue négligemment ma cravatte, rabat le col de ma chemise sur mes épaules, tandis que Sarah, plus expéditive et moins distraite, m'aide complaisamment à me débarrasser de ma veste et à m'envelopper les épaules d'un long châle qu'elle a pris sur le lit de sa maîtresse. Une robe manquait à mon travestissement pour le rendre à peu près complet ; la robe est trouvée ; je la passe sans plus de cérémonie sur mon pantalon, dont j'ai soin de relever les extrémités jusqu'aux genoux, et pour achever avec plus de soin et de liberté ma toilette ainsi commencée, je me glisse du bureau dans lequel nous nous trouvions tous trois, dans un cabinet dont la porte était entr'ouverte. Un des médecins de la prison, homme grave, sentencieux et assez malin observateur, entre au milieu de ces apprêts, sans s'être fait annoncer. La porte de communication se ferme aussitôt sur moi, avant que Sarah ait le temps de me suivre. Sa maîtresse connaissait trop l'adresse que la confidente aurait pu mettre à m'assister dans les détails de ma métamorphose, pour ne pas mieux aimer me laisser seul, au risque des gaucheries que je pourrais commettre, que de me les épargner en m'accordant l'aide de sa femme de chambre.

Le petit appartement dans lequel je me trouvais seul, pour la première fois, donnait sur une rue déserte parallèle à l'un des murs de la prison. En jetant la tête à la fenêtre pour savourer l'air limpide et vif qui circulait au-dehors, je remarque avec une sorte d'ivresse ou de vertige, que la croisée sur laquelle je m'appuie n'est qu'à une assez petite hauteur du sol. Personne ne se montre dans la rue : le silence le plus parfait règne autour de moi. Ma résolution est prise, ou plutôt sans avoir besoin d'en prendre une, je me laisse couler le long de la maison, pour tomber assez légèrement au ras d'une porte que par bonheur je trouve fermée. Me voilà libre : je respire... Mais libre sous un accoutrement de Lady ; mais libre sans savoir de quel côté tourner mes premiers pas pour échapper aux poursuites dont je vais devenir l'objet et le but.

Ivon m'avait bien remis l'adresse fort exacte de l'hôte chez lequel il devait m'attendre. Mais comment trouver cette adresse, avec le peu de mots d'anglais dont je pourrais faire usage, sans risquer de me trahir? Bah! me dis-je, après quelques minutes d'irrésolution, je courrai le nez en l'air toutes les rues de Plymouth, jusqu'à ce que j'aie découvert la rue et le numéro de la maison qu'il me faut trouver.

Je me mets donc en marche fort résolument, en m'appliquant à modérer la vigueur et la longueur de mes pas, croyant toujours concentrer sur moi les yeux de tous les passans, et attirer sur ma trace la meute de tous les alguasils de Mill-Prison.

Le maudit pantalon que j'avais sottement gardé sous ma robe, en retombant sans cesse sur mes talons, venait encore compliquer les embarras déjà assez grands de mon premier essai de locomotion en costume féminin. Aucun recoin, si isolé qu'il fût, ne me paraissait assez sûr pour que je risquasse, en m'y retirant, de réparer le désordre sans cesse renaissant de ma toilette. Enfin, après une demi-heure de marche, je trouve un sentier qui paraissait conduire hors de la ville; je le suis, et quoique bientôt seul sur ce chemin, je crains encore de faire une station pour me délivrer une bonne fois pour toutes et par un moyen héroïque, de l'exhubérance des extrémités inférieures de mon infernal pantalon. Je me décide pourtant à opérer, et lorsque le couteau à la main je me disposais à procéder à un retranchement nécessaire, un homme à longue barbe rousse, tenant à la manière des juifs ambulans une petite étale de quincaillerie sur le ventre, se présente inopinément devant moi. Ses yeux sur lesquels j'ose à peine relever les miens, me fixent attentivement. Je juge alors à propos de hâter le pas que j'ai repris : le juif me suit en réglant sa marche sur ma vitesse, et en criant obstinément à mes trousses, en assez mauvais français : Ciseaux fins, bonne paire de rasoirs, mamzelle. A ce son de voix que je crois reconnaître, malgré une certaine altération d'organe, je m'arrête involontairement : la longue barbe s'approche : nous nous regardons tous deux, et au bout de quelques secondes de silence, mon juif s'écrie : *Eh oui nom de Dieu! c'est bien toi!* J'aurais bien volontiers, en ce moment, sauté comme un fou, au cou d'Ivon, si celui-ci par prudence ne s'était pas reculé pour échapper à l'imprudence de mon premier mouvement de joie. Une scène de reconnaissance sur la voie publique nous aurait inévitablement trahis. La prévoyance d'Ivon conjura ce danger.

Je lui appris tout : De son côté il me fit savoir que depuis cinq à six jours, il avait pris le parti de venir rôder autour de Mill-Prison, sous un costume de juif, pour tâcher de m'apercevoir aux croisées de M. Milliken et de m'indiquer, ne fut-ce que par signes, les moyens de m'échapper. Le déguisement qu'il avait choisi lui paraissait d'autant plus commode et plus sûr, qu'il ne l'obligeait pas à parler correctement l'anglais et qu'il lui permettait de se montrer partout sans courir le risque d'être reconnu pour Français. Tout en causant ainsi, nous arrivâmes à Stone-House, village situé à égale distance à peu près entre Plymouth-Dock et Plymouth-City. C'était là que logeait l'Anglais chez qui mon compagnon s'était réfugié, moyennant espèces.

Depuis son évasion, l'occasion de regagner la côte de France ne s'était pas encore présentée dans les conditions favorables sur lesquelles il avait trop facilement compté, et d'ailleurs, comme il me l'assura avec une sincérité dont je ne pouvais pas douter, jamais il n'aurait consenti à profiter d'une bonne aubaine que je n'aurais pu partager avec lui. On lui faisait, du reste, espérer qu'un *smuggler* qui devait filer clandestinement de Cossent-Bay ne tarderait pas à venir le prendre pour le débarquer sur les côtes de Bretagne, avec lesquelles les fraudeurs anglais entretenaient de continuelles communications.

Deux longs jours se passèrent sans que nous osassions sortir de notre cachette. Nos ressources financières, qui tiraient à leur fin, se seraient bientôt taries par l'effet du parti que nous avions pris de tuer le temps en buvant force grog et force ale, sans la sage précaution qu'avait eue mon ami d'acheter, avant de quitter Mill-Prison, une trentaine de faux pounds, de ces billets de banque contrefaits, que quelques prisonniers artistes savaient graver avec une habileté que les meilleurs burineurs n'auraient pas dédaignée, mais que peu d'entr'eux se seraient exposés à employer à un si dangereux usage. C'était là faire indirectement la guerre au Trésor anglais, disaient les économistes de notre prison. Mais, en émettant ces frauduleuses valeurs, nous ne risquions pas moins de nous faire pendre par esprit de patriotisme, et c'était là l'inconvénient que nous ignorions, fort heureusement pour la tranquillité d'âme dont nous avions besoin pour mettre notre grand projet de fuite à exécution.

Fatigués, cependant, au bout du troisième jour d'attente, de toujours boire sans prendre l'air, il nous vint envie de nous promener le soir et de nous donner un peu de mouvement, en dépit des sages observations de notre hôte, qui redoutait encore plus pour lui que pour nous les imprudences que nous pourrions commettre. Le quatrième soir de notre séjour à Stone-House, nonobstant le péril de la tentative, je prends le bras d'Ivon, toujours accoutré en brocanteur juif, et suspendant avec élégance les plis de ma robe soyeuse dans ma main gauche, nous nous dirigeons tous deux vers Plymouth-Dock. L'entrée d'un spectacle s'offre sur nos pas : on nous propose des billets à la porte, comme à tous les passans. Nous payons et nous entrons, en suivant la foule, qui se composait presque entièrement de gens en apparence fort communs. Nos billets de secondes nous donnent droit à une place étroite dans une grande boîte où plusieurs beautés, à la mine plus que gaillarde, s'étaient déjà carrément assises. L'une d'elles, après certaines agaceries préliminaires, veut prendre l'initiative de quelques tendres hostilités avec mon cavalier, qu'elle trouve pour le moment assez peu disposé à répondre à la vivacité de ses attaques. La toile se lève. Des matelots américains, groupés derrière nous, allongent le cou pour voir de plus près la scène, que les dimensions un peu larges de mon chapeau leur dérobe en partie. Dans un des brusques mouvemens en avant, l'un de ces incommodes spectateurs pose sur mon épaule sa lage main, qui sert d'arc-boutant au poids incliné de son corps lourdement projeté en dehors de la loge. Un autre, moins attentif à ce qui se passe sur la scène qu'à ce qui me concerne particulièrement, prend avec moi, et sans articuler un mot, des libertés, qui m'échauffent beaucoup plus les oreilles qu'elles n'alarment ma pudeur. Pendant que je me mets en devoir de repousser assez rudement la main qui s'égare ainsi impertinemment, Ivon, à qui la vigueur de mon geste n'a pu échapper, fait à mon trop galant agresseur une mine que sa longue barbe rouge rend encore plus grotesque qu'imposante. L'Américain, sans se laisser déconcerter par cette résistance combinée, devient plus pressant ou plus actif, et moi, fatigué d'un genre d'obsession auquel je n'étais pas encore préparé, j'applique sans plus de façon, en me retournant brusquement, un soufflet à moitié fermé, sur le visage enluminé de mon luxurieux assaillant. Le combat s'engage entre nous et lui ; et la lutte ainsi commencée prend bientôt dans le groupe des Américains un caractère fort menaçant pour notre faible minorité. La barbe d'emprunt de mon fidèle chevalier est déjà restée aux mains d'un de nos adversaires : la robe qui cache mes musculeux attraits n'est même pas respectée dans la confusion de la mêlée. La police intervient : elle s'adresse d'abord aux Américains qui, en raison de leur nombre et de leur turbulence, paraissent les fauteurs de ce désordre public. Pendant l'effervescence du débat et le tumulte des explications, Ivon et moi nous gagnons prudemment l'escalier qui nous a conduits dans cette bagarre, et en moins d'une minute nous atteignons, sans prendre des contremarques, comme on le pense, la porte de sortie de ce malencontreux théâtre. Des cris, des huées se faisaient encore entendre aux abords de la salle que nous venions d'abandonner avec tant de précipitation et de frayeur. La peur d'être poursuivis par les constables, auxquels nous nous imaginions nous être soustraits, nous fait prendre une rue pour l'autre. Nous courons toujours : c'est là ce qu'on ne manque jamais de faire quand on croit avoir l'ennemi sur ses pas. Après un quart-d'heure de marche incessante, nous nous trouvons dans les champs, sans pouvoir deviner le chemin que nous avons parcouru, ni celui que nous devons suivre pour retourner à Stone-House, et sans oser rentrer à Plymouth-Dock pour prendre plus sûrement notre point de départ. La mer, que nous entendions mugir, nous indiquait le rivage à une petite distance ; et l'étoile polaire, scintillant au-dessus de nos têtes dans un ciel assez clair, nous faisait penser, mais d'une manière fort vague, que nous devions nous trouver trop au nord de la route que nous eussions dû ne pas quitter. C'est ainsi qu'à terre, les marins, toujours livrés aux idées qu'ils ont puisées dans la pratique de leur métier, cherchent à s'orienter quand ils s'égarent, sur les indices souvent les plus erronés ou les moins certains. Nos relèvemens, quelque trompeurs qu'ils pussent être, nous conduisirent à choisir, pour nous tirer d'affaire de façon ou d'autre, la route qui nous parut mener le plus directement vers la mer. En deux bonnes heures de course, nous arrivâmes enfin, non sur le lieu que nous nous proposions de gagner, mais sur la grève d'une petite crique que nous ne cherchions pas.

Le phare de la tour d'Eddystone, sentinelle nocturne de la baie de Plymouth, brillait au large, en étendant les reflets argentés de ses feux sur la surface miroitante d'une mer aussi calme que le ciel qui la recouvrait de l'immensité de son dôme d'azur. La rade de Cossent-Bay se présentait presque en face de nous. A gauche, les sinuosités du rivage nous laissaient voir à travers la masse diaphane des vapeurs du soir, de petites anses de sable qui devaient, d'après notre manière de nous orienter, nous rester dans le sud-est. Après avoir pris ainsi *nos marques* ou *nos amers* (comme diraient les marins) sur les données que nous fournissait notre raisonnement ou la connaissance très superficielle que nous avions pu acquérir des lieux dans notre traversée à bord du *Gibraltar*, Ivon pensa que nous devions être près de Bigbury. Exténués de fatigue et tout agités des émotions qui avaient accompagné notre course au pas de charge, nous nous asseyons sur le haut d'une côte que la mer venait battre paresseusement du choc monotone de ses paisibles lames.

Nos réflexions en ce moment étaient aussi tristes que la situation qui les faisait naître. Mes yeux, fixés avec préoccupation sur la grève que nous avions à nos pieds, se portent sur des embarcations mouillées à une petite distance du rivage, et cet objet, en m'arrachant à ma distraction, me fait faire un mouvement qui conduit Ivon à me demander ce que j'ai vu. J'appelle alors son attention sur les canots qu'une houle presque insensible balançait près du bord silencieux et désert. Mon compagnon, après avoir arrêté un instant son regard d'aigle sur les points noirs que je lui ai fait remarquer, se lève, s'accroupit ensuite, et, sans me dire un mot, descend presque à quatre pattes la côte au haut de laquelle nous étions assis ; je le suis aussi rapidement qu'il avance. Nous sommes bientôt sur les cailloux de la grève, regardant à droite et à gauche, si personne ne nous observe, et prêtant une oreille inquiète au bruit que nos pas seuls ont fait dans cette solitude. En deux minutes nous voilà à l'eau, sans nous être dit une seule parole, sans nous être fait le moindre petit signe ; et nous nageons, tout habillés et le moins bruyamment que nous pouvons, vers l'embarcation la plus rapprochée. Ivon, arrivé le premier, saisit le plabord de ce canot : j'y monte presque aussitôt que lui. Une chaîne et un cadenas fixaient les avirons et le gouvernail sur les bancs du bateau. Ivon les brise entre ses mains, comme entre les pattes d'un étau. Les marins ont toujours un couteau sur eux ; c'est leur lancette, leur trousse, l'ustensile providentiel qui souvent leur sauve la vie. Je coupe du même trait, le petit câble sur lequel le canot est mouillé et le *va-et-vient* amarré sur le rivage. Les vents sont nord et portent doucement au large comme la marée. Nous nous laissons aller d'abord en dérive, jusqu'à une certaine distance de terre. Blottis dans le fond de la barque, pour ne pas montrer nos têtes aux yeux de linx des douaniers qui pouvaient se trouver nichés en faction entre les rochers, nous croyons entendre des pas précipités retentir sur le rivage et des voix confuses se mêler au bruit des flots, qui continuent à battre par intervales égaux la côte sonore que nous fuyons. Mais bientôt la crainte qui a trompé nos sens trop vivement ébranlés, s'évanouit au souffle de la brise qui nous pousse vers le feu d'Eddystone. Plus rassurés, plus libres d'agir, nous montons notre gouvernail sur ses ferrures : aucune voile, aucun mât n'avaient été laissés à bord. Chacun de nous arme son aviron. Nous passons entre des barques de pêcheurs, qui, tout entières à leur besogne, nous laissent filer sans nous voir ou sans prendre garde à nous. Des navires louvoient en venant virer de bord à nous ranger, mais sans interrompre notre route. La nuit que notre anxiété semble prolonger, s'écoule lentement, mais s'écoule encore trop vîte, au gré de nos désirs. C'est lorsque nous ne distinguons plus la terre dans le nuage gris qui s'épaissit derrière nous à l'horison, que nous commençons à respirer avec un peu de douceur et de liberté. Les idées riantes, les rêves et les projets heureux renaissent pour nous avec l'espérance. Mouillés jusqu'aux os, n'ayant pas une livre de pain, pas un seul verre d'eau pour nous soutenir, pas une voile, un compas, une carte pour nous diriger, nous nous sentons vivre cependant avec bonheur. La terre du pays était devant nous, et cette mer, qui pouvait, d'un moment à l'autre nous engouffrer dans chacune de ses lames, nous semblait être d'accord avec notre destin, pour nous ramener sains et saufs vers le fortuné rivage où nous étions nés.

Avec quelle magique puissance, une lueur de bonheur fait passer notre frêle machine de la douleur au plaisir et de l'abattement à la joie ! Nous que si peu d'instans avant notre délivrance eussions à peine trouvé dans tout notre cœur une parole d'encouragement pour soutenir notre faiblesse, nous voilà luttant de gaîté, éclatant à qui mieux mieux en mots plaisans, en bouffones saillies, pour peindre ou pour nous communiquer le fol espoir auquel nous nous livrons si vîte, avec tant de sécurité et une trop aveugle imprudence peut-être. Un aviron, dressé dans l'emplanture du mât de misaine qui nous manquait, avait remplacé ce mât : pour lui faire une voile, Ivon n'avait trouvé rien de mieux que de tendre dans le sens de sa longueur, la robe de soie qui avait favorisé ma fuite, et de l'enverguer ainsi déferlée sur un second aviron, mis en croix sur le haut du premier. En voyant cette misaine de son invention recevoir dans ses légers plis la douce brise qui devait nous enlever à tout jamais à Mill-Prison et à Mme Milliken, mon maître-gréeur s'écria : « Il paraît qu'il était écrit là-haut que ce cotillon-là, te ferait plaisir et nous porterait bonheur ! » Puis, pour compléter le sens de sa pensée, qu'il craignait sans doute de ne pas m'avoir fait saisir dans toute sa finesse, il ajouta : « Va, je te donne mon billet que, si jamais il me prend envie d'avoir un bout de quelque chose pour en faire une relique, ce n'est pas le cotillon d'une sainte que je déralinguerai pour cela ! — La queue de la chemise d'une ...., ah, parlez-moi de ça ! Voilà ce qui fait envie et qui porte bonheur à tout le monde !

Pendant toute la journée qui suivit la nuit de notre escapade, nous navigâmes vent-arrière avec la brise de nord qui avait protégé notre brusque appareillage, rencontrant à chaque moment des navires, qui, par la faveur du Ciel, ne pouvaient apercevoir notre embarcation, trop peu élevée au-dessus de l'eau pour devenir pour eux un point apparent.

En repos de ce côté, nous aurions peut-être pris en patience tout le temps qu'il nous fallait encore pour achever notre pénible et difficile traversée. Mais la faim et la soif, auxquelles nous n'avions pas songé dans nos premiers momens d'agitation et d'anxiété, commençaient à se faire sentir et à venir troubler nos premiers instans de calme. Une fois déjà mon compagnon m'avait dit qu'il donnerait volontiers un de ses doigts pour un coup d'eau-de-vie et un bout de tabac. Ce souhait, il le répéta, et, à son compte, je crois que, pour peu qu'il eût trouvé à conclure sérieusement le marché, ses dix doigts y auraient bientôt passé. Pour ressentir moins douloureusement les angoisses de la faim, il m'avait indiqué un moyen que, déjà, il avait lui-même mis en usage : c'était de me serrer fortement le ventre avec mon mouchoir ; il appelait cela, mettre son appétit aux arrêts forcés, faute de vivres à la cambuse. Ce régime alimentaire, dans ses effets tout négatifs, ne m'ayant que faiblement réussi, mon pauvre docteur hygiénique ne me parla plus du vide d'estomac qu'il éprouvait lui-même, dans la crainte d'augmenter ma souffrance par la fréquence de ses propres plaintes. Il se borna, pour tromper la privation que lui causait le manque de tabac, à mâcher un bout de fil de carret bien goudronné, qui lui tint un peu lieu de sa chique absente, et, quand la soif, plus intolérable encore que la faim, nous pressait trop fébrilement, nous nous immergions le long de notre canot, en ayant soin de fermer le plus étroitement possible la bouche, pour nous raffraichir un peu à l'extérieur, sans nous exposer à avaler des gorgées irritantes d'eau salée.

Vers le soir, un navire qui courait à l'Ouest et qui paraissait vouloir couper notre route, nous arracha par la crainte au sentiment de nos souffrances; mais pour nous faire éprouver une anxiété plus cruelle encore que toutes les privations qui, au moins, n'avaient pas été sans espérance. Nous pensâmes d'abord à fuir, mais comment et dans quelle direction ? Nous abattîmes l'aviron dont nous nous étions fait un mât, pour être moins facilement aperçus ou observés. Peine inutile, précaution trop tardive ! Le bâtiment approchait, grossissait à vue d'œil. — C'est un Anglais, sans doute ! m'écriai-je désespéré ; jetons-nous à l'eau pour ne pas tomber dans les mains de ces gredins. — Oui, me répondit avec sang-froid mon compagnon d'adversité ; mais, avant de faire le dernier plongeon, je veux en larder au moins un ou deux, comme en sortant du trou de Mill-Prison. En exprimant cette résolution, il quitta la barre du gouvernail et se mit à affiler la lame de son couteau, en la repassant avec rage sur le rebord d'un des bancs de l'arrière. J'étais aussi consterné que je pouvais l'être dans l'épuisement de mes forces, car il me restait à peine assez de sentiment pour craindre ou pour souffrir.

Plus de doute : la goëlette, car nous pouvions distinguer déjà son gréement, nous avait aperçus : elle courait trop directement le cap sur nous pour que nous nous fissions illusion à cet égard. Elle nous eut bientôt atteints sans peine. Deux hommes montés sur son porte-au-loff de tribord, se disposaient à nous jeter une amarre. — N'empoigne pas leur amarre, me recommanda vivement Ivon : laisse-les sauter dans notre embarcation, et paretoi à saigner comme un cochon le premier de ces brigands qui va nous tomber sous la coupe ! Ses dents claquaient sous ses lèvres pâlissantes, en laissant échapper à voix basse ces mots terribles auxquels les contractions nerveuses de sa figure ajoutaient une expression indéfinissable. J'ouvris, à son exemple, mon couteau pour un Anglais d'abord et pour moi ensuite. Le capitaine de la goëlette, debout sur le bastingage d'arrière, fait un commandement que nous n'entendons pas bien. Le navire se met aussitôt en panne. — *Envoyez-leur l'amarre*, crie alors le capitaine aux hommes tout parés devant à exécuter son ordre. Ivon, à ces mots, me regarde d'un air effaré mêlé d'étonnement et de folie.— As-tu entendu, as-tu entendu me demande-t-il avec délire : il a parlé français ! Il a parlé français ! Puis s'adressant au capitaine, il s'écrie : Est-ce que le navire serait français? — Avant d'entendre la réponse qui allait être faite à cette question, je m'évanouis... En revenant à moi, au bout de quelques minutes, je me trouvai couché dans une cabine, entouré des officiers et du chirurgien du bord, qui me prodiguaient, en souriant de mon heureuse surprise, les secours les plus empressés et les plus affectueux. Quant à mon compagnon, il se promenait sur le gaillard d'arrière, comme si depuis dix ans il eût été embarqué à bord du navire libérateur. Son premier soin après avoir échangé quelques paroles amicales avec les gens de l'équipage, fut de demander une chique de tabac et un verre d'eau-de-vie, et quand ce désir se trouva satisfait, il courut prêter la main à ceux des matelots qui s'étaient mis en devoir de hisser notre canot sur le pont de la goëlette.

Ceux qui n'ont jamais éprouvé les émotions que je viens de retracer d'une manière trop imparfaite, n'ont vécu, selon moi, qu'à demi; car ce n'est guère que dans les vicissitudes attachées à la carrière du marin, que l'homme peut se faire une idée de tout ce qu'il est susceptible de sentir. A terre, la plupart des gens vivent et meurent sans que les événemens qui ont agité leur âme dans l'ordre des faits ordinaires de leur existence, aient mis à l'épreuve toute la sensibilité ou la puissance de leur organisation. Mais à la mer, où sous tant de formes terribles, le danger ou la passion viennent faire frémir les fibres les plus cachées du cœur, comment l'homme ne serait-il pas éprouvé par tout ce qui est susceptible de remuer ou de bouleverser le plus profondément tout son être? Et cependant, au milieu des scènes les plus émouvantes et des drames mêmes les plus sanglans, voyez quel calme règne sur ces mâles physionomies que le soufflé impétueux des tempêtes a halées, et que l'habitude du péril semble avoir bronzées d'une couche d'impassibilité! Oh! si vous saviez quelles tempêtes cent fois plus terribles encore que celles qui mugissent autour d'elles, cachent ces figures en apparence si indifférentes, si vous saviez quels combats intérieurs se livrent ces âmes violentes pour ne pas éclater comme la foudre qui gronde sans les faire vibrer, c'est alors seulement que vous pourriez concevoir toutes les victoires qu'il a fallu que ces hommes d'airain remportassent sur la peur, sur la mort et sur eux-mêmes enfin, pour devenir ce qu'ils sont à vos yeux dans les angoisses du naufrage ou dans l'horreur des combats! Le spectacle le plus énergique dont on pût frapper l'imagination pour justifier l'orgueil de l'homme, ne serait-il pas la figure d'un marin, restant imperturbable dans les convulsions d'un ouragan, ou s'abîmant, impassible, dans le cratère de son vaisseau en feu!

La goëlette la *Gazelle,* qui venait de nous recueillir, était un *aventurier* de Saint-Malo. On désignait, sous ce nom assez significatif d'*aventuriers,* les navires qui, armés en guerre et en marchandises, tentaient de traverser les croisières anglaises, dont les deux Océans étaient alors couverts, pour se rendre d'un de nos ports, toujours étroitement bloqués, à l'Ile-de-France, à Bourbon ou aux Antilles. Le nôtre faisait route pour la Martinique, et, par un hasard que nous dûmes accepter comme le complément providentiel du bonheur qui venait de nous favoriser si visiblement, l'officier qui commandait la *Gazelle* se trouva être le capitaine Niquelet, celui-là même qui, quelques mois auparavant, nous avait raconté, chez Rosalie, un de ses plus hardis coups de mains contre deux navires anglais mouillés en rade de Torbay. Le brave capitaine malouin, en nous recevant si inopinément à son bord, nous exprima, avec la franchise la plus affectueuse, tout le plaisir qu'il éprouvait de nous avoir sauvés du danger que nous courions dans notre frêle embarcation, et du péril presque aussi redoutable de retomber dans les griffes de nos persécuteurs. Mais ce ne fut pas sans être péniblement affectés que nous remarquâmes, en revoyant ce bon et intrépide corsaire, que, depuis notre dernière entrevue, il avait perdu un bras. Un boulet le lui avait enlevé dans le combat qu'il s'était vu forcé de soutenir pour échapper à un brick de guerre deux fois plus fort que lui. « Que voulez-vous, nous dit-il, après nous avoir parlé en riant de la perte de *son boute-hors de bonnette basse*, il fallait bien, dans le métier que nous fesions, finir par laisser quelque chose à la traîne! » Puis, continuant à causer sur le même ton, il ajouta : « Maintenant que l'Anglais m'a ainsi désemparé d'une partie de mon gréement et qu'il m'a condamné à ne plus naviguer qu'à demi avec le seul bras qu'il m'a laissé, le temps de songer à la retraite est venu; et ma foi, vous me revoyez ne naviguant plus qu'à la douce et cherchant à éviter toutes les occasions de me trouver barbe à barbe avec mes *bons amis* d'autrefois. » Il appelait, le brave homme, *ne plus naviguer qu'à la douce*, se hasarder à faire douze cents lieues de mer entre toutes les croisières ennemies, et il ne voyait dans le commandement d'un aventurier que le moyen le plus sûr d'assurer une retraite commode à ses vieux jours.

On jugera bientôt jusqu'à quel point les événemens devaient réaliser les espérances de repos que l'ancien corsaire avait fondées sur la sécurité de ce genre de retraite philosophique.

La *Gazelle* avait trente vaillans hommes d'équipage, dix passagers ou passagères, six canons de petit calibre et une riche cargaison d'une centaine de tonneaux de vivres fins et d'objets manufacturés. Sa marche, qu'elle avait long-temps éprouvée en course, avant d'être armée à Saint-Malo, pour la destination qu'elle venait de recevoir, était réputée comme supérieure. C'est à bord de ce svelte et rapide navire, ou plutôt, comme on le verra dans la suite, sur la quille de ce navire que le sort, plus puissant que tous les obstacles encore semés sur ma route, devait me conduire à la Martinique, nouveau théâtre réservé aux rudes aventures dont ma vie a été si dramatiquement remplie.

SECONDE PARTIE.

CHAPITRE Ier.

La Traversée.

Combien après avoir si miraculeusement échappé aux dangers et aux tortures que je viens de retracer, un marin doit bénir le ciel, lorsque par un miracle du sort il passe tout-à-coup de la terreur à la sécurité et du désespoir à la vie? Dans l'avenir qui s'est rouvert pour lui, il n'a plus qu'à combattre les élémens auxquels il va de nouveau livrer sa destinée, et cette lutte dont il s'est déjà fait une habitude, ne saurait effrayer son courage ni lasser son opiniâtreté. Son âme, au contraire, aime à s'élever au niveau des périls qu'il a tant de fois affrontés et à grandir avec les périls qu'il prévoit encore. Viennent les Anglais et les tempêtes, me disais-je, je porte et je sens en moi assez de force et de résolution pour leur faire face et leur tenir tête. Avec un vaillant capitaine, un bon navire et l'Océan devant nous, qu'avons-nous à redouter de plus cruel que les épreuves dont nous venons de triompher ? Et en effet, tous les marins dès qu'ils ont le pied en mer et qu'ils ont perdu la vue énervante des côtes, se croient rentrés dans un asile privilégié et dans le sein d'un sanctuaire inviolable.

Le capitaine de la *Gazelle* ne tarda pas à me prendre en affection, non sans doute pour cette gentillesse dont s'étaient enivrées Rosalie et Mme Milliken, mais bien parce qu'il crut deviner en moi le zèle ardent et l'infatigable activité qui étaient en lui ; car, je dois le faire remarquer ici en l'honneur des marins : à terre, ils peuvent bien vouer de l'amitié ou accorder une capricieuse préférence à ceux qui leur plaisent le plus ; c'est là pour eux, comme pour les autres hommes, une affaire d'entraînement ou de fantaisie ; mais une fois à la mer, ce n'est guère que pour les plus dévoués et les plus capables qu'ils conçoivent de l'estime, et cette estime se manifeste quelquefois chez eux d'une manière assez bizarre : vous allez en juger par un fait.

Le capitaine Niquelet, par exemple, que j'avais trouvé si aimable, si expansif, en racontant une de ses aventures de course, dans le café de Rosalie, me parut une fois au large, avoir subi une transformation morale assez complète pour le rendre tout-à-fait méconnaissable. Ce n'était plus ce corsaire si délié, si sémillant, et si bon enfant enfin, dont je m'étais engoué à la première vue. Il s'était fait ours ou loup, au milieu du troupeau de matelots que sa présence maintenait dans les bornes du respect le plus craintif. Deux jolies passagères, papillonnant autour de lui, quand il se promenait méditativement sur le gaillard-d'arrière, parvenaient à peine à en obtenir un sourire, ou à lui arracher un monosyllabe, à lui qui, à terre, aurait peut-être jeté toute une fortune par la fenêtre pour attirer sur lui le regard d'une de ces femmes qui, à bord, cherchaient si inutilement à l'agacer par leurs coquettes minauderies. Le second ou le troisième jour de notre sortie de la Manche, il me tutoya : c'était déjà bon signe. Il m'avait déjà grondé sept à huit fois : c'était encore de meilleur augure. Je faisais de mon mieux en travaillant et en grimpant jour et nuit, pour obtenir un mot approbateur de lui, et néanmoins les paroles encourageantes ne venaient pas encore. Mais lorsque, devant le capitaine, un officier du bord me donnait ce qu'on appelle trivialement à bord *un poil,* je voyais que Niquelet souffrait de ma situation toute passive. Il m'annonçà brièvement un soir, à la suite d'un grain furieux pendant lequel je m'étais vaillamment employé, que je compterais désormais comme deuxième lieutenant à bord, et que je serais second de quart sous les ordres de l'officier qui me calinerait le moins dans les détails et les exigences de mon petit service. Comme je recevais cette marque de faveur, avec un air apparent d'indifférence, Niquelet me demanda :

— Monsieur, par hasard, ne serait-il pas satisfait de cet avancement et de l'arrangement que je viens d'avoir l'honneur de lui annoncer ?

— Si fait, capitaine, tout au contraire, et vous m'en voyez tout confus ; mais. . . . , répondis-je.

— Mais, quoi?. . . que te faut-il de plus ?

— Un mot encourageant de vous ; car je tremble de vous avoir déplu...

— Eh bien ! dit-il, en me serrant brusquement le bras avec la seule main qui lui restât, est-ce que tu as besoin de larmoyer en me disant cela, pleurnicheur que tu es !

Et le bon, le brave capitaine avait lui-même déjà la larme à l'œil. Mais, comme s'il se fût senti honteux du mouvement de sensibilité que je venais de lui communiquer, il me repoussa avec vivacité, en ajoutant : « Ne parlons plus de tout cela : fais toujours bien ton petit devoir, et puis... » Et puis il me pressa de nouveau la main avec un frémissement tout paternel, et tous les passagers souriaient, d'une douce satisfaction, à cette scène presque attendrissante, entre un vieux marin endurci et un tout jeune homme débutant dans la carrière des hasards et des vicissitudes du métier.

Trois ou quatre rhumatismes déjà anciens venaient périodiquement, à deux ou trois semaines d'intervalles, tourmenter le capitaine de la *Gazelle*, quoiqu'il fût à peine alors âgé de quarante ans, et c'était dans ces momens de douloureuse exaltation que, couché en plein gaillard d'arrière sur une litière de pavillons de signaux, il devenait le plus communicatif et le plus causeur, tout en faisant de temps à autre les plus énergiques grimaces, au milieu des souffrances qui allaient quelquefois jusqu'à lui couper la parole. Pendant les nuits qu'il passait ainsi sans sommeil, l'officier de quart lui faisait compagnie, et lorsqu'arrivait mon tour de tenir le dé, c'était sur les choses du métier que roulaient le plus ordinairement ces nocturnes et longs entretiens. Les leçons de morale maritime qu'il voulait bien me donner alors, avec son âpre bonté, portaient l'empreinte d'une méditation assez profonde et d'une observation qui n'était pas toujours sans finesse. « Tu te rappelles, me dit-il, pendant un quart que je passais à ses côtés, la boutade de l'autre jour? Je t'avais un petit brin rudoyé, il est vrai; mais c'est comme cela qu'un chef doit en user avec ses subordonnés pour leur remuer un peu la bile sans s'exposer à les faire tomber dans le découragement. As-tu remarqué, par exemple, le ton avec lequel je dis à un matelot dont je suis content : Va à la cambuse, demander un coup d'eau-de-vie,... fichu ivrogne! »

— Oui, capitaine; mais il me semble que vous lui dites même quelquefois : « Allons, jean-fesse, va-t-en à la cambuse *pocharder* ton coup d'eau-de-vie! »

— C'est vrai et c'est justement ainsi qu'il faut leur parler, si l'on veut assaisonner à leur goût les petites faveurs qu'on leur accorde; sans avoir l'air de les traiter avec une bonté trop niaise et une attention trop délicate. En un mot, c'est donner du montant et ajouter avec générosité un peu de mordant à ce qu'on leur doit en toute justice. Dans les commencemens, j'ai essayé, faute d'expérience, de leur parler comme à d'autres humains, et ils me regardaient comme une demoiselle ou un Parisien qui prenait ridiculement des gants pour leur faire entendre ce que j'avais à leur dire. Aujourd'hui, tout en me montrant équitable et quelquefois même assez bonasse avec eux, je leur parle le plus souvent comme à des càniches, et ils prétendent tous que je suis de l'espèce des noix de coco, bourru tout autour, mais bon dans le milieu, et par le fait je crois qu'au fond je ne suis pas plus mauvais qu'un autre. Voyons, as-tu bien saisi l'allégorie de la chose? ou, comme on dit chez nous, le bout de fil-de-carret de l'amarrage?

— Oh! oui, et à merveille, mon capitaine, et de manière à en faire plus tard mon profit.

— Observe donc tout, jusqu'aux choses les plus indifférentes en apparence, si tu veux savoir un jour commander à des drôles comme ceux que tu vois là, et à qui je ferais escamoter, pour dix gourdes et une double ration à la cambuse, le premier bâtiment français que nous rencontrerions sur notre route.

Il ne se flattait pas : aucun capitaine n'exerçait un plus grand empire que lui sur son équipage. Il ne taquinait jamais ses matelots, leur parlait peu, les rossait même à l'occasion, quand ils paraissaient s'ennuyer à bord ou avoir besoin de secousses sentimentales dans la région des reins, comme il le disait. Niquelet appelait ce mode de réaction morale, *frictionner la sensibilité pour rétablir la circulation du sang de l'amitié.* Mais d'un seul geste ou d'un seul mot, avec ce système de discipline si singulièrement combiné, il eût fait, à n'importe lequel de ses hommes, tuer père et mère sans la moindre hésitation. C'était là l'ascendant qu'il était le plus jaloux d'exercer sur son entourage, non pour en abuser criminellement, mais pour en obtenir tout ce qu'il jugeait indispensable au bien du service, qui, dans le langage du bord, résume en un seul mot l'idée du devoir de chacun et de l'intérêt de tous.

Ivon s'employait de son mieux et le plus utilement qu'il lui était possible à bord ; mais il ne pouvait se faire que difficilement au ton et aux manières du commandant de la *Gazelle*. Ces deux hommes, tout en s'estimant l'un et l'autre à leur valeur réciproque, n'avaient dans le caractère que peu de points de rapprochement, et ils passaient des semaines entières sans échanger quelquefois un seul mot de causerie entr'eux.

Une longue traversée pourrait offrir à la sagacité de l'observateur un fécond sujet d'études philosophiques. Il y a tant de froissemens dans les humeurs diverses ou opposées, les habitudes et les passions de ces hommes quelquefois si différens, que le hazard réunit le plus souvent tout fortuitement au milieu des périls de la mer dans cet espace étroit que l'on nomme un navire! Et n'est-ce pas l'image, en raccourci, de toute une société régie par une monarchie absolue, que ce bâtiment sur lequel règne despotiquement un capitaine avec ses officiers, qui sont ses ministres, et sur ses matelots, qui sont ses sujets. Pour moi, je sais bien qu'en recueillant le fruit des observations que j'ai été à même de faire dans le cours de mon existence toute maritime, j'aurais de bons conseils à donner aux passagers qui confient leur vie à ces marins qu'ils connaissent si peu. Grand dommage est qu'il me reste beaucoup d'événemens à consigner sur mon journal de bord. Sans la spécialité de la tâche rapide que je me suis imposée dans la narration de mes aventures, je me livrerais ici à des préceptes de conduite qui pourraient devenir profitables aux *terriens* qui entreprennent une première traversée au long-cours. Mais, avant tout, je dois aller à mon but, sans perdre trop de temps en route. Cependant, entraîné par le désir d'être utile à quelques-uns de mes lecteurs, je vais tracer succinctement ici certaines règles de bienséance à l'usage des passagers les plus inexpérimentés. La première réserve que doit s'imposer un passager qui veut, je ne dirai pas plaire, mais ne pas trop déplaire à son capitaine, c'est d'éviter, autant que possible, de s'immiscer dans les choses qui concernent le service du bord. Il n'est pas de marin qui ne se sente désagréablement affecté d'entendre un passager venir lui demander, quand il a jeté le loch pour mesurer le sillage, combien de nœuds file le navire. Bien plus importun encore est celui qui cherche à savoir, lorsque le capitaine trace son point sur la carte, l'endroit du monde où se trouve le bâtiment. C'est un mystère, ou tout au moins une espèce de cas réservé, qu'il n'est donné qu'aux initiés de pénétrer; et dans cette circonspection des marins, qu'on n'aille pas s'imaginer qu'il n'entre que de l'orgueil et de la sauvagerie : cette discrétion n'est que la conséquence, peut-être un peu exagérée, d'un sentiment de prudence. Supposez, en effet, qu'un passager sache le point précis du globe où est parvenu le navire, et qu'il aille étourdiment le révéler à un équipage mal intentionné. Que deviendra le bâtiment, après une révolte qui l'aura mis en la possession des matelots, éclairés ou se croyant éclairés sur la route qu'ils devront suivre pour attérir où bon leur semblera? Croyez-vous que, sans les difficultés qu'offre la conduite d'un navire en pleine mer, les rébellions et les actes de piraterie ne seraient pas plus fréquens qu'ils ne le sont aujourd'hui, avec des équipages forcés plutôt que satisfaits de se confier, comme à une Providence, à la capacité théorique que possèdent exclusivement leurs officiers. Et puis, en laissant ignorer à leurs inférieurs le lieu où ils se trouvent et quelquefois celui où ils les conduisent, les chefs ne s'assurent-ils pas, par le moyen le plus naturel, le respect qu'il leur est nécessaire d'inspirer pour exercer leur autorité conservatrice et pour obtenir cette soumission absolue qui n'est jamais mieux garantie que lorsqu'elle prend sa source dans le besoin que les subalternes ont de l'habileté de leurs supérieurs? On a bien souvent et bien longtemps cherché à rendre pour toutes les intelligences les calculs de longitude aussi faciles et aussi simples que le sont les calculs de latitude, qui ne donnent qu'un des deux élémens indispensables pour déterminer la position exacte d'un navire en haute mer. Mais ne devrait-on pas redouter comme un des plus dangereux présens que la science pût faire à la société, une découverte, un procédé de simplification qui mettrait dans les mains des hommes les plus grossiers, les moyens de se diriger, sans le secours des chefs dont ils n'auraient qu'à se défaire pour pouvoir abuser de la liberté d'action qu'ils auraient acquise par un crime, sur un élément où les malfaiteurs instruits se croient si sûrs de l'impunité? N'est-ce pas, en effet, par l'effet d'une prévoyance que l'on pourrait appeler providentielle, que la science de l'homme de mer n'est restée jusqu'ici accessible qu'à un petit nombre d'initiés qui, en s'instruisant pour l'acquérir, ont été conduits à se pénétrer en même temps de ces principes d'ordre et d'humanité que l'étude fait presque toujours aimer ou respecter?

Quand on manœuvre, les passagers doivent éviter avec soin de ne pas gêner les matelots. Ce qu'ils ont de mieux à faire dans ce moment où tout devient action et préoccupation à bord, c'est de se retirer dans leurs chambres, ou de se tenir à l'écart dans les parties du pont où leur présence peut devenir le moins importune et le moins remarquée. En général, le rôle des passagers, si tant est qu'il croient en avoir un à bord, doit être autant qu'il est possible, tout passif, si ce n'est même tout-à-fait nul. Personne n'est plus jaloux que les marins de l'autorité et de la profession qu'ils exercent; c'est une espèce de sacerdoce que leur métier, une sorte de despotisme convenu que leur autorité, et ils éloignent autant qu'ils peuvent, les profanes, du sanctuaire. Si jamais vous naviguez, vous vous ferez une idée du souverain mépris qu'ils ont pour toutes ces manières de femmelettes qui réussissent si bien à terre dans nos salons. Ces hommes, habitués à régner sur la mer, sont pénétrés de l'idée de la puissance qu'elle leur donne, et ils cherchent rarement à en abuser quand vous semblez ni la méconnaître ni la contester! ils se contentent de dédaigner vos airs coquets et les terreurs que vous inspire, au moindre mauvais temps, l'élément avec lequel ils vivent et ils se jouent: aussi, avisez-vous de montrer du cœur, de la résignation dans les momens de péril; essayez même, s'il vous est possible, de les aider, de les seconder de votre mieux alors que le danger commun vous donne le droit d'intervenir, et vous les verrez s'apprivoiser avec vous et vous témoigner de l'intérêt, fussiez-vous pour eux un embarras plutôt qu'un secours. Mais, pour peu que vous pâlissiez quand ils vous ont assuré qu'il n'y a rien à craindre, ils vous prendront en aversion et jetteront sur vous un de ces sobriquets qu'ils savent appliquer, avec tant de dédain et de justesse, sur toutes les physionomies qu'ils ont prises en antipathie : il n'est pas d'hommes qui réussissent mieux qu'eux à trouver et à accoler de ces noms ridicules qui s'attachent comme une lèpre à la tournure ou à la figure d'un individu pour lequel ils ont de la répugnance ou du mépris. Il y a, dans la marine militaire, des officiers qui n'ont jamais pu se dépêtrer des surnoms grotesques que leurs matelots avaient su lancer sur eux, comme un mauvais sort, et qui les ont impitoyablement accompagnés dans une carrière où la gloire de leurs services n'est jamais parvenue à faire oublier la consécration populaire de leurs ridicules.

Un navire, que j'ai connu, se perdait coulant bas d'eau à la suite d'un ouragan : il fallait s'embarquer comme dans un dernier refuge au fond de la chaloupe, que menaçait de briser à chaque lame une mer encore furieuse. On se compte ; l'embarcation ne peut contenir que l'équipage et deux passagers. Quels passagers laisserons-nous embarquer ? demande le capitaine, dans ce moment terrible où l'égoïsme de la conservation parle seul et si haut au cœur humain : — Ce vieux Monsieur, répond un matelot, et cette brave dame. — Pourquoi cette dame, plutôt que l'officier de troupe que nous avons à bord ? — Parce que cette dame a montré du cœur comme un homme, et que cet ancien officier a eu peur comme une femme..... Le malheureux officier fut laissé sur le pont, où il n'avait eu juste qu'assez de force pour se traîner, tant son effroi avait été grand pendant la tempête.

Mille exemples de la sorte prouveraient, au besoin, la bienveillance que conçoivent les marins pour les personnes chez lesquelles ils rencontrent, à la mer, un courage et une résolution qui les rapprochent de leur énergie, et qui en font en quelque sorte des marins comme eux.

Les passagers, en général, se montrent trop disposés à se familiariser avec les gens de l'équipage, et c'est un tort, car très souvent ces hommes, dont l'originalité de manières et de langage a quelque chose de si attrayant pour les personnes qu'elle a le plus agréablement frappés, finissent par abuser du pied d'égalité sur lequel on les a trop indiscrètement placés. Rarement ils se montrent cependant quêteurs ou exigeans; l'habitude de mendier leur est même tout-à-fait étrangère, et elle conviendrait même assez peu à leur rudesse, qui prend surtout sa source dans un abrupte sentiment de fierté professionnelle. Mais, pour la plupart, ils sont enclins à se laisser aller à des privautés souvent incommodes à ceux qui ont trop aisément passé par dessus leur grossièreté pour étudier avec curiosité l'étrangeté de leurs coutumes ou pour s'égayer de la crudité de leurs plus vertes saillies. Aussi, je ne saurais trop conseiller aux passagers de se tenir à distance honnête de l'équipage, et d'imiter la réserve des officiers, qui ne causent guère avec les matelots que lorsque les besoins ou les détails du service l'exigent.

Les longues privations auxquelles sont assujétis les marins, ont pour effet de les soumettre peu à peu à des règles d'abstinence qui tiennent plus à la coutume qu'à la résignation ou à la continence. Ils supportent volontiers la nécessité de ne boire par jour qu'une demi-bouteille d'eau pourrie et de ne manger qu'une demi-livre de biscuit rongé de vers. Les passagers, au bout d'une pénible traversée, se délectent en pensant au jour désiré où ils pourront s'étendre dans un bon lit et se repaître de légumes frais ou de viandes succulentes, autour d'une table somptueusement servie; mais rarement un marin, quelque dur qu'ait été son voyage, se livre à ces rêves de sensualité : il sait qu'après avoir resté un mois ou deux à terre, il faudra se soumettre à de nouvelles privations, et il pense qu'autant vaut se faire une habitude d'être mal, que de se laisser aller aux douceurs d'une vie qui ne doit pas être la sienne. Quand arrive l'occasion de se dédommager dans des excès fugitifs, de toutes les contraintes qu'il s'est imposées, il a bien garde de la laisser échapper, mais au large il ne s'amuse guère à se créer des illusions qu'un coup de mer peut détruire ou qu'un naufrage peut lui arracher avec la vie. On ne sait pas assez combien il y a de philosophie instinctive dans l'existence de ces êtres si insoucians des dangers qu'ils courent, et si imprévoyans pour un avenir qui leur appartient encore beaucoup moins qu'à tous les autres hommes.

Quelquefois, sur les attérages, au moment le plus décisif et le plus périlleux d'une longue traversée, vous voyez, quand le mauvais temps se déclare, le capitaine veiller avec inquiétude sur le pont et se refuser le moment de repos qui lui serait pourtant si nécessaire. Eh bien ! dans ces circonstances terribles qui doivent décider du sort de toute la campagne et quelquefois de la vie de tout l'équipage, vous entendez les hommes de quart soupirer après l'heure où leurs camarades viendront prendre à leur tour la responsabilité des événemens qui se passeront sur le pont ; mais, quant à eux, dès que le quart est fini, ils se couchent en chantant, qu'il vente, qu'il tonne, et quels que soient les écueils qui les menacent. C'est le capitaine qui reste chargé de tout ; c'est une chose tacitement convenue, et il semble que la conservation de leur existence et les soins du salut commun ne regardent que leurs chefs. Ils diraient volontiers, en parlant de leur capitaine : *S'il nous noie, tant pis pour lui, c'est son affaire et non pas la nôtre.* Et croyez-vous que sans cette sorte d'imprévoyance de héron ou d'autruche, que l'on trouverait des hommes qui consentissent à naviguer pour une ration de biscuit et cinquante francs par mois ? Mais c'est trop m'occuper des mœurs des équipages français, et de ces détails sur lesquels je reviens avec trop de complaisance quand ils se rencontrent sous ma plume. De tels objets peuvent encore avoir leur charme pour celui qui se les rappelle comme des souvenirs liés aux premières émotions de sa vie ; mais ils doivent quelquefois rebuter ceux à qui on les raconte. Revenons à la *Gazelle.*

A travers quelques accidents ordinaires aux voyages de mer, notre goëlettre approchait du Tropique, et l'équipage entrevoyait avec délices le jour où le capitaine Niquelet lui permettrait de solenniser la cérémonie consacrée, dans une des phases les plus intéressantes des grandes traversées. Le jour des saturnales maritimes arriva enfin pour nous. Le navire, dès le matin, prit un air de fête. L'équipage et les passagers revêtirent leurs habits du dimanche, et ces derniers se disposèrent, avec ceux qui n'avaient pas encore vu le *Bonhomme-Tro-*

pique, à recevoir le copieux baptême qui devait les initier à ces burlesques mystères des pontifes équatoriaux et tropicaux. Une petite chapelle recouverte de draps de lit et ornée de fleurs empruntées aux chapeaux de nos passagères, fut dressée sur le gaillard d'arrière. On commença, comme chose obligée, par faire voir, à la longue-vue, le cercle du Tropique du Cancer à tous nos voyageurs, en plaçant un cheveu sur l'objectif de la lunette. Chacun d'eux s'étonna, comme d'habitude, que l'on pût apercevoir ainsi une des lignes circulaires de la sphère céleste. Jamais ils n'avaient voulu ajouter foi à ce prodige, qu'on leur avait annoncé bien à l'avance; mais il fallait bien se rendre à l'évidence. On apprend tant de choses en naviguant! A terre, il n'y a que des illusions. C'est à la mer qu'il faut aller pour commencer à faire connaissance avec les réalités.

Un gros gabier, affublé d'une robe blanche sur le collet de laquelle descendait une copieuse barbe d'étoupes, grimpe sur les barres du grand-mât, brandissant un harpon en guise de crosse épiscopale ou de trident neptunien. Un matelot travesti en postillon était venu le fouet à la main, enfourchant un de ses camarades transformé en ours blanc au moyen d'une peau de mouton, apporter au capitaine une lettre à lui adressée par le Dieu dont on allait célébrer la fête. Le capitaine avait remis au courrier du *Bonhomme-Tropique*, la liste des marins et des passagers qui allaient pénétrer dans la redoutable zône soumise à sa céleste domination. Toutes les bailles et tous les seaux avaient été remplis sur le pont de l'eau qui coulait le long du bord. La pompe d'étrave jouait depuis le matin, et faisait ruisseler à longs flots cette onde régénératrice réservée aux ablutions du baptême. Tout nous annonçait enfin que les aspersions ne seraient pas plus épargnées que les instructions relatives à notre initiation à ces grotesques mystères. Dès la veille aussi, on avait eu la précaution de barbouiller de peinture noire les deux petits mousses du bord, destinés à devenir non pas les séraphins ou les anges, mais bien tout simplement les *diablotins* du Dieu ; et le grand jour venu, les deux diablotins enduits de goudron avaient été roulés dans la plume qu'on avait fait arracher aux oreillers de nos passagères. Cela fait, à midi, le *Bonhomme-Tropique*, perché sur les grandes barres, cria dans un long porte-voix, en faisant mine de grelotter de froid, malgré la peau de mouton dont il était recouvert sous une température de vingt-cinq degrés Réaumur :

— Ho! du navire, ho!

— Holà ! répondit aussi, au porte-voix, le capitaine, en montant gravement sur son banc de quart.

— D'où vient le navire ?

— De Saint-Malo ?

— Où allez-vous ?

— A la Martinique.

— Comment se nomme le susdit navire ?

— La goëlette la *Gazelle*.

— Quel est le nom du capitaine ?

— Jean-Baptiste Niquelet.

— Ta goëlette, Jean-Baptiste Niquelet, a-t-elle déjà pénétré dans *mon Empire?*

— Jamais encore, *Bonhomme-Tropique.*

— Consens-tu à payer pour elle le tribut, ou à voir sa figure abbattue par la hache des sapeurs-pompiers de ma garde ?

— Oui, *Bonhomme-Tropique,* je consens à payer le tribut légitimement dû à ta *sacrée Majesté.*

— Que veux-tu donc donner pour que les susdits sapeurs de ma garde n'abattent pas la figure de ta *Goëlette* et pour racheter le bâtiment des coups de hache qui en feraient un paquet d'allumettes ?

— Double ration à l'équipage, et quelque chose de sec pour te réchauffer de ton tremblement de froid.

— As-tu beaucoup de gens à ton bord qui ne seraient pas venus sur mes états ?

— Douze. En voici la liste que je me suis fait déjà l'honneur de remettre au courrier que ta Majesté m'a expédié ce matin.

Le capitaine nomma les douze néophytes, au nombre

desquels je me trouvais nécessairement inscrit. — Le *Bonhomme-Tropique* reprit, toujours en grelottant et en se récriant sur l'extrême abaissement de la température.

— Consentent-ils tous à être baptisés ?

— Tous !

— A la bonne heure ! Avance l'escouade des prêtres et des curés de ma Majesté !

Alors, les pontifes du Dieu, ou tout au moins les chambellans du roi tropical allèrent le chercher en cérémonie dans les haubans où il s'était nuageusement juché. On jeta quelques gouttes d'eau de rédemption sur la figurine de la *Gazelle*, et les haches, qui avaient été levées sur elle, pour le cas où le capitaine se serait refusé à payer sa rançon, quittèrent les mains des licteurs goudronnés pour faire place à des seaux remplis jusqu'aux bords. Une grèle de pois verts et de harricots blancs tomba des barres sur nos têtes, au milieu du sifflement des vents simulés par une demi-escouade de Tritons et de Néréïdes, armés de tous nos soufflets de cuisine. Après l'explosion de ce météore ou de ce cataclysme artificiel, chaque néophyte les yeux bandés, fut invité à s'asseoir sur une planche mobile, soutenue aux extrémités par les rebords d'une grande baille d'eau, et à se laisser raser le menton par le barbier ordinaire du Dieu. Chaque aspirant au baptême, retenu sur ce siége chancelant, faisait sa confession à l'oreille du *Bonhomme-Tropique*, et lui promettait de *ne jamais faire la cour* à la femme d'un marin. Un *filet* de goudron, bien liquide, lui était passé sur le menton, qu'on lui essuyait bien délicatement avec un tampon d'étoupes, et qu'on lui râclait ensuite avec un sabre de bois. C'est alors qu'une messe était dite en l'honneur du nouveau baptisé; et au mot *Amen!* la planche qui lui servait de siége manquait, et il se trouvait plongé le derrière le premier dans la baille, où une douzaine de seaux d'eau de mer lui étaient lancés avec l'accompagnement obligé du jet d'une pompe de lavage. Nos deux dames furent seules un peu ménagées par nos arroseurs, et moyennant quelques pièces blanches et une entière soumission, tous les nouveaux cathécumènes en furent quittes pour cette épreuve, qui n'est désagréable que pour ceux qui ne veulent pas se prêter de bonne grâce à cette burlesque initiation, source de gaîté, et prétexte de petits profits pour des malheureux qui n'ont que trop rarement l'occasion de se réjouir, et d'oublier leurs fatigues et leur cruel isolement (1).

Ivon, voulant, comme le font souvent les vieux marins, fiers de leur expérience, ajouter un incident inattendu à la célébration du passage du Tropique, s'avança avec solennité vers Niquelet : « Capitaine, lui dit-il, comme il est d'usage que ceux qui vont aux îles pour y faire leurs affaires, ou ne pas y mourir tout-à-fait de faim, retournent, sens dessus dessous leurs anciens noms, en recevant le baptême, je viens réclamer de votre bonté, un nom de guerre de noblesse un peu ronflant, à la place du mien qui est trop court et trop commun. Il y a assez

(1) Les Anglais nomment le *jour de grande barbe*, celui où ils passent le Tropique ou la Ligne.

longtemps que je suis roturier ; je veux devenir, à mon tour, comte, marquis, ou n'importe quoi enfin, pour cadrer avec les blancs des colonies qui se sont tous faits nobles de pacotille en passant par ici.

— Comment vous nommez-vous, sans plaisanterie ! lui demanda Niquelet, d'un air sérieux, et après un moment de réflexion.

— Sur les fonts *baptistaux* on m'a donné le nom d'*Ives-Marie*, sans mon consentement. Plus tard, je me suis laissé appeler Ivon tout net et tout court.

— Eh bien ! mon ami, il faut allonger et anoblir ce nom là en vous faisant appeler M. de *Livonnière* ; ou même si vous aimez-mieux, M. le *Marquis de la Livonnière*. Ce sobriquet là vous chausse-t-il bien?

— Comme une paire de bas de soie, capitaine.

A ce mot de *bas de soie*, qu'Ivon parut regretter d'avoir trop imprudemment lâché dans un élan irréfléchi de gaîté, l'équipage, qui connaissait notre aventure à bord du *Vert-de-Gris*, se prit à rire aux éclats. Ivon aurait bien eu envie de réprimer le mouvement d'hilarité qu'il avait très involontairement provoqué à ses dépens ; mais le jour où l'on passe le Tropique, il est défendu de se fâcher à bord, et M. de Livonnière, qui connaissait les convenances que lui imposait la solennité de la circonstance, refoula au fond de son cœur le ressentiment qu'en toute autre conjoncture il n'eût pas manqué de faire éclater.

Il fut donc décidé que mon ami serait reconnu désormais sous l'appellation nobiliaire à laquelle il venait de sacrifier de si bonne grâce le nom qu'il avait reçu de son parrain et de ses aïeux. Il voulait, pendant qu'il y était, me faire abjurer mon nom patronimique, en m'assurant que cette petite apostasie ajouterait à la considération qu'on ne saurait nous refuser au bout de quelque temps de séjour dans la colonie; mais je ne jugeai pas à propos de suivre cet avis, dicté peut-être à mon ami, par le désir de me faire partager en l'allégeant, le petit ridicule qu'il se préparait. Je tins bon et je restai Léonard comme devant.

Sur quels frêles roseaux reposent ces plaisirs auxquels se livrent avec tant de confiance et de plénitude les hommes de mer! Que d'imprévoyance il leur faut pour qu'ils détournent un seul instant les yeux des périls qui les environnent et qui les menacent si obstinément! Pendant que la joie ruisselait, pour ainsi dire, à bord avec les libations qui l'avaient excitée, et que, sous la tente élégante qui cachait le pont de notre goëlette aux rayons d'un soleil dévorant, une table improvisée réunissait autour d'elle le cercle des plus sémillans convives, le matelot placé en vigie au haut du grand mât, veillant, avec impassibilité, sur toutes les folies qu'il nous voyait faire à cinquante pieds au-dessous de lui, cria : *Navire!* A ce mot, toujours si émouvant en temps de guerre, toute notre folâtre allégresse s'envola, le silence succéda au tumulte et la curiosité à l'abandon. On replia les tentes dans un clin-d'œil; la table disparut avec les plaisirs dont elle était devenue le centre et le théâtre. Plus de festin, plus d'ivresse : la fête était finie, et tous les apprêts d'un repas délicieux firent place à l'appareil fort peu réjouissant du combat. Niquelet avait de bons yeux, mais il n'avait qu'un bras, avec lequel il lui était difficile de grimper au haut de la mâture. Aussi quand il voulait faire de la voltige, c'était son mot, pour observer les navires qu'on lui indiquait à l'horizon, il se faisait hisser comme un paquet de filin dans sa chaise à gabier, à la tête de son grand mât de hune.

Notre capitaine, ce jour-là, fit procéder de suite à ce genre d'ascension; et, à peine était-il rendu à la hauteur du tenon du grand mât, que nous l'entendîmes rire de toutes ses forces, ballotté par le roulis, sur son siége aérien. Imbécile, criait-il au découvreur de navire, il a pris l'eau que jette un baleineau ou un souffleur, pour la mâture d'un bâtiment. Où te reste ton navire en chair et en os, avec sa mâture en cascade d'eau salée?

— Là, par le travers, capitaine, répondit l'homme de vigie; mais je ne le vois plus.

— Ne t'inquiète pas, tu vas le revoir bientôt quand il resoufflera pour mieux te mettre ta bêtise sous les yeux, lui répondit le capitaine.

C'était, en effet, un gros souffleur qui, faisant jaillir, perpendiculairement par ses évens, l'eau qu'il aspirait, et qui nous avait causé cette risible alerte; bientôt nous vîmes cet innocent ennemi s'approcher de nous, en renouvelant ses ébats, comme pour nous dédommager par le plaisir qu'il paraissait vouloir nous donner, de la panique qu'il nous avait fort involontairement occasionnée.

Délivrés de toute inquiétude, du moins jusqu'au lendemain, avec quelle satisfaction nous sentîmes enfin la *Gazelle* glisser légèrement sur cette mer des vents alisés, qui semble emprunter sa transparence et sa couleur, à ce ciel qu'elle réfléchit dans ses flots miroités et si harmonieusement onduleux ! Avec quelle volupté de marin surtout, je respirais, pour la première fois, ces parfums de l'Océan et cet air tiède que la brise constante des tropiques rend si doux ! Quelles nuits délicieuses on passe sous ces latitudes que le soleil aime tant et qu'il éclaire avec une pompe et une majesté inconnues à nos tristes climats ! Quelle sublimité dans ces scènes paisibles et animées de la nature ! Tout, sur ces ondes enchantées, devient un spectacle ravissant pour l'œil, l'esprit et le cœur. Des myriades de poissons-volans jaillissent sur l'avant du navire, poursuivis à outrance, par ces rapides dorades, le plus svelte, le plus élégant et peut-être aussi le plus vorace des hôtes de la mer, réflétant dans les flots diaphanes qu'il sillonne, ses vives couleurs de pourpre, d'argent et d'azur. Sur les lames flexibles qui les balancent gracieusement, d'innombrables galères se déploient en éventails bordés de vert, de bleu ou de rose. Derrière vous, des mauves légères s'abaissent, en béquetant les perles liquides de votre sillage, jusque sur la poupe du navire qu'elles escortent si gracieusement. Sous les nuages brillans qui passent avec les vents à votre zénith, nage, dans des espaces éthérés, la majestueuse *frégate*, dont les aîles noirâtres, découpées en accolades, paraissent dormir immobiles dans les régions de l'air, qu'elles fendent pourtant avec la rapidité de la flèche; et, si quelquefois du sein des nues qui semblent recéler la foudre et l'orage dans leurs sombres flancs, l'ombre colossale d'une raffale subite vient interrompre l'harmonie de ces scènes si captivantes, ne redoutez rien : ces grains, en apparence si terribles, se dissiperont avec la brise innocente qui les pousse au-dessus de votre tête, et le soleil, dont l'éclat si éblouissant s'est un instant pudiquement voilé, reparaîtra bientôt radieux et pénétrant, ardent et pur comme doit l'être l'astre divin fait pour éclairer tant de magnificence et pour donner la vie à cette immensité de sublimes merveilles.

Les matelots, pour la plupart, ne sont pas fort émus de toutes ces scènes, produites par une nature grandiose qui ne doit frapper que faiblement leurs sens d'ordinaire assez bornés. Mais j'avouerai, cependant, que je n'en ai pas vu un seul qui soit resté indifférent au spectacle ineffable qu'offre le lever du soleil dans les régions tropicales. Quand derrière ces nuages, bordés à l'horizon d'une pourpre étincelante, l'astre semblait cacher à nos yeux le mystère de son apparition sublime, et qu'ensuite son globe de feu s'élevait majestueusement au-dessus du rideau immense qui paraissait vouloir nous dérober chastement sa clarté, un cri d'admiration s'échappait de la bouche de tous les spectateurs attentifs. Les hommes, occupés à laver le pont, oubliaient dans leurs mains immobiles le manche de leurs brosses ou la bosse de leurs seaux, et tous les regards, toutes les âmes, pour ainsi dire, restaient tournés du côté du ciel, où s'accomplissait un des phénomènes les plus imposans de la création.

Il ne faut pas croire que pour les marins il n'y ait pas de distractions sur ces mers où le navire court, en quelque sorte aveuglément, pendant quinze ou vingt jours de suite avec la même brise, la même voilure sans changer de cap ni d'amures. La pêche, et une pêche amusante, vient quelquefois occuper tout l'équipage, et procurer une salubre variété à sa nourriture.

La dorade, si friande de poissons-volans, devient souvent victime de sa gloutonnerie et dupe d'une illusion que les marins savent lui préparer fort adroitement.

Sur la tige du gros hameçon d'une ligne qu'ils suspendent au bout du beaupré, ils forment, avec du linge blanc, le mannequin d'un poisson-volant, armé d'une paire d'ailes, faites avec la rame d'une plume et placées de manière à laisser la queue du poisson factice, couvrir le dard de l'hameçon, soigneusement caché sous l'extrémité du linge ; puis le pêcheur, perché sur le beaupré, agite sur la surface des flots que fend le navire, cet appât artificiel ; la dorade, qui guette sans cesse les essaims de poissons-volans que le bruit du sillage fait jaillir de l'eau, se jette sur l'hameçon perfide comme sur une proie facile à engloutir, et c'est alors qu'on la hâle à bord, au bout de la ligne qui a trompé et puni sa voracité, et c'est alors aussi que l'équipage jouit, tout à son aise, du spectacle qu'offre ce spare curieux qui, en mourant, revêt sur son écaille, comme dans un magique miroir, les nuances chatoyantes de l'émail le plus pur, parsemé des étoiles de l'azur le plus éblouissant.

Quand la dorade échappe à ce piége, en voulant saisir sa fausse proie, un matelot placé, le harpon en main, sur un quartier de panneau, suspendu au-dessous du beaupré, lui enfonce les pointes aiguës de son trident dans les flancs ; et, tout couvert de sang et d'eau de mer, on voit remonter à bord l'adroit pêcheur, élevant au-dessus du pont un poisson quelquefois aussi haut que lui. Le produit de la pêche est présenté au capitaine, qui fait donner ordinairement une bouteille de vin ou un verre d'eau-de-vie au harponneur.

Le requin, moins défiant, et plus avide encore que la dorade, se prend au moyen d'un énorme hameçon fixé à une chaîne, et recouvert d'un morceau de lard. Lorsque ce *tigre des mers*, nom que lui donnent les matelots, rôde, en *vrai forban*, autour du navire, on lui jette l'émérillon, qu'il saisit en se retournant sur le dos. Bientôt tout l'équipage se porte sur le bout de filin amarré sur la chaîne de pêche, et le requin, dépécé et partagé sur l'heure, est mangé impitoyablement par les matelots, dont, à son tour, il est devenu la pâture; car ils ont soin de proclamer presque invariablement comme une maxime empruntée à la loi du talion : *puisqu'il nous mange, mangeons-le.*

Un de ces terribles animaux nous dévora un gabier à bord de la *Gazelle.* Le malheureux, en montant dans les haubans pour passer une manœuvre, tombe à la mer : il nageait pour saisir le bout de corde qu'on lui avait jeté précipitamment de l'arrière du navire, qui ne filait en ce moment qu'un nœud tout au plus. Mais, à l'instant même où il saisissait le bout d'amarre auquel sa vie était attachée, il pousse un cri, lutte contre les flots, au-dessus desquels sa figure se contorsionne encore. Du sang paraît à la surface de la mer, et nous ne voyons plus notre infortuné camarade. Un gros requin, qui se tenait depuis quelques jours sous les ferrures de notre gouvernail, venait de l'entraîner avec lui au fond de l'abîme. Le lendemain, nous prîmes à l'émérillon ce redoutable avaleur, dans le ventre duquel nous trouvâmes encore les doigts de pieds et les os du crâne de notre pauvre gabier.

Pendant une nuit d'orage, on aperçut à bord des feux qui se jouaient sur chacune des extrémités de notre vergue de fortune. Cette flamme vive et bleue, comme celle que l'on allume sur le punch que l'on sert dans les cafés, excita, pour la première fois, ma curiosité.

— Qu'est-donc que cela ? demandai-je, tout étonné, à un matelot.

— Ça ; me répondit-il, c'est le feu de Saint-Elme, Monsieur.

— Ah ! c'est le feu de Saint-Elme : jamais je ne l'avais encore vu. Ce feu là ne brûle pas, puisqu'il reste au bout de nos vergues sans incendier notre voilure ?

— Ah ! bien oui, brûler ! dites plutôt que c'est l'ami des matelots. Voyez-vous cette manière de flamme ? Eh bien ! si l'officier de quart me disait : *Monte tout seul serrer le petit hunier* (qui n'est pas mal lourd, ainsi que vous le savez, pour un seul homme), j'irais le serrer, comme si nous montions à trois ou quatre de compagnie pour *paquer* ensemble toute la toile, parce que ce feu là, voyez-vous, monterait avec moi à l'empointure, et qu'il aide les matelots par la raison que lui-même a été matelot pendant qu'il vivait comme vous et moi.

— Mais, comment peux-tu croire un tel conte? c'est tout simplement, ainsi que je l'ai lu quelque part, un effet naturel, une aigrette électrique, qui, comme tous les fluides de cette espèce, recherche les pointes, le bout des paratonnerres, l'extrémité des mâts et celle des vergues.

— Comment je peux croire ce conte là, dites-vous? Effet de *lubricité*, aigrette *alectrique*, tant qu'il vous plaira; mais il n'en est pas moins vrai que ce feu, qui ressemble *censément* à un verre d'eau-de-vie qui flambe est l'âme en peine d'un pauvre bigre de matelot, comme moi, noyé à la mer dans un coup de temps qui lui a signé son passeport pour l'autre monde sans fin. Aussi, voyez-vous, quand le temps menace de devenir mauvais, l'âme des matelots qui ont bu leur dernier coup à la grande tasse, vient avertir leurs anciens camarades qu'il en *fusillera* de là haut, et qu'il y aura bientôt du *foutrop* pour eux.

— Ma foi, à tout hasard, je veux voir si je pourrai toucher l'âme en peine d'un confrère, et je m'en vais sur le marche-pied de la vergue de fortune appuyer une chasse à l'âme du trépassé, qui, pour nous donner un charitable avertissement, s'est ainsi déguisé en feu de Saint-Elme.

Je montai, comme je l'avais dit, à l'empointure de la vergue, au grand ébahissement de mon interlocuteur, qui voyait une espèce de profanation dans l'intention que j'avais d'aller, sans nécessité, tracasser le camarade igné des matelots dont il avait peut-être été le compagnon pendant sa vie de bord. A mesure que ma main s'avançait doucement vers le panache électrique, le fluide sautillait, s'éloignait, et ne revenait que lorsque j'avais retiré ma main de la direction que je lui avais d'abord donnée. Cette espèce de petite guerre entre le prétendu farfadet et moi, amusait beaucoup, sans trop la scandaliser, la curiosité des gens de quart, qui me répétaient : « Allez, celui-là est plus malin que vous et nous, c'est un esprit qui voltige, et vous n'êtes qu'un corps traînant sa viande pour gagner son pain. » Un novice Bas-Breton me cria : « Voulez-vous que je le fasse disparaître sans le toucher et sans tant de façon, moi ? — Oui, lui répondis-je aussitôt. » Et il fit incontinent le signe de la croix. Le feu, en effet, s'évanouit à l'instant même, et cette coïncidence instantanée entre sa disparition et le signe de croix de mon dévot, ne servit pas peu à graver plus profondément encore, dans l'esprit de ces braves gens, une de ces vieilles superstitions qui deviennent de plus en plus rares chaque jour chez les marins et dans l'esprit même des classes inférieures, autrefois bien plus superstitieuses que ne le fut jamais la leur.

Lorsque, fatigué de me promener pendant quatre heures de quart, à la file d'une dizaine d'hommes qui n'avaient qu'un espace de vingt pieds à parcourir, je cédais au besoin suppliciant du sommeil ; lorsque, enfin, après avoir bassiné et lavé d'eau de mer mes yeux trop lourdement appesantis, et avoir trempé ma tête presque endormie dans un seau, je m'assoupissais, malgré tous mes efforts, sur le bout de la drôme, c'était en vain que mon chef de quart me réveillait et me sermonnait vertement : la nuit suivante, je retombais dans l'état de somnolence que toute ma résolution n'avait pu vaincre. Il me fallait une leçon forte. Le capitaine me la fit donner dans la circonstance la mieux faite pour la rendre plus efficace que tous les moyens que j'avais employés jusque-là contre moi-même.

J'étais allongé, les yeux fermés, sur ma drôme chérie. Quatre hommes montent dans les haubans, armés chacun d'un seau rempli d'eau. Au signal de Niquelet, toute cette eau ainsi ménagée et lancée à bout portant pour ne former qu'une cascade, tombe sur moi comme un coup de mer. Au même instant, on crie : *Un homme à la mer! Un homme à la mer!* Saisi, submergé, épouvanté, je saisis un bout de corde que l'on me jette, comme si j'étais tombé à vingt-cinq pieds du bord. Je nage, mais à vide et à sec sur le pont, encore tout ruisselant de ce déluge improvisé; et ce ne fut qu'après être revenu de mon effroi et avoir reconnu la plaisanterie dont j'étais l'objet, que je me sentis tout honteux de ma négligence flagrante, si publiquement et si risiblement châtiée.

— Vous risquiez, dit en riant le chirurgien du bord au capitaine, de lui donner, avec cette fausse épouvante, une maladie épileptique très réelle.

— Tant pis, répondit Niquelet ; mal pour mal, j'aime encore mieux qu'il ait l'épilepsie que la *cagne*.

CHAPITRE II.

L'Attérissage. (1)

La fréquence des grains qui nous tombaient à bord, l'amoncèlement des nuages poussés devant nous dans l'ouest par la brise alisée, devenue plus forte et plus irrégulière, l'apparition des *fous* qui croisaient leur vol saccadé au-dessus de notre mâture, les nuées de poissons-volans plus petits, qui s'élevaient comme des tourbillons de sauterelles liquides avec l'écume que faisait jaillir la proue de la *Gazelle*, tout enfin dans la réunion et la coïncidence de ces divers indices, nous annonçait l'approche de la terre après un mois de traversée. La préoccupation de notre capitaine, passant les nuits sur le pont, roulé dans les pavillons qui lui servaient de couche, nous

(1) Le mot *attérage* est plus français; le mot attérissage est plus marin.

faisait pressentir, encore mieux que tous les autres signes extérieurs, que le petit drame jusque-là assez amusant de notre voyage, allait toucher à son dénoûment.

Oh! combien les passagers se montrent ravis quand ils croient flairer au loin la terre qu'ils ont si longtemps appelée de leurs vœux, et si souvent caressée dans leurs rêves d'avenir. Les soucis, que les ennuis de la traversée ont accumulés sur leur front, se dissipent par enchantement au feu des premiers rayons d'espoir que l'approche de cette terre promise leur envoie. Leur attitude faible et gênée reprend de l'assurance ; leurs jarrets, brisés par le roulis, recouvrent de la force et de l'élasticité. Leurs yeux, plus vifs, errant sur tous les points de l'horizon, cherchent le rivage annoncé, presque toujours où il n'est pas, mais où il peut du moins leur apparaître d'un moment à l'autre. Le nuage qui s'élève devant eux est pris pour un mont, une île, un cap ; et le fantôme s'évanouit bientôt pour faire place à d'autres illusions consolantes. Nos aimables compagnons ne se sentaient pas d'aise : ils chantaient, sautaient, faisaient leur toilette, ouvraient, fermaient leurs malles à tout moment. C'était une nouvelle vie qui circulait dans leurs corps, si longtemps ballottés et abattus. La terre était devant eux, et rien peut-être qu'à quelques lieues d'eux. Les émotions pénibles, les privations, les petites querelles, tout allait être oublié, à la vue de la Martinique. Le jour où l'on découvre la terre, pourrait-il avec cette teinte de bonheur qu'il répand sur toutes les heures qui le composent, être autre chose qu'un jour de rédemption, d'oubli et de réconciliation générale ?

Le capitaine se disposait aussi, en feuilletant ses papiers, à se présenter bientôt aux autorités et à ses correspondans. Il fit appeler un à un les passagers dans la chambre, pour avoir avec chacun d'eux un petit entretien. Placé près du capot, j'entendis tous les interrogatoires et toutes les confidences que Niquelet était en droit d'exiger au nom de la responsabilité qui, à son arrivée, allait peser sur lui.

— Comme en débarquant à Saint-Pierre il me faudra rendre compte au commissaire général de la police de l'île, de ce que vous venez faire dans la colonie, vous ne trouverez pas mauvais, dit-il à chacun d'eux, que je vous demande quels sont vos projets définitifs?

Une de nos dames lui répondit qu'elle allait à la Martinique pour changer d'air et refaire sa santé.

— Mais jamais je n'ai entendu dire que l'air fût assez bon à la Martinique pour refaire une santé que l'air de France aurait altérée.

— Personne, je crois, Monsieur le capitaine, ne peut m'empêcher d'aimer la chaleur et l'air qu'il me plaît de respirer!

— Au contraire, Mademoiselle, et l'on serait même trop heureux... de vous trouver et de respirer avec vous l'air que vous êtes venue chercher si loin... Mais, permettez-moi cependant de vous demander, quels sont vos moyens d'existence, et le but sérieux que vous vous proposez?

— Mes moyens d'existence, Monsieur? un homme plus galant que vous, après avoir daigné jeter les yeux sur moi, m'aurait épargné cette question.

En prononçant ces mots, Mademoiselle Amélia de Saint-Amour se mirait dans une glace placée au fond de la chambre, en se prenant la taille avec une ironique complaisance.

— Ah! j'entends, dit Niquelet après une pause; au surplus, chacun son industrie!

— Vous comprenez donc maintenant, Monsieur? c'est ma foi fort heureux, au terme d'une traversée de près d'un mois.

Arriva, après ce premier interrogatoire, le tour d'un grand et beau jeune blond, mais plus blond encore que jeune et beau, qui, pendant le voyage, paraissait avoir fait la passion jalouse et l'heureux désespoir de nos deux jolies voyageuses.

— Et vous, Monsieur Almanzor, vous allez à la Martinique, autant que je puis me rappeler ce que vous m'avez dit, pour... ?

— Je vais à la Martinique, capitaine, non pas *pour*... mais *en* pacotille.

— Comment en pacotille? mais vous n'avez embarqué, que je sache, aucune espèce de marchandises à bord!

— Ne me suis-je pas embarqué moi-même avec une taille de cinq pieds six pouces, ma figure, mes manières, mon ton et mes chances d'avenir?

— Mais sur quoi fondez-vous vos espérances?

— Sur un des temps de la conjugaison des verbes français.

— Je ne vous comprends pas bien, et je vous dirai qu'en fait de conjugaisons, je suis un peu...

— J'ai fondé mes espérances, puisqu'il faut vous le dire, sur le *futur présent de l'indicatif*, attendu que s'il faut quelque part un *futur*, je serai toujours *présent*.

— Et ce *futur* devant devenir *présent*, sur quoi le fondez-vous, enfin?

— Sur mes espérances. On dit que les blonds sont rares et par conséquent d'un placement facile dans le pays.

— Grand Dieu, que je vous plains avec votre pacotille d'agrémens physiques et plus ou moins moraux, et malgré votre futur présent de l'indicatif.

— Oh! le débit ne m'en embarrasse pas du tout, je vous assure. L'écoulement de la marchandise m'a presque été garanti au départ.

— Pauvre jeune homme! Si le commerce pouvait

aller pour vous comme pour Mademoiselle de Saint-Amour!... Je ne dis pas... Elle au moins a des charmes qui, bien placés, seront susceptibles de lui porter gros intérêt : c'est enfin un petit capital féminin qui, habilement ménagé, peut trouver emprunteur dans une colonie...; mais vous ?

— N'ai-je pas, comme elle, les charmes particuliers à mon sexe? et peut-être qu'en réunissant nos deux industries en une seule exploitation...

— Mais alors vous éloignerez les consommateurs au lieu de doubler votre clientèle... Allons, fou que vous êtes, si jamais, avec vos moyens *futurs* et presque *présens* de fortune, vous venez à manquer de pain au magasin, vous viendrez dîner à bord de la *Gazelle,* où votre couvert sera mis pendant tout le temps que je resterai à Saint-Pierre, et que vous emploierez à chercher pratique. Passons aux autres passagers.

Les renseignemens donnés au capitaine, par nos autres chercheurs de piastres, ne présentèrent rien d'intéressant; tous allaient ramasser de l'or sur le sable du rivage que nous allions aborder, et ils croyaient déjà toucher au port de l'Eldorado qu'ils s'étaient promis dans leurs stupides rêves de prospérité.

Niquelet avait tout calculé pour attérir de nuit. Le soir du trente-unième jour de notre navigation, il se plaça en vedette au bossoir de babord, et n'en bougea plus. Les matelots se dirent : *Courte-Manche* (c'était le nom de guerre qu'ils avaient donné au pauvre amputé) *sent la terre, et le chien a le museau fin et le nez creux.* A minuit, on le vit passer rapidement du bossoir vers l'arrière, regarder le compas de route et ordonner au timonnier de laisser porter d'un quart sur babord. *Il a reniffé queuque chose, qui ne sent pas aussi bon que la terre, c'est sûr*, s'écrièrent les matelots, à qui une bouteille d'eau-de-vie, suspendue au grand étai, avait été promise dans le cas où l'un d'entre eux apercevrait la terre avant le capitaine ou les officiers. Au moment même où nous laissions porter d'un quart de plus dans nos voiles, tout l'équipage découvrit, par le côté du vent, deux grands navires courant sous les huniers, orientés au plus près, tribord amures. Des feux rôdant dans leurs longues batteries, laissaient voir une filée de sabords que nous aurions pu compter un à un. *Rentrons en un coup de temps nos bonnettes, amenons nos huniers en double et la voile de fortune*, nous commande à demi-voix Niquelet; et notre goëlette, rase sur l'eau comme une planche, avec sa mâture effilée, dépouillée tout-à-coup de l'ampleur des ses voiles hautes et basses, devint presque imperceptible pour les croiseurs anglais, qui continuèrent silencieusement leur route, comme si tout avait dormi chez eux, et les équipages et les navires même. « *Ils ne nous ont pas vus, ils ne nous ont pas vus!* nous dit Niquelet, en se tappotant d'aise la cuisse à petits coups. Encore une bonne de parée ! » Une grosse grainasse nous arriva, et en nous enveloppant de son épaisse et chaude pluie, nous cacha aux vaisseaux anglais, avec nos voiles qui furent bientôt rehissées à bloc. La goëlette, poussée par le grain, filait de manière à sombrer par l'avant, tant son sillage était rapide sous la compression de la rafale. Dès que la violence du vent que nous avait amené si à propos cet orage passager, se fut dissipée dans l'ouest, en faisant blanchir la mer, comme si une trombe eût tourbillonné sur notre avant, nous découvrîmes, à peu de distance, les cîmes pyramidales d'une chaîne de mornes au-dessus desquels reposait une couronne d'immenses nuages diaphanes. C'était la Martinique!

Je ne saurais dire combien ces scènes si simples, si soudaines et si fugitives, sont imposantes pour les marins, et avec quelle profondeur elles se gravent dans leur mémoire. Un navire, échappant par une manœuvre hardie, ou par une circonstance fortuite, à la vigilance d'une croisière ennemie, n'offre qu'un fait d'un faible intérêt pour ceux à qui on raconte cette manœuvre ou cet événement. Mais, pour peu que vous ayez vécu sous l'influence des émotions que le récit de cet incident vous rappellera, vous écouterez avec délices les détails dans lesquels vous retrouverez les impressions de votre vie passée, et vous concevrez alors que les marins sont rabâcheurs et conteurs, parce que tout est frappant, décisif et spontané autour d'eux. Rappelez-vous seulement avec quelle nature gigantesque ils sont sans cesse en rapport : avec les flots, les vents, les tempêtes, la foudre, les combats, l'immensité de ces mers dont une seule lame suffit pour vous épouvanter, fussiez-vous paisiblement assis loin d'elle sur le rivage!... N'y a-t-il pas dans tout cela assez de sources d'émotions, assez de motifs de narrations, pour les entraîner à parler souvent d'eux-mêmes et des incidens les plus mémorables de leur carrière aventureuse!

Nous distinguions déjà les lumières des habitations,

scintillant à des hauteurs inégales, et disparaissant tout d'un coup, comme ces feux vifs et errans que le voyageur rencontre la nuit dans les campagnes. De vastes nuages se roulaient, à mesure que nous approchions, sur les flancs des montagnes, dont ils semblaient former la ceinture, et au-dessus d'eux se dessinaient les formes colossales des pitons du Vauquelin. La mer, que l'élévation imposante de ces mornes paraissait abaisser au-dessous du niveau ordinaire, battait avec un bruit sinistre les bords crevassés du Vent-de-l'Ile. Les nues amoncelées sur la cîme des pitons, avaient l'air de se reposer, dans l'inaction de la nuit, de l'affaissement qu'éprouve la nature dans ces climats, où chaque jour semble être pour elle une longue tâche d'efforts et d'épuisement. Le commandement du capitaine vint nous arracher à cette contemplation et aux réflexions décourageantes que faisaient quelques-uns de nous ; car, en abordant ces Antilles, nécropoles de tant de générations européennes, il n'est guère de marin qui puisse s'abandonner, sans réserve, au consolant espoir de voir encore une fois sa patrie.

Quand le jour vint, avec ses rayons resplendissans, illuminer le ciel capricieux et pour ainsi dire *passionné*, qui se convulsionnait sur nos têtes, la Dominique se montra à notre droite comme un bloc-géant, sortant, avec ses contours abruptes, du sein matinal des flots; presqu'au-dessus de notre mâture, et le long des abords de la Martinique, s'élevaient à pic des pitons décharnés, dont les flancs portaient, comme de larges blessures, la trace des éboulemens récens qui les avaient déchirés. Le long de ces rivages plaintifs, que la mer ne caresse plus, mais qu'elle mine plutôt avec colère, notre pauvre petite

Gazelle glissait comme humiliée de la grandeur et de la splendeur austère des objets qu'une nature nouvelle offrait à notre étonnement muet. Quel sombre mystère paraissait régner dans ces ravins profonds où les nuages allaient s'engouffrer! Quels sons mélancoliques et durs les flots rendaient, en bondissant tumultueux dans ces grottes profondes et sonores dont ces bords hardis sont accidentés! Et ces bois éternels, brûlés par le soleil et la foudre, battus par les ouragans! et ces cascades impétueuses, jaillissant avec fureur du haut de ces pitons si chauves, pour se briser dans ces ravins tapissés et recouverts d'une verdure si forte et si terne!...

Oh! me disais-je, en voyant pour la première fois la Martinique, si cette île est le reste ou le produit d'une des convulsions du globe, elle ne dément pas son effroyable origine; car c'est sans doute dans une de ces commotions qui ont ébranlé le monde que cet archipel est demeuré comme les débris d'un continent, ou comme l'indice des avortemens de la création. Nous aurions pu attaquer le mouillage de St-Pierre, vers l'Est, par la passe du Diamant, en gouvernant sur le sud de l'île, mais Niquelet, sachant que les bâtimens ennemis se tenaient plus particulièrement dans cette partie, s'était décidé à faire la passe de la Perle par le Nord, pour atteindre avec moins de risque la rade qu'il se proposait de gagner. Nos passagers, dès le soir de notre atterrissage, s'étaient couchés, comme d'habitude, quelques heures après le soleil, et, ne se doutant pas que nous fussions si près de la fin du voyage, ils n'avaient dans leurs cabines, aucune connaissance de notre manœuvre, ni de la manière heureuse dont nous venions d'échapper à la croisière anglaise. Quelle fut leur surprise lorsqu'en remontant sur le pont avec le jour naissant, ils se virent à une demi-portée de canon de l'île, dont l'ombre immense paraissait nous protéger contre l'ennemi que nous avions tant redouté pendant la traversée! Mais, au sentiment de satisfaction qu'ils manifestèrent en se sentant si près du port, succéda l'impression que devait produire l'aspect sauvage et presque désolant de l'île sur des gens qui croyaient retrouver, dans ces lointaines contrées, la nature sublime qui servit de modèle aux peintures suaves d'Atala ou de Paul et Virginie. Ils nous accablaient de questions empreintes de la funeste émotion qu'ils s'efforçaient cependant de nous cacher. Ivon, ou plutôt M. *de Livonnière*, vieux routier des Antilles, satisfaisait leur curiosité, à sa manière, et Dieu sait les renseignemens rassurans que sa science des lieux prodiguait à leur inexpérience et à leur crédulité !

— Que cette verdure est triste, monsieur de Livonnière ! comme ces forêts doivent être sinistres !

— Et sans compter les serpens qui vous tuent en cinq minutes, montre à la main, et les arbres de mancenilliers qui vous donnent, pour vous garantir du soleil, un abri sous lequel vous enflez comme un bœuf soufflé, pour crever ensuite, ni plus ni moins qu'une grosse vessie percée à jour.

— Qu'est-ce donc que cette fumée qui s'élève du haut de ces vilaines montagnes, que vous dites pourtant inaccessibles ?

— Cette fumée là, c'est la potiche des nègres *marrons*, qui font *boucaner* leurs bananes, pour se nourrir à la manière des sauvages, afin de ne pas travailler, *les cagnes* qu'ils sont ! Ça vous brûle quelquefois toute une forêt, pour se faire rôtir un igname ou allumer un bout de cigare.

— Quelle chaleur humide et suffocante ! On respire à peine depuis que nous sommes près de terre. Est-ce qu'on éprouve toujours cet air tiède et accablant ?

— Sans compter les moustiques, les maringouins et les bêtes à mille pattes, et autres ingrédiens quelconques, qui vous lardent le cuir du matin au soir, et particulièrement du soir au matin, sans vous permettre de fermer l'œil pour vous rafraîchir le tempérament.

— On transpire déjà à n'y pas tenir....

— *Chaque cheveu*, *chaque goutte*, c'est la consigne, et puis trois chemises par jour à envoyer à la blanchisseuse; mais ce n'est rien encore. Vous verrez dans l'hivernage, c'est là que je vous attends, mes *petits moutons-france*, comme disent les nègres en parlant des nouveaux débarqués. Mais, quand je dis l'hivernage, c'est que je suppose que vous durerez jusque-là, sans cependant vouloir vous garantir....

— L'hivernage, mais il doit faire plus frais alors que dans les autres saisons de l'année, car ce doit être là l'hiver des colonies ?

— Oui, c'est comme ça en France, sur l'almanach; mais, dans les colonies, l'*hivernage* veut dire, au contraire, le temps le plus chaud du calendrier; car, ainsi que je vous l'ai déjà fait savoir, c'est dans ce pays-ci qu'il faut venir, quand on veut voir le monde renversé; c'est-à-dire un pays où il y a les plus belles fleurs sans odeur, les plus beaux oiseaux qui ne chantent pas, et des chiens d'habitation qui mordent toujours, sans jamais aboyer.

— Pourquoi ces champs, encore fraîchement labourés, sont-ils tombés dans la mer?

— Tiens, la belle demande, parce qu'ils n'ont pas pu se tenir en l'air, et que, dans un tremblement de terre, un éboulement les aura chavirés, ou que, dans une inondation, une avalasse aura fait leur affaire.

— Il y a donc des inondations et des éboulemens aux colonies?

— Pourquoi, s'il vous plaît, n'y en aurait-il pas, quand je me suis fait l'honneur de vous certifier qu'il existe des remuemens de terre qui vous cabanent les habitations sens dessus dessous, comme un coup de mer vous chamberde tout sur le pont d'un navire, depuis le capot de chambre du capitaine jusqu'à la cabane du cuisinier. Et le tonnerre, que ces *charabias* appellent *Maribarou* dans leur baragouin, il faut entendre le tintamare qu'il fait tous les soirs dans le creux de ces polissons de mornes : c'est la musique du bal, quand la terre danse, et ce sont les *Européens* comme vous et moi qui paient les violons.

— Quel funeste séjour, si on n'y faisait pas si vite fortune!

— Ah voilà ce qu'il y a de plus ravigotant pour les nouveaux débarqués, attendu que la monnaie d'or qu'ils appellent des doublons et des moëdes, se ramasse à pleines pelles dans les rues, à peu près comme des pierres à lest sur la grève des autres pays. Mais cependant je dois vous prévenir que si vous tenez à devenir vitement riches, il ne faut pas faire la bêtise que fit en ma présence un margoulin que je connaissais comme j'ai l'honneur de vous connaître.

— Et que fit ce passager auquel vous voulez bien donner la gracieuse épithète de margoulin?

— Une bêtise pommée, comme je vais vous le conter. Le particulier, en débarquant à terre sur la place Bertin, là sous les petits tamariniers que nous ne tarderons pas à voir, trouva, par le plus grand des hasards, une gourde à ses pieds. Bon, dit-il, je vais toujours ramasser cette pièce d'argent; mais en se ravisant aussitôt, il se redit en lui-même : c'est bien la peine! Est-ce qu'on croit que je suis venu ici pour me rompre l'échine à ramasser des gourdes une à une? S'il faut me fatiguer les reins, que ce soit au moins à raffler des doublons. Trois ou quatre semaines, plus ou moins, après l'événement précité ma bégueule de passager crevait d'*inambition*, ou si vous aimez mieux de faim, faute d'avoir mangé son content, à la porte de l'hôpital que vous allez apercevoir tout-à-l'heure, et finalement il avala sa gaffe, comme nous disons à bord, faute de soupe.... Mais pendant que je suis là à perdre mon temps à blaguasser de choses et d'autres, est-ce que je ne vois pas un *ship* qui porte le cap sur nous, par le travers du canal de la Dominique? Si ma foi! Capitaine Niquelet, avez-vous aperçu, sans être trop curieux, ce navire qui court sud-ouest avec la brise du canal, en nous présentant le bout?

— Oui, Livonnière, répondit Niquelet, je l'observe depuis quelques minutes seulement. Il reçoit la brise sud-sud-est du large pendant que nous sommes en calme, abrités par la terre que nous ne dépassons pas vite maintenant. Comme il pourrait bien être armé, ajouta le capitaine, il faut nous parer à le recevoir. Maître, faites donner la ration à l'équipage, et déjeûnons vivement pour nous disposer après à nous donner un coup de peigne, s'il n'y a pas moyen de faire autrement.

— Ça suffit, capitaine, répondit le maître en faisant retentir un coup de sifflet, à la suite duquel il s'écria: Un homme de chaque plat à la ration et déjeûne tout le monde, en double et en général.

Les passagers, à ce mot de *coup de peigne*, qui résonnait assez mal à leurs oreilles, ne se firent pas prier pour descendre dans la chambre, où ils furent invités à se disposer à nous faire passer les gargousses sur le pont, si le besoin l'exigeait. En vain les engagions-nous, en commençant à découvrir les habitations fertiles de la

Basse-Pointe et du Prêcheur, à venir reposer sur une douce et fraîche végétation, leurs yeux un peu effrayés du premier aspect que leur avait présenté la Martinique ; en vain nous efforcions-nous de leur vanter la vue réjouissante de ces belles et ondoyantes plantations de cannes à sucre, semblables, de loin, à nos moissons dorées de l'Europe : tous avaient renoncé, en entendant prononcer ce vilain mot de *coup de peigne*, à l'envie de se familiariser avec le paysage que déroulait devant nous la côte dont nous approchions. A chaque instant, passant timidement leurs têtes un peu au-dessus du capot de la chambre, ils nous demandaient d'un air qu'ils s'efforçaient de rendre gai ou tranquille : Le navire approche-t-il ?

— Oui, Messieurs, leur répondions-nous.

— A quelle distance le faites-vous ?

— A une bonne portée de canon, bientôt.

Et les têtes de nos marionnettes disparaissaient pour ne se montrer que plus rarement jusqu'au moment où la prudence vint leur inspirer la précaution de ne plus se montrer du tout.

Le fort de la Basse-Pointe, en nous voyant arriver, pavillon français en tête du mât de misaine et au bout du pic, hissa aussi son pavillon tricolore. Nous accueillîmes ce signal au cri de *Vive l'Empereur !* C'est à ce cri qu'alors on combattait avec confiance, et que l'on savait mourir héroïquement... Nous continuions à déjeûner, et le demi-silence de notre repas sur le pont n'était interrompu que par ces mots du maître d'équipage :

— Déjeûnons en double, les garçons, déjeûnons en double !

Chacun, après avoir lestement expédié son morceau de pain et de fromage, avala son quart de vin, se frotta les lèvres avec le dos de la main, et alla se placer à son poste de combat, pour attendre le premier boulet qu'il plairait à l'ennemi de nous destiner.

Hélas ! oui, c'était bien un ennemi que ce brick si bien espalmé que nous voyions cingler devant nous, avec ses voiles blanches si bien arrondies par la brise, ses manœuvres si bien peignées, et sa large batterie jaune, reluisant, sur sa joue de tribord, au soleil déjà élevé de quarante-cinq degrés au-dessus de l'horizon... Sans doute qu'il ne tardera pas à hisser son pavillon, car il ne pourra combattre qu'après avoir assuré ses couleurs nationales. Comme tous les yeux épient le moment où l'on verra monter sur sa drisse ce pavillon frappé par un timonnier dont on croit apercevoir la tête au-dessus des bastingages de sous le vent..... Pavillon anglais ! pavillon rouge ! s'écrie-t-on... Il venait, en effet, de hisser en ce moment même un yack rouge. Et nous, encalminés sous la terre, pendant que notre ennemi a de la brise pour nous approcher ! Oh ! combien nous éprouvions d'irritation dans nos gestes, nos mouvemens et jusque sous nos pieds, agacés de l'immobilité de notre navire !

Le fort de la Basse-Pointe, dont les canons étaient d'un

gros calibre, commença le feu; ses boulets, sifflant sur notre avant, allèrent tomber autour du brick anglais! Oh! comme on sent redoubler son courage, quand on se sent protégé, par un si puissant auxiliaire, contre la supériorité de l'ennemi! Nous lâchâmes aussitôt notre petite bordée criarde après celle du fort, et l'Anglais riait, sans doute, de la pétarade de nos trois caronades de huit, succédant au retentissement solennel des pièces de vingt-quatre de la batterie de terre. Il se décida cependant bientôt à répondre, sans trop la dédaigner, à notre modeste attaque; mais au même instant, une risée sortant du ravin d'un gros morne, vint aussi enfler nos voiles et coucher le côté de tribord de la goëlette sur la mer ridée par la pression de la brise frémissante. Conduits par notre inévitable agresseur, à grands coups de canon le long du rivage que nous rangions le plus près possible, nous voyions sur toute la côte du Prêcheur les habitans de St-Pierre, et les dames en parasols, agiter leurs mouchoirs, élever leurs mains vers nous, pour applaudir à notre résistance et encourager notre lutte. Leurs acclamations arrivaient jusqu'à nous à chacune des petites volées que nous envoyions au brick, et les boulets qu'il nous lançait ne semblaient effrayer nullement, en ricochant même jusqu'à terre, les spectateurs émus de ce combat si inégal. Cette scène, jusqu'alors plus piquante que terrible, acquit bientôt un caractère imposant par une de ces transitions atmosphériques si fréquentes dans ces climats ardens. Le ciel, qui, depuis le commencement de l'action, avait pour ainsi dire souri à ce spectacle naval, se voila tout à coup, et vint resserrer, en quelque sorte, la scène entre la terre et l'horizon, rapproché de nous par l'effet de l'orage qui s'annonçait. A la lueur des coups de canon que lançait le brick, succédait l'éclair qui déchirait les airs, en nous éblouissant. A chaque détonation, le tonnerre répondait par le fracas de la foudre, répété cent fois par les échos funèbres et sourdement sonores des mornes cachés dans les nues qui s'abaissaient sur nous. La sombre clarté du jour, plus triste que l'obscurité de la nuit, couvrait autour de nous tous les objets d'une couleur de deuil. La mer, plus lamentable, déferlait sur le rivage: la brise, plus chaude et plus lourde, venait par bouffées, tantôt coucher notre goëlette sur le flanc, et tantôt l'abandonner tout-à-coup pour la laisser se redresser et pour la coucher de nouveau un moment après. A la riante clarté d'un beau jour, on se bat avec moins d'effroi, parce que l'éclat du soleil semble ôter quelque chose de terrible au lugubre appareil du combat. Avec l'obscurité de la nuit, on peut aussi se battre sans terreur, parce qu'on ne voit ni le sang qui ruiselle, ni les coups qu'on se porte. Mais combattre sous la foudre qui gronde comme une menace du ciel; mais combattre au milieu d'un orage qui vous dérobe la clarté consolante du jour, c'est-là la plus rude épreuve que puisse subir l'intrépidité de l'homme de mer.

Livonnière s'était placé à la barre pendant l'action: c'était le meilleur timonnier du bord. Je m'étais mis sous le vent, pour l'aider à gouverner au commandement du capitaine. Un faux coup de barre, donné au moment où une raffale nous arrivait par l'avant, arracha un jurement terrible à Niquelet.

— La barre au vent, toute, foutu imbécille! s'écria-t-il, en frappant violemment du pied le dessus du capot sur lequel il était monté. Livonnière voulut répondre; Niquelet lui montra un pistolet : Livonnière se tut, en étouffant, dans un grincement de dents, la parole qui lui était montée du cœur à la bouche.

— C'est juste, me dit-il tout bas ; ce n'est pas le moment de se chicaner : il est capitaine...., je lui pardonne; mais il me le paiera.

Louvoyant pour gagner un mouillage sous la batterie d'Esnots qui, majestueusement élevée au-dessus de la mer, canonnait déjà notre ennemi, nous étions obligés de virer de bord assez fréquemment. Au moment où nous envoyions vent-devant pour courir notre dernière bordée, une saute-de-vent capela avec violence nos deux huniers sur le mât; et, ne pouvant changer assez vite nos deux basses-voiles et nos focs sous la raffale furieuse qui soufflait par notre travers, la goëlette s'inclina sur le côté de tribord. *Amène et cargue les huniers! amène la grande voile! cargue la misaine! coupe les écoutes partout!* criait-on de toutes parts : il n'était plus temps!.... Je ne me reconnus qu'après être revenu à la surface de la mer : la quille de la *Gazelle*, flottant sur l'eau, fut le premier objet qui frappa mes yeux remplis d'eau de mer. Je nageai pour regagner les flancs du navire chaviré sans-dessus-dessous. Livonnière, traînant quelque chose après lui, montait de l'autre bord, en même temps que moi, sur cette quille encore flottante. *Aide-moi!* me cria-t-il, en me reconnaissant; *aide-moi, Léonard!* C'était le brave Niquelet qu'avec effort il retirait de l'eau. Je n'oublierai jamais son premier mot au capitaine, après l'avoir aidé à se cramponner et à enfourcher la quille de la *Gazelle* : « *Vous m'avez appelé imbécile, il n'y a qu'une minute, capitaine Niquelet, mais je n'en suis pas moins content tout de même de vous avoir sauvé la vie !* » Le premier mouvement du capitaine, à cheval sur la quille de son bâtiment sombré, fut d'embrasser notre généreux ami. Cette accolade, donnée au milieu des flots, dans cette cruelle position et sur le lieu de cette scène terrible, ne sortira jamais de ma mémoire.

Quelques-uns de nos pauvres camarades parvinrent aussi à se sauver comme nous venions de le faire. Les plus alertes et les meilleurs nageurs, qui étaient parvenus les premiers à gagner l'épave de la *Gazelle*, se remettaient à l'eau et rôdaient en plongeant autour de la coque du bâtiment, pour tâcher de sauver ceux qui avaient disparu sous les vagues. « Gare aux requins ! leur répétait Niquelet, gare aux requins, mes amis ! » Et en effet, cet horrible animal, qui épie sans cesse les navires pour profiter de tous les événemens qui peuvent lui offrir une proie, ne se montre jamais plus fréquemment que lorsque l'orage s'apesantit sur les mers des Antilles. Le grain furieux au milieu duquel avait disparu la *Gazelle*, couvrait encore le rivage ; à dix brasses de nous, nous n'aurions pu distinguer aucun objet ! Quelle affreuse perplexité ! Aura-t-on vu à terre chavirer notre goëlette ! Le grain va-t-il se dissiper ! Et s'il allait en augmentant de violence nous amener un ouragan ! Telles furent les craintes déchirantes qui nous agitèrent pendant une demi-heure, qui nous parut un siècle de torture.... Mais le dévoûment des créoles avait veillé sur nous ; des cris se firent entendre, nous y répondîmes, sans savoir d'où ils partaient. Sont-ce les embarcations que le brick anglais aura mises à la mer après avoir vu notre naufrage? Ne seraient-ce pas plutôt des pirogues de Saint-Pierre venues à notre secours?... Nous fûmes bientôt tirés de cette mortelle incertitude : c'étaient des pirogues. Les colons qui les montaient, en nous apercevant, crièrent à ceux qui les suivaient dans d'autres embarcations : *Les voilà! les voilà! Victoire! victoire!* Et les nègres canotiers, aux sons de leurs lambis et de leurs cornemuses, annoncèrent au loin à tous les habitans de Saint-Pierre, que nous étions sauvés!

CHAPITRE III.

Course dans les Débouquemens.

Quelle arrivée que la nôtre à la Martinique ! Sur la quille de notre navire et sous le feu d'un brick anglais ! Mais avec quelle touchante hospitalité les créoles nous accueillirent ! Tous s'empressèrent de nous offrir un asile, des vêtemens et de l'argent. Une fois remis des fatigues et des émotions de notre naufrage, nous nous comptâmes, et sur trente hommes d'équipage et dix passagers, qui avaient confié leur sort à la *Gazelle*, nous vîmes avec douleur que dix-neuf marins seuls avaient échappé à la fatalité de ce désastre. Le beau jeune blond, qui s'était *embarqué en pacotille*, et Mlle de Saint-Amour, qui venait à la Martinique pour changer d'air, s'étaient noyés. La lame apporta sur le rivage, quelques heures après notre malheureux événement, les cadavres de nos pauvres compagnons, mutilés par les requins, pour lesquels ils étaient devenus une facile pâture. Le lendemain de notre débarquement à Saint-Pierre, il nous fallut assister aux funérailles de tant de victimes. Cette lugubre cérémonie sembla couvrir toute l'île de deuil, et remplir d'affliction tous les cœurs.

En parcourant, pour prendre connaissance des lieux, les rues de cette ville, encore si nouvelle pour moi, et que l'on a surnommée le *petit Paris des Antilles*, je fus surpris de sentir, avec l'air brûlant qu'on y respire, une odeur fade qui me soulevait le cœur. M. de Livonnière, que j'interrogeai sur la cause de cette perception assez désagréable, me demanda de quoi je voulais parler.

— Mais de l'odeur affadissante qui me suit partout! lui répondis-je.

— Tu sens l'*oignon frit*, n'est-ce pas, me dit-il, en retroussant un coin de sa lèvre supérieure, avec une expressive contraction de nez.

— Eh! oui, sans doute; je sens quelque chose comme ça!

— Eh bien! c'est la *négraille* qui a cette *senteur* là, mon ami.

— Quoi! c'est là l'odeur du nègre?

— Pas autre chose, et c'est bien assez. Mais si ces gaillards là n'ont pas un bon fumet et ce qu'on appelle du *bouquet*, leur peau n'en est pas moins un fameux article de vente; et si nous avions plein la cale d'un navire de trois cents tonneaux seulement, de cette marchandise que tu vois galopper et que tu sens puer si mauvais dans les rues, toi et moi nous n'aurions plus besoin de nous risquer à battre des entrechats sur la quille d'une barque, comme nous l'avons fait il n'y a pas encore une semaine à bord de la défunte *Gazelle*.

Cette disgression de mon ami le conduisit bientôt à m'expliquer ce que c'était que la traite des noirs, trafic étrange, dont je n'avais encore qu'une idée bien coufuse. Les renseignemens et les commentaires d'Ivon sur ce genre d'industrie, firent sur moi une impression assez vive pour que je me la rappelle encore. Je ne vis plus, dès-lors, un beau nègre sans chercher à évaluer son prix et à l'estimer, non pour les services qu'il pouvait rendre, mais pour le prix qu'on avait pu en tirer en le vendant à l'encan. J'ai entendu beaucoup d'Européens, nouvellement débarqués de France, faire de belles et vertueuses phrases sur l'immoralité d'un commerce qui vit et s'engraisse de chair humaine, ce qui ne les empêchait pas toutefois d'acheter des noirs au meilleur marché possible, et de les battre à l'occasion. Mais moi, je l'avoue peut-être à ma honte, je ne me sentis pas à mon arrivée aux colonies, profondément agité par ces sublimes inspirations de la moderne philanthropie. Ces noirs, gros et gras, fainéans, débauchés et joyeux, que je voyais *balander* toute la journée dans les rues, ou sur le pas de la porte de leurs débonnaires propriétaires, me paraissaient bien plus heureux que nos laboureurs d'Europe, et que la plupart même de nos matelots, condamnés à ne dormir que la moitié de la nuit et à ne manger toute leur vie qu'une ration de biscuit pour prix des fatigues, des privations et des infirmités attachées au triste et honorable métier qu'ils exercent.

Les marins sont les hommes du monde les moins embarrassés de se tirer d'affaire, pour peu que, dans les lieux où ils se trouvent jetés par le sort, il y ait un bout de mer à exploiter et des hasards à courir sur cette flaque d'eau salée. Quinze jours à peine s'étaient écoulés, depuis notre arrivée à Saint-Pierre, qu'on vint proposer à Livonnière et à moi, un enrôlement sur un petit corsaire qui n'attendait, pour appareiller du Fort-Royal, que deux officiers de notre espèce. Nous étions gens à faire l'affaire du capitaine, celle de l'armateur et la nôtre. Des conditions raisonnables nous furent offertes, et nous les acceptâmes avec plaisir et sans beaucoup de reconnaissance pour ceux qui nous les proposaient. Une pirogue nous transporta en quelques heures de Saint-Pierre au Fort-Royal, lieu de notre prochain embarquement sur le corsaire qui venait de nous faire l'honneur de solliciter nos services.

Un Provençal, à la face maigre et corroyée, et qui, à en juger par la couleur de son teint, devait être depuis longtemps acclimaté à l'air du pays, nous attendait sur l'embarcadère du Carénage. Il nous prit cordialement la main, en nous annonçant qu'il avait l'honneur d'être le capitaine *Doublon*, commandant le côtre-corsaire le *Requin*.

— Et où est ce fameux *Requin?* demanda Livonnière.

— Là, amarré sur le tronc de ce grand sablier que vous voyez tout au bord de la savane.» Et, en effet, sous les branches d'un arbre immense, le capitaine Doublon nous montrait, avec une espèce d'orgueil, un petit sloop sur l'avant duquel deux ou trois mulâtres faisaient griller des bananes sur la braise d'une demi-barrique remplie de cendre et convertie pour les besoins du moment en laboratoire culinaire.

— Quoi ! c'est là le *Requin* ! m'écriai-je, à l'aspect du bateau flottant si piteusement sur l'eau dormante du Carénage.

— Oui, mon bon ami, me répondit le capitaine Doublon : *c'est là* le meilleur coureur de toutes les Antilles. A la mer, je ferais ramasser mes vjux balais jetés pardessus le bord, à n'importe quelle frégate qui voudrait mé passer sur l'avant et mé flairer au museau d'un pû trop proche.

— Et ces *mal blanchis* qui sont à bord, dit Livonnière, que voulez-vous en faire ?

— Mon ancien, reprend Doublon, avec une gravité et une importance toutes méridionales, c'est un pétit échantillon de mon équipage, que je n'ai pas jugé à propos de faire passer à la lessive, pour vous réjouir la vue ; c'est, en un mot, l'équipage, sans me vanter, le plus voleur et le plus intrépide des Iles-du-Vent et de Dessous-le-Vent : c'est moi qui l'ai formé, et je m'en flatte !

— Non pas à voler, sans doute? demandai-je pour mon instruction particulière.

— Non, mon petit *jeune-gens*, mais à se peigner proprement, honnêtement et longtemps. Il savait assez bien voler, avant moi, pour *m'etzempter* je vous en réponds dé la peine de lui donner des leçons là-dessus. J'en aurais, le trondé-l'air mé cure! plutôt *réçu* dé lui, le coquin qu'il est !

— Au surplus, la grosseur du bateau ne fait rien à l'affaire, ajouta Livonnière, et avec les petits on raffle souvent les gros; de même qu'avec des *beaux-sales* comme ça (des mulâtres), on peut, à l'occasion, se taper aussi dur qu'avec les plus jolis blondins du monde. Mais le principal est de savoir quand nous partirons.

— Demain, si certaine partie dé tric-trac est décidée.

— Quelle partie de tric-trac ? dit Ivon.

— Ah ! il faut qué jé vous explique céci, nous répondit Doublon. Il est bon qué vous sachiez qué il a pris fantaisie à mon ancien armatur, de jouer au tric-trac son petit *Réquin*, contre une gentille habitation du Lamentin. Son adversaire il a gagné la première manche, l'armatur a eu l'avantage dé la séconde, et on a rémis la partie à démain matin. C'est en trois, les deux meillûres. J'aurais bien pu partir dès cé soir; mais je n'aime pas à laisser mon navire en suspens, sur un coup dé dé, et je vux savoir, avant dé mé faire peut-être casser la physionomie, pour lé compte dé qui jé récévrai une prune dé fer ou dé plomb dans la mine.

— Ah! ça, voyons un peu reprit Livonnière, on joue

donc ici les navires et les équipages, comme une demi-tasse et la régalade, au domino ?

— Né m'en parlez pas, mes amis ! Ces âmes damnées de créoles et d'habitans joueraient tout le Nouveau-Monde, découvert par *Christo-Lacolombe*, dans un coup dé Backgammon. Démain, tout lé Fort-Royal viendra voir faire la partie qui va décider du sort dé cé pétit diable dé *Réquin*. Mais, en attendant, allons manger un court-bouillon chez ma mulâtresse, qui est une bonne femme, avec qui jé suis *amacorné* depuis 1801, et nous nous coucherons après notre plein fait, pour être plus dispos à appareiller démain, à la suite du dernier coup dé tric-trac de la fameuse partie et lé premier coup dé canon dé partance. C'est la plus fine *fricoteuse* pour lé court-bouillon-mulâtre, que ma sultane Bibi ; avec un peu dé piment et dé gombeau, dans la sauce qu'elle sait faire, on s'en lècherait les doigts jusques aux coudes.

Le lendemain, ainsi que nous l'avait annoncé le capitaine Doublon, se joua définitivement la partie qui avait pour enjeu notre corsaire. Rangés autour de la table sur laquelle roulaient les dés, avec les destinées de notre navire et les nôtres, nous attendions l'arrêt qui devait sortir de l'un des deux cornets rivaux. Un malheureux coup, lancé par l'ancien armateur, lui fit perdre non-seulement son bâtiment, mais, avec lui, six beaux esclaves, qu'il avait été forcé de mettre au jeu, faute d'immeubles à risquer. Nous demandâmes des ordres à notre nouvel armateur gagnant, qui nous laissa libre de gouverner sa barque comme nous l'éntendrions, et, après avoir bu avec lui un verre ou deux de Madère, nous appareillâmes du Carénage pour aller établir notre croisière, nous ne savions encore où.

Le soir, nous passâmes sous le vent de Saint-Pierre. Vers minuit, toujours favorisés par une belle et fraîche brise d'est-sud-est, nous nous trouvâmes par le travers de la ville du Roseau, de la Dominique. Un brick louvoyait comme nous; mais nous, pour l'observer, et lui pour gagner le mouillage que lui offrait à petite distance ce port anglais, ou, pour mieux dire, cette rade toute ouverte. En courant à contre-bord de lui, nous crûmes nous apercevoir que c'était un bâtiment marchand. Le capitaine Doublon nous cria : *Tappe à bord!* et nous l'abordons en plein, sans plus de façon. Il nous avait pris pour un caboteur de Sainte-Lucie ou d'Antigues. Aussitôt qu'il fut bien et dûment amarriné, nous laissâmes arriver, collés le long de son bord, en l'entraînant au large, comme un épervier, qui, après avoir saisi sa proie, se laisse aller avec le vent, tout en dévorant le passereau qu'il vient d'étouffer dans ses griffes.

Si les corsaires déployaient dans toutes les circonstances de leur carrière une activité égale à celle qu'ils ont pour le pillage, ce seraient, à mon sens, les marins les plus remarquables dont pût s'enorgueillir le pays qui les posséderait. En moins de vingt minutes, nous eûmes, pour ainsi dire, visité, fouillé, bouleversé notre prise de la carlingue à la girouette. Le fond de la cargaison, qui n'était pas complète, se composait de barils de farine et de salaison. Quelques caisses légères et conditionnées avec soin, furent transbordées à bord du *Requin*. On expédia ensuite le navire capturé, équipé de dix de nos hommes, pour Saint-Pierre. Nous apprîmes, depuis, qu'il avait été repris, dans ce court trajet, par des croiseurs, qu'il avait eu le malheur ou la sottise de rencontrer au large des Saintes.

Une fois délivrés des soins qu'il nous avait fallu donner à l'expédition du brick, ainsi happé, il nous prit envie d'ouvrir les caisses que nous venions d'extraire de la cale de notre capture. Dans l'une d'elles nous trouvâmes des robes et des châles; dans l'autre, des chapeaux de femme et des bonnets montés; dans la troisième, des ombrelles et des gants, et dans toutes, enfin, des objets de toilette et de modes nouvelles. Notre désappointement fut grand, et on doit assez le concevoir; mais, notre parti fut bientôt pris, et tous nous nous égayâmes, faute de mieux, à l'idée d'avoir pour parts de prises des chiffons au moyen desquels nous pourrions plus tard faire des conquêtes, moins précieuses, il est vrai, que celles après lesquelles nous courions, mais qui une fois à terre ne laisseraient pas cependant que d'avoir leur mérite et leur agrément.

Un des officiers, plus facétieux ou plus résigné que les autres, ne put résister au désir d'entrer immédiatement en possession du lot qui lui revenait dans ce buti de colifichets. On alluma deux fanaux, et, séance tenante, le capitaine Doublon nous fit la distribution des fanfreluches conquises par notre valeur. « Tiens, dit un matelot farceur, un de ces loustics de gaillard d'avant, comme il s'en trouve toujours surabondamment à bord des navires, si je me *capelais* ce chapeau à fleurs sur la frimousse et cette robe de soie sur le casaquin ; croyez-vous, vous autres, que j'aurais déjà un air si déchiré ? »

Il n'en fallut pas davantage pour que tout l'équipage se trouvât travesti aussitôt, à l'imitation du drôle qui avait pris l'initiative de cette mascarade. Les avis les plus gais et les plus grotesques font vite fortune à bord, et l'exécution suit toujours d'assez près les idées qui ont pour elles le mérite de faire rire à peu de frais ou de procurer une distraction facile et prompte.

C'était, au reste, un joyeux navire que le *Requin*. Au pied de son grand mât pendait à poste fixe une touque *estropée*, largement remplie de tafia et sur le goulot de laquelle se collaient, du matin au soir, et à toutes les heures de la nuit, les lèvres altérées de nos gens. Une caisse de cigares libéralement ouverte à tous les fumeurs couronnait le capot assez peu élégant de la chambre d'arrière, sans cesse accessible à tous les hommes du bord, et le capitaine Doublon, pour mieux entretenir encore la belle humeur de son sémillant équipage, déjà passablement excitée par de pareils stimulans, avait soin de temps à autre de se faire monter sur le pont, une vieille serinette sur laquelle il nous tournait d'une main infatigable, et comme s'il eût manié le manche d'une manivelle, des contredanses qui avaient fait sauter au moins deux ou trois générations de couturières.

Dieu ! que la danse à laquelle il ne manqua pas de nous convier après nofre prouesse, alla bon train quand nous nous fûmes tous gréés en dames anglaises ! Que de *flic-flac*, *d'ailes de pigeon* et de pas de *bourrée* ébranlèrent le pont trop étroit du *Requin* ! Et les raffraîchissemens donc ! Il fallait voir avec quelle courtoisie et quelle distinction de manières chaque danseur offrait un coup de tafia à sa danseuse, et avec quelle élégante modestie celle-ci répondait à la politesse de son cavalier !

Lorsque le jour naissant vint éclairer les derniers incidens de cette scène de grosses folies, toutes les dames qui avaient fait les délices du bal se trouvèrent ivres à ne pas se tenir. Elles rejetaient l'incertitude que l'on remarquait encore dans leur démarche et leur attitude sur la fréquence des coups de roulis et sur la rudesse de la mer qui pourtant était bien la plus calme que l'on pût voir. A les entendre, le *Requin* tournait sur l'eau comme une barrique, et le capitaine n'oubliait pas de se féliciter de la presque unanimité de ces plaintes, en répétant : *Bon rouleur, bon marcheur !* Et, en ajoutant moins galemment ensuite pour ces dames : *C'est plutôt vous que lui, tas de pochards, qui devez rouler comme des barriques trop pleines.*

Notre Doublon, qui pendant le bal n'avait pas quitté le tourne-broche de sa serinette, s'avisa, une fois les danses finies, de nous avertir qu'il allait dire la prière pour remercier la Providence de l'heureuse chance qu'elle nous avait offerte dans la capture de notre première prise. Ceux des gens de l'équipage qui avaient déjà navigué avec le compère, s'approchèrent du capot de chambre sur lequel le capitaine s'était perché pour se disposer à officier. Les autres murmurèrent. « Qu'il aille se faire lanlerre avec son Angelus, dit Livonnière, ce n'est pas à des matelots de faire le service des prêtres, quand il n'y a pas de prêtres qui s'avisent de vouloir faire le service des matelots. »

Nonobstant ces dispositions peu orthodoxes, Doublon n'ordonna pas moins à son mousse de lui donner son *gagne-pain*. Le mousse lui apporta un poignard, et alors, la tête découverte et les mains jointes sur ce *gagne-pain*, il récita à haute voix ce qu'il appelait son *Pater*. Les assistans répétèrent les derniers mots de cette prière sacrilége, arrangée avec des variantes à l'usage des sacripans pour lesquels elle avait été composée :

« Notre père qui êtes aux cieux, parce qu'il y fait sans » doute bon, votre nom soit sanctifié par ceux qui n'ont » pas autre chose à faire. Votre volonté soit faite et la » nôtre aussi. Donnez-nous aujourd'hui notre coup de » *sacré-chien*, et pardonnez-nous nos offenses un peu » mieux que nous ne pardonnons à ceux qui nous ont » embêtés. Ne nous induisez pas sous la volée d'un trois-» ponts, mais délivrez-nous du mal de dents, de la po-» tence et du carcan ! Ainsi soit-il ou ne soit-il pas. » *Am*..... »

Le petit mousse, déluré négrillon, s'avisa de prononcer avant les autres ce mot *Amen*, resté inachevé dans la bouche du pontife.

« Non, sacré nom d'un ..... n'*amène* pas, lui cria Doublon. Apprends, *canaillerassasse*, qu'à bord du capitaine Doublon, on n'*amène* jamais ! »

Pour sa peine, le petit *Bosse-Debout*, qui dans son rôle d'enfant de chœur s'était trop indiscrètement pressé d'articuler le mot *Amen*, reçut quinze coups de martinet, pour apprendre à se montrer une autre fois moins disposé à faire entendre ce vilain mot, si mal sonnant aux oreilles de notre intrépide commandant. On eut soin de tourner le derrière du négrillon du côté d'où l'on désirait que nous arrivât la brise, et, pour être encore plus sûr d'avoir bientôt un vent favorable, un mulâtre, qu'on appelait l'*Homme-Marié*, alla se frotter la tête sur le bout de la barre du gouvernail; *le derrière fouetté d'un mousse et la tête frottée d'un cornard* étant, disaient les matelots, les deux meilleurs procédés à employer paur faire venir la brise du côté d'où on souhaite la voir arriver.

— C'est un drôle de citoyen, que notre capitaine, n'est-ce pas, Léonard, me dit Livonnière, après avoir entendu Doublon réciter son *Pater-Noster*, travesti à la manière du renégat, plus irrévérentieusement que nous l'étions nous-mêmes. Je n'aime pas beaucoup les prières; mais j'aime encore moins qu'on se moque de celui qui est là haut; car on aura beau faire, le Bon-Dieu ou le Bon-Diable, comme on voudra l'appeler, n'en est pas moins notre patron de chaloupe à tous, tant que nous sommes, sur cette polissonne de terre.

J'approuvai la justesse et la parfaite convenance des observations de mon ami; mais je ne pus m'empêcher, tout en me rangeant à son avis, de trouver extraordinaire la réflexion inattendue de mon pauvre Ivon, sur la sacrilége et dégoûtante parodie du mécréant provençal.

La fessée donnée à *Bosse-Debout* commençait à produire son effet. La brise fraîchissait à mesure que le soleil s'élevait au-dessus de l'horizon. Nous avions fait du chemin depuis l'expédition de notre prise, et courant comme une souris le long du bord de dessous le vent de la Guadeloupe, après avoir dépassé le canal des Saintes, le petit *Requin* se trouva le même jour, vers trois heures de l'après-midi, entre l'île d'Antigues et celle de Montserrat. La chaleur était suffocante à cet instant de la journée. L'homme de la barre veillait seul : fatigués de notre bal de nuit, nous nous étions tous étendus à plat-ventre sur le pont. Le mousse *Bosse-Debout*, chargé du soin de la cuisine, faisait bouillir, pendant cet assoupissement général du vigilant équipage, le large consommé que nous devions engouffrer à souper.

— Navire ! navire ! crie une voix aiguë, et la seule qui à bord eût ce timbre perçant. C'était notre négrillon, qui, en allant de sa cuisine à l'habitacle pour donner à déguster une cuillerée de soupe au timonnier, venait d'apercevoir un bâtiment dans nos eaux, à peu près comme naguère j'avais fait, par l'effet du hasard, semblable découverte à bord du *Sans-Façon*.

A ce cri d'alerte, tous les dormeurs, ou plutôt les *dormeuses*, car nous n'avions pas quitté nos travestissemens, se lèvent d'un bond, s'élancent d'un seul jet, raides sur leurs jarrets et les yeux en grand ouverts !

Notre nouveau compagnon de route était gros et il était en train de gagner rondement le *meilleur coureur de toutes les Antilles*. L'envie de lui jeter nos vieux balais ne prit pas, cette fois, à notre dédaigneux capitaine, je vous en réponds.

— Je crois que nous sommes amoureusement pincés, dit Doublon; mais il me vient une idée!...

— Quelle idée?... Voyons donc, dites-là vite cette idée! lui répondit Ivon avec humeur.

— Prenez tous des parasols, et cachez-moi bien sous votre gorge, ou à sa place, chacun votre *gagné-pain* et un pistolet sous le cotillon. Passez-moi ensuite tous du bord du vent et sous le vent, comme des belles dames sans comparaison, et si vous avez un peu dé confiance en moi, mes bons amis, faites-moi bien les *bégûles*.

— Les bégueules, et pourquoi ça?

— Faites les *bégûles*, jé vous le dit, tron de l'air! Que diable, c'est un ordre qué jé vous donne et non une prière qué jé vous fais!

Nous suivîmes l'avis que nous intimait si impérativement Doublon, et lui se mit à faire grincer sa serinette; mais nous eûmes lieu de remarquer que cette fois le frémissement de sa main divisait, fort inégalement, la mesure et le mouvement des airs qu'il nous avait joués la nuit.

Le gros navire, en s'approchant de nous, hissa pavillon anglais.

Nous arborâmes aussitôt un petit pavillon de même couleur.

C'était un bâtiment marchand, bien chargé, mais encore haut sur l'eau, gréement bien peigné, voilure bien bordée et mâture irréprochablement tenue. Il nous approchait à vue d'œil. Nous tâtions déjà sous nos fichus nos poignards d'une main impatiente : nos ombrelles s'agitaient sous nos doigts crispés, et Doublon dè nous répéter :

— Faites-donc les *bégûles!* pour l'amour dé Dieu et dé vous, mes amis, si cé n'est pour l'amour dé moi !

La serinette grinçait toujours ses airs de guinguette. Pour nous, malgré la difficulté de notre position, nous pouffions de rire de nous voir, avec nos figures noires et nos larges cous ruisselant de sueur et de goudron, nous pavaner sous nos parasols, et nous donner des mines d'adorables petites-maîtresses. L'un des acteurs de la mascarade venait-il à négliger son rôle, vite Doublon, préoccupé, nous répétait, en grinçant des dents et en faisant aussi grincer impatiemment sa serinette : « Faites-donc les *bégûles*, tas dé grédins ! »

Aussitôt que le navire se trouva rendu à nous ranger, notre manœuvre fut décidée : un fort coup de barre donné au vent nous fait arriver à plat sur lui, et nous l'abordons. Oh ! alors il n'y eut plus besoin de nous dire ce que nous avions à faire ! Nos ombrelles tombent à la mer ; nos doigts crochent les porte-haubans, et nous voilà grimpant à bord du trois-mâts comme des chats sur une goutière. Les poignards et les pistolets *fonctionnent* à l'unisson. Les Anglais, surpris de cette attaque d'Amazones, saisissent leurs anspects et leurs barres de guindeau ; ils frappent en désespérés : nous les poursuivons sur le pont comme des tigres poursuivant des bisons. En quelques minutes le pont est à nous ; ce pont, si blanc auparavant, est marbré du sang de l'équipage, refoulé sur son gaillard d'arrière ; et Doublon jouait toujours ses contredanses. L'air de la *Gavotte de Vestris* avait été notre accompagnement d'orchestre pendant l'abordage

Une des passagères, qui se trouvait sur le gaillard d'arrière du navire enlevé, au moment où, sans défiance, il passait le long de nous, fut tuée d'une balle, son éventail à la main. Trois hommes de la prise avaient péri dans l'assaut, car c'est bien à l'escalade, on peut le dire, que nous venions de monter, à bord d'un bâtiment élevé sur l'eau de plus de trois fois notre hauteur. Nous en fûmes quittes, de notre côté, pour quelques coups d'anspect ou de barres de cabestan, seules armes que nous eussions laissé le temps à nos ennemis de saisir pour se défendre ou nous assommer.

A quelle joie nous nous serions livrés après notre succès, si un spectacle touchant n'était venu, comme nous le disions alors, nous couper en deux la satisfaction !

Et quel fut cet incident ? A coup sûr vous ne le devineriez jamais, vous qui croyez les marins aussi insensibles aux maux des autres, qu'ils sont endurcis eux-mêmes sur leurs propres maux.

Le mari de la dame tuée, bien involontairement, par un des nôtres, dans la chaleur et la confusion de l'abordage, se montra sur le pont. En apercevant le cadavre sanglant de son épouse, il jette des cris perçans, et saisit une arme pour la venger, en nous traitant de brigands et d'assassins. D'un coup de pistolet ou de poignard, il n'est pas un de nous qui n'eût pu se délivrer de l'importunité de cet époux désespéré. Mais loin de là, on le désarma avec ménagement en déplorant son délire et la cause trop légitime de son désespoir. Et tandis que nos matelots s'apitoyaient d'avoir donné la mort à une jeune femme, ils se disposaient à envoyer par-dessus le bord, sans la moindre émotion, les cadavres des trois matelots anglais qu'ils avaient criblés de blessures dans le combat. Définissez si vous le pouvez ces bizarreries morales. Pour moi, je me suis longtemps appliqué à concevoir les matelots, et j'en suis encore à me les expliquer.

C'est un moment bien enivrant et bien doux que celui où l'on se sent sous les pieds un beau navire que l'on vient d'amariner adroitement, et à la faveur surtout d'une ruse presque bouffonne. Une fois à bord de notre Anglais, aucun de ceux de nos hommes qui avaient escaladé la prise ne voulut redescendre à bord du *Requin*. Doublon seul, de tous les officiers, avec le mousse, un mulâtre et sa serinette, étaient restés sur notre petit sloop, et ils furent obligés de suivre, avec ce faible équipage, la route que nous fîmes prendre au trois-mâts, pour rallier la Basse-Terre, où nous voulions loger notre prise en lieu de sûreté.

Le capitaine anglais et les hommes sur lesquels nous

venions de faire ainsi main-basse, ne revenaient pas de leur étonnement et de leur confusion ; car rappelez-vous bien que c'était encore sous le costume féminin dont nous nous étions affublés la veille, que nous grimpions dans les haubans pour manœuvrer le trois-mâts, devenu si lestement notre propriété.

En vérité, je crois que nos prisonniers se sentaient cent fois plus humiliés d'avoir été capturés par des hommes habillés en femmes, qu'ils ne l'auraient été, si nous les avions écharpés et enlevés réglementairement sous nos habits de matelots. Tudieu ! quelles amazones nous devions faire aux yeux de nos malheureux vaincus ! Les pauvres gens ! ils nous avouèrent qu'en nous voyant nous donner des airs coquets de femmelettes à bord de notre petit côtre, ils nous avaient pris tout innocemment pour un caboteur se rendant de Sainte-Lucie à Antigues, avec des dames et des mulâtresses passagères. Et au fait, au fond de nos vastes chapeaux de paille et sous nos parasols roses et bleus, nos minois un peu bruns ne devaient pas mal ressembler aux figures de ces femmes de couleur que l'on voit si souvent passer d'une île à l'autre, sur les petits navires qui font le cabotage ordinaire des Antilles.

Doublon avait donc eu, comme il l'avait affirmé, une bonne idée, en nous ordonnant de faire les *bégueules*, et il convint lui-même aussi que, pour des gens qui n'en faisaient pas leur métier, nous avions assez bien réussi à nous conformer à ses ordres et à saisir l'esprit de notre rôle.

Voilà donc la prise qui, quelques heures auparavant,

faisait route de Sainte-Lucie pour Londres, conduite par notre corsaillon vers la Guadeloupe. « Viennent désormais les croiseurs, disions-nous; ils ne nous empêcheront pas de gagner le dessous du vent de l'île. Déjà nous avons *abraqué* la Tête-à-l'Anglais : Antigues nous reste dans le nord-nord-est. Vive la course! Ah! si les Anglais qui louvoient au vent des îles nous voyaient attérir le trois-mâts que nous venons de leur soutirer, sans pouvoir mettre le grappin sur nous, John-Bull aurait il donc assez de *God-dam!* à faire tomber sur l'infernale race des *French-Dogs*.

Deux ou trois croiseurs cinglaient pendant ce temps, à toc de voiles, dans le canal d'Antigues, comme s'ils eussent voulu combler les désirs que nous formions, en assistant en curieux désappointés, au spectacle humiliant que nous désirions tant leur montrer. Ils avaient vu le navire de leur nation changer de route, et cette manœuvre leur avait fait soupçonner le sort qu'il venait d'éprouver effectivement. Mais il n'était plus temps pour eux de nous appuyer la chasse : déjà nous touchions l'anse de Deshayes, abri fort commode pour les petits corsaires qui voulaient, seuls ou avec leurs prises, trouver un refuge provisoire contre l'ennemi.

J'étais resté à bord de la prise, comme mes autres camarades, avec mes cotillons de femme. Assis sur le rebord du couronnement, je faisais tranquillement la conversation avec Doublon, qui gouvernait le *Requin*, à dix brasses dans nos eaux, et presque sous la hanche de tribord de notre énorme trois-mâts, abritant le *Requin*, comme un vaisseau de la Compagnie, le bateau-pilote qui l'accoste en Manche.

— Ah ! ça, capitaine Doublon, lui demandai-je, je ne vous ai jamais vu prendre de relèvemens depuis que nous sommes à la mer?

— Non, mon ami, jé n'en prends non plus jamais, par système dé ma part; car jé né suis pas comme vous peut-être hien, un *mange-soleil* ou un *tracasse-lune* avec un octant à la main, comme si l'on né vivait que d'astres et dé calculs au lieu dé viande et dé biscuit à la mer. Jé laisse toujours en naviguant le firmament fort tranquille à sa place, sans chercher chicane aux étoiles, et sans regarder Orion ou Vénus de travers, et jé né m'en trouve pas plus mal pour cela. Jé né m'occupe finalement qué dé cé qui sé passe sur terre ou plutôt sur mon bord, sans mé mêler audacieusément dé tout cé qui sé brasse là haut trop au-dessus dé moi pour qué j'aille y fourrer lé nez.

— Des relèvemens au compas de variation sont cependant bons à prendre avant la nuit, pour se reconnaître un peu quand on ne peut plus distinguer les côtes ou les îles.

— Chacun sa méthode, voyez-vous. J'ai une telle habitude dé patouiller dans les îles, qué jé suis toujours sûr d'attérir etcessivement juste, c'est-à-dire à une petite longueur dé gaffe ou deux près, du point qué j'ai d'avance annoncé à mon équipage, et cette grandé etzatitude tient surtout à la finesse dé mes organes et à la manière, dont jé sais gouverner.

— Quelle manière particulière de gouverner avez-vous donc ?

— Jé gouverne à l'*odur*, la plupart du temps. Un chien dé chasse né réconnaît pas mieux la piste d'une liè-vre, dé la piste d'un rénard, qué moi l'approche dé la *Martunique*, dé l'approche dé la Guadeloupe ou des Saintes, peu importe. Jé sens voyez-vous bien, dans lé moment où jé vous parle, qué démain nous serons mouillés à la Basse-Terre, rien qu'au parfum dé la côte susdite qué m'apporte la brise et qui mé remplit l'odorat sans comparaison comme uné prise de fin Macouba.

Quoique la délicatesse de perception olfactive de notre capitaine, l'eût mis en défaut déjà deux ou trois fois depuis notre départ, et quelque peu de confiance que nous inspirât son odorat tout pratique, nous fûmes forcés cette fois de convenir que l'événement avait réalisé la prédiction. La Basse-Terre nous reçut dans sa rade. Mais qu'ils nous parurent confus les bâtimens de guerre anglais qui nous virent jeter l'ancre le lendemain de notre escarmouche, sous les forts qui nous saluèrent à notre arrivée ! Ils eurent beau longer la terre pour nous narguer, et en nous provoquant à portée de fusil des batteries qui nous protégeaient : la prise était dans le sac, et ce que nous avions dans nos griffes y tenait assez bon, je vous le promets, pour qu'ils pussent se flatter de l'espoir de nous l'arracher facilement.

Les habitans de la Basse-Terre se rappelleront longtemps, je crois, le spectacle extraordinaire que leur offrit la manœuvre que nous fîmes pour prendre notre mouillage à une demi-portée de canon de leur rivage. Ils n'avaient encore jamais vu de femmes monter aussi lestement que nous dans les haubans et sur les vergues pour serrer les huniers, les perroquets et les basses-voiles. Nos robes de soie à moitié déchirées par la vivacité de nos mouvemens, nos chapeaux de paille horriblement chiffonnés sur nos têtes ruisselantes de sueur, durent, en effet, produire l'effet le plus prodigieux aux empointures de nos vergues et à l'extrémité du bout-dehors de beaupré, où moi-même je courus serrer le grand foc. Le soir de notre arrivée, toutes les amazones du *Requin* remplissaient les cabarets de la colonie; il y eut orgie, cela va sans dire, et toutes les filles de couleur nous trouvèrent charmans ou plutôt charmantes au milieu du beau désordre de notre toilette. Pas un homme de l'équipage ne passa la nuit à bord de la prise ni du *Requin*. C'est bien assez que les corsaires se donnent la peine d'amariner les navires; le soin de les garder après qu'ils les ont conquis ne les embarrasse guères. Leur besogne, à eux, c'est d'exécuter un coup-de-main : c'est le fin du métier, dont ils se chargent, le coup de pinceau du maître enfin. Le gros de la besogne, ils l'abandonnent aux mains du vulgaire des matelots. Mais ce qu'ils ne dédaignent jamais, une fois la prise logée à terre, c'est le plaisir de la manger; et c'est là une tâche dont ils s'acquittent le plus souvent avec autant de ponctualité que de zèle et avec non moins de succès que d'ardeur. Le bâtiment de l'Etat en station à la Basse-Terre envoya une corvée pour surveiller, pendant la nuit, la capture que nous venions de laisser *à la grâce de Dieu*. Le fond de la rade où nous étions mouillés est si mauvais, et les câbles s'y *raguent* si facilement, qu'il n'était pas inutile que quelques hommes plus vigilans et plus rassis que nous, prissent dans notre intérêt, les précautions auxquelles nous n'avions pas daigné songer.

CHAPITRE IV.

Les Mulâtresses.

Il n'est pas qu'une fois au moins en votre vie, vous n'ayez entendu parler de ces filles de couleur, odalisques des colonies, almées voluptueuses de nos Antilles. Sans doute aussi des voyageurs qui aimaient à s'exagérer les plaisirs qu'ils avaient laissés sur ces lointains rivages, vous auront dit que ce qu'un Européen pouvait faire de mieux en arrivant aux îles, c'était de lier son sort à celui d'une de ces femmes qui ne s'arrachent de vous qu'à la mort, après avoir rempli vos jours de félicité et entouré votre agonie de tout ce que la tendresse a de plus délicieux et la fidélité de plus consolant. Pourquoi faut-il qu'une chagrine expérience vienne encore vous ravir cette illusion, et ramener votre imagination désenchantée vers une réalité qui n'a à vous offrir rien de plus que ce que vous avez peut-être si facilement trouvé en Europe, chez ces beautés qui vous ont appris tout ce qu'il y a de chimérique dans le désintéressement de l'amour et la durée des attachemens éternels.

Je sais combien il en coûte, près de femmes aussi séduisantes que le sont quelquefois les mulâtresses, de penser que sous les caresses dont elles vous enivrent, elles puissent cacher la dissimulation la plus déliée et l'égoïsme le moins scrupuleux. Il serait si doux de croire que la grâce et les charmes extérieurs sont les indices certains d'un bon cœur et d'une âme sincère, et que les attraits de la figure ne forment que le complément inséparable de toutes les perfections morales ! Mais combien il s'en faut que ces filles de couleur, dont la bouche enfantine module un langage si naïf et si mélodieux et dont l'abandon vous semble dépouillé de tout secret artifice, soient exemptes de cette coquetterie exigeante et de cette inconstance qui devraient être le partage exclusif des femmes élevées dans notre société européenne, où l'égoïsme d'un sexe qui a pour lui l'avantage de l'attaque et de la force, justifie presque toujours les ruses du sexe dont la destinée est de toujours résister et de céder presqu'à chaque combat.

Bien avant de devenir l'objet de la sensuelle convoitise des blancs, une mulâtresse, encore adolescente, a déjà prévu le sort qui l'attend et calculé les avantages attachés à la condition que ce sort pourra lui assurer. C'est à l'amour que seront dévouées ses plus belles années ; on le lui dit; elle le sent, et elle ne songe qu'à plaire, longtemps avant qu'elle éprouve le besoin d'aimer. En un mot, l'amour est sa vocation, et à coup sûr elle en fera bientôt son métier plus que son Dieu ; parce qu'on lui a appris à compter sur une existence sans travail, sur un avenir sans prévoyance, but unique de ces courtisanes qui n'ont dérobé à l'air brûlant qu'elles respirent que son ardeur et sa mollesse.

Aucun être en apparence ne semble fait pour réunir plus intimement dans son organisation deux choses que l'on croirait opposées et qui pourtant se combinent souvent dans la nature des femmes : l'indolence et la passion. Mais, en réalité, il n'est peut-être pas de créatures qui soient moins capables que les mulâtresses de se passionner pour un seul amour et de se dévouer jusqu'à l'abnégation à ce sentiment exclusif. Leurs sens peuvent bien s'enflammer, leur tête s'égarer; mais allez avec elles jusqu'au fond du cœur, et vous y trouverez peut-être l'ardeur du plaisir, mais rarement la volupté de l'âme, et plus rarement encore cet oubli de soi-même qui est le triomphe suprême de l'amour. Et c'est pourtant ces filles, si peu dignes des hommages d'une tendresse qu'elles ne connaissent pas, que vous préférez à ces blanches, pour la plupart si douces, si bonnes, si dévouées à leurs devoirs d'amante, d'épouse et de mère. En arrivant aux colonies, je sais bien que vous vous étonnerez que l'on puisse éprouver de la sympathie, ou seulement même des désirs pour ces mulâtresses, au teint olivâtre ou maladif, aux cheveux courts et laineux, à la tournure abandonnée et aux pieds presque toujours nus. Quelle ridicule coquetterie dans le madras prétentieusement échaffaudé et penché sur leur tête, si démesurément surchargée de lourds et larges pendans d'oreilles. Quelle mauvaise grâce dans cette robe applatie, nouée sous leurs aisselles plutôt que sur leur taille ! Quelle audacieuse agacerie dans leurs yeux lascifs ! Quelle nonchalance sans retenue enfin dans ces corps effilés, dont le vêtement ne fait pressentir aucune forme, ne laisse le plaisir de deviner aucun contour attrayant ! Mais restez quelques mois dans les colonies ; mais habituez-vous un peu à cette désinvolture, qui ne vous a causé d'abord que de la surprise ou de la répulsion, et bientôt, sans pouvoir vous expliquer votre entraînement, vous vous sentirez attiré vers ces femmes, qui n'ont cependant pour elles ni l'art esquis, ni l'amabilité, ni la beauté délicate et régulière que vous avez admirés dans les créoles blanches.

Si, du moins, chez les houris des Antilles, à défaut du sentiment que vous voudriez leur faire éprouver, vous rencontriez le caprice qui, en Europe, détermine la préférence passagère qui amuse et qui trompe votre vanité ! Mais non, c'est tout au plus si vous pouvez vous flatter de faire naître des désirs qui soient pour vous seul dans le cœur d'une mulâtresse. Ces femmes-là, cependant, aiment le plaisir, mais non l'amant ; ou, si leurs penchans les portent plus particulièrement vers tel homme que vers tel autre, soyez à peu près sûrs que c'est pour un de leurs égaux qu'elles concevront l'amour que vous vous efforcerez en vain de leur inspirer.

Lorsqu'une fille de couleur se voit courtisée pour sa beauté naissante, et qu'elle se sent en âge de répondre aux vœux d'un blanc, elle ne se rendra qu'avec les quelques minauderies dont il faut entourer une défaite un peu décente et qu'après avoir stipulé les conditions attachées à sa possession future : c'est une case meublée qu'il lui faut avant tout, un collier de grenat, des madras de prix, un petit nègre pour la servir, et enfin toutes les garanties dont vous pourrez entourer son avenir. Qu'elle soit esclave, libre ou patronnée, elle vous imposera le *sine quâ non* de sa propriété presque immobilière, fussiez-vous même son maître ; car il est très remarquable que, dans quelque condition que se trouve une fille de couleur, elle ne cesse jamais d'être maîtresse du choix de son amant. Ainsi, par exemple, s'il vous prenait fantaisie d'acheter une belle esclave, il ne faudrait pas vous étonner qu'après être devenue votre propriété, elle ne se crût un droit de vous refuser ses faveurs, à vous, l'arbitre souverain de son sort et l'unique possesseur de sa personne.

Ce fait n'est-il pas une preuve de l'empire que les femmes savent toujours exercer sur nous, et de la dépendance à laquelle nous sommes encore soumis, même en achetant le privilége de disposer d'elles? Au reste, à cet égard, comme en bien d'autres circonstances, j'ai eu souvent lieu de remarquer que chez ces habitans, dont en Europe on se plaît à faire des tyrans toujours prêts à immoler leurs semblables, on rencontrait, surtout pour les mulâtresses et les négresses même, une délicatesse que ne leur permettait pas d'employer des moyens honteux pour triompher de l'éloignement que celles-ci avaient quelquefois pour leurs maîtres; car il n'est pas rare de voir une fille de couleur accorder à tout autre que celui à qui elle appartient, ce que celui-ci n'a jamais pu obtenir d'elle, et cela sans que la jalousie du patron ainsi éconduit cherche à se manifester d'une manière dont sa générosité aurait à rougir.

Prodigues et ardens comme le sont presque tous les créoles, on devine déjà, sans doute, à quelles ruineuses libéralités ils doivent se livrer pour satisfaire la capricieuse coquetterie de leurs maîtresses. Moins enclins qu'eux à se laisser entraîner à de grandes dépenses, les Européens agissent avec plus de circonspection à l'égard des mulâtresses. Mais aussi, bien souvent, ils commettent le tort de vivre trop maritalement avec celle qu'ils ont choisie, et, pour me servir d'un terme trivialement usité, ils s'*amacornent* avec une facilité et une imprévoyance qui compromettent trop souvent la dignité attachée dans ces pays à la condition des blancs. Trompés jusqu'au dernier moment, par l'adresse de ces épouses factices, sur les vrais sentimens qu'elles nourrissent pour eux, il est assez commun de les voir dépouillés au lit de mort par l'avidité des compagnes qu'ils se sont imprudemment données. C'est la proie qu'elles ont convoitée pendant plusieurs années de dissimulation, qu'elles veulent saisir, avec le dernier soupir de celui à qui elles ont réussi à cacher si longtemps tout ce que leurs caresses et leurs cajoleries avaient d'intéressé et de perfidement sordide. Faut-il tant s'étonner, au surplus, que l'esclavage ne produise que des sentimens égoïstes? Par quel renversement moral la servilité engendrerait-elle des vertus qu'on rencontre à peine dans l'état de société le plus indépendant et le plus avancé?

Je ne nie pas, cependant, que les colonies n'aient eu aussi leur âge d'or, et que sur ces rivages, où nous avons apporté la civilisation, on n'ait offert dans d'autres temps, à l'amour qui dut être le Dieu de cet âge fortuné, un culte sincère et de purs hommages. Cortez trouva, dit-on, sur ces bords nouvellement découverts, une belle indigène, qui s'immola pour lui, en sacrifiant sa patrie et ses dieux, à la gloire de son amant. Mais aux Mexicaines et aux Caraïbesses ont succédé, depuis quelques siècles, les Capresses, les Mulâtresses et les Métisses. La naïveté, des premières mœurs des habitans des îles, a disparu, pour faire place aux vices de notre vieille Europe, transplantés dans les climats où ils devaient éclore avec plus d'ardeur et acquérir même plus de développement. Et puis cette demi-civilisation qu'ont reçue les classes des femmes de couleur, est-elle bien propre à faire naître dans leurs cœurs, des penchans qui n'appartiennent qu'à la nature la plus simple, ou des vertus qui ne sont le partage que d'une civilisation complète?

Au reste, c'est moins de la philosophie que je veux faire ici, que des faits que j'ai cherché à consigner comme fruits de mes petites observations. Cette introduction sur les *mulâtresses* était presque indispensable pour faire comprendre, au lecteur, les détails du rôle qu'elle devaient jouer dans la partie la plus comique de notre séjour à la Basse-Terre.

Les marins ont peu de temps à perdre à terre, en amour surtout. Les longues passions ne vont ni à leur caractère ni à leur profession, et, quand avec beaucoup d'argent ils peuvent abréger les préliminaires d'une intrigue, ils vont au positif à coups de gourdes et de doublons même. Sans nous abuser sur le motif qui nous faisait rechercher tout particulièrement par les plus jolies filles de couleur de la Basse-Terre, nous étions assez flattés de recevoir d'elles des avances qui nous laissaient au moins le plaisir et la liberté du choix; cela, en outre, nous épargnait la moitié du chemin, toujours pénible à faire pour des gens peu habitués à soupirer de loin. Mon matelot Livonnière était surtout enchanté du nombre et de la facilité des conquêtes qu'il faisait pour ainsi dire en courant. Il avait repris, comme autrefois à Roscoff, son parapluie à canne et sa paire de gants blancs, malgré la sérénité habituelle de l'atmosphère et une température constante de vingt-cinq à trente degrés de chaleur. Mais enfin il voulait plaire et éblouir, et je crois même que sur le montant des parts de prises à régler, il s'était emprisonné deux ou trois doigts dans des bagues dont l'éclat chatoyant ne contrastait pas mal avec la teinte de goudron que l'élévation du thermomètre tenait sans cesse en fusion sur le dos de ses mains velues. Bientôt le rôle de Joconde européen ne put plus suffire à son amoureuse ambition: il voulut être quelque chose de plus qu'un Don Juan français. L'entretien suivant que j'eus avec lui sur ses projets ultérieurs de conquêtes, dira mieux que je ne pourrais le faire dans une simple narration, quelles étaient les idées de mon brave ami sur ses excursions prochaines dans le domaine du sentiment et de la séduction.

— Je me suis laissé dire, me fit-il certain jour, par des matelots qui avaient rôti le balai dans le Levant, que là il y a des hommes qui ont autant de femmes qu'ils peuvent en nourrir. Ça doit être assez amusant, je crois, et pas trop cher, quand les vivres sont à bon marché dans le pays.

— Tu veux parler des Turcs? lui répondis-je.

— Oui, des Turcs et des Pachas, reprit-il, et j'ai fameusement envie de faire le Turc à mon tour. Et puis, nous, vois-tu bien, ce n'est pas comme les autres chrétiens : quand nous sommes à terre, par hasard, et que nous avons des piastres, il faut nous en donner pardessus les plats-bords, pour *récompenser* le temps perdu. Les autres individus, vivant toujours à terre, peuvent consommer à la longue plusieurs femmes. Mais nous, lorsqu'en vingt ans de navigation, nous pouvons en racrocher par-ci par-là deux ou trois douzaines, c'est tout le bout du monde ; et ce sont les terriens qui nous volent et nous mangent la ration de femmes qui devrait nous revenir, en bonne justice ; n'est-il pas vrai ?

— Mais que veux-tu faire à ça ?

— Ce que je veux faire à ça ? Ecoute : voici mon plan de croisière.

Il me donna une liste qu'il s'était fait écrire par un des lettrés du bord, et je lus :

« *Mes-Délices*, âgée de seize ans, tout au plus ; jolie quarteronne.

» *Ignorée*, âgée de seize ans trois mois, blanche comme vous et moi.

» *Mon-Caprice*, du Gros-Morne, mulâtresse claire, dix-sept ans, viennent les melons d'eau.

» *Alzire*, dit la *Petite-Capresse*, quinze ans, un

peu foncée, tirant sur le goudron clair. Vive, très gaie et l'œil bien fendu.

» La *Grande-Pirogue*, dix-huit ans, négresse; beau noir luisant, belles dents, côte d'Afrique pur-sang.

» *Zizi-Panpan*, quatorze ans sonnés, petite ramassée, grosses hanches, grand mouvement, nez un peu patatté, libre de Savanne.

Suivaient une demi-douzaine d'autres noms, avec des indications particulières à peu près aussi précises que celles dont je venais de prendre connaissance.

— Eh bien! que veux-tu faire avec cela, et que signifie cette liste de....?

— Je vais te l'expliquer. La grosse négresse, que j'ai nommée ma blanchisseuse en chef, m'a dit qu'elle me donnerait autant de femmes que je désirerais en avoir à mon commandement; et j'en ai pris douze pour en trier une demi-douzaine du premier brin et de chaque couleur. Sur cette liste-là, il y en a depuis le bois d'ébène, ou, si tu veux, le cirage anglais, jusqu'au blanc d'Espagne ou la chaux vive, blanches *comme vous et moi*, comme tu l'as vu d'ailleurs sur ce chiffon de papier.

— Et puis, que feras-tu de cette série de pavillons vivans de toutes les nations?

— Je logerai cette *série de pavillons vivans*, comme

tu le dis, dans une grande case que j'ai louée déjà dans la rue du Gouvernement, à cet effet.

— Tu prétends donc avoir tout un sérail à toi ?

— Comment dis-tu ça, toi? un *sérail?* Oui, c'est justement ce mot-là que je cherchais : oui, un *serail* pour moi tout seul, et puis pour toi aussi, s'entend; car qui dit l'un dit tous les deux : mais, pour les autres, ça fera brosse, et sac à brosse, à moins qu'il n'y ait quelques pauvres bigres de matelots qui, faute de moyens suffisans de...

— Grand merci ! je ne veux pas me donner des airs aussi sultans; et ensuite, pour te dire vrai, j'ai toujours eu assez peu de goût pour les peaux bronzées et séchées au soleil.

— Mais puisqu'il y en a de toutes blanches sur ma liste!

— Peu m'importe! Tu feras de ton côté, et moi du mien. Moi, je veux payer le moins possible, et m'amuser le plus finement que je pourrai.

— Tu es donc bien heureux ! Moi. je paie toujours le plus que je puis, et encore, est-ce tout au plus si je m'amuse un peu. Mais ne va pas croire que dans mon *sérail*, comme tu appelles cela, il y aura de la faraude*rie*: toutes mes citoyennes coucheront dans des hamacs et mangeront à la même gamelle. On fera la ration deux fois par jour, et les hamacs seront décrochés au coup de sifflet de haut-les-branles. Ah ! je te mènerai cela, moi, à la bonne et franche matelotte, parce que, vois-tu, mon ami, il faut avant tout que le service marche, et rondement : *chacun à son poste*, comme on dit, *et le navire sera droit*.

— Ainsi, tu veux donc faire une espèce de navire de guerre de ton harem ?

— Doucement, je ne dis pas cela. Je veux me donner du bon temps tant que mon argent durera, c'est juste; mais je n'ai pas envie de mener mes mulâtresses comme des nègres, ni comme des moussailles. Je suis bon prince, au fond, comme tu le sais, et je ne veux molester personne sans raison. A présent, il faut t'annoncer aussi que je ne suis plus un *cul-goudronné*, une manière de gouin, et je dirai même que l'on commence à me prendre ici pour une façon de *monsieur*, une moitié ou un quarteron de noblesse de Basse-Bretagne.

— Tu plaisantes?

— Non, foi de Dieu ! Et je t'avouerai, à toi, pour que ça n'aille pas plus loin, entends-tu, que toute la négraille m'appelle *Monsieur le Marquis*, gros comme un boulet de quarante-huit.

— *M. le marquis* : Allons donc ! pas possible !

— Puisque je prends la peine de te le certifier, tu peux bien, j'espère, m'accorder l'honneur de me croire ! Tu sais parfaitement que je me fiche de toutes ces bêtises, comme de nager avec un aviron sans pelle ; mais c'est égal, cela ne prouve pas moins que l'on ne me regarde plus comme un matelot *rahuché*; et vrai ou faux, je ne sais pas, mais ça fait toujours plaisir.

Il fut convenu entre le *marquis* de Livonnière et moi, que chacun irait de son bord, en faisant à sa manière, et pour son propre compte, autant de conquêtes qu'il pourrait dans les rangs de la société où il jugerait le plus convenable de choisir ses victimes et d'exercer ses ravages. Mon ami eut soin de me répéter avant de me quitter, qu'à quelque heure du jour ou de la nuit, que je me présentasse dans sa *sultanerie*, le muet ou la muette, préposé à la surveillance de sa demi-douzaine de femmes, aurait ordre de me recevoir comme lui-même, et de commander le branle-bas *général de combat* dans la maison, pour me faire honneur; puis il ajouta : « Si je ne suis pas là quand tu viendras, et que ces citoyennes ne soient pas aimables au plus *haut degré* de *l'horizon* avec toi, tu n'auras qu'à me le dire, et le bout de garcette que v'là, leur apprendra de l'*aimabilité* que de reste. Adieu, le *pacha Ivon*, *marquis de Livonnière*, sera toujours plus ton ami que celui de tous ces jupons goulus et tous ces nez au vent qui, comme les anciens galions du roi d'Espagne, ne gouvernent jamais plus mal que lorsqu'ils sont trop calés, et qu'on leur donne trop de *pied dans l'eau*.

CHAPITRE V.

Prise de la Martinique.

Il ne fallut que très peu de jours pour dégoûter mon matelot Livonnière des voluptés asiatiques qu'il s'était promises. Je m'attendais à ce retour ; et ce fut aussi sans surprise que je le vis arriver à moi tout-à-fait désillusionné. Sa contenance, en m'abordant, était timide, embarrassée, et malgré le ton d'indifférence et de brusquerie sous lequel il essayait de me cacher la gêne qu'il éprouvait, je devinai tout ce que l'aveu qu'il voulait me faire avait de difficile pour lui, et en même temps de favorable à mes intentions.

Je le laissai venir, parce que mon plan était de profiter de la première circonstance où je le verrais faiblir.

— Sais-tu bien, Léonard, que c'est un pays un peu embêtant que la Guadeloupe ?

— Mais à peu près comme toutes les autres colonies, je pense, lui répondis-je.

— Ma foi non : c'est cent fois pire que la Martinique.

— Cependant, ici, il ne manque pas plus qu'à Saint-Pierre de bon vin, de bon tafia, de bon *sangaris*.

— Sous ce rapport là, c'est vrai. Les Basses-Terriens font même mieux le *sangris* que les *Martiniquins*, parce qu'ils y mettent plus de Madère, et moins de *râpure* de noix-muscade. Je n'aime pas la noix-muscade.

Je repris : Et les femmes? Je ne vois pas qu'à la Martinique elles soient beaucoup plus séduisantes...

— Oh! les femmes! les femmes! c'est différent : sans savoir ce qu'elles valent ou ne valent pas à la Martinique, j'en donnerais douze d'ici pour une seule de Saint-Pierre ou de Fort-Royal.

— Est-ce que tu aurais lieu déjà de te plaindre des belles dont tu as bondé ton sérail?

— Pas précisément : c'est une parole que je t'ai dite là comme une autre, par la raison que je m'embête, et tu sais bien que quand l'embêtement s'en mêle, on enverrait tout le monde du bord au diable pour alléger un peu la carcasse du navire fatigué.

Je sentis, à cet endroit de l'entretien, qu'il fallait seconder l'aveu que mon interlocuteur cherchait à me faire, et le lui rendre plus facile en lui donnant moi-même l'exemple de la confiance. Je continuai :

— Quant à moi, si tu n'as pas à te plaindre de tes *sultanes* de la rue du Gouvernement, je n'ai pas les mêmes motifs de satisfaction dans mes amours.

— Te serait-il arrivé quelque chose, mon matelot? Voyons, dis-moi cela ; car le premier gredin ou la première sa....

— Non, non, ne te fâche pas si vite ; tout est terminé....

— Quoi! tout est terminé? Il y a donc eu quelque chose de commencé?

— Une bagatelle. Tu sais bien que j'ai été passer quelques jours à la Pointe-à-Pitre. Eh bien! là j'ai fait la connaissance d'une jolie provençale, qui passait pour être mariée à une espèce de *banian*, un petit blanc, tout ce que tu voudras enfin.

— Eh bien! après? Va donc de l'avant!

— Après, j'ai suborné la femme.

— C'est bon ça. Et après?

— Après, j'ai prêté de l'argent au mari.

— Pas trop mal encore, si cet homme-là avait des besoins ; et puis ça se paie toujours ces choses-là, comme les avaries grosses à régler à l'amiable quand la coque du navire assuré a fait eau et que la marchandise a souffert par fortune de mer. Et après ?

— Quand je n'ai plus voulu de la femme, j'ai redemandé mon argent au mari, parce qu'il avait l'air de vouloir faire le jaloux après coup.

— Et qu'a-t-il dit, le... le susdit mari, enfin ?

— Il a tiré une poignée de balles de sa poche, en me répondant que c'était avec cette monnaie-là qu'il payait ses dettes.

— Et as-tu pris sa monnaie ?

— Ah ! mais je te demande un peu ! nous avons été régler nos comptes au pistolet, sans témoins, dans un petit champ de café, au bout de la rue des Abîmes.

— Mais tu lui as cassé les reins auparavant, j'espère bien ?

— Non, après.

— Imbécile ! qui ne sais jamais prendre les plus simples précautions ! Et dire que je n'étais pas là !... Est-il donc possible !... (Ici Livonnnière s'arracha de dépit une poignée de cheveux.) Je poursuivis :

— A dix pas, j'ai essuyé d'abord son feu. Dès la première balle que je lui ai envoyée en riposte, je lui ai cassé la hanche, et il m'a fallu ensuite, par dessus le marché, l'emporter tout éclopé, sur mon dos, chez sa femme.

— Est-il mort, au moins, le bigre de gueux ?

— Je n'en sais rien. A présent, ce n'est plus mon affaire.

— Et la femme, qu'a-t-elle dit, la coquine, en te voyant lui rapporter son mâle, sans l'avoir tout à fait expédié en douane?

— Elle s'est écriée : « Ah ! c'est bien gentil à vous, Monsieur Léonard, d'avoir arrangé mon pauvre mari de cette façon ! Jamais je n'aurais cru ça de vous. Allez, vous n'êtes qu'un méchant. »

— Quelle abominable *immoralisation* il y a ici, mon ami !... Et c'est ainsi que tu te bats toujours sans moi ! Tu mériterais bien, failli chien que tu es, que... Mais ce n'est pas l'embarras, je me suis aussi de mon côté repassé quelque petite chose en ton absence et à ton insu avec un *guerrier* qui ne valait guères la mauvaise humeur qu'il m'a donnée.

Les aveux allaient donc venir d'eux-mêmes après celui de l'accident qui m'était effectivement arrivé à la Pointe-à-Pitre. J'écoutai.

— Imagine-toi, Léonard, que j'ai été invité à dîner chez une autorité quelconque, un juge, un certain je-ne-sais-quoi de cette espèce. Tout ce que je sais, c'est que la société était nombreuse et crânement choisie. Comme je travaillais assez proprement les alimens et le Madère, et que je ne soufflais pas un mot, la dame de la case, pour *suiffer* un peu la conversation, me dit : « Eh bien ! Monsieur de Livonnière, vous ne dites rien à votre jolie voisine? » Je regarde cette jolie voisine, et c'était une vieille carcasse peinte en rouge, et toute *illuminée* de diamans, avec des chaînes de haubans en or sur son *soubastement*, *gorge-de-pigeon*, la seule gorge qu'elle pût avoir à son service et à celui de ses voisins. La propriétaire de la maison, qui ne m'ennuyait déjà pas mal, revient encore en raccourci sur moi : « Eh! me *redit-elle*, que dites-vous de cette petite *corvette*, capitaine? » — Ah! que je me dis alors, tiens bon dessous, Ives-Marie, v'là le moment de leur envoyer un compliment bien *étalingué* par le muffle. Ma foi, je réponds, *je dis que si j'avais une soi-disant petite corvette comme ça, je la f..... bien à la côte pour avoir son gréement*... Tu ris, gaudichon! Est-ce qu'il n'était pas joliment poivré et pimenté, ce compliment là?

— Si, au contraire. Et que répondirent la maîtresse et la corvette?

— Rien. Personne ne parla plus, et ils mangèrent le dîner comme de véritables sourds-muets, sans lever les yeux de dessus leurs assiettes, et sans ouvrir autrement la bouche que pour consommer les vivres. Mais ce n'est pas encore le tout; un capitaine de barque ou de corsaire qui se trouvait là, se met, après avoir dîné, à barbouiller, sur un petit portefeuille rouge qu'il déhâle de sa poche, quelques lignées, et puis il me dit : Lisez.

J'aurais donné en ce moment la moitié de mes parts de prise pour savoir lire pendant une minute, une seule minute seulement. Eh bien, jean-fesse, que je réponds, comme ce n'est pas ici l'instant de faire la lecture, je n'en saurai pas moins tôt ou tard ce qu'il y a là-dessus. Et attrape aussitôt à *déralinguer* la feuille de papier *où il m'avait grignoté* ce qu'il avait voulu. C'était, je l'avais deviné rien qu'à l'odeur, une insulte ! Mon individu vexé de ma réponse, veut recrocher son petit portefeuille en disant, parlant à ma personne : Un *marquis* qui ne sait pas lire !

— Ce *marquis*-là, s'il ne sait pas lire, saura bien néanmoins t'écrire son nom quelque part et en toutes lettres, lui dis-je à deux pouces de l'oreille gauche.

— Et où encore Monsieur le marquis se propose-t-il d'écrire ce noble nom ?

— Sur ta peau de nègre marron, rebut de côte de Guinée ! Sors seulement un demi-quart d'heure avec moi, de cette respectable maison, s'il te reste encore deux sous de cœur !

Il sortit à l'instant même, sans se faire prier davantage; je dois lui rendre cette justice : « Ce n'est pas ça, lui dis-je, une fois sous les tamariniers du champ d'Arbot : tu es matelot et moi aussi, il faut par conséquent nous mesurer en gens de notre état. J'ai dans mon *séraye*, à quatre pas d'ici, deux harpons à marsouin ; c'est avec une de ces plumes-là que je veux t'écrire le nom en question à l'endroit et sur la place que je t'ai déjà dit. »

Aussitôt dit, aussitôt fait : nous nous trouvions rendus auprès de la porte du fort Richepanse. La sentinelle nous voyait nous taper au clair de lune. En deux coups de temps, je pique, sous l'aileron, mon porteur de portefeuille avec mon harpon à bascule, sans pouvoir, une fois le coup parti, en retirer la pointe du corps de l'individu. Un harpon comme je n'en aurai jamais un !..... Dis-donc, Léonard, il paraît que mon nom s'écrit tout d'une seule lettre, car je n'ai donné qu'un coup de plume, et rien n'a plus manqué à ma signature.

— Est-il mort ?

— Comme de juste et de raison ; c'était bien le moins qu'il pût faire, le brigand ! Mais il a été bien heureux ; car je l'aurais fait traîner en langueur et bouillir comme une soupe mitonnée, s'il avait eu le malheur d'en réchapper : un coup de harpon tous les mois, c'était mon idée, et ç'aurait été sa ration.

— Eh bien ! nous voilà frais ! Nous allons devenir la peste de la colonie. Mais au moins, du côté de tes femelles, tu n'as pas eu de désagrément ?

— Pas trop ; mais ça ne sait rien dire, ni rien faire ; de bonnes filles, si tu veux ; mais bonnes à envoyer dix fois par jour par-dessus le bord. Quand j'ai voulu, la première semaine d'exercice, les faire s'asseoir à table, elles se sont mises à manger du calalou et de la farine de manioc, avec des doigts qui étaient longs comme des fourchettes ; et puis c'est trop paresseux dans la journée.

— Ainsi donc, tu ne les garderas plus longtemps à ton service?

— Ce n'est pas ce qu'elles se sont insinué, cependant, entre les yeux et le toupet. Hier, cette grand effilée, qui s'appelle *Ignorée*, et qui est fichue comme une flèche de cacatois, a voulu me jeter un sort!

— Comment, un sort?

— Oui, elle a fait des *piaies*, en mon honneur et gloire. Tu ne sais peut-être pas ce que c'est que des *piaies?* Les *piaies*, vois-tu, c'est une chambre toute pavoisée de pavillons noirs, avec des têtes de mort, et des larmes en étamine blanche par dessus. Quand on est là dedans, la *mal-blanchie,* qui veut vous jeter un *charme*, commence par vous envoyer sur le corps un tas d'herbages *miraculeux*, et puis elle prie le diable de vous empêcher de mettre tant seulement un pied en dehors de la colonie, sans sa permission ou son consentement, et la *piaie* est faite.

— Et tu serais assez bon pour croire à la sottise d'un pareil sortilége?

— Moi! pas plus qu'à la vertu du derrière de la mule

du pape. Mais tout d'même, je serais bien aise d'appareiller de la colonie, pour n'avoir pas l'air d'être tenu aux arrêts forcés sous le cotillon de ces gueuses-là, par l'ordre d'un morceau d'herbe et par la vertu d'une de leurs *macaqueries.*

Je vis que le moment de frapper le grand coup était arrivé. Je me gardai bien de le laisser échapper.

— A te dire vrai, mon matelot, je ne serais pas fâché non plus de vider la passe du large de la Guadeloupe.

— Ni moi non plus, je t'en signe mon billet. Et puis toute cette négraille ne s'est-elle pas donné le mot pour me traiter de *Marquis* à tour de bras. Je te demande un peu si tout cela me va ! J'ai bien voulu, pour la *frime*, passer pour noble, mais pour marquis....

— Filons notre nœud d'ici : le plus vite ne sera que le mieux.

— Et comment filer? L'île est bloquée, et *fièrement* encore. Le *Requin* est désarmé. Comment alors mettre le cap en route pour cingler au large?

— Oh ! si ce n'est que cela qui t'embarrasse, j'ai notre affaire. Il y a trois grands coquins de nègres, nouvellement désertés de la Dominique, et qui se trouvant libres ici meurent de faim, parce que personne ne veut et ne peut les employer comme esclaves. En achetant une pirogue et en leur donnant quelques doublons, ils nous conduiront à la Martinique, avec d'autant plus de sûreté, que les croiseurs ne verront pas notre *bonbòat* naviguant à fleur d'eau comme une douvelle en dérive.

— C'est toi qui as trouvé ce moyen tout séul, et qui veux m'amener à la Martinique à la remorque de ta majesté?

— Mais oui, et pourquoi pas?

— Ah! ça, la supériorité a donc changé de bord, et tu as hissé, à ce qu'il me paraît, le guidon de commandement de notre division à ton grand mât?

— Mais, matelot, ce n'est pas pour te commander que je te propose de prendre par nécessité une résolution profitable à tous les deux. Il ne s'agit pas de savoir en cette circonstance pressante qui commandera ou ne commandera pas; mais bien de décider si mon avis est bon ou s'il est mauvais.

— Puisque c'est ainsi, je ne démarre pas. Il n'y a pas plus de six mois que je t'ai tiré à Roscoff de dessous les jupons d'une femelle qui aurait fini par te mettre sous ses pieds, comme sa chauffrette, et à présent c'est toi qui voudrais me faire gouverner à ton commandement? Non, mille nom de Dieu, non! il ne sera pas dit qu'un ex-moussaillon, devenu lieutenant de papier mâché au bout de six mois de service a passé d'un jour à l'autre, au vent à moi, pour me faire ramasser dans ses eaux les épluchures de sa cuisine; et si je ne respectais pas ton père et toute ta vieille féraille de famille que j'ai connue à Brest...

— Mais, mon Dieu, ne te fâche pas si fort, je t'en prie, pour si peu de chose; car, après tout, sais-tu bien que si je ne suis pas encore marin comme toi, il n'est pas nécessaire d'avoir battu la mer pendant vingt ans pour apprendre à ne pas se laisser marcher sur le corps..... Mon idée ne te va pas, tans pis; n'en parlons plus..... Mon intention, d'ailleurs, était de te proposer le commandement de la pirogue, et de jouer un tour aux Anglais, en passant à leur barbe, sans être aperçus d'eux. Ce trajet était dangereux dans une embarcation aussi légère et aussi difficile à bien conduire, pour faire en moins de dix à douze heures plus de trente lieues de mer. Mais comme tu es un vieux de la cale, j'aurais été en Cochinchine avec toi, dans une baille à drisse, avec autant de confiance qu'à bord du premier vaisseau de la compagnie des Indes. Mais puisque.....

— Tu crois donc que c'est la peur qui me fait caler? Ne va pas te mettre cette autre bêtise dans le coco, au moins; car pour te prouver que je ne tiens pas plus à ma peau qu'à l'empeigne de mes souliers, je serais fichu de partir à la minute même dans ta barque à piment, rien que pour te montrer à quel gaillard doublé et chevillé en cuivre tu as affaire.

La perspective du commandement de la pirogue et des périls à courir, venaient de désarmer la colère de mon compagnon.

Le soir, notre canot était prêt à nous recevoir, avec mes trois nègres, quelques effets très légers et une demi-douzaine de bouteilles de tafia. Nous partîmes.

J'avais cédé le côté de tribord à Livonnière, comme la place d'honneur; j'étais allongé côte-à-côte près de lui, et sur le dos; car dans ces sortes d'embarcations, c'est dans cette posture qu'il faut se tenir pendant les plus longs trajets sans se donner le moindre mouvement, de peur de se capeler la barque sur la tête en lui faisant perdre l'équilibre et le peu de stabilité qu'elle a sur les flots qui l'effleurent. Une misaine, claire comme de la gaze et grande comme un mouchoir, faisait glisser sur la mer, un peu clapoteuse, notre frêle esquif, long de quinze pieds sur deux de largeur, et calant tout au plus sept à huit pouces d'eau. Notre existence était entre les mains des trois nègres. Nous crûmes nous apercevoir, une ou deux fois, qu'ils cherchaient à faire sombrer l'embarcation et à nous noyer pour s'emparer ensuite des doublons dont ils nous savaient munis. Ennuyés de les surveiller, sans leur avoir fait connaître ce qu'ils risqueraient à nous jouer un mauvais tour, je tire de dessous mon gilet deux pistolets, en disant à mes lurons : « Le premier qui fait un mouvement sans mon commandement, je lui fais sauter la tête par précaution! » Livonnière, au même moment, place un de ses pistolets sous le menton du patron qui, de peur, se jette à la mer et disparaît. Les deux autres noirs lèvent les mains jointes au ciel, en nous demandant pardon pour un crime qui peut-être n'était jamais entré dans leur idée. Livonnière monte le gouvernail de la pirogue sur ses ferrures, que le patron ne dirigeait auparavant qu'avec sa pagaie; il tient la barre, et nous naviguons plus tranquilles, mais sans cesser d'avoir les yeux sur notre équipage, et sans quitter nos pistolets. Quelques lames embarquaient çà et là à bord, par la faute du timonnier, plus habitué à gouverner un grand navire qu'une svelte et volage pirogue. Mais, enfin, nous fûmes assez favorisés pour passer sans danger non loin des louvoyeurs anglais, et pour débarquer, la seconde nuit de notre départ, sur le rivage du Macouba, un des quartiers de la Martinique.

En mettant le pied à terre avec la dernière lame du large qui venait de bondir par-dessus notre pirogue, nous nous vîmes entourés de gendarmes et de douaniers.

— Qui êtes-vous, s'il vous plaît, Messieurs? nous demandèrent les chefs de ces deux infatigables services.

— Deux officiers du corsaire le *Requin*, leur répondîmes-nous.

— Ah! du petit corsaire de Doublon qui a fait, dit-on, une si belle prise! exclama le brigadier de gendarmerie.

— Oui, Monsieur le brigadier, repris-je aussitôt.

— Et d'où venez-vous ainsi, Messieurs les officiers, ajouta-t-il avec politesse?

— De la Basse-Terre, à la barbe et sous le nez des Anglais.

— C'est fort bien; mais, sans être trop curieux, à qui appartient cette pirogue?

— A moi! répondis-je effrontément.

— Et ces deux nègres ?

— A moi aussi, continuai-je avec le même à-propos et le même aplomb.

Les nègres voulurent répondre et me contester en vain les droits de propriété que je venais de m'arroger si impudemment sur eux. Livonnière, ne se tenant pas d'aise, avait peine à contenir l'admiration que lui inspirait mon audace. Un habitant, un voisin sans doute, vêtu d'un pantalon de cotonnade et d'un gilet rond de nankin, s'approcha de nous, en flaneur, l'air inoccupé et les mains derrière le dos.

— Pardieu, Messieurs, nous dit-il, vous avez-là deux beaux gaillards et qui ne doivent pas vous servir à grand chose, à vous officiers de marine.

— Aussi cherchons-nous à nous en défaire à un prix raisonnable et sûr, lui répondis-je.

— Non, non, criaient mes deux nègres : Ous pas *maîte à nous ! Nous pas tini maîte, nous libres !*

A ces mots, je prends la rigoise que l'habitant agitait élégamment dans sa main oisive, et avec sa permission j'eus bientôt, sinon assuré mon droit de propriété sur les nègres, empêché du moins que ces malheureux ne le contestassent.

— Vous disiez donc, M. le capitaine, reprit l'habitant du Macouba, que vous vouliez vous défaire de ces deux drôles? Combien les faites-vous?

— Quarante onces la paire. C'est ce que je les ai payés, et ce n'est que la moitié de ce qu'ils valent.

— Je vous en donne huit doublons (2,500 fr. environ), et une moëde à chacun de ces Messieurs (en montrant les gendarmes et les douaniers) ici présens à notre marché.

— C'est une affaire faite et réglée comme un papier de musique, M. l'habitant, m'empressai-je de lui dire, en le prenant au mot, de crainte de prolonger en la rendant douteuse, la conclusion de ce marché.

Nous couchâmes dans l'habitation de notre acheteur, qui régla notre compte, et nous fit transporter le lendemain à Saint-Pierre. Mon matelot Livonnière, surpris de la présence d'esprit avec laquelle j'avais mené cette affaire commerciale, et du développement inattendu qu'il avait admiré dans mes facultés mercantiles, ne se lassait point de me répéter avec une sorte de respect : *Il faut que le Ciel, Léonard, t'ai moulé tout exprès pour être marchand de nègres.*

— La volonté de Dieu soit faite en toute chose! répliquai-je à mon complimenteur.

Pendant notre séjour à la Guadeloupe, de grands événemens s'étaient passés à la Martinique. L'île, étroitement bloquée par l'escadre anglaise, était sur le point de succomber, dépourvue à peu près de vivres et de munitions, et abandonnée par sa métropole.

Les ennemis, débarqués au vent, assiégeaient avec des forces supérieures le fort Desaix, dans lequel la garnison et les marins s'étaient réfugiés. C'était en vain que le brave commandant du brick le *Cygne* avait écrasé les péniches d'une division anglaise devant Saint-Pierre, et avait mis le feu à son navire (1) ; c'était en vain aussi que l'intrépide Trobriand avait, après un glorieux combat sur la rade de Fort-Royal, fait sauter sa frégate l'*Amphytrite* dans le Carénage, et s'était enfermé avec son équipage dans le fort Desaix, où il trouva la mort sous un éclat d'obus ; les vigoureuses sorties de la petite garnison, ravagée par la fièvre jaune, les efforts des habitans et le dévouement de la population, tout fut inutile, et il fallut céder à l'abandon, à la disette et au nombre. L'amiral anglais, trop certain de sa réussite et trop bien instruit de la position des Martiniquais, louvoyait à demi-portée de canon de l'île, en faisant suspendre des queues de morues à la drisse de son pavillon, comme pour annoncer aux assiégés que c'était par la famine qu'il parviendrait à les réduire. L'île se rendit, la garnison capitula. Mais ce ne fut pas sans nous être vaillamment employés sur les batteries des côtes, que Livonnière et moi nous vîmes le pavillon britannique flotter sur le Petit-Fort et sur le fort Bellevue de Saint-Pierre. On eût dit, à l'ardeur et surtout à l'imprudence que nous

(1) Le commandant Menouvrier-Defresne, devenu depuis contre-amiral.

mettions à pointer jour et nuit les pièces de ces batteries sur les navires du blocus, que nous voulions en nous faisant tuer échapper à la douleur de voir les couleurs anglaises se déployer sur une terre que nous ne pouvions plus défendre. Les habitans, témoins de notre dévoûment, nous prouvèrent, par des témoignages de la plus vive sollicitude, jusqu'à quel point nous avions mérité leur estime.

Arrivé à Saint-Pierre au moment où la garnison résistait encore, après s'être enfermée dans le fort Desaix, j'avais entendu plusieurs créoles s'étonner en me voyant de la ressemblance frappante que j'avais, disaient-ils, avec un officier de marine de l'*Amphitrite*, dont personne ne pouvait se rappeler ou me dire le nom. Cette circonstance piqua ma curiosité, et, après la reddition du fort Desaix, j'allai au Fort-Royal pour satisfaire cette curiosité et le vague pressentiment qui me poussait à faire ce petit voyage. Je vous laisse à penser quel fut mon bonheur et mon étonnement lorsque, dans cet officier, dont on avait remarqué avec raison la ressemblance frappante avec moi, je reconnus mon frère ! Je n'essaierai pas ici de peindre le ravissement que nous éprouvâmes à nous rencontrer d'une manière si inattendue, si loin de notre pays et dans une telle conjoncture. Notre joie mutuelle ne fut altérée que par une circonstance pénible : au bras d'Auguste, je vis un crêpe ; je lui demandai si c'était le deuil de son brave commandant qu'il portait ; des larmes, dont je tremblai de deviner trop bien la cause, furent sa réponse. Parle, m'écriai-je, est-ce ma mère que nous avons perdue ?

— Non, Léonard, me dit Auguste, mais nous n'avons plus de père.... Je l'avoue ici, mais malgré la tendresse que j'avais toujours eue pour l'auteur de mes jours, il me semble que j'aurais reçu avec plus de douleur la nouvelle de la perte de ma mère. Est-ce un sentiment naturel à tous les fils, qui leur inspire pour leur mère un amour qu'ils n'ont pas au même degré pour leur père ? Ou bien cette préférence se développe-t-elle seulement chez les jeunes marins, lorsque, privés des soins affectueux dont ils étaient l'objet, ils se trouvent plus à même d'apprécier dans de longues absences et dans le cours de leur rude carrière, cette tendresse exquise qu'une mère a pour ses enfans, et surtout pour ses garçons? Je ne sais ; mais j'ai rencontré bien peu de jeunes marins qui ne se rappelassent pas, avec des larmes aux yeux, le souvenir de *leur bonne femme de mère*.

Je passai quelque temps avec mon frère, et dans ce peu de jours j'eus lieu d'apprécier encore mieux que je n'avais pu le faire dans notre enfance, tout ce qu'il y avait de différence entre nous, et il faut bien le dire, en sa faveur. Auguste était devenu un modèle à proposer aux jeunes officiers de la marine militaire. Brave, actif, studieux, distingué, aimé autant que respecté de ses subalternes, chéri de ses chefs et surtout de ses camarades, il était parvenu, très jeune, au grade d'enseigne de vaisseau, après deux croisières dans lesquelles il s'était fait remarquer sur une de nos frégates. A bord de l'*Amphitrite*, le commandant l'avait nommé officier de route, et l'avait chargé du soin des montres-marines. Dieu! que j'étais fier de me promener à la Martinique, bras dessus, bras dessous, et côte à côte avec ce frère dont j'étais si peu digne! Qu'il était bien avec sa tournure leste, aisée, élégante, son collet rouge, brodé d'or et ce frac brillant que relevait sa taille svelte et élancée! Tout le monde trouvait en nous une ressemblance étonnante; mais une femme de bon ton ne s'y serait pas trompée bien certainement. Auguste avait dans la figure quelque chose de doux et de fin, d'énergique et de réservé. Moi, j'avais dans le regard quelque chose de vague et d'audacieux, et toujours libre dans mes vêtemens comme dans mes idées et mes actions, je ne portais jamais qu'une veste de nankin ou de basin, une cravate noire négligemment jetée sur mon cou et nouée sur ma poitrine. Un large chapeau de paille, tombant sur mes épaules, couvrait tout cela, et je ne voulais pas d'autre toilette. Les filles de couleur de Saint-Pierre, en nous voyant passer, caractérisaient bien au reste, en un seul mot, la différence qu'on remarquait entre Auguste et moi : *Ça jimeau bien vinu,* disaient-elles en parlant d'Auguste, *ça jimeau gâte la paire* (celui qui gâte la *paire*, qui dépareille le couple). C'était de moi qu'elles voulaient alors parler.

Les troupes qui avaient capitulé devaient être transportées en France sur des navires anglais. Mon frère suivit ses compagnons d'armes. Il lui fut impossible de me décider à partir avec lui. Je pressentais, et Livonnière avait soin de me faire entrevoir, que les colonies étaient un théâtre bien meilleur que l'Europe, pour les marins un peu enclins à faire leur fortune par des coups hardis. Je dis à Auguste : « Poursuis ta carrière comme tu l'as commencée. Mois je ne suis pas fait pour être amiral; je reste ici pour me pousser, si je peux. Dis bien à notre bonne mère... Eh bien, pourquoi pleures-tu ainsi, mon pauvre frère?... » Auguste fondait en larmes.

— Je crains, Léonard, que tu ne périsses misérable...
— Allons donc, monsieur Auguste, reprit Livonnière, témoin de nos adieux; Léonard misérable tant que je vivrai! Jamais, voyez-vous, et moi je suis un homme éternel. Allez donner de nos nouvelles en France; vous y direz que je me porte bien et votre frère semblablement.

Mon frère nous embrassa comme si c'était pour la dernière fois. Je lui répétais plein d'espoir dans l'avenir: *Nous nous reverrons*, et lui me répondait toujours: Je tremble que tu ne périsses misérable. Il partit, me laissant comme un gage de son attachement deux beaux chiens que son commandant avait ramenés de Cherbourg et qu'il lui avait donnés en mourant. *Nous nous reverrons! nous nous reverrons!* lui criai-je en le quittant... Nous nous revîmes en effet pour l'éternel malheur de ma vie...

Nos parts de prise du *Requin* nous avaient été payées à la Guadeloupe, et nous les avions dissipées aussi à la Guadeloupe. Après la reddition de la Martinique et le départ de mon frère, il nous fallut vivre un peu d'industrie, ne pouvant plus faire la course et trouver à grapiller sur mer. Nous nous logeâmes, mon matelot et moi, dans une petite maison sur le bord de la mer, au quartier que l'on nomme le Figuier. Livonnière suspendit un hamac dans notre domicile; ce fut là tout son ménage. Un petit lit de sangles composa mon ameublement. Nous nous mîmes à fumer et à boire toute la journée, en réfléchissant aux moyens illicites de nous faire un peu d'argent, car remarquez bien que, lorsque les marins se trouvent dépaysés à terre, c'est toujours loin des procédés vulgaires et des choses permises, qu'ils cherchent des expédiens, tant ils sont habitués sur mer à vaincre ingénieusement les obstacles qu'ils rencontrent sur leur route !

Pour entrer en matière, et signaler notre début dans la profession du négoce, nous achetâmes à crédit vingt barils de salaison, dont nous sûmes en faire vingt-cinq, au moyen d'un remaniement nocturne. Ce dédoublement de barils dura quelque temps, et nous aimions mieux voler un peu la pratique que de faire des dettes. Notre fierté si ce n'est la morale, y trouvait mieux son compte. Livonnière, en cherchant bien, trouva un procédé plus certain et plus prompt que le commerce, pour gagner vingt pour cent, et cela, en nous donnant moins de peine qu'en remaniant du porc et du bœuf salés.

Son expédient était tout simple et son calcul fort juste.

Dans ce temps-là le Gouvernement faisait couper en quatre parties ciselées les gourdes espagnoles; chaque quart de gourde se nommait un *mocau*; par l'effet de cette section monétaire, les quatre pièces ainsi détachées de la gourde, composaient une monnaie déformée qui restait dans le pays.

— J'ai un fameux poinçon, me dit Livonnière, avec lequel, au lieu de couper la gourde en quatre, comme le fait le Gouvernement, nous la couperons en cinq; et cette nuit, si j'ai bien compté dans ma tête et sur mes doigts, j'ai trouvé que ça nous faisait vingt pour cent de *rabio* (de profit).

— Mais ce sera faire de la fausse monnaie, et si on nous prend, et si surtout on nous pend ?

— Nous n'en ferons plus alors, et nous n'aurons plus besoin d'en faire, c'te bêtise ! Et puis d'une manière ou d'autre, il faut que nous fassions la guerre à l'Anglais. En prison d'Angleterre, nous avons passé des faux pounds ; ici nous fabriquerons de faux mocaux à la barbe du Gouvernement. Chaque pays, chaque mode.

— Allons, va pour les faux mocaux !

Et nous voilà en train de faire avec chaque gourde ronde, cinq beaux quarts de gourde, en nous jouant de la rigueur mathématique qui jusqu'alors n'avait admis que quatre quarts pour composer l'unité. Bientôt nous exerçâmes un nègre, que nous avions loué à la semaine, à poinçonner pour notre compte. Cette idée-là m'était venue, car j'avais l'intention, si le malheur voulait que notre honnête industrie fût découverte, de tout mettre sur le dos de l'esclave, et de le livrer à la sévérité du Gouvernement, pour nous épargner la potence et nous donner le temps de lever le pied. Nous fûmes plus heureux que sages, et nos quarts de gourde continuèrent à aller honorablement leur train en fesant progresser nos petites affaires.

CHAPITRE VI.

Mort d'Ivon.

Les excès auxquels se livrait mon pauvre associé en fausse monnaie, et les fatigues qu'il s'était données pendant le siége de l'île, me faisaient prévoir que bientôt il paierait cher son intempérance et son dévouement. Livonnière changeait à vue d'œil. Ce n'était plus cet homme si robuste, si opulent de santé et chez lequel, pour ainsi dire, l'excédant de la vie cherchait à se dépenser avec prodigalité. Son énergie morale s'affaissait avec ses facultés physiques. Le climat des Antilles, enfin, avait dévoré prématurément cette existence que les veilles et les excès semblaient avoir affermie en Europe. C'est en vain que j'avais voulu employer l'empire que je croyais avoir conquis sur mon ami, pour l'empêcher de s'abandonner à l'incontinence au sein de laquelle il cherchait des distractions à son oisiveté : quand je m'efforçais de lui prouver tout le mal qu'il se faisait en buvant de l'eau-de-vie, à peu près comme auparavant il aurait bu de la bière, il opposait à mes remontrances une raison qu'il croyait fort concluante, parce qu'il la puisait dans l'observation assez fausse d'un fait qui n'avait frappé que ses yeux : « J'ai vu, me disait-il, des matelots boire plus d'eau-de-vie qu'ils n'en pouvaient jauger ; et quand ils étaient ivres-morts, on les mettait dans du fumier. Sais-tu pourquoi ? C'était pour les réchauffer, attendu que le trop-plein d'eau-de-vie leur avait glacé l'estomac. Ainsi, tu vois donc bien qu'un coup de croc, loin d'échauffer un homme, le rafraîchit, puisque, s'il en buvait trop, il mourrait de froidure. On voit aisément que tu n'es pas fort sur la médecine. La seule chose que je crains, c'est de trop me rafraîchir. »

Une dyssenterie aigue vint encore fortifier l'opinion erronée de Livonnière. Aux premières atteintes du mal, il s'accusa d'avoir abusé de son régime rafraîchissant : « Ah ! je sens bien, me dit-il, qu'un médecin aura besoin de me *nettoyer la cale*. Il se passe par là, sous ma grande écoutille, quelque chose qui n'est pas dans l'ordre du service ordinaire du bord. »

Il se coucha, mais toujours fidèle à ses longues et dures habitudes, il ne voulut jamais, malgré mes prières, entrer dans un lit. « C'est dans un hamac, répétait-il, qu'un matelot doit *avaler sa gaffe*. Si je viens à avoir la mine de filer mon câble par le bout, rappelle-toi bien, Léonard, que c'est dans ce hamac-là que je veux dormir jusqu'à la résurrection des boutons de guêtres. » Puis il m'expliquait, peut-être pour la vingtième fois, ce qu'il fallait entendre par cette résurrection générale, en me disant : « Quand tous les trépassés, vois-tu, seront réunis au troisième coup de trompette, dans la vallée de Josaphat, pour y recevoir leur décompte définitif, il faudra bien que chacun retrouve ses os ; et comme il y en a qui ont fait des boutons de guêtres avec des os de morts, il faudra bien aussi que les boutons de guêtres ressuscitent pour venir reprendre la place qu'ils avaient dans la carcasse de leurs véritables propriétaires d'autrefois. »

Le lendemain de la dernière explication, qu'il s'était efforcé de me donner sur l'accomplissement futur de ce miracle ainsi arrangé, le malheureux ne laissa plus d'espoir. Les douleurs qui le rongeaient devinrent intolérables, et il riait encore dans l'intervalle de ses cruelles angoisses. « Ah ! mon ami, me dit-il, je crois qu'il n'y a plus d'huile dans ma lampe d'habitacle. »

Je cherchai à l'abuser encore sur la gravité de sa situation réelle.

— Non, non, je sens bien ce que je sens. Il faut remettre un peu d'huile dans cette lampe-là qui s'éteint sous les yeux du timonnier. Va me chercher un prêtre et un coup d'eau-de-vie ; mais un bon.

— Un bon prêtre ?

— Eh non ! Un bon coup d'eau-de-vie ; car un prêtre est toujours assez bon tel qu'il est, pourvu qu'il sache bien, selon son état, graisser la paire de bottes d'un mourant comme moi.

Je sortis pour remplir les dernières volontés de mon infortuné camarade ; mais je ne pus m'empêcher de faire d'amères réflexions sur son affaiblissement intellectuel et les scrupules religieux qui lui venaient si tard. Depuis longtemps je ne m'étais que trop bien aperçu du changement qui s'opérait dans l'esprit d'Ivon. Le climat de feu du Tropique avait consumé cette organisation trop forte pour n'être pas violemment attaquée par ces influences délétères, qui, sous le ciel des colonies, semblent ne dédaigner que les complexions arides et les tempéramens débiles.

Je revins auprès du hamac de mon malade avec un prêtre, et aussi, il faut bien le dire, avec un flacon de Cognac.

La vue du pasteur tolérant qui m'accompagnait sembla contenter le moribond. Le prêtre reçut avec bonté une confession qui dut pourtant lui paraître aussi nouvelle qu'elle fut laconique. « J'ai l'honneur de n'avoir pas grand chose à vous dire, mon père, sinon que je n'ai ni assassiné, ni violé, ni volé sur le grand chemin. » Tels furent les aveux qu'Ivon crut devoir faire au ministre des autels, avant de se présenter au tribunal de Dieu. Le pasteur en fut satisfait et n'exigea rien de plus, de crainte peut-être en se montrant plus sévère de n'obtenir que moins encore ; car aux colonies la religion prend rarement, pour paraître plus pure, les formes austères et inexorables sous lesquelles on la fait apparaître si souvent, en France, au chevet des agonisans.

— A présent, dit le pénitent, au tour du coup d'eau-de-vie! C'est mon viatique, à moi.

J'hésitais à exécuter la volonté d'Ivon, en regardant le prêtre et le médecin qui venait d'entrer.

Celui-ci me fit signe que je pouvais satisfaire les désirs du malade.

Je vis alors que tout espoir était perdu. En approchant des lèvres contractées du mourant le breuvage qu'il me demandait obstinément, je ne pus, malgré mes efforts, lui cacher quelques larmes qu'il remarqua. Sa main chercha la mienne, et sa bouche altérée fit frémir à mon oreille ces mots, qui me semblèrent sortir du fond d'un tombeau : « Léonard... mon bon Léo...nard, adieu!... Si jamais tu te trouves... dans le besoin..., souviens-toi de la... manière... de faire... de faire des... mocaux... Ah! pauvre ami!... Ah!... » Ivon n'était plus!

Ainsi, jusqu'au dernier moment, cet excellent homme, qui avait attaché sa vie à la mienne, et qui me l'aurait sacrifiée pour m'arracher au moindre péril, ou pour m'éviter le chagrin le plus léger, veilla sur moi. Son attachement confraternel lui faisait, même au lit de mort, braver ses nouveaux scrupules religieux, pour m'indiquer le moyen, le talisman qui pouvait le plus sûrement, selon lui, me préserver de la misère. Il n'avait vu que moi, que son cher Léonard, en expirant, et mon avenir avait été sa dernière pensée.

J'éprouvai, après sa mort, pour la première fois, ce que c'est qu'une douleur de l'âme et un déchirement de cœur. Quoique si jeune encore, et malgré cette force qui me donnait tant de confiance dans mes propres ressources, je sentais que je venais de perdre une partie de moi-même, un ami que je ne remplacerais jamais. Je fus désespéré.

La nuit, on vit dans les rues de Saint-Pierre défiler un sombre cortége, à la lueur des torches funèbres et aux sons lamentables des cloches de la paroisse du Mouillage. Deux marins, marchant lentement, portaient, à la tête du convoi, un hamac, auquel étaient suspendus un sabre et une croix d'honneur. Une fosse, creusée à la Savane des Pères-Blancs, reçut la dépouille du pauvre Ivon, et une couche de terre, jetée à la hâte sur un cadavre putrifié, me sépara à jamais de l'homme qui m'aimait le plus au monde, et de celui auprès de qui j'aurais dû périr dans un combat.

Oh! combien de fois, lorsque toute la ville était ensevelie dans le sommeil, et que la nuit environnait la vaste et silencieuse Savane des Pères-Blancs, j'allai seul sur cette tombe, à peine recouverte, me rappeler les jours passés avec l'ami qu'elle renfermait! Combien de fois, à l'approche du jour, je quittai ces lieux, irrité de n'avoir pu trouver sur ce cercueil, une seule pensée consolante! Oh! que l'espoir de revoir mon malheureux Ivon dans une seconde et éternelle vie, aurait soulagé mon cœur! Mais rien, rien.... là, sur ce cercueil, rien que l'idée épouvantable de la mort et de l'éternité du néant! Oh! combien sont heureux ceux qui, pleurant sur une tombe, peuvent élever vers le Ciel leurs yeux baignés de larmes et remplis d'un divin espoir.

Mon affaissement moral, le dégoût de la vie, des nuits sans sommeil et des jours accablans, allumèrent bientôt, dans mon sang échauffé, le mal terrible que les peines de l'âme tendent surtout à développer dans ces climats funestes.

Je vis arriver la fièvre jaune, sans effroi. A l'apparition de ses premiers symptômes, le médecin qui avait donné ses soins à Ivon, accourut près de moi, malgré le nombre excessif des malades entre lesquels il se partageait.

— Eh bien! qu'avons-nous donc, Léonard, me demanda-t-il? Est-ce que nous aurions envie d'être malade?

— Docteur, je crois que me voilà pris à mon tour de rôle, lui répondis-je.

— Voyons votre pouls!... Vous vous sentez des douleurs aux reins, un grand mal de tête, une débilité générale?

— Oui, je me sens tout cela, et je m'en moque?

— Et vous avez raison; car votre état n'a rien de bien

inquiétant encore, et c'est déjà un bon signe que vous ne vous en alarmiez pas.

— M'alarmer ! et pourquoi? S'il ne fallait pas mourir un jour ou l'autre, je ne dis pas; mais comme ce saut est inévitable, pourquoi ferais-je tant de façons inutiles pour obéir à la consigne générale? J'avais bien quelques petits projets en tête : des hasards, des aventures à courir, des mers à battre par-ci par là, des Anglais à rosser pour tuer le temps; mais, s'il faut renoncer à toutes ces belles idées, mon parti sera bientôt pris, allez! Emparez-vous de mon individu, je vous l'abandonne en grand. Taillez-le, saignez-le, couvrez-le d'emplâtres et de sangsues, si bon vous semble; cela ne me regarde plus, c'est votre affaire et non plus la mienne. Bien portant, je suis tout à moi; malade, je vous appartiens de la tête aux pieds.

Je me couchai. Des mulâtresses du voisinage entourèrent aussitôt mon lit, et commencèrent par me frotter tout le corps avec des citrons. Dans la nuit, je perdis l'usage de mes sens et de ma raison.

Trois ou quatre jours se passèrent sans que je pusse recouvrer un seul moment lucide. Mes yeux, à travers le nuage de feu qui les consumait, apercevaient des femmes, un homme noir, errant comme des ombres muettes autour du point où je me sentais enchaîné par une sorte d'enchantement fatal; mais tous ces objets ou tous ces fantômes me paraissaient renversés, dans les scènes fantastiques qui bouleversaient mon imagination en délire. Les souvenirs qui m'étaient les plus chers étincelaient quelquefois, si je puis ainsi dire, dans ce cahos de sensations extravagantes. Je voyais, j'appelais mon frère, ma mère, Ivon et Rosalie : quelquefois aussi il me semblait leur parler, les entendre, les toucher, et sentir ma bouche desséchée s'épanouir avec délices sous la fraîcheur des baisers de la seule femme que j'eusse aimée après ma mère. Ma main brûlante cherchait alors la sienne pour se reposer, et quand je croyais l'avoir trouvée, avec un frisson électrique, je me sentais tranquille, apaisé; alors mon oreille se figurait recueillir et recueillait même la voix de mon amie, cette voix si caressante qui, tant de fois, avait porté le calme dans mon cœur troublé et l'ivresse du bonheur dans mes sens tumultueux... Comme ces illusions du délire allégeaient le poids de mes souffrances trop réelles! Avec quelle douceur, dans l'accès de mes plus cruelles angoisses, je caressais ces chimères adorées qu'animait mon dernier soufffe de vie et au sein desquelles mon dernier soupir aurait dû s'exhaler !

Une nuit, vers l'heure où l'approche du matin rend l'air moins suffocant dans l'atmosphère chaude et humide de l'hivernage, je me réveillai après avoir goûté pour la première fois quelques instans de sommeil. Il me sembla avoir ressaisi l'usage de mes sens égarés par la violence de mes longues douleurs. J'entendais le bruit de la mer qui venait, avec sa monotone régularité, battre le rivage voisin de ma maison, et le tonnerre gronder au loin, en s'éteignant, comme après le fracas d'un orage. Une lampe, placée dans le fond de l'appartement, exhalait par intervalles sa lueur mourante sur la figure de deux mulâtresses endormies près d'une table couverte de fioles et de vases blancs. En cherchant à soulever péniblement un de mes bras, je sentis un front glacé appuyé sur ma main. C'était une femme!... Au mouvement que je fis pour dégager mon bras fatigué, ce front abattu se relève, et je vois Rosalie! Ses traits étaient pâles et affaissés, mais c'était bien ainsi qu'elle m'était apparue dans les hallucinations du délire...

— Que me veux-tu, m'écriai-je? Comment se fait-il que ton image me poursuive ainsi, pour me faire plus cruellement regretter ton absence ... Ah! je le vois bien, je suis encore dans le délire.

— Léonard, mon ami, oh! je t'en supplie, ne bouge pas! Reste, reste tranquille! C'est moi! c'est Rosalie qui vient te rendre à la vie... Mais, au nom du Ciel, ne bouge pas! me dit la voix que j'avais cru entendre.

— Rosalie!... mais comment, m'écriai-je... Non, ma tête s'égare... Que je suis malheureux!

— Il ne me reconnaît pas! Léonard, Léonard, ne me retire pas ta main... Regarde-moi, regarde-moi bien encore. C'est moi, c'est ta Rosalie!

Sa main était dans la mienne; je la touchais, je la pressais de mes doigts agités. Sa tête penchée sur ma figure m'inondait de ses larmes brûlantes.

— Ah! s'il est vrai que le délire ne m'abuse pas, dis-moi, apprends-moi comment il se fait que je te revoie ici? Parle, parle. Où suis-je donc? est-ce bien toi, toi, Rosalie?

— Léonard, je te dirai tout..., Mais, au nom du Ciel, ne parle pas; qu'il te suffise de me savoir près de toi pour toujours, pour la vie.

— Pour la vie.... près de moi!... mais si c'était un songe!... J'en mourrais. Rosalie, ne m'abuse pas. Et alors sa bouche, rapprochée de la mienne, se reposa sur mon front délirant.

— Que fais-tu malheureuse! m'écriai-je. Si tu m'aimes encore, crains de m'approcher et de respirer le mal qui m'embrâse et qui te tuerait.

— Et que puis-je craindre quand tu m'es rendu, et que je suis près de toi? Vingt fois pendant tes plus cruels accès, n'ai-je pas cherché à éteindre sur ta bouche le feu qui te consumait?

— Quoi, pendant mon délire! Ah! je ne m'abusais donc pas, c'étaient bien tes baisers qui suspendaient mes douleurs poignantes; c'était dans ta main que ma brûlante main reposait avec plus de calme. Oui, oui, maintenant je ne redoute plus d'être séduit par une illusion cruelle: C'est toi, c'est bien toi!...

Un moment d'abattement succéda à cet excès d'émotions, trop fortes et trop soudaines pour ma faiblesse. Peu à peu je revins à un état plus paisible. Je voulus savoir, de la bouche de mon amie, par quel prodige je jouissais du bonheur de la revoir...

— Je t'apprendrai tout ce que tu veux savoir, mais

avant tout, promets-moi par un signe seulement que tu ne parleras pas.

Je lui promis ce qu'elle exigeait, et j'écoutai en souriant de bonheur et d'espoir :

— Un marin, venu de la Martinique, m'apprit à Roscoff, me dit-elle, comment tu étais parvenu à te sauver d'Angleterre ; il t'avait vu, il t'avait parlé!... Ces renseignemens me suffirent. Je quittai Roscoff, où je ne pouvais plus vivre sans toi. Je me rendis à Brest. Je vis ta mère ; elle m'accueillit avec bonté, et elle ne put me détourner du projet que j'avais formé. Arrivée à Londres malgré bien des obstacles, je parvins à m'assurer un passage sur un bâtiment anglais qui allait à Sainte-Lucie. Je partis...

— Pauvre amie !

— Mais tu m'as promis de m'écouter en silence, mon ami... En arrivant sur les côtes de la Martinique, le capitaine de notre bâtiment fut informé, par un navire que nous rencontrâmes, de la prise de l'île. Il fit voile alors pour Saint-Pierre, devenu un port anglais, et depuis deux jours je jouis du bonheur d'être près de toi, et de t'avoir peut-être rappelé à la vie...

— A la vie? Ah! oui, je sens maintenant que je pourrai vivre encore, et si jamais le sort me rend à la santé...

— Le sort ! Dis un autre mot, je t'en supplie.

— Et si jamais la Providence...

— Oh ! encore un autre mot plus juste, plus consolant, dis-le pour moi, qui t'en prie à genoux !

— Eh bien ! puisque tu le veux, si jamais le Ciel veut que je retrouve la santé, c'est toi qui seras ma félicité, mon ange tutélaire, mon dieu inspirateur.

— C'est assez maintenant ; je ne veux plus que tu ouvres la bouche ; tes regards me disent tout ce que je veux savoir de toi. C'est du repos qu'il faut à tes sens accablés. Dors, dors près de moi. Ma main ne quittera pas la tienne, et mes yeux veilleront sur ton repos, sur ton existence...

Je voulais encore m'enivrer du son de sa voix et de la douceur de ses regards ; son doigt placé sur mes lèvres ne me permit plus de les entr'ouvrir, et je me laissai aller au sommeil le plus doux que j'eusse jamais goûté.

Celui-là seul qui a dévoré l'amertume des regrets et des déchiremens du désespoir, connaît tout ce qu'il y a de divin dans l'amour d'une femme ; mais il sait aussi que ce n'est qu'au prix de toutes ces douleurs poignantes que l'on apprend à connaître l'ineffable douceur d'aimer un être qui a pour ainsi dire versé toute son existence dans la vôtre. Les soins de Rosalie, sa tendresse si délicate, si prévoyante, me rendirent bientôt à la santé. J'oubliai tout auprès d'elle, et mes maux et ces chagrins qui pénètrent si vivement quand on est jeune et qui se guérissent si vite quand on a la force d'un cœur de vingt ans pour les repousser et une maîtresse comme celle que je venais de retrouver pour s'en consoler. Bientôt enfin je savourai les délices d'une existence pour laquelle je ne me croyais pas fait. J'eus des jours de félicité et de calme, d'ivresse et d'enchantement, et pendant quelques années qui s'écoulèrent comme le songe d'une nuit paisible, je perdis pour ainsi dire, dans les bras de la plus aimante et de la plus aimable des femmes, l'âpreté et l'impétuosité de mon caractère et de ma volonté. Courant, pour employer mon temps, avec quelque fruit et quelque honneur, à Porto-Ricco ou à la Côte-Ferme, chercher dans ces pays, des bestiaux que je venais revendre à la Martinique; achetant des nègres sur tous les marchés pour les placer avec bénéfice dans les habitations, personne, au bout de quelques mois de ce commerce, ne put se flatter de connaître mieux que moi le prix d'un bœuf, d'une génisse, ou la différence d'un Cap-Laost à un Cap-Coast, ou celle d'un Ibo à un Loango (1). Quel plaisir j'éprouvais, après quelques jours de mer passés sur un caboteur, à retrouver au Figuier (2) mon tranquille ménage, tenu avec tant d'ordre et de goût par ma pauvre Rosalie! Avec quelle touchante simplicité cette excellente fille recevait religieusement une partie de mes épargnes, pour envoyer, le plus souvent qu'elle le pouvait, de bonnes petites sommes d'argent à ma mère, qui semblait être aussi devenue la sienne!

(1) Noms des différentes espèces de nègres, importés aux Antilles.

(2) Nom d'un des quartiers de St-Pierre, habité plus particulièrement alors par les petits marchands et les mulâtres.

« Tant de fidélité et de sagesse doivent avoir, me dis-je, une récompense digne des sacrifices qu'elles ont inspirés : il faut que Rosalie devienne mon épouse. » Je croyais, avec les idées pieuses que je lui avais toujours soupçonnées, et qui prenaient chaque jour, dans son cœur, une force nouvelle, n'avoir qu'à lui faire connaître mon projet, pour le lui faire accueillir avec transport. On va voir quelle était mon erreur.

— Je suis ta maîtresse, Léonard, me dit-elle, et jamais l'on ne m'a vue fière de porter aux yeux du monde, un titre qui blesse les scrupules, qu'une femme moins que tout autre ne peut jamais braver impunément. Mais je suis heureuse de pouvoir, chaque jour, t'offrir une preuve d'amour, et en quelque sorte, un sacrifice de tous les instans. Une fois ta femme, ce sacrifice si doux, si absolu ne deviendrait plus qu'un devoir pour moi et un mérite tout simple à tes yeux. Ne gâtons pas, mon ami, le sentiment qui nous enchaîne si tendrement et si volontairement l'un à l'autre. Va, mon amour est plus précieux et plus sûr qu'un acte de mariage. J'ai deux années de plus que toi : dans dix ans, j'aurais peut-être à souffrir, comme épouse, ce que je me sentirai alors la force de te pardonner encore, s'il le faut, comme maîtresse. Et puis, mon ami, faut-il que je te le rappelle, à ma confusion ! tu n'as pas été mon premier amant, et je tiens beaucoup plus à tout ce qui touche à ta famille et à toi, qu'à tout ce qui ne regarde que ma réputation. Laisse-moi le plaisir secret et la honte trop publique d'être encore ton amante... Seulement, si le Ciel m'accorde la grâce de mourir avant toi, peut-être qu'au dernier moment je ferai des vœux pour descendre dans la tombe, avec le nom de ton épouse, et je suis bien sûre qu'alors tu pardonneras à cette exigence, et que tu ne refuseras pas à ta Rosalie un titre que tu lui offres aujourd'hui de ton seul mouvement, ét avec tant de noble générosité.

— Mais dis-moi une chose que je n'ai pu encore m'expliquer, lui demandai-je en cet instant : comment se fait-il que je t'aie inspiré un amour si absolu, si désintéressé? Car, enfin, on ne peut pas dire que je suis un homme aimable, séduisant; et cependant tu m'as sacrifié des amans beaucoup plus dignes de toi que je ne l'étais, et bien mieux faits pour t'inspirer le sentiment que tu m'as si fidèlement conservé. Pourquoi cela? Je t'avoue que j'ai beau chercher à me relever à mes propres yeux, je ne vois rien en moi qui puisse me faire concevoir l'attachement, qu'avec toutes tes qualités et ton esprit, tu as pu vouer à un homme de ma façon.

— Non, tu as raison, je ne veux pas te flatter. Pour les autres femmes, tu n'es pas sans doute ce qu'on peut appeler un homme aimable. Mais je ne sais ce que je trouve en toi, qui me captive... Il me semble, dans tes manières franches et décidées, dans ta physionomie ouverte et hardie, et jusque dans la négligence de ta mise, quelquefois gracieuse, trouver quelque chose de romanesque et d'héroïque qui s'accorde avec mes idées. Sans pouvoir dire enfin pourquoi tu me plais, je sens plus que je ne saurais l'exprimer que dans l'abandon, même un peu sauvage de ton humeur, tu portes dans l'intimité de notre amour un sentiment qui fait de toi l'homme de toute ma vie, et celui que je rêvais bien avant de te connaître.

Tu ne sais pas, et tu ne peux même pas soupçonner l'orgueil que j'éprouve quand je te vois si généreux envers les malheureux, et si fier avec les hommes opulens! Et tiens, lorsque je cherche à me faire pardonner à mes propres yeux, l'irrégularité de notre liaison, je pense à tout ce que tu vaux, et je me dis : « Celui que j'aime est le plus libéral, comme le plus brave de tous les hommes. » Ta douleur après la mort de ton ami, ta tendresse pour ta mère, pour ton frère et ta préférence pour moi, tout ne me dit-il pas enfin ce que tu vaudras toujours pour la femme qui a su le mieux te connaître, et le mieux deviner ton cœur !

C'est ainsi que Rosalie m'enchaînait à elle, et enchantait toute mon existence. Mais quels que fussent notre félicité et notre attachement, j'éprouvais quelquefois un vide profond dans mon être : je me croyais né, sinon pour faire de grandes choses, du moins pour faire des choses non vulgaires; et vivre toujours comme un bourgeois près de sa femme, me semblait user la vie, sans en remplir le but : ce n'était pas, en un mot, un bonheur casanier qu'il me fallait. Je voulais, non pas fuir Rosalie, mais courir au loin les mers pour mieux jouir du plaisir de la retrouver après avoir bravé quelques périls, et avoir attaché peut-être quelque peu de renommée à mon audace.

Il est peu de choses dans notre âme que nous puissions cacher à la pénétration d'une femme habituée à chercher et à deviner nos moindres peines et à prévenir nos plus secrets désirs. Ma préoccupation n'échappa pas à Rosalie. Elle aurait voulu, au prix de ses jours, trouver quelque chose qui remplît ma vie auprès d'elle. Pour la consoler de me voir livré à un désœuvrement auquel elle aurait voulu trouver le secret de m'arracher, je lui répétais que mon unique chagrin était de ne pouvoir mettre le pied à la mer pour nos affaires à la Côte-Ferme, que sous ce pavillon anglais que je détestais tant.

Ce prétexte, que je donnais à mon inquiète irritation, ne pouvait faire prendre le change à ma compagne, trop habile et trop intéressée à discerner le véritable motif de mon abattement. Un événement inattendu vint nous arracher tous les deux à l'incertitude fatigante de notre position. Vers le milieu de 1814, des bâtimens anglais, arrivant en toute hâte d'Europe, nous apprirent la chute fatale du Gouvernement impérial. Un vaisseau français vint bientôt, naviguant sous les couleurs de l'ancienne monarchie, confirmer la nouvelle que la station anglaise s'était empressée de nous transmettre, et alors le pavillon blanc flotta sur la Martinique. Ce n'était plus là le drapeau de nos victoires, mais au moins n'était-ce plus le pavillon de nos implacables ennemis !

CHAPITRE VII.

Traite à Boni.

« Un traité solennel des Puissances Européennes, signé sur les ruines fumantes de la France impériale interdit la traite! Les Puissances viennent de souscrire à la perte de nos colonies, » dirent les habitans, en apprenant la convention ratifiée par la Sainte-Alliance.

La traite est proscrite, me dis-je, moi; tant mieux, c'est le moment de la tenter, et au plaisir d'entreprendre un commerce périlleux, je joindrai le bonheur d'enfreindre la loi proclamée si solennellement par toutes les Puissances! Voyons, qui veut me confier un navire? Je l'équipe des plus mauvais garnemens de l'île, et, avec quelques canons sur mon pont et une paire de pistolets à ma ceinture, je ramène aux armateurs les plus entreprenans, la première cargaison de nègres.

Des habitans riches connaissaient la résolution de mon caractère et les ressources que je pouvais puiser dans le désir de braver les menaces de la philanthropie britannique. Un vieux corsaire désarmé, ancienne capture des Anglais, pourissait au Carénage; on me l'achète. Un ancien marin, qui jadis avait été ramasser quelques noirs à la côte de Guinée, devient mon second. Des matelots sans emploi forment mon équipage. On se procure des ballots de toile, venus de France avec la paix; on rassemble quelques vieux fusils et de la quincaillerie; on remplit vingt pièces d'eau-de-vie ou de rum, on y joint cinq ou dix boucauts de tabac, et voilà ma cargaison faite.

Quel nom donnerons-nous, maintenant, à mon petit trois-mâts? Ce nom-là fut bientôt trouvé; mes armateurs m'en avaient laissé le choix, et il passa de mon cœur et de ma tête sur le tableau de couronnement de mon Négrier. La *Rosalie* fut armée en moins de quinze jours. J'allais enfin commander à mon tour, et le rêve de toute ma vie était près de se réaliser et de grandir sur ces mers, où libre de ma manœuvre, je m'imaginais pouvoir bientôt régner en maître, et courir victorieusement en chevaleresque chercheur de mémorables aventures. Que ces noms de Vieux-Calebar, de Boni et du Gabon résonnaient agréablement à mon oreille! C'était sur ces plages si peu connues que je devais apparaître, dans toute ma splendeur, aux regards émerveillés des Rois nègres, avec lesquels je traiterais d'égal à égal! ... Je ne me sentais pas d'impatience.

Mais cette Rosalie, dont je vais déchirer le cœur, comment pourra-t-elle supporter notre séparation? Ces projets de périlleuses excursions et cette ardeur d'aventures peut-être chimériques, ne sont-ils pas une infidélité que je fais à la femme à qui j'ai juré cependant fidélité éternelle? Ne m'a-t-elle arraché à la mort, que pour me voir lui ravir moi-même froidement la vie! Après tous les sacrifices au devant desquels elle a volé pour s'enchaîner à moi, si loin de sa patrie, l'abandonner sans famille, sans appui, pour ne plus la revoir peut-être!... Cette idée m'accablait; et pourtant je savais que je succomberais d'ennui, si j'étais condamné à rester inactif auprès de celle que je chérissais le plus au monde.

Mon amie devina toute la perplexité que je voulais lui cacher, et elle m'épargna la peine d'aborder une question, qui avait fait naître déjà tant de combats dans mon cœur; elle avait pris son parti, avec une résolution dont l'amour le plus sincère, et l'habitude des sacrifices que l'on a déjà offerts à cet amour, peuvent seuls donner l'exemple, car il n'y a que les grands sentimens qui sachent s'immoler avec cette forte résignation qui ressemble tant à de l'indifférence. Mais moi, pouvais-je me tromper un seul instant, sur le motif dans lequel ma maîtresse avait trouvé le courage de me voir m'éloigner d'elle?

« Que je te perde, me disait-elle, pour t'avoir laissé partir, ou que je te voie languir sous mes yeux pour avoir exigé que tu ne m'abandonnasse pas, n'est-ce pas un sacrifice qu'il faut tôt ou tard que je fasse au Ciel?... Ah! mon ami, j'ai été trop longtemps heureuse avec toi pour ne pas payer tant de bonheur par quelque catastrophe funeste... Mais, quoiqu'il arrive, sache bien que je ne survivrai pas un jour à ta perte... Si je pouvais mourir avant toi et dans tes bras, que je serais heureuse!... »

Je m'efforçai de la consoler. « Non, me dit-elle, ma résolution est prise et mon parti irrévocablement arrêté; je veux même t'engager à chercher dans les hasards une activité qui est ta vie; c'est peut-être ainsi que je pourrai te conserver et jouir encore de la félicité de te revoir satisfait. Vois-tu ce bâtiment qui va t'emporter loin de moi? eh bien! je veux moi-même orner la chambre que tu dois y occuper : je la remplirai de mon souvenir; partout tu y retrouveras la trace de mes mains et les gages de la tendresse éternelle que tu emporteras avec toi; et si jamais la mort t'enlevait à mon amour dans une tempête ou dans un combat, que ta dernière pensée soit à Dieu, et ton avant-dernière pensée à ta compagne la plus fidèle. »

Rosalie, jusqu'au départ de mon navire, ne quitta plus ma chambre de bord. Ses soins prévoyans allèrent jusqu'à la meubler de tout ce qui pourrait m'être le plus agréable à la mer. Elle semblait vouloir, à force d'attentions, étendre pour ainsi dire sa présence jusque sur le temps que je passerais si loin d'elle. Son portrait fut placé à la tête de ma cabine : tout le petit ménage de notre maison passa enfin dans ma demeure de capitaine. Il fallut se séparer, et je ne me consolai un peu, en m'éloignant des lieux où si longtemps j'avais été heureux avec elle et par elle, qu'en songeant au plaisir que j'aurais à revoir l'Océan, cet Océan, mes premières amours, même avant Rosalie. Mais la laisser seule à Saint-Pierre, sans parens, sans amis, sans distraction, pendant que moi, qui étais tout pour elle, son protecteur, son amant et sa famille, je courrais tant de dangers sur des mers si lointaines!.....

Une bonne brise d'est m'arracha à ces déchirantes pensées.

Une fois dans les débouquemens, il me fallu faire connaissance avec mon équipage et avec mon navire, tous deux devenus le monde pour moi. Ma réputation de courage, inspira bientôt à mes gens un respect dont ils savaient bien qu'il n'aurait pas été prudent pour eux de dépasser les sévères limites. Mon petit trois-mâts, faible d'échantillon et assez médiocrement solide, marchait bien. Je m'amusai à l'essayer d'abord avec tous les navires que je rencontrais courant la même bordée que la mienne, et je les dépassais tous. Je ne dirai pas la joie d'enfant que j'éprouvais à me promener toute la journée, et souvent une partie de la nuit, sur ce pont qui recouvrait une bonne et productive cargaison. Convertir tout cela en nègres que je vendrai bien cher, me disais-je; ramasser beaucoup d'or en courant mille aventures, voilà ce qu'il me faut... Quel état plus beau que le mien! Tout l'Océan est mon domaine: d'un mot je fais trembler ou j'apaise ces hommes terribles qui m'ont confié leur sort, et qui m'ont juré de servir mes volontés ou mes caprices. A terre on me regarde comme un être prodigieux; et libre comme ce vent qui se joue dans ma voilure, et plus indépendant, plus indompté encore que ces flots qui battent les flancs de mon navire, je ferai ma fortune en naviguant au gré de mes fantaisies et en attachant quelque célébrité à mon nom... Tout cela était délicieux et enivrant pour mon imagination, qui pouvait enfin m'emporter tout à l'aise dans les régions chimériques de l'inconnu.

Les vents ne répondirent pas à mon impatience; cependant en moins de quarante-cinq jours, après avoir été chercher les brises variables de l'Atlantique et avoir ensuite longé la côte d'Afrique, je mouillai en dehors de la barre de Boni. La mer bondissait furieuse sur cette langue rugueuse de sable, et se trouvait calme à l'endroit où je jetai l'ancre par six brasses d'eau.

— Capitaine, vint me dire mon second, un peu au fait du pays, de dessus le tenon du grand perroquet, j'ai aperçu, sous la terre de ce cap, que les Anglais nomment Antony-Point, la mâture d'un grand navire, qui pourrait bien être un croiseur. Là, le voyez-vous, pardessus ces brisans ?

Redoutant ce navire, qui croisait en effet vers la passe de l'Est, j'aurais voulu pouvoir franchir la barre du Sud pour l'éviter; mais cette barre brisait trop horriblement pour que je m'exposasse à la franchir. Il me fallut attendre un moment plus opportun.

Des pirogues de nègres, longues et étroites, se détachèrent de la côte, et se montrèrent deux jours après mon arrivée au mouillage. Je crus que c'étaient des pilotes qui venaient pour me rentrer : elles pénétrèrent entre les deux barres qui masquent la passe du Sud; je les observai alors tout à mon aise, à la longue-vue. Un spectacle horrible frappa bientôt mes yeux ; des nègres, placés sur l'avant de ces embarcations, tranchent sur l'étrave, qui leur sert de billot, la tête à d'autres noirs, tendant docilement leur cou au hachot qui les décapite; puis de longs cris sauvages se font entendre, et les nègres qui ont servi de bourreaux à cette sanglante exécution, élèvent leurs mains fumantes vers le Ciel!... Les pirogues disparaissent alors... (1)

J'acceptai cette boucherie humaine comme un présage funeste pour l'entreprise que nous étions venus tenter sur ces homicides rivages. Mon second ne pouvait m'expliquer le motif de ce carnage atroce.

Le lendemain, la barre ne brisait plus avec autant de violence. Des pirogues, montées chacune par une trentaine de naturels, accostèrent mon navire. Je savais qu'il ne fallait leur manifester aucune défiance, pour n'avoir pas, plus tard, à concevoir des craintes réelles sur leurs intentions. Avant de monter à bord, les nègres se mirent à battre les bordages du bâtiment, à coups de longues baguettes. Un d'eux jette sur moi une petite pagode grossièrement sculptée. Je n'eus garde de m'effrayer de cette espèce d'épreuve, fort facile du reste à supporter. Les noirs poussèrent alors des cris d'allégresse, et sautèrent sur mes bastingages ; et celui qui m'avait fait tomber son petit Bon-Dieu sur les pieds, me tendit sa main gluante de sueur avec cordialité. C'était un chef, délégué vers moi par le *Mafouc*, premier ministre de King-Pepel, roi de Boni. Cet ambassadeur, grotesquement recouvert d'un débris de man-

(1) Tous ces détails sont historiques.

teau, bredouillait avec épaisseur un peu de mauvais anglais. Il me demanda de l'eau-de-vie et de la morue; je le grisai et le rassasiai, ainsi que tous les nègres qui composaient sa suite. Il m'annonça que je pourrais bientôt communiquer avec la terre, et avoir l'honneur de parler au *Grand-Mafouc*.

— Pourquoi donc, lui demandai-je, t'ai-je vu hier faire trancher la tête à une douzaine de nègres, là, entre ces deux bancs de sable?

— C'était pour apaiser le dieu de la barre, qui est très gourmand; et aujourd'hui tu vois que le dieu est content, puisque la lame n'est plus aussi forte et que tu peux entrer sans risque à Boni. Oh! King-Pepel, roi bien-aimé de Boni, est un grand roi! Il n'est pas avare de nègres, et il donne à tous les dieux qui ont faim, autant de têtes qu'ils peuvent en manger. Répète donc avec moi, beau capitaine, que Pepel, roi de Boni, est un grand roi!

Je répétai tout ce que voulut le délégué du *Mafouc*. Mes visiteurs se rembarquèrent, et lançant de l'eau sur le navire du bout de leurs pagayes, et poussant tous ensemble les hurlemens les plus barbares que j'eusse encore entendus, ils s'éloignèrent dans leurs pirogues, avec une rapidité dont nos embarcations les plus légères ne peuvent nous donner une idée.

Deux nègres, pilotes fort intelligens, conduisirent le soir la *Rosalie* jusque par le travers de Jujou, grand village situé à l'Est, sur la large embouchure du fleuve : il me fallait à cette pose attendre la visite officielle du

Mafouc. Mes gens tendirent leurs hamacs sous des tentes dressées de l'avant à l'arrière, et bientôt, malgré les nuées de moustiques qui les déchiquetaient, ils s'endormirent paisiblement.

Je me promenai une partie de la nuit sur le pont, seul et livré aux réflexions que les incidens de la journée pouvaient me suggérer et me faire faire. Le feu des torches que les nègres allumaient dans leurs frêles cases de bambous, voltigeait à terre, à travers le rideau que formaient autour de ces cases transparentes, les branches de palmiers dont les panaches gigantesques leur servaient d'abri. L'air affaissé n'était troublé, dans le silence de la nuit, que par la voix douce et nasale des naturels, qui chantaient des chansons monotones et mélancoliques, comme cette scène si nouvelle que la nature de ces climats offrait pour la première fois à mes regards. Une brise faible et chaude m'apportait de temps à autre de folles bouffées, imprégnées de l'odeur fade de la rare végétation de ces rivages. Au-dessus du carbet, des dunes pointues de sable blanc projetaient leurs sommets fantastiques sur le ciel parsemé d'étoiles titillantes, et couvraient de leur ombre pyramidale le sombre et paisible village de Jujou.

« Voilà, pensais-je, ces hommes que je vais acheter et enchaîner dans ma cale, qui reposent innocemment dans ces cases, ou qui chantent gaiement sur cette côte si tranquille! Et ces matelots qui goûtent un sommeil si profond, demain, peut être, me seront enlevés par la maladie qui dévore les Européens dans ces latitudes torrides!... Le danger est partout ici : la mort qui veille sans cesse et qui étend ses ailes funèbres sur tant de têtes, demande des victimes qu'elle a déjà marqués pour demain, pour aujourd'hui peut-être; et ils dorment heureux, et ils chantent gaîment...»

Assis sur une caronade et adossé contre mes bastingages, je laissai aller ma tête remplie et fatiguée de ces sombres pensées, et je m'endormis aussi comme les autres. De bruyantes acclamations me réveillèrent peu d'heures après ce premier sommeil. Il faisait presque jour, et le soleil se montrait sur les dunes qui nous environnaient. La pirogue du *Mafouc* abordait mon navire, qu'elle dépassait de plusieurs pieds de l'avant et de l'arrière, tant elle était longue.

— Salut, me dit en anglais presque inintelligible le premier ministre de King-Pepel. Tu viens faire le commerce dans un royaume aimé du Grand-Etre. Pepel est un roi puissant et juste. Que lui apportes-tu?

— Une bonne cargaison, des cadeaux pour lui, et de la franchise pour tout le monde.

— Sois le bien venu, capitaine. Nous avons apaisé le dieu de la barre pour toi. Feras-tu quelque chose pour nous?

— Voilà une boîte de couteaux, des fusils, un collier de grenat et un baril d'eau-de-vie que je destinais à ta Grandeur.

Le *Mafouc* prit le collier de grenat, se le passa au cou, et entama de suite le baril d'eau-de-vie.

— Capitaine, tu peux mettre à la voile pour la grande ville de Boni, où règne Pepel dans toute sa puissance ; je t'accompagnerai sur ton navire. Tu dois être aimé du grand Être, car tu es généreux et brave : le sang ne t'effraie pas.

En prononçant ces derniers mots, le *Mafouc* fit voler, d'un coup de damas, la tête d'un vieux noir qui se promenait tristement sur le pont, comme s'il avait été préparé à recevoir la mort que daignait lui réserver son maître (1). Le *Mafouc* eut soin de me prévenir que c'était à mon intention qu'il offrait ce faible sacrifice au grand Être, pour me préparer à quelque chose de mieux et de plus digne de moi.

Malgré le dégoût que j'éprouvai à cette vue, je sentis qu'il m'importait de ne pas manifester l'horreur dont tous mes sens étaient soulevés. J'ordonnai froidement à deux de mes hommes de jeter le cadavre à l'eau et de laver la partie du pont, qu'il avait ensanglantée.

Le *Mafouc* répéta, en observant attentivement mes traits et en remarquant sans doute l'obéissance passive de mes gens : « Capitaine, tu es brave et généreux. »

Nous arrivâmes en peu de temps à Boni, la *grande ville*. Une multitude de noirs tout nus couvraient les rivages dont nous nous approchions et sur lesquels

---

(1) En Europe, on se refusera de croire à tant de froide atrocité. J'engage les personnes qui révoqueront en doute la véracité de ces faits, à questionner les marins qui ont fréquenté la Côte d'Afrique.

sont jetés çà et là les cases qui forment cette grosse et célèbre bourgade nègre. J'avais fait charger à poudre mes caronades jusqu'à la gueule, et, à mon commandement, tous mes pavillons s'élevèrent au bout des vergues et au haut de notre mâture, au bruit d'une salve de vingt-et-un coups de canon. Le *Mafouc*, qui m'avait répété que j'étais brave et généreux, tremblait de tous ses membres à chaque détonation. Moi je fumais paisiblement un cigare en me promenant sur le pont, comme à mon ordinaire, et sans avoir l'air de faire attention à tout ce qui se passait par mes ordres à bord de mon navire. Ces marques extérieures d'impassibilité imposèrent aux nègres, et je prévoyais bien qu'elles devaient produire un bon effet pour l'opinion que je voulais leur faire concevoir de moi.

La salve finie, il me fallut aller à terre dans la pirogue du Mafouc. « Ne craignez rien pour votre capitaine, dis-je à mes hommes, qui paraissaient inquiets de me voir m'éloigner, pour aller me fourrer tout seul parmi toute cette négraille. Ces gens-là me croient protégé par le grand Être : laissez donc courir la barque. »

Je n'eus ni le temps, ni le loisir, de débarquer à terre. Plus de cent nègres traînent ma pirogue à sec sur le rivage qu'elle vient d'aborder, et m'emportent en triomphe sur un hamac, dans lequel ils m'enlèvent au galop, vers une dune de sable. Rendus sur le sommet de cette dune, aride et brûlante, ils s'éloignent tout d'une volée de moi, et me laissent seul pendant quelques minutes dans la position qu'ils m'ont fait prendre. Puis, au bout de cette petite quarantaine en plein soleil, des marabouts vêtus de blanc s'approchent et m'annoncent , avec de grandes gesticulations, que je suis purifié. Je jette mes pistolets et quelques pièces d'or à cette canaille , et tout le clergé de Boni tombe à mes pieds.

Le cortège me conduit bientôt vers une grande case de bambous. Le peuple qui me suit s'arrête à la porte. J'entre, et j'aperçois, sur un fauteuil élevé , un gros nègre , dont la tête applatie était recouverte d'une perruque d'étoupe de lin à trois marteaux. Un manteau de serge rouge , bordé d'un faux galon d'or, lui descendait des épaules aux talons ; ses pieds étaient nus , et sur sa poitrine suante, tombait un collier de grenat d'une douzaine de rangées.

Ce nègre, c'était le *puissant* King-Pepel, l'autocrate de Boni.

Comme sa majesté noire m'imposait peu, j'entamai la conversation avec elle d'un ton aussi dégagé que circonspect.

— Grand roi, je viens avec un cœur franc et unebonne cargaison lier des relations d'amitié entre la France et toi, le plus puissant et le plus respecté des souverains de la côte.

Le drogman anglais, qui se tenait auprès du trône, répéta mes paroles à S. M. L'interprète me répondit, de la part de Pepel, qui venait de lui bredouiller en quelques mots son auguste pensée.

— Tes coups de canon ont plu à S. M. Tu sais honorer le Grand-Etre et le roi, qui est son fils bien-aimé. Que portes-tu pour cadeaux au souverain de Boni ?

— Toute ma cargaison, du grenat et un service complet d'argenterie pour la table du monarque le plus justement révéré de la côte.

Le roi sourit à ce mot d'argenterie, qu'il comprit à merveille sans le secours du drogman. L'interprète continua :

— Quel est le petit portrait que tu portes sur l'épinglette de ta chemise ?

— Celui de ma maîtresse, de ma femme.

— Elle plaît à S. M.

— Qui ? ma maîtresse ?

— Non, ton épingle.

— Eh bien ! dis à S. M. qu'elle ne l'aura pas. Mais voici une bague où elle trouvera aussi un portrait qui en vaut bien un autre.

Je n'avais pas encore donné la bague au courtisan, que le roi s'écria, en jetant les yeux sur la petite miniature du chaton : *Nabolone ! Nabolone ! ô Nabolone !* et il baisa à plusieurs reprises le portrait de ce Napoléon, dont il écorchait si bien le nom illustre.

L'interprète me demanda ensuite si je n'avais pas d'autres images représentant le grand *Gacigoue* de France (le grand cacique de France). Je lui répondis que je n'avais que des portraits de Louis XVIII, à la douzaine.

A ce mot de Louis XVIII, la figure de S. M. se contracta vivement, comme pour exprimer un sentiment de dégoût; puis j'entendis sortir de sa bouche auguste, cette exclamation très distincte :

Lououis zou zuit, none pas, none, none, potate, potate! (1)

Je saluai S. M. avec un sourire respectueusement approbatif. Le drogman me prévint qu'on allait verser du poison dans un verre, et que S. M. m'inviterait à l'avaler, pour prouver la confiance que j'avais en elle.

Du poison en poudre, dont l'acrimonie m'affecta péniblement l'odorat, parut être en effet jeté dans une coupe d'argent remplie du vin de Palme: je pris fièrement le breuvage, et, plein de confiance, je l'avalai d'un trait. Après quoi les grands officiers de la couronne se mirent à rire aux éclats du tour qu'ils avaient cru me jouer : ils

(1) Tous ces détails sont historiques, et j'ai lieu de croire que la vérité du fond fera excuser la vulgarité de la forme. Les matelots ayant popularisé le nom de *potate*, qu'ils avaient donné à l'illustre auteur de la charte, on doit peu s'étonner que cette appellation triviale soit parvenue chez les Africains pour exprimer une idée de mépris, à peu près comme le nom de Napoléon leur avait été enseigné par les marins européens pour exprimer un sentiment d'admiration.

m'entourèrent tous en dansant. Le roi descendit solennellement de son fauteuil ; on m'annonça que j'étais agréable à Pepel, et la farce d'introduction se trouva jouée.

La permission de construire un *baraquon*, pour y déposer mon chargement, me fut accordée. En quelques heures, mes charpentiers élevèrent, près du rivage, un édifice en planches, dont la magnificence égala au moins celle de la royale case de Pepel. Les visites ne me manquèrent pas, et les grands officiers, que je recevais à toute heure du jour, ne tardèrent guère à boire une forte partie de ma provision d'eau-de-vie. King-Pepel venait sans façon partager ma table ; je lui rendais familiarité pour familiarité. Il s'occupait de me composer, disait-il, un beau chargement qu'il choisirait parmi un millier de noirs qu'on devait lui envoyer de l'intérieur.

Quel pays neuf et surprenant que cette Côte de l'Afrique Occidentale ! Que de mœurs inconcevables, chez ces nègres, si complétement ignorées en Europe ! Quelles bizarres modifications de notre pauvre espèce, et des superstitions humaines, dans ces Etats encore si enfans, et pourtant aussi anciens, selon toute apparence, que nos plus vieilles agglomérations sociales !

Je voulais tout voir dans Boni. On me trouvait à chaque instant, malgré la chaleur asphixiante d'un air de feu, dans les lieux où se réunissaient les naturels. Et puis je n'étais pas fâché de montrer ma physionomie européenne, au milieu de ces peuplades à la peau d'ébène, au faciès déprimé et à l'attitude esclave. Quel effet je produisais sur tous ces visages noirs qui m'admiraient comme une merveille ! « Voyez-là, voyez-là, s'écriaient-ils dans leur langage volubile, quel beau chef ! *C'est un roi des matelots savans.* » Toutes les plus belles négresses s'enorgueillissaient d'avoir obtenu de moi un regard, même de dédain, sur mon passage, ou un simple sourire pour prix des nattes de fruits qu'elles me présentaient comme un hommage d'amour ou un tribut d'admiration.

Un jeune noir, vêtu de blanc de la tête aux pieds, et suivi respectueusement par des marabouts, avait frappé mon attention. Je l'avais souvent vu, dans les marchés, s'emparer de tous les objets qui lui plaisaient, et battre impunément les marchands, satisfaits de recevoir des coups de bâton de ce méchant petit drôle. Un jour, il lui prit fantaisie de m'aborder insolemment, et je me disposais à châtier son impudence avec la rigoise que j'avais à la main ; à la vivacité de mon geste et à l'expression de ma physionomie, les marabouts, devinant mon intention, tombent à mes pieds, et l'enfant fuit indigné, mais surtout épouvanté. *Frétiche ! Frétiche !* hurlent tous les assistans, et les prêtres de m'inonder d'eau pour me purifier du crime dont, sans m'en douter, je venais de me souiller. Un drogman m'expliqua que j'avais manqué d'assommer le palladium vivant du royaume, le Dieu sauveur du pays, le *Frétiche*, enfin ! (1).

(1) Tous les voyageurs écrivent Fétiche. J'ai toujours entendu les guinéens et les négriers prononcer *Frétiche* ; et, comme ce sont les naturels qui ont formé ce mot, que les négriers ont dû répéter ensuite dans sa pureté à peu près native, je l'écris ici comme ils le prononcent.

Ce *Fréticke* est un beau petit noir, que l'on prend en bas-âge pour en faire plus tard un Dieu. Ses adorateurs le logent dans une case, aussi ornée que celle du roi, et, pendant son enfance, prédestinée aux honneurs divins, il a le droit de faire tout ce qu'il lui plaît, sans qu'on puisse regarder ses caprices les plus déréglés comme autre chose que des volontés célestes. Mais, une fois parvenu à l'âge de treize ans, le *Frétiche* éprouve bien cruellement qu'il n'est pas immortel, dans toute l'acception que les humains attachent à ce mot, car alors toute la population, embarquée dans des pirogues, le conduit avec solennité vers la barre, pour le plonger religieusement dans les flots : les requins en font leur pâture, en attendant qu'il se fasse Dieu lui-même.

Les prêtres, chargés d'élever cette malheureuse victime de l'homicide superstition des nègres, ont soin de persuader au *Frétiche*, qu'aussitôt qu'il aura été plongé dans la mer de la barre, il n'en sortira que pour être Dieu ou tout au moins roi.

Une misérable négresse, condamnée à mort par un espèce de jury de vieillards, fut exécutée d'une manière atroce pendant mon séjour à Boni. On la barbouilla de miel de la tête aux pieds, et puis on l'attacha au tronc d'un gommier. Des essaims de moustiques et de maringuoins s'introduisirent dans ses oreilles, ses narines et ses yeux, et la dévorèrent par toutes les issues de son corps, au sein des tortures les plus effroyables. Deux jours après, le cadavre de cet infortunée ne présentait plus qu'un squelette recouvert de noirs lambeaux de chairs infectes, que déchiquetaient encore des myriades d'insectes sanglans.

Ce genre de supplice s'appelle dans le pays, *l'arbre à moustiques.*

Lorsqu'un nègre est condamné à subir l'épreuve de la mort, pour un délit quelquefois assez léger, on lui fait avaler un breuvage empoisonné, dont l'effet est si prompt que le condamné tombe raide, avant d'avoir tari la coupe fatale. Quand la culpabilité paraît plus que douteuse, on lui présente un breuvage qui n'est pas mortel, et après l'avoir bu sans aucun inconvénient pour sa vie, il est réputé innocent. C'est le jugement-de-dieu de ce pays, et les juges ont bien soin de préparer l'épreuve de manière à ce que le ciel qu'ils invoquent, ne puisse jamais prononcer que dans le sens de leur opinion.

Le plus souvent on donne les condamnés à mort à dévorer aux requins, en les précipitant dans le fleuve, dont les eaux ne sont que trop fréquemment ensanglantées par de pareilles exécutions. Il est à remarquer que les requins de la côte d'Afrique sont les plus voraces parmi tous les animaux de leur effroyable espèce. Ceux de ces parages ont une tête deux fois plus volumineuse que celle des poissons du même genre que l'on voit dans les mers des Antilles ou sur la Côte-Ferme.

King-Pepel, sur la foi des traités, s'était déjà emparé de presque toute ma cargaison, et les trois cents esclaves qu'il devait me donner en échange n'arrivaient pas. Les fièvres inexorables du pays commençaient à s'emparer de mon équipage, déjà trop physiquement affaibli par l'influence d'un climat qui détruit tout, et le moral et le corps, et la force musculaire et l'énergie de l'âme. Il me fallut, cependant, recourir bientôt à cette énergie et dompter le découragement qui m'avait aussi gagné, pour nous arracher tous, par un coup harbi, aux effets les plus inévitables de notre abattement.

Des nègres, arrivant du bas du fleuve dans leurs pirogues rapides comme le vent, crient un matin, en passant le long de la *Rosalie : Anglais! Anglais! Gabeton!* Je n'eus que le temps de me préparer à repousser l'attaque que les noirs m'annonçaient si subitement. Deux longues péniches, expédiées par la corvette qui m'avait vu entrer à Boni, se montrent dans le fleuve, à petite distance, chargées de monde. Je crie à terre, dans un porte-voix : *King-Pepel, les Anglais violent ton territoire!* Aussitôt des nègres se portent sur une mauvaise batterie, placée au ras du sol dans le sable. Mes hommes, abrités sous ma tente, se disposent à combattre les Anglais, harassés par une longue nage et par la chaleur accablante du jour. Le feu commence et le pavillon tricolore flotte sur la *Rosalie* : c'est sous cette couleur-là que des Français, libres de toutes leurs actions, devaient combattre.

Les deux canots, après avoir essuyé mes deux volées à bout portant, m'abordèrent bravement. L'un d'eux, traversé de boulets, coule le long de la *Rosalie.* L'officier qui commande l'autre embarcation me crie d'amener. Je lui réponds : « Accordez-moi deux minutes pour consulter mon équipage. » Mon équipage murmure, je l'apaise d'un signe. L'officier consent à me laisser un moment de répit. Je donne le mot à mes gens. — Je suis amené, dis-je alors au lieutenant anglais, et au même moment tout mon équipage saute, comme pour abandonner le corsaire, à bord de la péniche. « *Restez à bord, restez à bord,* nous crie les Anglais : *vous allez nous chavirer !* » C'était bien là mon plan : le poids inattendu de tout ce monde se précipitant du même bord, fait cabaner l'embarcation, et mes Anglais, surpris et effrayés, s'abîment sous les flots, pendant que mes hommes, disposés à nager regagnent le bord en ricanant avec férocité du succès de mon stratagème. Quelques-uns de mes assaillans surnageaient encore, je détournai la tête : les requins du fleuve firent le reste.

Les cris d'allégresse de la multitude des nègres témoins de mon triomphe, nous étourdirent pendant plus d'une heure. Le soir, la *Rosalie* fut entourée de plus de cent pirogues couvertes de branches de palmiers et de fleurs. Les marabouts jetèrent encore une fois de l'eau lustrale sur les bordages ensanglantés du navire. Deux hommes que j'avais perdus dans l'action furent enterrés dans le sable, avec les honneurs réservés aux hauts dignitaires. Pepel, en me revoyant à terre, tout couvert de poudre et de sang ennemi, m'embrassa avec transport, et me montrant le pavillon tricolore de la *Rosalie,* il s'écria : « *Lancouté Nabolone, bone !* » La ceinture de Napoléon est bonne.

Peu de jours après l'affaire qui avait rempli d'admiration tous les habitans de Boni, je vis arriver, dans un tourbillon de sable, quelques filées de nègres attachés par le cou à de longues perches. C'était ma cargaison.

Bien vite je préparai ma cale à recevoir mes trois cents nouveaux hôtes. Les femmes sur l'arrière ; les hommes rangés du mât d'artimon jusqu'à l'avant, et des fers pour tout ce monde. Des ignames, du riz et beaucoup d'eau pour leur nourriture : nos pistolets et nos poignards à la ceinture, et quelquefois à la main. Puis, vogue la galère, me dis-je. La maladie ne m'avait enlevé aucun homme.

Mais autre contre-temps : il était dit que la corvette anglaise me contrarierait partout. J'étais sur le point d'appareiller, lorsque je reçus, par une pirogue du bas du fleuve, une lettre qui avait été remise par le capitaine de mon inexorable croiseur. Cet épitre, fort laconique, était écrite en français :

« Misérable forban, j'ai juré de ne quitter la côte d'Afrique, qu'après t'avoir pendu au bout de ma grande vergue, pour venger ceux de mes braves que tu as si lâchement fait périr.

» ANDREW,

» Commandant le sloop de guerre de S. M. B. *Faune.* »

Oh ! si j'avais commandé seulement un brick deux fois fort comme la *Rosalie*, que j'aurais fait payer cher à cet Anglais, l'épithète de lâche qu'il osait m'adresser ! Mais avec six petites caronades et une trentaine d'hommes exténués !... Allons, la nuit est sombre, la brise est forte, et elle a contraint la corvette à s'éloigner : appareillons avec mes trois cents esclaves, pour jouir du plaisir d'échapper et d'insulter encore à la fanfaronne menace de cet exécrable ennemi.

J'appareille, poussé par des grains qui me portent d'abord violemment vers le bas du fleuve ; mais les raffales inconstantes semblent se plaire à me tourmenter, sans me donner l'occasion de faire beaucoup de route. La nuit se passe : le jour arrive, et mon implacable corvette se montre presque entre moi et l'espace que je venais de quitter. Passer sous sa volée, c'est me faire couler : si elle me serre entre elle et la terre, que devenir? Au même instant, elle vient me couper le passage que j'allais tenter sur la barre... Avec un navire qui calerait moins d'eau que la *Rosalie*, je pourrais encore lui échapper, me dis-je, en enfilant la passe étroite et sinueuse de *Foche-Point*, et en mettant aussi, entre la corvette et moi, l'île de Foche et les bancs de sable, où la mer brise furieuse... Je fais appeler mon second...

— Raoul, vous connaissez cette passe?

— Oui, capitaine, je l'ai sondée plusieurs fois.

— Combien a-t-elle de fonds?

— Onze à douze pieds tout au plus.

— Et nous en calons treize !... Malédiction ! N'importe, faites condamner les panneaux et les écoutilles ! Monte quatre hommes larguer les perroquets, chacun à son poste de manœuvre, et silence partout !

— Mais, capitaine, voilà un grain furieux qui nous arrive !

— N'ai-je pas dit silence partout !

A l'instant même, ce grain effroyable, dont je n'ai pas voulu tenir compte, tombe à bord. La *Rosalie* s'incline, le côté de tribord caché dans l'eau : la mer monte jusqu'à la moitié du pont, penché comme si le navire allait chavirer ; tous mes hommes s'accrochent aux pavois du vent en criant : Nous cabanons, nous cabanons ! Mes trois cents nègres, entassés dans la cale, poussent des hurlemens affreux ; placé moi-même à la barre, je gouverne dans la passe trop peu profonde pour mon bâtiment, poussé par le grain avec la violence de la foudre. Mais couchée sur le côté, et la quille presqu'à fleur d'eau, la *Rosalie* ne navigue que sur le flanc, et, dans cette position, elle laboure encore le sable qui monte tout trouble à la surface de l'eau, pour nous fouetter le visage au souffle impétueux de la raffale. Au bout d'une demi-heure, mon trois-mâts se relève, et la mâture, forcée par l'effort qu'elle a supporté, se redresse : nous étions sauvés ; la corvette, arrisant ses huniers, se montre encore, mais sous le vent, mais à trois lieues de moi, pendant que, fier de mon coup de tête, je la bravais, défilant avec une brise tempérée dans le canal du Nouveau-Calebar.

Mon équipage, à qui je venais d'éviter le désagrément d'être pendu au bout d'une grand'-vergue, se jeta à mes genoux. Je lui donnai double ration de rhum et d'eau, faveur inappréciable au commencement d'une traversée, où l'eau est ménagée avec plus de parcimonie encore que dans les caravanes qui franchissent les déserts du Soudan.

A la suite des impressions violentes qui venaient de m'éprouver si fortement, une traversée est bien monotone, même lorsqu'on croit avoir l'ennemi à ses trousses, et des nègres toujours prêts à sortir de la cale pour vous manger. Des calmes fatigans à subir, un air infect à respirer, quelques esclaves morts à envoyer à la mer, presque toutes les nuits à passer sur le pont, des malades à soigner; tel est en peu de mots l'histoire de presque toutes les traversées de la côte d'Afrique aux Antilles.

En approchant de la Martinique, un sentiment d'espoir et de crainte vint varier un peu l'uniformité de mon état moral. Une belle nuit, j'arrivai au Robert, quartier du vent de l'île. En quelques heures, je me trouvai sur le rivage avec mes esclaves, conduits par mon équipage sur l'habitation d'un de mes armateurs. Il y avait quinze jours que l'on m'attendait là, et en partant j'avais donné rendez-vous en cet endroit même, à mes co-intéressés. Les gendarmes et les agents des douanes voulurent bien faire quelques difficultés de pure forme pour m'empêcher de mettre mes esclaves en lieu sûr. Mais j'avais tout ce qu'il fallait pour vaincre ces scrupules de commande. Choisissez, leur dis-je, ou d'une poignée de doublons ou d'une balle dans la tête. Tous prirent les doublons.

Un prêtre vint aussi, après les gendarmes, et, moyennant une demi-gourde par tête, il me baptisa largement tous mes esclaves d'un seul coup de goupillon, au bout duquel il avait quinze ou seize doublons à empocher.

Pendant que l'on vendait ma cargaison, dont la beauté

et la qualité faisaient l'admiration de toute la colonie, je me rendais à Saint-Pierre. Le soin de mon navire avait été abandonné à mon second ; et moi aussi j'avais mon projet : je voulais surprendre on sait bien qui. N'avais-je pas laissé au Figuier celle à qui je voulais faire partager la joie des succès que je venais d'arracher à la fortune ?

J'arrive la nuit à Saint-Pierre, sur un caboteur. J'entre dans l'appartement où Rosalie, entourée de ses mulâtresses, leur faisait la prière du soir, car Rosalie priait. Mon aspect inattendu lui arrache un cri, et sa voix convulsive s'éteint bientôt sous mille baisers.

— C'est toi, toi, pour qui j'adressais des vœux au ciel, quand tu m'a surprise !... Mais, grand Dieu ! comme tu as souffert !... Comme tes traits sont changés !...

— Tout cela sera bientôt oublié près de toi. Qu'as-tu fait pendant mon absence ?

— Je t'attendais. J'ai reçu des nouvelles de France.

— Et ma mère ?

— Se porte à ravir.

— Et mon frère ?

— Lieutenant de vaisseau, commandant un brick, en croisière au Sénégal.

— Tout m'a donc souri ; quand j'envoyais tout au diable une fois au moins par jour. Mais tu sais sans doute qu'à présent nous sommes riches. Je viens de débarquer une cargaison magnifique.

— Que le ciel soit béni ! Tu pourras donc rester toujours près de moi.

— Nous causerons plus tard de tout cela.

— Et quels sont ces deux petits nègres qui te suivent?

— Deux jeunes esclaves qui t'appartiennent. C'est un cadeau de ma façon.

Et puis après vinrent les douces confidences et les caresses encore plus douces. Nous ne pouvions nous rassasier du plaisir de nous retrouver, du bonheur de nous regarder et de nous rappeler toutes les épreuves par lesquelles il nous avait fallu passer pour être, l'un et l'autre, affranchis de toute contrainte et de toute prévoyance importune de l'avenir.

Mon bâtiment, laissé au Robert, revint, quelques jours après, à Saint-Pierre. Tout compte fait, chaque esclave nous était revenu à quatre cents francs, et avait produit quinze cents francs; c'était un bénéfice énorme. Je reçus cinq cents onces d'or pour ma part, et je m'enivrai de l'orgueil d'être cité comme un capitaine capable et entreprenant. Peu m'importait le genre de gloire que j'attachais à mon nom ! Pourvu que je fusse remarqué comme un marin intrépide et un aventurier peu ordinaire, il ne m'en fallait pas plus. Ce n'était pas de l'admiration que je voulais inspirer, mais de la curiosité. Ma vanité trouvait son compte dans les succès que je venais d'obtenir. Je n'en demandais pas davantage à la renommée.

Les esclaves que j'avais traités furent mis à *la forme*, pour qu'ils pussent s'acclimater avant d'être employés par les habitans. Ils étaient, en général, de belle espèce; mais on les trouva paresseux. Pepel, tout en me traitant en ami, n'avait pas choisi mon lot dans les meilleures races. Je formai le projet de faire ma seconde traite au Vieux-Calebar, près de Boni. On vantait la loyauté du roi de ce premier établissement, un peu plus généralement que celle de mon ami Pepel, le plus juste cependant selon le langage officiel du *Grand Mafouc*, de tous les rois de la Côte d'Afrique.

CHAPITRE VIII.

Traite au Vieux-Calebar.

Je réarmai mon négrier, pour une seconde opération, au grand déplaisir de Rosalie, qui, encore une fois, fut obligée de se résigner. On ne sait pas tout ce que les avantages que l'on obtient en mer, imposent de zèle et d'activité à celui qu'ils ont mis en réputation et en évidence. Mais combien aussi les heureux succès nous donnent de force pour nous conduire à justifier la bonne opinion qu'ils ont fait concevoir de nous !

Pendant mon second armement, un matelot, d'espèce singulière, vint se proposer à moi pour maître d'équipage. Je m'appelle *Pitre*, me dit-il, et ce n'est pas pour me vanter, mais je suis bien un des plus mauvais gueux que vous puissiez trouver, capitaine, et je ne crains pas que les informations que vous pourrez prendre sur moi viennent me donner un démenti.

— Et par quelle raison parais-tu vouloir m'accorder la préférence ?

— Ah ! je vais vous dire mon affaire ! Il y a quinze à seize ans que je navigue, et j'ai fait plus de navires que vous n'en avez vus, peut-être dans toute votre vie. Eh bien ! pas un des capitaines avec qui j'ai servi n'a réussi à me trouver la marche, et j'ai envie de savoir si vous parviendrez à me mâter, vous qui passez pour un solide.

— Tu m'as l'air d'un vaillant matelot, et nous pouvons essayer de faire ton affaire, et de t'éviter la peine d'aller plus loin. Je te donne vingt gourdes par mois si tu vas bien, et deux balles dans la figure si tu gouvernes mal. Cet arrangement te convient-il?

— Doublez la ration et je suis à vous; car tel que vous me voyez, je ne serais pas fâché à présent que l'âge commence à venir, de trouver mon maître une fois dans la vie.

— Allons va pour les quarante gourdes et les quatre balles ! Va-t-en, avec ce billet, recevoir tes deux mois d'avances. Le reste viendra ensuite quand tu le voudras.

J'appareillai pour le Vieux-Calebar, ayant complété mon équipage avec quelques noirs esclaves que j'avais loués pour aller acheter à la côte d'autres noirs esclaves comme eux. Ce moyen a été employé depuis par plusieurs capitaines, et il n'est pas à dédaigner; car les matelots nègres, sans être d'aussi bons hommes de mer que les blancs, sont encore bien moins sujets que ceux-ci à ces maladies, qui, sur la côte d'Afrique, vous enlèvent quelquefois tout un équipage européen, dans l'espace de quelques jours.

Rien d'extraordinaire dans ma traversée. Seulement il prit fantaisie à maître Pitre, de me tâter, ainsi qu'il m'avait annoncé qu'il le ferait, par suite de la vieille habitude qu'il avait contractée, et pour faire en quelque sorte l'acquit de sa conscience. Un nègre de l'équipage fut envoyé sur la vergue de misaine, pour pousser un boute-hors de bonnette. Comme il amarrait mal l'aiguillette, maître Pitre le maltraita beaucoup. Ennuyé d'entendre ce braillard donner une leçon scientifique à mon matelot maladroit, sur la manière d'amarrer l'aiguillette d'un boute-hors, j'ordonne à Pitre d'aller montrer lui-même au nègre ce que celui-ci ne concevait pas, et ce que lui en sa qualité de maître, devait si bien comprendre. Le drôle voltige sur le bout de la vergue de misaine ; mais une fois perché là, il se prend à m'injurier avec une violence dont je n'avais pas encore vu d'exemple. Je sentis qu'il me fallait conserver tout mon sangfroid, en présence de l'équipage, spectateur de la lutte qui allait s'engager entre l'audace connue de maître Pitre et mon énergie. « Mousse, dis-je à l'enfant qui me servait, va me chercher une paire de pistolets, à la tête de ma cabine. »

Je charge tranquillement mes deux pistolets : pendant ce temps, maître Pitre continue à m'apostropher, avec une fureur que mon calme semble encourager et redoubler. Quand mes deux coups sont disposés, j'ajuste mon homme comme une poupée au tir, et une balle lui siffle aux oreilles ; il secoue la tête : je vise un second coup...

« Arrêtez, s'écrie-t-il alors, je suis blessé. » Et il descend furieux sur moi. J'avais préparé, en allumant une cigarette, la seconde de mes armes, et je me disposais à étendre cette bête féroce à mes pieds. « Ah ! si vous n'aviez pas un pistolet à la main, s'écrie avec rage le forcené, je vous étoufferais comme une caille. »

A ces mots, j'envoie mon pistolet par-dessus le bord, et j'attends mon homme sans dire une parole, sans faire même un geste. Le misérable s'arrête, me regarde de la tête aux pieds, et laisse échapper ces seules paroles : « Capitaine, vous m'avez enlevé une oreille, j'amène pour vous et je demande à être pansé. »

— A être pansé, canaille! Tu te fais chef de révolte, et pour un bout d'oreille tu demandes une emplâtre? Attends ! avance ici à plat ton autre oreille, ou je t'ouvre le ventre comme à un maquereau frais.

Maître Pitre voit luire dans ma main un poignard que j'arrache à mon second ; il prend la fuite; je le poursuis autour de la chaloupe, et, tout épouvanté, il parvient à se blottir comme un lièvre dans le logement de l'équipage, où je dédaignai d'aller le punir d'une insolence que je n'avais plus à craindre, et d'aller lui ôter une oreille dont il pouvait encore avoir besoin.

Jamais, depuis cette épreuve, je n'eus un matelot plus soumis, plus alerte, ni plus attaché à ma personne. De tigre qu'il était, j'en fis un chien de chasse.

J'arrivai dans la rivière du Vieux-Calebar, sans accident. La réception qu'on me fit à mon entrée, me donna l'indice du caractère de Duc-Ephraïm , roi tributaire de cette partie de la côte d'Afrique. Elle fut froide et elle ne répondit nullement à la politesse de mes avances.

— D'où viens-tu, qui es-tu, que veux-tu? me fit demander Ephraïm, par un interprète.

— Je viens de la Martinique, je me nomme Léonard, capitaine français, et je viens t'acheter trois cents noirs.

— Je n'aime pas les Français; j'ai déjà entendu parler de toi, et tu auras trois cents noirs, si ta cargaison me plaît. Dépose tes marchandises à terre, et file au large avec ton navire, de crainte d'être surpris, comme tu l'as été à Boni, par les Anglais qui sont mes amis. Au bout d'un mois tu reviendras voir si j'ai été content de ce que tu m'auras laissé.

Les ministres d'Ephraïm me firent signe que je pouvais sortir. On me prévint que l'on me donnerait le temps nécessaire pour débarquer mon chargement.

Je savais que Duc-Ephraïm était aussi loyal qu'il était dur avec les Français. Quelques capitaines espagnols, mouillés dans le fleuve, m'assurèrent que je pouvais sans danger me confier à lui; je n'hésitai pas à lui abandonner mes objets de traite.

Une belle négresse, tatouée sur la figure et parée d'un large collier de grenat, venait souvent se promener près de la tente sous laquelle je faisais placer mes marchandises. J'avais remarqué qu'un vieux noir, qui paraissait exercer sur les autres nègres une certaine autorité, était accouru plusieurs fois arracher ma jeune curieuse au plaisir qu'elle semblait prendre à me voir au milieu de mes gens. « Capitaine, me dit Pitre, mon maître d'équipage, je connais le pays et ces commères-là. Cette belle *brune*, qui louvoie autour de votre tente, en tient pour vous, et c'est au moins une princesse du pays. Mais je vous en avertis, il faut jouer serré avec ces espèces de chauve-souris sans aîles. Pour peu que le cœur vous en dise, j'arrangerai l'affaire; mais je vous le répète : veillez au grain. »

Maître Pitre, ayant cru deviner mes intentions, vint m'avertir un soir que je pouvais me placer dans un large manguier qui ombrageait la case de ma conquête. J'y montai à l'aide de mon confident, qui, deux pistolets au poing, devait faire sentinelle à une certaine distance de l'arbre mystérieux. A onze heures du soir, ma noble amante se glissa par l'unique lucarne du premier et du dernier étage de sa case, dans le feuillage épais du manguier. Quel lieu pour un tendre rendez-vous ! Sans chercher à me dire un mot, la naïve Fraïda m'accabla des caresses les plus ardentes et les plus ingénues, et je vis bien qu'en fait d'amour, les femmes de la nature étaient au moins aussi avancées que celles de la civilisation. Ces momens d'épanchement muet s'écoulèrent assez vite pour moi, mais fort lentement, à ce qu'il paraît, pour maître Pitre, qui, à chaque instant, toussait pour me manifester l'impatience qu'il éprouvait. A minuit, je quittai le manguier, asile fort incommode de mes nouvelles amours.

Le lendemain, Fraïda ne se montra pas autour de ma tente. Le vieux noir importun s'en approcha seul. Il me fit une grimace encore plus laide que celle que, sans le vouloir, il fesait continuellement. C'était le prince, époux de ma belle négresse.

Pour calmer le prince irrité, et lui faire oublier une infortune dont les princes de l'Europe sont bien loin d'être préservés, il me prit envie de lui offrir un collier en or qui, je le supposais, aurait fini par revenir à Fraïda. Le personnage outragé s'empara brusquement de mon collier; puis, me montrant le manguier, il me fit comprendre, par une pantomime énergique, que la chaîne dont je venais de lui faire cadeau servirait à pendre Fraïda, mon infâme complice. Maître Pitre, témoin de ce dialogue muet, s'écria : « Filons vite au large, capitaine, ces gueux-là nous joueraient un mauvais tour, car ils aiment encore moins que nous à être faits..... ce que vous savez bien.

Le soir, je vis le vieux dignitaire *Boulou* faire abattre avec colère en ma présence, par des nègres coiffés de bonnets blancs en signe de deuil, l'arbre témoin du premier rendez-vous de Fraïda; et pour comble de mystification, pour moi, ce mari si peu résigné, était venu, quelques minutes avant l'exécution du manguier, m'emprunter les haches avec lesquelles il devait abattre le trône de mes fugitives voluptés.

J'appareillai, quelques jours après ce petit événement, pendant que Duc-Ephraïm devait s'occuper de me composer ma cargaison, en échange des objets que je lui avais confiés.

Pendant la quarantaine que je fis dans le golfe de Guinée, un lieutenant de vaisseau, commandant une frégate française, me visita. Vous avez été expédié, me dit-il, pour aller chercher de l'huile de palme, du bois d'ébène et de la poudre d'or, mais pourquoi avez-vous des panneaux si larges ?

— Pour que ma cargaison soit plus aérée et ma cale plus saine.

— Vos chaudières sont bien grandes et votre cuisine bien vaste.

— C'est que mon équipage est nombreux, et qu'il aime beaucoup la soupe.

— Et ces fers que vous avez dans la cale, à quel usage les destinez-vous?

— Je veux les vendre aux souverains de la Côte, qui, à mon dernier voyage, m'ont donné une commande pour que je leur apportasse des chaînes pour leurs nègres mutins.

— Ne destineriez-vous pas putôt ces fers à votre propre usage, et, pour enchaîner des nègres, que votre navire semble installé pour transporter ?

— Croyez-vous donc, Monsieur, que si je voulais faire la traite, j'arriverais sur la côte d'Afrique sans cargaison ? Vous avez cherché dans ma cale des objets d'échange, et vous n'y avez trouvé que du lest. Pensez-vous que ce soit avec des cailloux que l'on achète des noirs à Boni ou à Benin ?

Mes réponses et mes objections ne parurent satisfaire que fort médiocrement les scrupules de mon capitaine-visiteur; mais comme mes expéditions se trouvaient en règle et que ma cale ne renfermait que du lest, il me laissa aller, en apposant sur mes papiers le visa de la visite qu'il m'avait fait l'honneur plus que le plaisir de me rendre.

Au bout de mon éternel mois de croisière d'attente, je rentrai au Vieux-Calebar. Ephraïm m'avait tenu en partie parole. Ma cargaison lui avait plu; mais il n'avait pu réunir encore que deux cent vingt esclaves arrivés de l'intérieur. Il avait en vain menacé les princes à qui il avait envoyé des objets d'échange, d'aller en personne leur arracher les contingents qu'ils lui avaient promis. La *marchandise* était rare. Il me proposa, au cas où je voudrais partir avec mes deux cent vingt esclaves, de me faire un billet pour quatre-vingts noirs, payable à mon prochain voyage ou à mon ordre. Mon équipage commençait à ressentir la pernicieuse influence du climat ; mes vivres s'épuisaient. Je me décidai, après mûre délibération, à accepter le billet d'Ephraïm et à partir.

— Avant que tu ne nous quittes, me dit celui-ci, je veux te donner une idée de la manière dont s'exécute la justice dans mon royaume. Tu vois bien, ajouta-t-il, l'heure qu'il est à ces grosses montres (il me montrait des chronomètres dont les capitaines anglais avaient fait présent à ce barbare), eh bien ! trouve toi auprès de la case du prince Boulou, quand l'aiguille sera arrivée là, et tu y verras un beau spectacle.

Ephraïm me dit cela en mauvais anglais; mais je compris trop bien qu'il s'agissait de Fraïda. A six heures, j'étais près de la case de cette infortunée.

La foule entourait déjà le tronc du manguier, qui avait été abattu par les ordres du prince Boulou. Une négresse, couverte d'un voile blanc, paraît au milieu des marabouts. On l'attache au centre de l'arbre, assise sur un amas de feuilles sèches arrosées d'huile de palma-christi. A mon aspect, la multitude m'ouvre respectueusement passage pour me laisser voir à mon aise la victime qu'on allait immoler. Je reconnais, dans cette malheureuse, la pauvre Fraïda. A l'indignation que je manifestai, un drogman s'approcha de moi, et me dit que seul je pouvais racheter Fraïda du supplice. — Parle! que faut-il pour cela? — Que tu fasses un cadeau à son mari, et que tu consentes à épouser la condamnée.

— Qu'exige ce vieux nègre pour la rançon de sa victime?

Après avoir pris avis du prince Boulou, qui présidait aux préparatifs de l'exécution, le drogman me signifie que le mari se contentera de deux de mes canons, d'une provision de poudre et d'une belle paire de pistolets.

— Je n'ai à bord que six canons. Le misérable en aura deux; mais qu'il me livre de suite la condamnée!

— Oui, capitaine; mais il faut avant tout épouser Fraïda, et faire encore des cadeaux aux prêtres.

— Eh bien! comment se marie-t-on ici? Qu'on fasse vite: je consens à tout.

A la rapidité significative de mes gestes, tous les assistans devinèrent ma résolution. On enlève Fraïda à son bûcher, on me porte en triomphe, et dans une grande case, où quelques fétiches en bois étaient élevés sur une manière d'autel, le *grand marabout* nous donne la bénédiction nuptiale; mais je ne saurais trop dire ici quelle espèce de bénédiction, tant elle me sembla ridicule et dure à supporter. Certes, il ne fallut rien moins que l'envie que j'avais d'arracher ma pauvre Fraïda à ses bourreaux, pour supporter une ablution aussi dégoûtante et aussi gravement administrée par les sales pontifes qui en faisaient si facilement les frais (1). La cérémonie cependant s'acheva à la satisfaction des barbares du pays, et surtout à ma grande joie, à moi qui n'eus rien de plus pressé que d'aller jeter à l'eau les vêtemens que ces immondes purifications venaient de souiller de leurs vilenies.

Mon équipage ne me vit pas sans peine me démunir d'une partie de l'artillerie du navire, pour racheter ma belle négresse. Mais l'empire que j'exerçais à bord était absolu. J'ordonnai et l'on obéit : les deux caronades passèrent de la *Rosalie* dans la case du prince *Boulou*, réhabilité du déshonneur que j'avais attaché à son noble blason conjugal.

(1) Historique.

Fraïda ne tarda pas à me dédommager des sacrifices que j'avais faits pour la sauver. En arrivant à bord, elle me fit comprendre avec beaucoup d'intelligence, par ses signes, que j'aurais dû visiter mes esclaves, pour m'assurer qu'ils n'avaient pas emporté de poison avec eux. Bientôt je les fis venir deux à deux sur le pont, et, après avoir examiné l'intérieur de leur bouche, leur chevelure, l'interstice de leurs doigts de pied, nous eûmes lieu de nous applaudir d'avoir suivi les avis de Fraïda. Quelques-uns de ces malheureux étaient parvenus à cacher, enveloppés dans de petites noix du pays, des poisons végétaux qu'ils croyaient pouvoir impunément conserver sous leur langue ou entre leurs doigts pour s'en servir contre nous-mêmes à l'occasion. J'avais enfin affaire à ce qu'on nomme des nègres empoisonneurs.

Sous quels terribles auspices commença ma traversée! Les esclaves, que je fesais monter alternativement sur le pont par escouades de dix ou douze, pour respirer un air moins infect que celui de la cale, cherchaient sans cesse à s'approcher des chaudières de l'équipage, et sans cesse j'étais obligé d'ordonner à mes hommes, trop négligens, d'éloigner ces misérables de la cuisine où se préparaient nos alimens. Un matin, je surpris Fraïda écoutant avec attention, l'oreille collée sur la cloison qui séparait ma chambre de la cale, la conversation que quelques esclaves entretenaient à voix basse, croyant n'être pas entendus d'elle. Ma négresse me fit comprendre qu'il s'agissait de quelque chose de sinistre. Je crus que les nègres avaient formé le projet de se révolter, et je redoublai de surveillance. A l'heure où le cuisinier distribuait la soupe à l'équipage, Fraïda, les traits tout décomposés, se jette entre le cook et les matelots qui allaient s'emparer de leurs gamelles. J'accours, et je devine, aux gestes de ma négresse, qu'elle accuse les noirs qui se trouvaient sur le pont d'avoir jeté du poison dans les marmites de l'équipage.

Indignés de cette révélation, mes hommes sautent sur leurs pistolets et leurs poignards. Je leur ordonne d'attendre en silence l'épreuve à laquelle je veux soumettre les accusés.

Je me saisis des gamelles qui contenaient la soupe des matelots. Je les place au milieu des cinq ou six nègres suspects groupés sur le gaillard d'avant. Je donne à chacun d'eux une cuiller et je leur commande à tous de manger. Entourés de mes matelots et de mes officiers, armés jusqu'aux dents, les nègres s'assoient autour des gamelles, et ils mangent paisiblement et en souriant toute la soupe qu'ils sont accusés d'avoir infectée d'une poudre vénéneuse qu'ils ont réussi à soustraire à notre surveillance. Leur sécurité me déconcerte, et je crois que Fraïda m'en impose ou s'est trompée. Le funeste repas s'achève; un des nègres demanda de l'eau; on lui en donne, et bientôt ses autres camarades se précipitent avec fureur sur le bidon qu'on leur présente, pour étancher la soif démesurée qui semble les dévorer. Deux d'entre eux jettent des cris horribles et se roulent convulsivement sur le pont. Tous expirent au milieu des douleurs les plus atroces. Fraïda venait de nous sauver! Les cadavres gonflés des empoisonneurs restèrent quelque temps étendus sur le gaillard d'avant. Je voulus que tous les esclaves les vissent, pour apprendre à redouter ma pénétration et ma vengeance. La leçon produisit deux bons effets : mes noirs me redoutèrent plus qu'ils ne l'avaient fait encore, et mes gens redoublèrent de vigilance.

J'avais su au reste me créer un moyen de police, autre que celui que je devais attendre de l'activité de mon équipage. On se rappelle peut-être les deux chiens, qu'à son départ de la Martinique pour la France, m'avait laissés mon frère. Ces animaux m'avaient suivi dans mon voyage au Vieux-Calebar. Je devinai, en parcourant ma cale avec eux au milieu des noirs, l'usage que je pourrais tirer de leur instinct. Mes deux dogues devinrent les surveillans les plus redoutables pour les esclaves ; et lorsque la nuit les antropophages que j'avais dans les fers, sautaient sur leurs voisins pour les dévorer, mes chiens intervenaient, et leur aspect épouvantait les cannibales que la peur de la mort n'aurait pas fait sourciller. Chose admirable ! jamais on ne vit ces deux animaux manger les alimens que leur présentaient les esclaves. On aurait dit qu'ils avaient senti, avant nous, le danger de recevoir quelque chose de la main de ceux qui devaient naturellement être leurs plus dangereux ennemis et les nôtres.

Une campagne inaugurée sous d'aussi tristes présages devait être malheureuse. A deux cents lieues environ de la côte que je venais de quitter, des calmes opiniâtres enchaînèrent, pour ainsi dire, mon navire sur une mer dormante qu'aucune brise, qu'aucun souffle ne venait réveiller. Je restai vingt jours dans cette torpeur désespérante qui semble vous menacer sans cesse du supplice de la faim et du martyre de la soif, au milieu de cet Océan sans limites pour vous, et sous l'ardeur d'un ciel devenu immobile et inexorable.

Vers notre vingtième jour d'immobilité, quelques orages éclatèrent et me permirent de faire un peu de route. Des brises inconstantes, dont je sus profiter, m'éloignèrent un peu des parages où je croyais avoir à redouter les plus longs calmes. Les vents alisés me favorisèrent enfin pendant plus d'une semaine, pour m'abandonner ensuite et me laisser dans la situation où ils m'avaient pris. Ma provision d'eau s'épuisait, et je ne pouvais cependant conserver mes esclaves qu'en leur distribuant la ration accoutumée, et réglée déjà aux proportions des plus stricts besoins. Une maladie terrible se manifesta parmi eux et parmi mon équipage même. L'ophtalmie, affection trop ordinaire dans ces parages, avait réduit le plus grand nombre à l'état d'une cécité presque complète.

Et pas un souffle de vent sur cette mer si tranquille, qui semblait, par son homicide immobilité, se plaire à allumer dans mon âme, les sentiments les plus impétueux ! Quel contraste entre la rage et le désespoir de tout cet équipage et le calme de ces flots ! Un nuage venait-il à s'élever sous l'azur de ce ciel de fer, vite l'espoir rayonnait sur nos figures vivifiées. On tendait les prélarts, pour recueillir la pluie qu'il semblait vouloir nous ramener ; on bordait toutes les voiles, pour recevoir la brise qu'il nous promettait, et le nuage infernal passait sur nos têtes brûlantes, sans nous envoyer un souffle de vent, sans laisser tomber sur nos langues en feu une seule goutte d'eau !

Quinze jours se passèrent dans ces tortures. Le sommeil avait fui mes yeux. Mes nègres , malades et presque aveugles, pouvaient à peine se traîner sur le pont. Je n'avais plus à redouter ces malheureux, errant à tâtons, comme des ombres, autour de mes pauvres matelots, aveugles comme eux. Mon second, vieux et épuisé, meurt près d'un jeune chirurgien, dont les soins et l'art ont été si vains contre le fléau...

Pitre, le seul dont l'énergie a répondu au courage que je me sens encore, remplace mon second... A chaque instant il vient me prévenir que l'eau diminue, que le nombre des malades augmente, et que nous sommes encore loin de terre...

— Que veux-tu que j'y fasse? Dépend-il de moi d'avoir de la brise? Oh! s'il ne fallait pour cela que jouer ma vie contre mille chances de mort, bientôt je vous arracherais tous au supplice que je subis au milieu de vous... Mais...

— Mais, capitaine, tous ces nègres aveugles, qui dévorent nos vivres, ne sont plus bons à rien.... Ils donnent leur mal à ceux qui, dans la cale, sont encore bien portants et que l'intérêt nous ordonne de conserver par tous les moyens possibles. En supposant que la brise nous vienne, nous n'avons même plus assez d'eau, à une demi-bouteille par jour et par homme, pour tout ce monde...

— C'est le malheur le plus cruel qui jamais ait été tenu en suspens sur ma tête... Ceux qui succomberont, on les jettera à la mer à l'instant même...

— Pardieu la belle avance ! Ça sauvera-t-il ceux qui peuvent encore vivre jusqu'à la Martinique? L'équipage, déjà murmure, et il n'a pas déjà tant de tort !

— Qu'il s'avise de se révolter, et bientôt il aura ma vie ou j'aurai celle du dernier misérable qui voudrait m'imposer une seule volonté. Soumis, je me ferais tuer pour le sauver : mutiné, je le défie le lâche, et plaise au ciel qu'il vienne m'arracher cette vie que je brûle de jouer contre lui !

Pitre retournait, après des entretiens semblables, sur son gaillard-d'avant, regarder si au large il n'apercevrait pas, au frémissement des flots, une apparence de brise. Mais rien..., rien... Les jours se passaient dans le désespoir, les nuits venaient et s'écoulaient aussi atroces que les jours... Pas un souffle de vent : rien que des mourans étendus sur mon pont, et des morts à jeter à chaque instant par-dessus le bord...

— Nous n'avons plus d'eau que pour quelques jours, capitaine, vint encore me dire Pitre. Le jeune Tanguy, ce vaillant petit matelot, qui avait si mal aux yeux, s'est flanqué à la mer, ne pouvant plus endurer la soif ; ses camarades doivent venir vous demander que vous leur fassiez sauter la tête, puisque vous ne voulez pas...

— Puisque je ne veux pas !... Que veulent-ils de moi, que veux-tu donc toi-même, misérable ?

— Moi, mon capitaine , je veux mourir avec vous, et s'il ne fallait que ma ration d'eau pour vous faire vivre un quart d'heure de plus, l'affaire serait bientôt faite. Mais ces nègres qui vont tous décamper un à un, nous épuisent, et nous, nous crèverons tous après eux, tandis que... Vous nous avez demandé deux jours pour vous décider, et en voilà quatre que nous languissons entre la vie et la mort. Il vaut mieux faire comme le petit Tanguy.

A l'instant même où Pitre prononçait ces mots qui me déchiraient les entrailles, j'entends le bruit d'un homme qui tombe à la mer.

— Est-ce un nègre qui vient de mourir encore ?

— Non, capitaine ; nos gens disent que c'est Leraide, que vous veniez de nommer maître à ma place, qui s'est jeté lui-même à l'eau avec un boulet au cou.

— Et personne ne l'a empêché de commettre cette lâcheté ?

— Pourquoi ça ? Ce sera une ration de plus pour les restans. Et dans peu, nous sommes quatre ou cinq que vous entendrez faire aussi leur sac le long du bord.

— Allons, puisqu'il le faut, et que je ne veux pas avoir à me reprocher la perte de ceux qui, avant tout, sont les miens, accomplissez votre infernal projet à la face de ce ciel exécrable que je voudrais pouvoir faire crouler sur ma tête.

Je descends égaré dans ma chambre : je me bouche les

oreilles : je prends un pistolet chargé. Mais cette arme était suspendue au-dessus du portrait de Rosalie. Je jette un regard sur cette figure si noble, si touchante, comme pour lui faire mes adieux... J'entendais à chaque instant tomber le long du bord des hommes qui criaient, et dont je croyais entendre aussi les mains s'accrocher sur les bordages qui me séparaient d'eux. Fraïda descend, se jette à mes genoux, avec la joie dans les regards ; elle me fait comprendre, par ses gestes rapides, qu'elle a vu la brise venir... Je saute comme un fou sur le pont : le ciel s'est couvert de nuages, la nuit me paraît plus fraîche. « Arrêtez, c'est assez... Je vous ordonne de suspendre cette atroce exécution !... » Mes hommes obéissent : ils se précipitent sur les manœuvres, nos voiles s'enflent... Nous allons enfin quitter le lieu d'une scène épouvantable, et perdre sur l'océan la trace de notre crime... Mais, non : nous nous sommes trop tôt flattés, la brise meurt encore une fois dans nos voiles, qui battent lentement, à chaque coup de roulis, sur notre mâture fatiguée...

La nuit s'écoula silencieuse et morne pour moi... Mes matelots seuls paraissaient avoir repris un peu de confiance. Fraïda, agenouillée sur le dôme, semblait prier, en élevant les mains vers le Ciel, la figure d'un des dieux de son pays, qu'elle avait religieusement emportée avec elle.

Quel spectacle le jour naissant offrit à mes yeux, déjà accablés de la vue de tant de maux ! Un vaisseau, qui apparemment venait de nous approcher à la faveur d'une folle brise qui s'était éteinte sur le point où il se trouvait, nous apparut comme un fantôme. Il était à deux portées de canon de nous, se balançant dans le calme avec son énorme mâture battue par les voiles dont il était couvert. En nous apercevant, il mit trois embarcations à la mer. J'observai deux de ses canots, qui, au lieu de se diriger vers nous, nagèrent sur notre arrière. A la longue-vue, je suivis leur manœuvre, et bientôt je les vis lever rames et retirer de l'eau un objet que je craignis d'abord de trop bien reconnaître... Je ne pus longtemps douter de mon malheur : c'étaient de nos nègres aveugles, qui, jetés dans la nuit à la mer, étaient parvenus à rester à flot jusqu'au jour. Les gestes menaçans des Anglais, rôdant dans les embarcations pour chercher les autres esclaves qui surnageaient encore, m'apprirent ce que j'avais tant à redouter... Les canots paraissaient armés; l'un d'eux retourna à bord du vaisseau, et, après avoir rallié ensuite les deux autres, tous trois nagèrent sur nous. Je ne pouvais longtemps résister à des attaques que le vaisseau aurait pu renouveler sur un équipage aussi faible et aussi exténué que le mien. Nous étions perdus...

Un pavillon rouge s'élève à l'extrémité du mât de misaine de notre ennemi : c'est le signal de la sanglante exécution qu'on nous prépare. Une casaque de matelot est hissée au bout de sa grand'vergue, comme un homme au haut d'une potence : c'est là le sort qui nous est réservé.

L'officier, commandant une des embarcations, me crie : *Rendez-vous, brigands!* Je ne sais ce que j'allais lui répondre, lorsque je vois monter sur le pont maître Pitre, qui, tout jaune et les bras nus, se présente aux

Anglais, après s'être traîné jusqu'aux bastingages, avec quelques autres matelots, jaunes comme lui : *Sauvez-nous!* s'écrie-t-il, *nous ne demandons pas mieux que de nous rendre! nous nous mourons! sauvez-nous...* Jamais je n'avais vu de malades plus effrayans que ces malheureux, tendant leurs bras safranés aux Anglais... Ceux-ci, saisis d'effroi, à la vue de ces cadavres ambulans, hésitent à nous aborder.

— Qu'avez-vous donc à votre bord? me demanda l'officier épouvanté.

— Une maladie affreuse qui nous dévore.

Je venais de comprendre le mot de l'énigme, et cette réponse m'était dictée par la ruse soudaine de maître Pitre.

Les Anglais se concertent entre eux : l'attaque est suspendue. Au bout d'un moment, l'officier, craignant de nous aborder, ordonne de faire feu sur nous. La fusillade commence; mais avec elle une brise inattendue, cette brise que nous invoquions si inutilement depuis tant de jours, s'élève. Le navire glisse sur la surface de la mer que verdit la risée. Je commande alors le feu de mes caronades sur les embarcations anglaises. *Tenez, chiens*, leur dis-je au porte-voix, *voilà mes adieux*; et aussitôt, mon pavillon tricolore flotte au bout de mon pic. Le vaisseau veut m'appuyer la chasse; mais avant d'orienter sur moi, il faut qu'il embarque les trois canots qu'il a mis à la mer. La *Rosalie*, si légère, si fine marcheuse, coule pendant ce temps, avec la rapidité du vent, sur les flots que le lourd vaisseau ne fend qu'à peine, sous une brise trop faible pour impulsionner puissamment sa masse. Nous lui échappons enfin, et nous respirons.

— Comment avez-vous trouvé ma maladie ? me demanda alors maître Pitre.

— Excellente : elle nous a sauvés. Et avec quoi t'es-tu donc barbouillé de la sorte? Tu avais l'air d'un spectre.

— Vous voyant embarrassé, je me suis frotté la figure, les bras et la poitrine avec l'eau de safran que nous mettons dans le riz, et nos gens en ont fait autant. Ma fièvre jaune nous a tous guéris d'une fameuse peur, n'est-ce pas? C'est qu'ils nous auraient tous pendus au moins, les canailles, pour le demi-cent de nègres que nous avons envoyés hier par-dessus le bord !

S'il nous avait été permis de nous livrer à la joie dans ce moment, nous aurions sans doute célébré notre triomphe, car déjà le vaisseau anglais ne se voyait plus qu'à l'horizon, derrière nous. Mais nous ne pouvions encore nous abuser sur la longueur de la route qui nous restait à faire, et sur le peu de vivres que nous possédions. Le vent, qui nous avait si heureusement tirés de dessous la volée de l'ennemi, continua à nous seconder ; mais bientôt un nouveau contre-temps vint nous consterner. Une voie d'eau se déclare : nous sautons aux pompes, et nous parvenons à peine à les franchir. Le navire, déjà vieux, avait souffert dans ses hauts de la chaleur à laquelle il avait été exposé pendant nos longs calmes; et au-dessous de la flottaison, quelques coutures paraissaient s'être ouvertes par l'effet de la disjonction des bordages. En passant des grelins sous la quille du navire et en les virant au cabastan, à peu près comme on serre une malle avec un bout de corde, nous parvînmes à rapprocher un peu les étraques du bâtiment. Mais quelle extrémité! Il fallut ne plus quitter les pompes et employer sans cesse nos esclaves à les faire agir. Tant de fatigues, jointes aux privations que nous éprouvions depuis trop longtemps, épuisèrent le reste de nos forces. Moi-même je tombai malade à côté de ceux de mes matelots qui s'étaient couchés expirans sur le pont. Maître Pitre résista le dernier; mais il finit aussi par ne plus pouvoir rester à la barre, qu'il avait tenue tant que son courage lui avait permis de gouverner le navire. Les nègres devinrent maîtres du bâtiment, coulant presque bas d'eau et à peu près dépourvu de vivres.

La première idée des esclaves fut de nous massacrer. Je les voyais quitter les pompes et s'assembler devant pour délibérer. Puis, pensant probablement à l'embarras qu'ils éprouveraient à diriger le navire sans nous, ils revenaient aux pompes, pour ne pas laisser couler la *Rosalie* sous leurs pieds. C'est alors qu'ils me faisaient entendre les plus horribles menaces. Mais chaque fois qu'ils s'avançaient furieux, comme pour me dévorer, Fraïda leur présentait, en se jetant à genoux, son amulette, le *grigri* (1), qu'elle avait porté avec elle; et à l'aspect de ce signe révéré, élevé vers les cieux, dans les mains de Fraïda, les plus irrités reculaient en

(1) C'est le nom que les nègres de la Côte donnent à leurs amulettes.

rugissant. L'un d'eux, bravant cependant tous les efforts et les prières de ma négresse, s'avança, le couteau levé sur moi, pour me percer sur le matelas où j'étais étendu, presque sans mouvement; mais alors mes deux chiens, qui veillaient sans cesse à mes côtés, s'élancent sur l'esclave forcené, et le déchirent au milieu des autres noirs, sans que ceux-ci osent braver la fureur de ces terribles animaux. Bientôt la superstition, succédant à la colère, s'empare des révoltés. Ils regardent comme un juste châtiment du ciel, la mort que mes deux chiens ont donnée au nègre, qui, pour me tuer, n'a pas craint de dédaigner le signe protecteur que Fraïda a opposé à sa rage. Le cadavre qu'abandonnent mes dogues, est enlevé par les noirs, qui achèvent de le mettre en lambeaux, pour le manger... Ce festin d'antropophages se fait sous mes yeux: les cris d'allégresse de ces horribles convives, bourdonnent à mes oreilles affaiblies; car j'avais eu le fatal avantage de conserver toute ma raison, malgré les douleurs excessives qui m'enchaînaient inanimé depuis tant de jours, sur le pont brûlant de mon navire.

Auprès de moi, sur le gaillard-d'arrière, étaient venus tomber et expirer la plupart de mes matelots. Leurs cadavres putréfiés restent à la place où ces malheureux se sont traînés pour chercher un refuge contre la fureur des esclaves; mais toutes les fois que les noirs avaient voulu s'emparer de leurs corps pour les lacérer ou les dévorer, mes chiens, plus enragés encore que les nègres, les avaient fait reculer épouvantés. Pitre, moins malade que moi, essaie de porter sa main mourante sur la barre, pour remettre le navire en route. Mais la fièvre redoublant avec les efforts qu'il veut faire, le replonge dans le plus affreux délire ou dans l'abattement de la mort.

La *Rosalie*, presque remplie d'eau, poussée sans être manœuvrée, par les vents alisés, tantôt revient au vent et tantôt reprend sa route, livrée à l'impulsion de la brise qui souffle dans sa voilure désorientée. Les nègres, effrayés de la position où ils se trouvent, commencent à devenir plus menaçans qu'ils ne l'avaient été encore : chacun de ceux qui succombent sert aussitôt d'aliment aux autres.

Pour moi, j'entrevoyais sans effroi le moment où, n'ayant plus de vivres, ils viendraient, malgré Fraïda, s'emparer de moi et de ceux de mes hommes qui existaient encore. A chaque coup de roulis, leurs cris m'annonçaient leur épouvante; puis ils venaient, comme un flot tumultueux, pour fondre sur nous, et s'arrêtant tout-à-coup, leurs effroyables menaces succédaient à leurs hurlemens de rage.

Je ne sais combien de jours je restai dans cette position, plus cruelle mille fois que la mort la plus terrible....

Un matin, des cris inaccoutumés se firent entendre sur le gaillard-d'avant, où les nègres avaient l'habitude de se grouper comme pour se décider et s'encourager à venir nous massacrer. Je vois une cinquantaine de ces malheureux monter pour la première fois dans les haubans, et se livrer aux démonstrations de la joie la plus bruyante. Fraïda, qui comprend les mots qu'ils échangent énergiquement entre eux, court devant, et revient presqu'aussitôt m'expliquer qu'on aperçoit quelque chose d'extraordinaire non loin de nous. Cette nouvelle si inattendue me retira à peine de le stupeur dans laquelle l'excès de mes maux m'avait jeté : je ne pouvais plus que souffrir.

Cependant, au bout d'une ou deux heures de tumulte parmi les nègres, j'entendis, sans pouvoir lever la tête, bruire sur les lames un bâtiment qui semblait nous approcher, et un instant après je distinguai une mâture et des vergues au-dessus de nos bastingages. Des matelots blancs sautent à bord : à l'aspect de tant de cadavres à moitié rongés, d'un navire presque coulé, de cette voilure déchirée et de ce gréement délabré, nos libérateurs paraissent éprouver un sentiment d'épouvante et d'horreur. Mais la pitié l'emporte. Un d'eux s'approche de moi, avec une sorte d'effroi, et presque en tremblant, me demande en anglais, si le capitaine du navire existe encore. A ces mots : *c'est moi*, qui sortent de mes lèvres expirantes, il ordonne à ses gens de me transporter à son bord, avec les autres hommes de l'équipage à qui il reste encore un souffle de vie. Fraïda et mes fidèles chiens suivent le cadre sur lequel on m'enlève aux scènes affreuses qui ont si longtemps fatigué mes yeux.

C'était une patache de la douane de la Dominique, qui venait de nous rencontrer en louvoyant au vent du canal. Nous n'étions qu'à six ou sept lieues dans l'Est de cette île, sur laquelle les vents alisés nous avaient poussés en latitude, depuis que la manœuvre du navire avait été abandonnée.

Quelque sévères que fussent les Anglais pour les négriers, le capitaine de la patache nous prodigua toute espèce de soins. Il mit quelques-uns de ses hommes à bord de la *Rosalie*, pour la ramener au Roseau, sous son escorte. Le soir, on nous débarqua sur des cadres dans cette petite ville anglaise. Mon état de maladie ne permit pas au gouverneur de me faire emprisonner, en attendant le châtiment auquel je devais être condamné ; on se contenta de me placer dans une maison, aux portes de laquelle furent placées deux sentinelles. Un médecin me vit. J'obtins la permission de conserver auprès de moi Fraïda, qui en touchant une terre anglaise, était devenue libre, comme tous les autres noirs de la *Rosalie*.

Cette bonne Fraïda ! Sans comprendre un seul mot d'anglais, sans pouvoir entendre ce que je lui disais, sans connaître enfin aucun des usages d'un pays si nouveau à ses yeux, elle sut deviner qu'il s'agissait pour moi d'une arrestation. Des esclaves du Vieux-Calebar, qu'elle avait connus dans leur captivité, et qu'elle rencontra au Roseau, lui apprirent qu'en traversant les sept lieues de canal, qui séparent la Dominique de la Martinique, on pourrait m'arracher au sort que me préparaient les Anglais, si je parvenais à me rétablir.

Un soir, Fraïda accourt toute effarée auprès de mon lit ; un vieux nègre la suivait, marchant péniblement. Elle ôte à ce noir la chemise de gingas, son pantalon de toile ; et, sans savoir encore ce qu'elle prétend faire, je lui laisse passer, sur mes membres exténués, et cette mauvaise chemise et ce mauvais pantalon. Puis, ses mains trempées dans une infusion qu'elle a apportée avec elle, me noircissent le visage, le cou, la poitrine et les mains. Alors elle m'arrache de mon lit : quelque affaibli que je sois, je trouve assez de force, dans la confiance que me donne Fraïda, pour marcher appuyé sur son bras. Les soldats, placés en sentinelles à la porte, me laissent sortir, croyant voir encore au bras de Fraïda, le vieux nègre avec lequel elle est entrée. Dès que nous nous trouvons assez éloignés de la maison, pour n'être plus aperçus dans l'obscurité, deux robustes noirs s'emparent de moi, et me portent, accablé des efforts que j'ai faits jusque-là, dans une pirogue où s'embarque ma Fraïda. Au moment de quitter le rivage, j'entends des aboiemens : ce sont mes deux chiens, qui, ne me retrouvant plus dans la maison où j'étais détenu, sont parvenus à découvrir la pirogue. Ils s'embarquent aussi avec nous, ces deux fidèles compagnons de mes infortunes ; et bientôt nous nous dirigeons sur la Martinique, dans notre frêle embarcation, conduite par les deux nègres, compatriotes de ma libératrice.

Rosalie me revit encore mourant. Elle crut, en me pressant sur son cœur, qu'il était dans sa destinée de me rendre une seconde fois à la vie. Cette confiance, qui donnait à son empressement à me secourir quelque chose de céleste, me la faisait encore regarder comme mon ange sauveur, et la pauvre Fraïda s'aperçut que désormais la reconnaissance que je devais à son amour, à son dévoûment, serait partagée. Rosalie lui témoigna la plus touchante bienveillance. Mais, dès le moment où Fraïda se crut sacrifiée, elle cessa d'avoir auprès de moi cette vive gaîté que lui avait inspirée la satisfaction de m'avoir arraché à tant de dangers. Muette, presque inanimée auprès de mon lit de douleur, elle ne recevait qu'avec indifférence les marques d'intérêt que Rosalie s'efforçait de lui prodiguer. Ses yeux, sans cesse fixés sur les miens, paraissaient épier toutes les pensées qui n'étaient pas pour elle, et me reprocher de lui avoir caché l'attachement que j'avais pour une femme à laquelle je n'étais pas marié. Fraïda enfin se regarda comme trahie par moi, par l'amant à qui elle avait sacrifié son époux et sa vie.

Rosalie croyait avoir à m'apprendre une circonstance que mon état de maladie extrême n'avait pu m'empêcher de remarquer : elle allait être mère. Elle me le dit devant Fraïda, et celle-ci comprit trop bien mon bonheur et celui de sa rivale. « Oui, répétais-je à Rosalie, je vivrai pour toi, pour notre enfant ; ou, si la mort vient m'arracher à mes plus chères espérances, je te laisserai, en descendant au tombeau, le nom que tu dois porter : tu seras l'épouse de l'homme qui t'a le plus aimée. »

Fraïda ne voulut bientôt plus me quitter, et cependant elle paraissait ne voir qu'avec indifférence le redoublement des soins que me prodiguait Rosalie, et les caresses que je recevais d'elle avec tant de tendresse et de reconnaissance.

Un soir, Rosalie cherchait, en me parlant de ses projets d'avenir, à bercer mon imagination attristée de toutes les illusions qui rendent l'amour si doux et l'espérance si séduisante. « Echappé comme par miracle à tous les dangers qui ont assailli ta vie, à toutes les souffrances qui ont altéré ta santé, avec quel plaisir, me disait-elle, tu retrouveras dans mes soins, dans mon amour, cette tranquillité qui, seule, peut te convenir maintenant! Et notre enfant, comme il t'aimera : élevé par moi, il aura mon cœur! Et puis, mon ami, nous avons une grande dette à acquitter envers cette excellente femme. » Elle me montrait Fraïda. « C'est à elle que je dois ta conservation, et ma félicité sera de la rendre heureuse, autant que je le serai moi-même par elle, qui t'a conservé à mon amour... » Une des mains de Rosalie était pressée dans la mienne. Fraïda, à l'expression de la physionomie de mon amie, semble s'apercevoir que nous parlons d'elle avec intérêt : elle prend mon autre main, étendue vers le côté du lit près duquel elle était assise. En reportant mes regards sur Rosalie, je crois remarquer une soudaine altération dans ses traits, qui, une seconde auparavant, brillaient de bonheur et d'espoir; sa main, palpitante sous mes doigts languissans, se glace et se contracte avec force. Je veux appeler du secours : Fraïda se lève, et retombe convulsivement sur sa chaise; et, en souriant d'un air qui me remplit d'effroi, elle me montre, du côté opposé, Rosalie renversée sans mouvement!... Je crie, je me soulève égaré sur mon lit, et autour de moi je ne vois plus que deux cadavres. A mes cris, les mulâtresses de Rosalie accourent : je retombe sur ma couche, en proie au désespoir le plus violent, au délire le plus affreux. Le mot horrible de *poison* retentit à mon oreille épouvantée.... Fraïda, en faisant respirer une fleur à Rosalie, venait de porter la mort dans le sein de sa rivale, et de s'empoisonner elle-même, après avoir joui du spectacle de la mort convulsive de sa victime.....

Je ne repris l'usage fatal de mes sens que longtemps

après cette scène d'horreur et d'effroi. En me réveillant du songe épouvantable qu'il me semblait avoir fait, je cherche auprès de moi, à mes côtés, celle dont je croyais encore avoir pressé la main, il n'y a que quelques minutes... Un prêtre, celui qui avait assisté Ivon à ses derniers momens, veillait seul près de mon lit. En l'apercevant, je versai, pour la première fois de ma vie, des larmes pour lesquelles je sentais bien qu'il n'était plus de consolation. Le prêtre laissa couler mes pleurs.... J'aurais voulu l'interroger, sans prononcer le nom de celle que j'avais perdue.... Je ne trouvai aucune expression pour ma douleur, ni pour le besoin que j'avais de parler.... Oh ! combien la vue d'une arme près de mon lit m'aurait fait de bien.... Mais on avait tout éloigné de mes mains, d'ailleurs trop faibles pour s'emparer des instrumens de mort que j'aurais voulu tourner contre moi.

Le prêtre me dit, avec sangfroid, en devinant mon intention : « Un suicide, mon ami ! Vous, avec une âme si forte... ah ! plutôt une pensée religieuse. »

— Une pensée religieuse ; et puis-je en avoir une, quand ce que vous appelez votre Dieu a permis le plus abominable des crimes ?

— Pourquoi blasphémer ce Dieu auquel vous ne croyez pas ? Vos emportemens seraient au moins inutiles. Léonard, ne pouvez-vous donc trouver la mort qu'en commettant une lâcheté contre vous-même ?

— Et qu'ai-je besoin, pour me débarrasser d'une vie qui m'est odieuse, d'attendre qu'elle me soit ravie, comme il plaira à ce monde que je laisserai après moi ? Est-ce l'approbation de cette société, qui ne m'inspire que dégoût ou mépris, que je dois être jaloux d'emporter au tombeau ?

— Belle idée pour un marin qui a sacrifié son existence au désir de se faire citer pour sa bravoure et l'énergie de son caractère ! S'il vous faut un suicide, cherchez au moins à l'ennoblir. Périssez à la mer ou dans un combat, en laissant à votre mère et à votre frère, une fortune acquise dans les dangers et au prix de votre sang... Mais vous, Léonard, vous tuer de vos propres mains, sur un lit, où vous n'auriez pas eu la force de supporter un reste de vie ! Demandez à un autre qu'à moi une dose d'opium ou un poignard : je me sens un cœur d'homme sous cet habit qui vous semble peut-être si ridicule, et je méprise ceux qui s'assassinent, ou qui se font eux-mêmes leurs empoisonneurs.

— Leurs empoisonneurs ! Moi, m'empoisonner et mourir comme cet exécrable monstre qui a si lâchement détruit celle pour qui j'aurais mille fois donné tout mon sang goutte à goutte ! Ah ! jamais ! jamais !... Et mes larmes revinrent comme pour tempérer l'exaltation de ma tête et la fièvre dévorante de mon cœur...

Le prêtre ne me quitta plus. Ce stoïcisme si paisible qu'il feignait auprès de moi, me disposa à écouter peu à peu les conseils de sa morale noble et courageuse. Il savait que mon âme altière se fermerait au langage de la bigoterie, et il ne fut plus question entre lui et moi que de sentimens que ma fierté pût accepter et écouter. — La force de ma complexion sut encore vaincre l'abattement de mon esprit et le désordre de mes idées. Je revins à la vie pour éprouver, plus profondément que je ne l'avais fait dans ma maladie, le dégoût et presque l'horreur de l'existence. Mon caractère prit une teinte sombre que rien ne put effacer ; et cette insouciance, qui m'était naturelle auparavant pour moi-même, se changea en haine pour tout ce qui m'entourait. Insensible à mes maux, je ne conçus plus comment il existait des êtres qui pussent souffrir volontairement les tortures morales par lesquelles j'avais passé. Je voulais revoir la mer aussitôt qu'il me deviendrait possible de mettre le pied sur mon navire, et de recouvrer assez de vigueur physique pour avoir une volonté et pour commander.

Pitre, que j'avais laissé incarcéré et malade à la Dominique, se présenta un jour à moi, accompagné par le bon et digne ecclésiastique qui m'avait fait consentir à vivre. Comment es-tu parvenu à t'échapper, lui demandai-je en le revoyant après avoir été si long-temps sans penser à lui ?

— En me faisant passer aux yeux des Anglais, me répondit-il, pour un malheureux naufragé que vous aviez forcé à partir avec vous, du Vieux-Calebar. Mais j'ai bien autrement encore empaumé les Anglais. Avant de quitter la *Rosalie*, pour embarquer dans la patache qui nous a sauvés, je me suis traîné à quatre pattes jusque dans votre chambre, et j'ai mis le grappin sur le bon pour quatre-vingts têtes de noirs, que Duc-Ephraïm vous avait fait au Nouveau-Calebar... et puis ce portrait...

C'était le portrait de Rosalie...

— Ce n'est pas encore le tout, mon capitaine, ajouta-t-il : à force de manœuvrer autour des Anglais, ils m'ont accordé, comme pas grand'chose de bon, la figure de notre pauvre petit trois-mâts, et j'ai apporté avec moi le buste de la *Rosalie*, parce que j'ai pensé que si nous venions à armer un autre navire, comme je l'espère bien, cette figure-là battrait encore les mers avec nous.

— Armer un autre navire ! je le voudrais si je m'en sentais le courage, ne fût-ce que pour quitter ce malheureux pays, où je sens à chaque instant que j'étouffe.

— Vous avez raison, c'est la mer qu'il nous faut à vous et à moi, et quelque bon coup de fusil à travers le corps ou la tête pour trouver une mort un peu propre à notre tempérament ; car nous ne pouvons plus aller bien loin l'un et l'autre après la maladie qui nous a avariés tous deux dans nos œuvres-vives. Le foie reste attaqué, voyez-vous, et ce n'est pas la caboche sur un oreiller que des pratiques comme nous doivent payer leur décompte général et définitif à la nature... Il y a ici un beau brick-goëlette, construit à Nantes, et qui est en vente. C'est taillé tout exprès pour aller se bonder de nègres à la côte, comme une pièce de bordeaux est faite pour se remplir de jus du bois tortu. Je me disais hier encore, en voyant cette belle embarcation : Ce serait dommage de faire porter du sucre ou des bœufs de Porto-Ricco à un fond de navire comme celui-là qui est à pendre dans une église ; car, véritablement, c'est pour un commerce plus noble que ça a été moulé d'une manière si mignonne.

Le prêtre prit alors la parole.

— Ce brave homme a raison. Il faut que vous partiez, capitaine ; le séjour et les occupations du bord vous rendront seuls ces forces que vous vous plaignez de ne pas recouvrer ici. Je connais le bâtiment dont parle votre second : il vous conviendra , j'en suis sûr, et vos anciens armateurs ne demanderont pas mieux que d'en faire l'acquisition pour vous en offrir le commandement.

— N'est-ce pas, M. le curé? reprend Pitre. Et je suis bien sûr que vous ne vous refuserez pas à baptiser les 350 ou 400 mauricauds que nous vous amènerons de la Côte d'Afrique, pour en faire des petits saints dans la colonie ; car notre métier , à nous, c'est d'aller chercher des nègres pour que vous en fabriquiez des chrétiens à leur bonne arrivée au port. C'est pour la religion, finalement, que nous travaillons , en sous-mains et indirectement : pas pour autre chose.

Le prêtre sourit à cette saillie de Pitre. Il me proposa son bras, et nous sortîmes. Nous allâmes , pour me distraire, voir le brick-goëlette dont mon ancien second m'avait fait un si pompeux éloge et une si séduisante description. Mes armateurs et mes amis me revirent avec la plus vive satisfaction. Peu de jours après ma première sortie, le brick-goëlette que j'avais visité était acheté pour moi.

Pitre vint, palpitant de plaisir, m'annoncer cette bonne nouvelle.

— Quel nom donnerons-nous à la belle et fine paire de sabots que nous venons de nous mettre sous les pieds, capitaine Léonard ? me demanda-t-il à cette occasion.

— Le même nom : la *Rosalie*, toujours elle, et toujours lui !...

— Je m'en doutais, et demain, la figure que j'ai rapportée de notre ancien bâtiment, passera sur l'avant du nouveau. Ça nous portera bonheur, allez, cette fois-ci. — Et comme notre brick-goëlette sera torché avec cette petite enseigne-là sur l'avant ! Mais comment voulez-vous que je fasse peindre la nouvelle *Rosalie* ?

— En noir, tout en noir.

— Pas même deux petits listons blancs le long de ses préceintes ? Deux petits listons blancs proprement filés font cependant joliment bien sur le bordage noir d'une coque de moule reluisante au soleil ; ça vous donne un air moins forban, et plus honnête si vous voulez ; mais, d'un autre côté, ça vous élonge finement un navire !... Enfin, puisque vous le désirez, pas de listons blancs ! Mais la figure ? sera-t-elle aussi en noir ? Non, n'est-ce pas, ça lui donnerait la mine d'une tête de négresse, et une *boulasse* toute ronde de cet échantillon n'est déjà pas une chose si ragoûtante à l'œil, pour qu'on aille tout justement la prendre pour modèle.

— La figure, tu la peindras en blanc ; mais je veux que pendant que je serai vivant elle soit toujours couverte d'un voile de deuil.....

— J'entends, j'entends, suffit capitaine... Avec une aune de belle toile noire bien fine et un joli petit amarrage en mérin, proprement relevé d'un filet de goudron, on la masquera cette pauvre chère figure, en signe de tristesse... Oh ! j'entends bien .. Ah ! on dit qu'elle était si bonne, et que vous l'aimiez tant ! Il faut, par conséquent, songer à faire maintenant notre équipage ; car les armateurs ont déjà trouvé la cargaison. J'ai là, presque sous la main, deux douzaines et demie de bien mauvais gars qui ont fait les voyages de la côte, et avec cette racaille-là, on se fait bientôt un vaillant équipage. Mais il n'y a pas à se cacher que pour tout cela, il faut mettre la main au gousset pour en tirer quelques centaines de gourdes.

— Tu feras ce que bon te semblera à cet égard. Je ne veux mettre le pied à bord que pour appareiller d'ici.

— J'entends encore bien votre affaire. Le tempérament n'est pas assez solidement remis à flot, pour que vous vous cassiez la tête à vous mêler de tous ces petits bric-à-brac. Mais je suis là, moi, et pour un coup. Je m'en vais arrêter quelques bons matelots, à grands coups de tafia, car ce n'est que comme ça qu'on a de ces ivrognes, dans les cabarets de la colonie. Ah ! quelle race que les matelots, quand on les connaît... A revoir, mon capitaine... Ne vous inquiétez de rien, votre second est là ; c'est moi que vous avez retiré de la crasse, pour en faire quelque chose... Adieu donc, meilleure santé, mon capitaine, et à demain !

CHAPITRE IX.

Traite au Gabon.

— Pitre, dis-je à mon second, dès la première visite que je fis à bord de la nouvelle *Rosalie*, c'est demain ou le jour suivant, au plus tard, que j'ai la ferme intention d'appareiller d'ici. C'est au Gabon que nous irons cette fois, faire notre traite.

— Au Gabon, capitaine? tant mieux me répondit-il aussitôt. J'ai déjà mis le nez par là. Le roi Passador est un brave homme ; c'est-à-dire un brave nègre, ce qui est à peu près la même chose. Il y aura plaisir avec lui : cargaison mise à terre, cargaison payée dans un mois ; c'est la règle. Et puis chez lui, au moins, la marchandise n'est pas de la droguaille sur deux pieds galeux comme chez ce coquin d'Ephraïm.

— Je t'avais dit, Pitre, de faire mettre en batterie dix caronades, et je n'en vois que six...

— Dix caronades?... Est-ce que par hasard, capitaine, il y aurait quelque petit coup de flibuste sous jeu?... Non, mais c'est que je suis toujours bon là, et que je ne demanderais pas mieux à l'occasion, si nous venions à trouver près de Nazareth ou de San-Thomé, un espagnol ou un portugais trop faible pour porter sa cargaison...

— Il ne s'agit pas de cela. Mais n'oublie pas de faire placer nos dix caronades en batterie.

— Ce soir elles y seront, capitaine. Toute la cargaison a été arrimée, selon les ordres que vous m'avez donnés. Le gréement n'est pas trop mal, comme vous le voyez. Le pont est paré, de l'avant à l'arrière, comme celui d'une frégate. Ce sont les novices qui ont serré ces voiles, et j'espère qu'elles n'ont pas trop mauvaise mine avec ces étuis peints en blanc et relevés en bosses d'or sur ces vergues noires et cirées comme une paire de bottes de muscadin. Et ces mâts de bôme qui vous ont l'air de vouloir poignarder le Ciel, qu'en dites-vous?

— Oui, tout cela n'est pas mal... Qu'il me tarde de quitter la Martinique! Il me semble qu'une fois au large, je respirerai plus facilement.

— Mais il n'y a pas de doute. L'air de la mer, voyez-vous bien, chasse toutes les mauvaises pensées, sans comparaison comme la brise vous pousse sous le vent la peste de fumée qui sort de cette cuisine-là... Mais en parlant de cuisine, je vous dirai que j'ai pris pour maître-cook un de ces deux noirs qui vous ont ramené de la Dominique ici, avec cette négresse, vous savez bien, cette négresse enfin que vous m'avez défendu de nommer. Notre chirurgien, vous l'avez vu : c'est un homme à deux fins; il sait saigner un patient comme le premier chapon venu, et commander un quart aussi bien que vous ou moi; dans un moment de presse, ça vous monte même à l'empointure d'une vergue pour prendre un ris, et aussitôt redescendu sur le pont, ça vous couperait une jambe au besoin, comme si de rien n'était.

— Tu as sans doute fait embarquer tes poudres?

— Je crois bien, c'est une chose qu'il ferait beau oublier avec un amateur aussi friand que vous sur l'article des munitions de guerre! Je ne sais pas, mais j'ai dans l'idée que nous en consommerons quelques barils ce voyage-ci.

— Demain, je reviendrai à bord. Fais-moi mettre à terre, et que tout soit prêt, entends-tu bien, pour demain ou après-demain au plus tard.

J'appareillai de Saint-Pierre le surlemain de ma première visite à mon bord. Tous mes amis m'embrassèrent comme s'ils ne devaient plus me revoir. Le bon curé du Mouillage voulut aussi me faire ses adieux. « Vous faites un fort triste métier, me dit-il, mais cela vaut encore mieux que le suicide que vous vouliez si froidement consommer ici. Je suis bien âgé et vous bier souffrant, mais on guérit de votre maladie plutôt que de la mienne. Si vous ne me retrouvez plus ici quand vous reviendrez, Léonard, tout ce que je vous demande, c'est un souvenir à votre vieil ami, qui sera là-bas. » Il me montrait le Ciel en prononçant ces mots d'une voix émue et ferme qui me pénétra l'âme.

Il faisait nuit quand mes voiles se déployèrent dans l'air tiède et calme de la nuit. L'obscurité confondait tous les objets dans une seule masse, et je ne pus distinguer ni ma pauvre maison du Figuier, ni le cimetière des Pères-Blancs, que j'allais quitter pour toujours peut-être. Je crois que dans le jour je n'aurais pu supporter sans la plus déchirante émotion, la vue de ces lieux encore si pleins du souvenir de tout ce qui m'avait été si cher !...

Cette mer, qui toujours m'avait offert un spectacle si riant et un asile si sûr, cette vie de bord que j'aimais tant lorsque j'étais heureux, ne me parurent plus que tristes et monotones. Rien ne me fatiguait comme un beau jour ou une nuit douce et calme. Le bruit d'une tempête et l'aspect d'un sinistre orage s'accordaient bien mieux avec l'état de mon âme, et je me sentais soulagé, lorsque le vent, sifflant dans mes cordages et dans mes poulies, venait frapper mon oreille de ces sons mélancoliques qui ressemblent à l'accord de plusieurs voix plaintives, ou lorsque encore la mer fortement remuée fesait retentir d'un mugissement lamentable les flancs du navire tourmenté par la bourrasque, j'éprouvais plus de tranquillité. Alors, si quelque matelot se mettait à chanter une de ces antiques complaintes qui avaient tant charmé mon enfance, je me rappelais avec attendrissement, et ma première campagne sur le *Sans-Façon*, et les heures délicieuses passées auprès de Petit-Jacques... Que d'événemens avaient agité ma vie depuis ce temps ! Que d'impressions profondes s'étaient gravées dans mon cœur après ces premiers momens de naïve ivresse ? Et moi, qui m'étais cru, par la rudesse de mon caractère, à l'abri de ces sentimens et de ces regrets qui font le malheur de toute une existence !.....

Pitre, mon second, ne me reconnaissait plus. Souvent je lui entendais dire aux autres officiers, avec la franchise de son langage, lorsqu'il me croyait endormi dans ma chambre ou sur le pont : « Notre capitaine a un ver qui lui mange le cœur. C'est un homme qui n'a pas voulu se tuer, parce qu'il cherche une bonne occasion de se défaire d'une charge qu'il n'a plus la force de porter... Aussi soyez avertis qu'à la première anicroche, il ne boudera pas, et qu'il nous fera saler d'une rude manière... pour attrapper lui-même son décompte. C'est pourtant moi, mes amis, qui lui ai fait tout ce mal-là... »

— Comment donc ça, vous ? lui demandaient ses camarades.

— Oui, moi, répondait-il ; mais bien sans le vouloir, au moins ; car vous comprenez bien que, s'il ne fallait que m'amarrer un boulet au cou et me jeter en pagaye le long du bord pour le dégager de son humeur noire, l'affaire ne pèserait pas une once. Mais je vais vous expliquer cela.

Et Pitre racontait longuement l'aventure du Vieux-Calebar et la journée où je délivrai la détestable négresse dont il m'avait fait faire la connaissance. Mes officiers et les maîtres écoutaient, avec une sorte de respect, la narration de mon second, et tous semblaient me plaindre, tout en condamnant, cependant, la mélancolie à laquelle je m'abandonnais, avec une faiblesse qu'ils ne pouvaient ni concevoir ni me pardonner.

C'est dans ma traversée au Gabon que j'eus surtout lieu d'observer l'empire qu'exerce non-seulement l'autorité d'un capitaine sur les volontés de son équipage, mais encore l'influence de son humeur sur le caractère de tous ceux qui l'entourent. Mes matelots étaient tristes, uniquement par la raison que j'étais triste, eux que j'aurais vu si joyeux, pour peu que j'eusse pu me laisser aller encore à des mouvemens de gaîté ! Mais à bord, c'est sur le visage du chef que chacun règle sa physionomie, non pas par flatterie, mais parce que le capitaine est pour ainsi dire la tête d'un corps qui n'a de pensées et de sensations que par son chef. Je ne pouvais voir quelquefois sans une sorte d'attendrissement et de reconnaissance, l'intérêt que ma situation inspirait à mes gens. Il y avait jusque dans la rudesse de leurs attentions pour moi, quelque chose de plus que de la soumission. On aurait dit, toutes les fois qu'ils passaient à mes côtés, soit pour manœuvrer ou pour nétoyer le navire, qu'ils s'attachaient, ne fût-ce qu'en portant la main à leur bonnet, à me prouver combien mon état leur inspirait de respect et leur commandait d'égards. On a trop dit que l'espèce des matelots était méchante. Il ne faut que savoir la connaître et la conduire pour la trouver bonne. Le forban qui reconnaît, dans son supérieur, les qualités qu'il cherche dans celui à qui il doit obéir, n'est pas plus difficile à mener que l'homme dont vous avez fait, dans un atelier, un ouvrier docile, ou celui à qui vous avez appris à devenir un serviteur actif et dévoué.

A l'entrée de la large rivière du Gabon, je contemplai, avec une émotion que je n'aurais pas éprouvée dans une autre situation d'âme, ces côtes qui rappellent si bien celles du Nord de la France. Cet aspect, si riant pour des Français qui ont conservé les souvenirs de leur pays, me rafraîchit un moment la vue; mais cette illusion d'un instant s'évanouit bientôt lorsque des montagnes de sable, produites par les jeux de la brise de l'Est, nous apportèrent à bord cette poussière chaude qui se mêle à l'air torréfiant que vous respirez déjà et produite par les déserts de sable que le Simoun a balayés.

Je vis au Gabon le roi Passador, le moins barbare des souverains de la côte. Il me dit qu'il avait envoyé en France un de ses fils, à qui il voulait faire donner une éducation européenne. C'est ce jeune homme que l'on a connu au Havre il y a plusieurs années, s'exerçant au milieu de la civilisation et des plaisirs fougueux de son âge, à régner un jour sur des sujets sauvages et abrutis.

Le roi du Gabon, avec toute l'adresse qu'il avait acquise dans la fréquentation des Portugais, devait aimer la franchise qu'il rencontrait chez les Français : les esprits astucieux saisissent toujours comme une bonne fortune l'occasion de se lier avec les gens sincères dont ils espèrent tirer parti. Passador cherchait sans cesse à tromper : c'était-là son allure naturelle, fortifiée par un long exercice de supercheries. Mais quand on réussissait à lui faire apercevoir qu'on pouvait n'être pas sa dupe, il devenait alors assez coulant dans ses relations. Jamais cacique africain ne parut avoir une si haute opinion des nègres qu'il vendait aux capitaines. C'étaient des trésors de sagesse et d'intelligence que ses esclaves, et à l'entendre vanter les races du Gabon, on aurait dit un marchand d'orviétan, célébrant les vertus admirables de son spécifique universel.

Je m'accoutumai bientôt à Passador, et il parut me savoir gré de la complaisance que je mettais à lui passer un charlatanisme qui n'avait pu m'en imposer.

Un vieux matelot, déserteur, je crois, du brick de guerre français le *Huron* ou le *Fanfaron*, avait réussi, oublié sur ces rivages, à devenir ministre de Passador. L'existence de cet homme, dont je recueillis de grands services, avait reçu du destin un caractère fabuleux, qui aurait pu jeter un vif intérêt sur une physionomie moins vulgaire que la sienne.

Il me raconta qu'étant resté malade sur la côte d'Afrique, les nègres, après le départ de son navire, le prirent en pitié et ensuite en amitié, une fois qu'ils l'eurent rendu à la vie. Le roi Passador s'intéressa bientôt à Doyau (c'était le nom de ce marin), et celui-ci, à force de dévoûment, et en déployant une capacité supérieure à celle de ses hôtes, sut justifier la faveur de son nouveau maître. (1)

---

(1) Historique.

C'est une chose fort remarquable et fort curieuse, que les modifications qu'avait subies l'individualité de ce Français, sous le climat du Gabon et au milieu des noirs, qui l'avaient pour ainsi dire adopté. Je crois qu'à force de vivre parmi les nègres, il avait fini par devenir nègre lui-même, moins la couleur de la peau, et encore la sienne n'était-elle plus blanche. Il se rappelait à peine assez de français pour tenir une conversation un peu suivie avec moi, malgré l'intelligence naturelle dont il était doué; et toujours les manières de singe qu'il avait contractées, revenaient dès qu'il lui prenait fantaisie de se redonner une contenance européenne.

Doyau ne savait pas lire. Sans cet inconvénient, qu'il déplorait amèrement, il m'assura qu'il aurait pu supplanter son bienfaiteur sur le trône, avec la plus incontestable facilité. Il était parvenu à discipliner cinq à six cents noirs à la française, mais l'armée, dont il était généralissime, n'avait pour tout habillement militaire que des gilets d'uniforme à l'anglaise, et sans pantalons, ni souliers. Du reste, jamais je n'ai vu de soldats européens manier un fusil avec autant de dextérité et de magie, pour ainsi dire, que les mauvaises troupes organisées par le ministre de la guerre du roi Passador.

Cet illustre généralissime me prit en affection dès le premier moment de notre connaissance, et la faveur qui résulta pour moi de cette liaison, me procura l'avantage de faire ma traite en très peu de temps. Doyau ne se montra pas trop exigeant pour les bons offices qu'il m'avait rendus. Je le payai en égards surtout, et rien ne le flattait plus que de me voir le prendre par dessous le bras, pour nous promener familièrement dans la ville et devant la porte de la case Royale. C'était un reflet de considération qu'il venait chercher, tous les jours à mes côtés , et qui pouvait donner au roi une idée de l'estime dont son favori jouissait aux yeux de ses compatriotes.

Plusieurs fois , encouragé par la confiance que voulait bien m'accorder le premier ministre du Gabon , j'essayai d'obtenir de lui quelques révélations sur ce que les Africains nous cachent le plus , soit par indifférence , soit par politique. Mais , nègre avant tout , mon ami Doyau se borna à me faire savoir que dans l'intérieur de l'Afrique, et non loin des côtes , il y avait de grandes villes dont les Européens ne soupçonnent pas même l'existence. C'est surtout avec les chefs de ces cités , que les rois du littoral s'entendent pour obtenir des noirs, qu'ils vendent ensuite aux négriers ou aux Maures nomades que l'on rencontre partout sur ces rivages occidentaux. Mais un fait que jusque-là j'avais toujours mis en doute , me fut confirmé par la simple observation que Doyau me fit faire : « Vous avez vu , me dit-il , les nègres nouveaux tomber malades en arrivant sur la côte , et vous n'avez pas manqué d'attribuer leurs affections subites, aux fatigues de leurs longs voyages à travers les déserts ; mais les maladies qu'ils éprouvent ont une autre cause : c'est qu'ils viennent de quitter l'air chaud et salubre de l'intérieur , pour respirer l'atmosphère humide et pestilentielle de la côte ouest de l'Afrique. Il n'y a que les bords de la mer qui soient malsains, dans ce pays si redoutable vers ses limites, pour les naturels et les Européens qui pénètrent si rarement dans l'intérieur des divers royaumes dont se compose cette partie trop peu connue de l'ancien monde. »

Dès que je voulais pousser mes questions plus avant, le discret ministre coupait court à la conversation, en me disant, en des termes que je puis traduire à peu près ainsi : « Qu'il vous suffise de savoir qu'ici, celui qui nourrit le plus d'hommes est le plus puissant. Ce qu'on vous laisse voir n'est rien ; ce que nous cachons est tout. Notre politique est plus noire encore que notre figure. Il y a moins de dissimulation dans toute l'Europe, que dans la tête du plus petit roi de la Côte. »

Je fis ma première traite de quatre cents noirs au Gabon, sans beaucoup de peine et sans avoir eu à triompher comme à Boni et au Vieux-Calebar, des difficultés que m'avaient suscitées la mauvaise foi ou l'impuissance du Cacique de ces deux Etats.

Passador, un jour avant mon départ, fit assembler toute sa cour et une partie de son peuple sur le rivage, et, en présence de tout ce monde, il me dit en portugais un peu barbare :

« Capitaine, que le Grand-Etre te conduise et enfle les voiles de ta grande pirogue, du bon vent qui souffle au Gabon. Le mauvais Esprit te poussera peut-être du côté du Congo ou de Loango. Crains bien ces terres maudites ! Les *bravos* mangent les hommes blancs ; fuis les mauvais nègres ; ils te rongeraient la tête, capitaine, et boiraient tout chaud ton sang rose. Pars, puisqu'il le faut. Cette nuit nous allumerons des feux entre nos cases, pour te rendre favorable le Grand-Etre, et éloigner de toi les *zombis*. Adieu, adieu, adieu ! ».

Passador, après cette harangue, m'embrassa aux acclamations de toute la peuplade rassemblée. Son vieux ministre Doyau laissa couler quelques larmes en se séparant de nous, et je fis voile pour la Havane.

Lorsque des événemens inattendus ne viennent pas répandre un soudain et puissant intérêt sur la vie des marins, le récit de leurs périls de tous les jours ne présente rien de bien dramatique ou de bien attachant. C'est une suite d'obstacles ordinaires sans cesse surmontés, de dangers renaissans courageusement courus ; et l'uniformité même de ces circonstances, quelque imposantes qu'elles soient en réalité pour eux, n'a rien de beaucoup moins monotone que l'histoire de l'existence végétative du plus pacifique et du plus vulgaire voyageur. Qu'aurais-je autre chose à raconter à mes lecteurs, en parlant de deux voyages que je fis au Gabon, que ce qu'ils ont déjà lu dans mon journal ou dans d'autres relations plus intéressantes! Vendre des nègres à la Havane ou à la Martinique, c'est toujours agir dans le même but et contracter avec les mêmes hommes. Aller les chercher aux Bisagos, au Gabon, au Calebar, à Cameroon ou à Benin, n'est-ce pas obtenir de la marchandise avec de l'argent, et la transporter, comme toute autre cargaison, là où la vente paraît offrir le plus d'avantages aux spéculateurs? Mais, c'est lorsque la foudre des incidens vient ébranler le courage de l'homme de mer, que sa vie s'agrandit comme le péril qu'il affronte, et que le lieu de la scène s'élève à mesure que son énergie redouble, et c'est alors qu'il faut l'offrir, comme un être à part, à l'admiration de ceux qui ne l'ont vu, jusque-là, que comme un roulier occupé de conduire un navire, au lieu d'une voiture, et à employer habilement les vents, au lieu de fouetter sur une grande route un paresseux et rebelle atelage.

Mes deux spéculations au Gabon m'enrichirent; mais ce temps passé à la mer, à la Havane et au Brésil, où je débarquai ma dernière cargaison, ne put m'arracher du cœur cette mélancolie profonde, née de mes chagrins, ou peut-être de la maladie à laquelle j'avais échappé, malgré moi, à la Martinique. Cependant cette vie presque toute physique, que je menais à bord, eut du moins l'avantage de me rendre presqu'étranger à tout ce qui se passait ailleurs que sur mon navire. Je désappris enfin la terre, et je devins, au milieu de mes matelots et de mes nègres, non le plus endurci, mais au moins le plus indifférent des hommes. Mon existence nouvelle, circonscrite dans des besoins matériels, n'avait laissé subsister dans mon âme que le souvenir de mes malheurs passés, et l'avaient en quelque sorte fermée à des douleurs nouvelles. Je sentais cependant encore un désir vague et tourmentant, celui de quelques émotions poignantes, de quelque événement soudain qui m'offrît l'occasion de mourir dans un combat acharné. Obéissant presque machinalement à un devoir, que je me rappelais par habitude plus encore que par reconnaissance, j'avais fait parvenir à ma mère et à mon frère, une partie de cet argent que j'avais gagné sans avidité comme sans projets d'avenir. Mais je n'avais plus assez de sensibilité pour jouir du bonheur de m'attendrir en pensant à ma famille. Autant valait, me disais-je, enrichir mes parens que d'autres. Les ressorts de la vie intellectuelle avaient été trop cruellement brisés ou froissés chez moi, pour que je pusse encore caresser la perspective d'un avenir que je dédaignais. J'aurais été avec joie, enfin, braver un péril certain, par désœuvrement, par ennui des choses ordinaires. J'ai vu quelquefois des marins maudire leur aride et fatigante existence, et se jeter à la mort avec une espèce d'ivresse infernale. Mais il n'y avait rien de forcené dans le mépris que je faisais de la vie. C'était tout simplement du dégoût et de l'indifférence pour elle : ma manière de végéter ainsi était un long et froid suicide.

Pitre, ce renégat, que je m'étais attaché comme un de ces mauvais génies qui se soumettent à une puissance plus forte que la leur, paraissait comprendre ma situation. Il lui fallait aussi, à lui, une fin. Quand je le voyais, avec mon phlegme accoutumé, se plonger dans les excès qui, au milieu des négresses qu'ils transportent, coûtent la vie à tant de négriers, il avait soin de me répéter, pour prévenir les reproches que j'aurais pu lui faire. « Ne croyez pas, capitaine, que tout cela m'amuse beaucoup. C'est pour tuer le temps, ce que j'en fais ; pas autre chose. Mais si jamais je pouvais, sous vos ordres, me faire mitrailler ou sabrer de la tête aux pieds, dans une bonne peignée avec quelque coquin d'Anglais, vous verriez un peu comme je tiens à tout cela ! A la Martinique, quand vous étiez sur le flanc, et que je ne valais guère mieux que vous, je vous disais : c'est de la mer qu'il nous faut à tous les deux, capitaine. A présent, j'ai changé de cap et de chanson, et je vous dis, entre vous et moi : c'est un bon paquet de mitraille qui ferait bien mieux notre affaire, pour nous guérir de notre dernière maladie. »

— Oui, lui répondais-je : c'est une belle mort que celle que l'on peut recevoir tout raide, en combattant. Mais où se battre, et contre qui ?

— Et parbleu ! contre qui ? Mais contre les premiers navires que l'on trouve en mer. Quand on n'a pas d'ennemis, on s'en fait.

— Attaquer quelque pauvre bâtiment marchand, qui ne peut se défendre, et dans quel but ? Pour le piller ? Mais, est-ce l'argent qui nous manque? J'en regorge. Non ; il me faut quelque chose qui résiste, ou qui me tente, et des ennemis enfin qui me veuillent du mal, pour avoir du plaisir à leur en faire.

— Ah ! c'est bien vrai ce que vous dites-là ! Il vous faut du choix, tous les coups de flibuste ne vous sont pas également bons. Mais moi je ne suis pas si difficile, et mon père commanderait un navire, que je ne lui ferais pas plus de grâce de mon dernier coup d'espingole qu'au premier venu, parce qu'à la mer il n'y a ni parents ni amis qui tiennent... Ah ! ça, dites-moi donc un peu, capitaine, est-ce que vous ne pensez pas à aller réclamer les quatre-vingts nègres que ce gueusard de Duc-Euphraïm nous doit encore?

— Il a refusé d'acquitter son billet dans les mains d'un capitaine à qui je l'avais confié. C'est à moi en personne, dit-il, qu'il veut avoir affaire. Le navire m'appartient en entier maintenant, et libre désormais d'en faire ce que je veux, j'ai résolu d'aller cette fois au Vieux-Calebar, montrer à Duc-Ephraïm un visage qu'il se passerait, je pense, assez volontiers de revoir en face.

— Tant mieux, ma foi ! voilà qui est bien pensé. Tel que vous me connaissez, je ne crois à rien du tout. Eh bien ! cependant, j'ai quelque chose qui me dit que nous nous tapperons si nous allons au Vieux-Calebar. Vous dire d'où me vient cette idée, je n'en sais rien ; mais je l'ai. C'est un pressentiment, comme on dit, et rien ne m'ôtera ce pressentiment là de la tête, où il s'est logé je ne sais pourquoi ni comment. Nous allons donc revoir Mons Ephraïm et le prince Boulou, ce vieux marsouin, à qui je garde une dent, qui, depuis notre dernière rencontre, a eu le temps, je vous le cautionne, de pousser en longueur. Mais ne parlons plus de cela jusqu'à notre nouveau réglement de compte... Dans trois jours, capitaine, notre gréement sera repassé, et la voilure mise en état, avec quelques coups d'aiguilles et de mailloche à fourrer... Ah ! je te reverrai donc encore une bonne gueuse de fois, cher et adorable prince, le petit amour de mon cœur ! Nous allons joliment rire tous les deux, en nous retrouvant barbe à barbe, comme deux vieux amis prêts à se frotter museau contre museau, pour mieux se prouver leur tendresse...

Peu de jours, en effet, après cet entretien, nous fîmes voile de Bahia pour le Vieux-Calebar, avec un équipage remis de ses fatigues, un navire réparé, et le bon des quatre-vingts noirs dûs par Ephraïm en portefeuille.

CHAPITRE X.

Seconde Traite chez Ephraïm.

Je retrouvai au Vieux-Calebar, Ephraïm, devenu plus difficile et plus absolu encore que je ne l'avais quitté à mon premier voyage dans ses États. Les banians Anglais, ces intrus cosmopolites, que l'on rencontre partout où il y a du désordre à jeter et de l'argent à arracher dans le désordre, lui avaient bâti une magnifique case en bois de sapin. Une foule de négriers espagnols stationnaient dans le fleuve, attendant des cargaisons de nègres en échange des riches marchandises qu'ils avaient déposées à terre. Partout enfin je n'aperçus que des traces de la puissance et de la prospérité du roi que j'avais laissé, un an et demi auparavant, fort en peine de réunir trois cents noirs pour s'acquitter de l'obligation qu'il avait contractée envers moi.

La réception d'Ephraïm fut aussi peu bienveillante que mon entrée au Vieux-Calebar avait été peu respectueuse. Dans le temps où j'avais ma fortune à faire, en soignant les intérêts de mes armateurs, je sentais la nécessité de ménager le despote dont pouvait dépendre le succès de ma spéculation. Mais affranchi de toute responsabilité, et n'ayant à rendre compte de mes actions qu'à moi-même, je voulus me laisser aller à l'impulsion de mon caractère, au risque même d'exposer une existence dont je m'inquiétais, du reste, assez peu.

Le roi, en me recevant avec le cérémonial accoutumé, me dit : — Ton ami Pepel a voulu continuer à m'imposer le tribut que je lui payais auparavant. Pour toute réponse, je lui ai envoyé un cercueil. Il m'a fait dire qu'il acceptait mon cadeau, et que bientôt il s'en servirait pour y placer le cadavre d'un rebelle. Nous nous sommes battus, et j'ai cessé d'être tributaire de ton petit roi de Boni (1).

— Peu m'importent, répondis-je, tes différends avec le roi que tu appelles mon ami, et que je ne connais que pour avoir échangé avec lui une cargaison qu'il m'a payée loyalement. Ce que je viens te demander, c'est l'accomplissement d'un de tes engagemens déjà ancien. Tu me dois quatre-vingts noirs; je viens les réclamer, paie-les moi.

— Tu les auras dès que ta cargaison sera à terre, me répondit-il.

---

(1) Historique.

— Je ne la débarquerai que lorsque je les aurai eus.

— Et si j'exigeais, pour remplir mes engagemens, la soumission et la confiance que ne me refuse aucun des capitaines qui abordent ici ?

— J'irais alors à Boni trouver Pepel, ton ennemi soi-disant vaincu ; je lui dirais : Ephraïm a manqué à sa parole envers moi et à l'honneur qu'il a publiquement trahi ; et, avant quatre mois, Pepel aurait à sa disposition ces pièces de campagne que tu as toujours vainement demandées à des capitaines négriers, et que moi je peux me procurer pour rendre redoutable le roi qui me traitera le mieux et avec plus de loyauté.

— Tu mériterais bien que je te fisse repentir de l'imprudence de tes menaces, en te laissant exécuter un projet aussi fou. Mais je suis trop puissant pour avoir besoin de te punir de ta témérité ; et pour te prouver combien peu je me tiens offensé de tes bravades, tu ne seras pas plus inquiété dans mon royaume que les autres capitaines, dont je n'ai reçu que des marques de respect et de docilité.

Je ne voulus rien débarquer à terre, cependant, malgré cette promesse de tolérance à laquelle se mêlait sans doute une arrière-pensée de vengeance. Un chef maure, aux formes majestueuses, au regard sévère et au teint cuivré, vint visiter ma cargaison à bord : il me proposa d'échanger quelques objets qui lui convenaient, contre un certain nombre de noirs dont il pouvait disposer en ma faveur. Sans savoir quels rapports il existait entre lui et Ephraïm, je consentis à ce marché. Mafouli, qui me prouva bientôt l'influence qu'il avait sur le roi nègre, me prévint que des négriers espagnols, mouillés à côté de moi, avaient formé le projet d'enlever mon bâtiment pendant la nuit, pour avoir un concurrent étranger de moins et pour flatter un despote qu'ils étaient intéressés à satisfaire. Cet avis bienveillant m'engagea à me tenir sur mes gardes. Je fis faire à la hâte des filets d'abordage, et, toutes les nuits, mon équipage veilla en armes sur le pont auprès de mes caronades, bien bourrées à double charge. Pour plus de sûreté encore, j'acceptai l'offre que me fit le chef maure, de m'envoyer chaque soir sept à huit de ses arabes, pour m'aider à repousser les Espagnols qui se mettraient en tête de m'attaquer. Aucun d'eux n'osa tenter l'abordage contre mon navire, si bien disposé à les recevoir. Les relations que j'entretins, par suite de cette circonstance, avec Mafouli, me servirent à composer près de la moitié de ma traite, car il me donna cent cinquante noirs pour une partie de mon chargement. Jamais je n'ai pu savoir par quels motifs ce chef maure exerçait au Vieux-Calebar, du consentement d'Ephraïm, un empire presque égal à celui de ce sévère et jaloux Cacique. Ephraïm voulut aussi avoir le reste de mon chargement. Il envoyait à mon bord, comme son chargé de pouvoirs, le vieux prince Boulou, son ministre et l'ancien mari de Fraïda. L'émissaire du roi s'était lié avec un capitaine espagnol du nom de Raphaël, espèce de pirate qui, ne pouvant réussir à compléter sa traite, s'était mis à la tête du complot qui avait pour but l'enlèvement nocturne de mon navire. Je voyais avec répugnance Boulou qui, de son côté, ne manquait aucune occasion de me témoigner brutalement sa haine invétérée. Un jour, où il m'avait irrité, je lui dis que s'il continuait à se conduire aussi insolemment à mon égard, je l'achèterais comme un esclave à Ephraïm, pour une pièce de ginga, ou fût-ce même au prix le plus haut, pour avoir le droit de le faire manger ensuite par mes chiens. Boulou trembla d'abord; mais revenu de son premier moment d'effroi, il se montra indigné de ma menace, et, déchirant la chemise qu'il portait pour tout vêtement, il m'en jeta les lambeaux aux pieds, en signe de malédiction et de vengeance. Je ne fis alors que trop peu de cas, peut-être, des menaces de ce sauvage vindicatif.

Quand les deux cents et quelques noirs qu'Ephraïm devait me donner pour acquitter son ancien billet et pour payer la partie de ma cargaison nouvelle, qu'il avait exigée, furent prêts, je les fis rassembler à terre dans des parcs, sous la garde de quelques-uns de mes matelots, en attendant que mon eau et mes vivres fussent faits, pour reprendre la mer.

Un soir, où pendant un violent orage, je me promenais sur le pont au milieu d'une obscurité profonde, je vis dériver, comme pour gagner le large, et à la lueur des éclairs, un brick, qui d'abord me parut être celui de Raphaël; mais sachant que celui-ci n'avait encore que la moitié de sa traite à bord, je supposai que la force seule des raffales l'avait fait chasser sur ses ancres. L'arrivée d'une grande pirogue, qui me ramenait à demi-morts les hommes que j'avais préposés à la garde de mes nègres à terre, me tira bientôt d'erreur, et quelle fut ma surprise lorsque dans cette pirogue je reconnus Duc-Ephraïm lui-même ! Quel événement as-tu à m'annoncer? lui demandai-je avec précipitation et anxiété.

— Tu vas le savoir, me dit-il : l'indigne Boulou a empoisonné, dans un breuvage, les matelots qui gardaient tes esclaves, et il a livré tes nègres à Raphaël, avec qui il vient de faire route pour gagner la haute mer.

— Quoi, ce brick que je viens de voir dériver était celui de Raphaël?

— Oui, le vois-tu encore, là, là-bas, du côté d'où partent les éclairs !...

— Tout le monde sur le pont ! m'écriai-je aussitôt. Pitre, faites filer notre câble par le bout et appareillons en double pour rejoindre ce lâche forban et le clouer au pied de notre grand mât, comme un assassin à un gibet.

— Tu as raison, capitaine, dit Ephraïm, il mérite la mort d'un grand voleur. Rejoins-le et apprends-moi que tu l'as puni de la mort des traîtres. Sache bien que si le Grand-Etre ne te donne pas les moyens de te venger de ce brigand, je te dédommagerai de ce qu'il t'aura fait perdre, pour que la justice ne soit pas sacrifiée à la lâcheté. Voilà mon grigri, cache-le sur ta poitrine, il te portera bonheur et il t'aidera à tuer Boulou. Adieu, va vite : Adieu ! Mon Tamarabout va te bénir. Adieu !

Ephraïm, qui, je dois le dire, se montrait sincèrement indigné de la perfidie de Raphaël et de la trahison de Boulou, ne s'éloigne que quand il me voit appareillé;

il m'indique encore, monté sur l'avant de sa pirogue, l'endroit où, à la clarté de la foudre étincelante, il croit voir le brick du pirate espagnol. Je fuis sous mes basses voiles avec les raffales qui soufflent, au bruit du tonnerre et avec le sifflement de la pluie; tout mon équipage frémit de rage et jure de se venger dans le sang du misérable que nous poursuivons au sourd roulement du fracas de l'orage. A la lueur éblouissante de chaque éclair, tous les yeux cherchent le brick devant nous, et chacun croit l'apercevoir courant toutes voiles dehors, à une petite distance du point où nous sommes déjà arrivés. Nous naviguons sans pilote, avec un sillage d'enfer, entre des côtes que nous apercevons à peine, et des bancs de sable sur lesquels tourbillonne la mer irritée. Mais qu'importe le danger! C'est notre soif de vengeance qu'il faut que nous étanchions. Entre les raffales qui nous poussent, nous éprouvons des momens de calme plat et lourd, c'est alors que les imprécations redoublent, contre Raphaël, contre la brise haletante, contre le ciel en fureur... Avant le jour il nous sera impossible de joindre le brick, près duquel nous sommes exposés à passer sans le voir... Le jour arrive pâle et douteux, et le premier j'ai le bonheur de distinguer sur l'avant, à près de trois lieues, le navire exécré de l'infâme, du lâche Raphaël... Un rayon d'espoir brille tout-à-coup sur les figures nerveuses et dans les yeux hagards de mes matelots... Tous aiguisent sur une meule que tourne Pitre, les poignards avec la pointe desquels ils brûlent de venger leurs camarades empoisonnés par l'exécrable Boulou...

— Oui, nous t'accosterons, mauvais raffleur de négraille, répète Pitre en montrant le brick du bout de son sabre; oui, nous t'accosterons pour te dire bonjour de plus près, mon amour! Mais, capitaine, voulez-vous pour rendre nos voiles plus étanches avec la brise qui les a séchées, que je fasse monter sur les vergues des seilles d'eau avec lesquelles nos hommes arroseront la toile qui va nous pousser bord à bord du gredin dont nous avons si soif et si faim?

— Fais ce que tu voudras, et ensuite, comme notre brick-goëlette demande à être un peu sur l'arrière, et que nous n'avons pu le mettre en tonture avant ce départ précipité, fais passer une partie des noirs dans la chambre.

On arrose les voiles, l'eau de mer ruisselle de dessus les vergues, sur les fonds et le long de leurs ralingues, raidies par la sécheresse, on plombe l'arrière au moyen de notre lest volant. La *Rosalie* cingle alors avec plus de rapidité sur une belle mer et avec la brise qui s'arrondit. Mais le brick de Raphaël ne grossit pas encore à notre vue impatiente et agacée... Il est couvert de toile comme nous; comme nous aussi il gouverne avec précision, et de manière à ne pas faire un seul lanc. Les grains arrivent, les risées soufflent, mais aucun de nous n'amène un seul pouce de toile pour recevoir plus prudemment les raffales. Il est bien temps de songer à la prudence!... Chavire plutôt la *Rosalie* que de ralentir la chasse que nous donnons à ce misérable détrousseur! Ah! si sa mâture, moins haubantée que la nôtre, pouvait tomber dans un grain! Mais non, le grain arrive, et il n'arrise seulement pas un perroquet, et rien ne tombe à son bord... Abominable temps! Sort infâme qui favorise le plus vif des forbans, et qui ôte leur dernier espoir aux victimes qu'il a si ignominieusement dépouillées !

Le calme arrive avec le milieu du jour : la rage redouble parmi nous. Borde les avirons de galère et fais monter des nègres pour aider l'équipage à nager. Oui, capitaine, répond Pitre à cet ordre que je lui donne avec irritation. Allons, garçons, hâlons dur et ensemble sur ces avirons : la vie du gredin de Raphaël est au bout de ces rames-là, répéte Pitre pour mieux exciter encore l'ardeur des rameurs.

Raphaël, à notre exemple, a fait aussi border des avirons à bord de son brick ; mais avec la faible brise qui semble s'éteindre sur la chûte des ralingues de nos voiles, nous croyons remarquer que nous avons gagné le brick plus que nous ne l'avions fait encore en profitant de la force irrégulière des raffales. Courage, enfans, nous le gagnons ! Courage, il n'est plus qu'à quatre ou cinq portées de canon de nous !

Et tous mes matelots d'entonner de joyeuses chansons pour mieux faire tomber en cadence les avirons hâlés avec plus d'ensemble, et puis des cris de fureur viennent interrompre de temps à autre les chants qui retentissent déjà peut-être aux oreilles effrayées de Raphaël.

Tout-à-coup une petite risée frémit ; nos avirons labourent la mer qui glisse le long du bord avec une vitesse qui a arrêté leur mouvement. Rentre vite les avirons : attention à gouverner ! Le brick ennemi cule. Une saute de vent l'a fait masquer. A nous le forban ! à nous le voleur de nègres, hurlent tous mes gens. A l'abordage, capitaine, à l'abordage et pas de pardon pour ce chien d'Espagnol !

Raphaël veut en vain reprendre sa route, après avoir masqué en plein dans la saute de vent. Il est troublé, car il ne gouverne plus qu'en faisant des embardées tribord et babord. Moi, plus tranquille et plus favorisé cette fois par la continuité de la brise, plus égale, je ne perds pas une ligne de chemin. A mesure que je l'approche, il gouverne plus mal encore. Rendu enfin à portée de canon de lui, je lui vois hisser un pavillon espagnol, qu'il amène avant que je ne lui aie même envoyé un seul coup de caronade. Voudrait-il, me dis-je, amener à plat, sans combattre? Nous allons voir ! Mais, en attendant, frappons un pavillon noir, en tête de notre mât de misaine, et que l'infâme tremble à la vue de cette sinistre couleur, qui va lui dire qu'il n'y a plus pour lui que châtiment et mort.

— Clouons, clouons notre pavillon, capitaine! crie l'équipage; à l'abordage, et pas de quartier pour ces brigands d'Espagnols !

— Oui, mes fils, tous vos vœux vont être accomplis à l'instant même, je vous le jure. Faites descendre nos noirs; qu'on les mette aux fers pendant le combat, et parons-nous à sauter à bord du brick, après lui avoir envoyé toute notre volée dans les flancs.

— Oui, oui, à l'abordage, à l'abordage, capitaine !

Raphaël ne paraissait avoir fait aucune disposition de

résistance, quoiqu'il eût un équipage aussi fort que le mien. A l'instant où je me disposais à lui lancer toute ma bordée, en le prenant en hanche, je le vois sauter sur son couronnement, et me faire signe d'attendre un moment. Puis il me crie au porte-voix :

— Léonard, seul je suis coupable ; j'ai tout fait malgré mes hommes. Tu as plus d'artillerie que moi, mais j'ai autant de matelots que toi, et tous nous sommes disposés à nous faire tuer jusqu'au dernier.

— Eh bien ! défends-toi, brigand ! lui dis-je pour toute réponse.

— Ecoute-moi encore un seul instant, avant de m'aborder. On te dit brave, et tu me sais décidé. Tu ne voudras pas faire massacrer deux équipages innocens pour me punir moi seul, qui suis coupable, et pour n'obtenir, peut-être, qu'un avantage douteux..... Veux-tu que nous vidions à nous seuls notre affaire ?

— Non ! non ! s'écrient mes gens, qui brûlent de nager dans le sang que je leur ai promis pour apaiser leur soif de vengeance. Non ! non ! capitaine, à l'abordage et pas de quartier !

Je suspends quelques minutes encore l'irritation de mes matelots et la colère de mon second ; et sans trop prendre le temps de la réflexion, je réponds à Raphaël :

— Eh bien ! oui, j'accepte ton défi, vil voleur, pour

avoir le plaisir de te châtier de ma main, comme le plus abject des filous de ton espèce.

Les cris de rage de tous mes marins accueillent ma réponse : je réussis à peine, à force de supplications et de prières, à les empêcher de faire feu sur le brick. « Ma parole est donnée, leur dis-je, et vous ne voudrez pas que votre capitaine se souille par un acte de lâcheté en se mettant au niveau de ce sans-cœur et sans foi. Abordons le brick qui vient d'amener ; mais en nous tenant sur nos gardes, les armes à la main, contre toute surprise ; laissez-moi m'entendre seul avec Raphaël, et régler les conditions d'une affaire, dont vous allez me voir sortir vainqueur, sans vous avoir exposés à périr pour une cause qui n'est que la mienne. »

Mon équipage, presque révolté contre moi-même, m'adresse des reproches violens que je suis forcé de subir. Mais pour mettre fin à toutes ces récriminations que je veux éluder, j'aborde, en l'élongeant avec précaution, le brick espagnol, et bientôt les deux navires, accrochés l'un contre l'autre, restent accouplés inoffensivement, par leurs grappins, sur les flots tranquilles qui les balancent avec lenteur.

— A quelle arme veux-tu te battre, Raphaël ? dis-je alors, d'un ton refroidi, au pirate dont j'ai accepté le défi.

— Nous avons nos pistolets : mets-toi sur les bastingages d'un bord et moi sur ceux du bord opposé, me répond-t-il avec émotion et en pâlissant. Nos seconds vont tirer à qui de nous fera feu le premier. Si je te tue, je continuerai ma route, à moins que tes gens ne veuillent recommencer, et confier au sort d'un combat général, l'issue de notre affaire; si, au contraire, c'est toi qui m'abats, tu reprendras tes noirs, et ceux qui m'appartiennent déjà. Est-ce entendu ainsi?

— C'est entendu comme ça ! Mais, pendant notre duel, tous mes gens armés vont passer sur l'avant et tous les tiens sur l'arrière; si l'un de nous manque à ces conditions arrêtées à la face de nos deux équipages, ce sera le sort des armes, entends-tu bien, qui décidera entre les deux navires, du droit et de la justice de notre cause ?

— C'est cela. Allons, quel bord choisis-tu ?

— Celui de babord. Et à toi la place d'honneur, que je suis heureux de céder à ta loyauté et à ta bravoure.

Nos deux seconds font ranger l'équipage de la *Rosalie* sur l'avant et celui du brick sur l'arrière, tous deux prêts à sauter l'un sur l'autre à la première contestation. Raphaël monte sur le bastingage de tribord et moi sur celui de babord, du côté où la *Rosalie* est amarrée au brick. Déjà nous nous toisons comme pour chercher l'endroit où nous voulons nous frapper avec le plus de sûreté. Pitre s'avance entre nous deux, avec le second espagnol. Une gourde est jetée en l'air. Raphaël demande face : il tourne face, c'est à lui de tirer le premier.... Un murmure sourd s'élève du milieu des deux équipages, puis un silence de mort succède à ce frémissement... Au moment où Raphaël va m'ajuster, un de mes hommes, perché sur le bossoir d'avant, crie : *Navire!* Le duel est un instant suspendu... On observe le bâtiment aperçu, et l'on reconnaît un brick... « Finissons-en vite, dis-je à Raphaël, c'est peut-être un des croiseurs de Fernando-Pô, car ce navire est près et me semble gros. Voyons, vite, à nous deux! »

— C'est égal, dit-il : les croiseurs n'ont plus que de faibles équipages, dévorés par la maladie. Seul, celui-là n'oserait attaquer nos deux navires. Attendons un moment encore, si tu veux.

— Est-ce que tu hésiterais, maintenant, misérable, à régler la querelle que le premier tu m'as proposé de vider à nous deux?

Pour toute réponse, Raphaël reprend sa place sur le bastingage de tribord. J'attends son feu à mon poste. Il élève son pistolet: la balle part et me traverse les chairs du bras gauche, avec lequel je me tenais à un calle-hauban.

La joie de Raphaël, qui croit m'avoir frappé mortellement, s'épanouit comme un éclair sur son atroce figure. Il veut descendre. Non, chien, reste! Tu dois essuyer mon feu! lui dis-je avec exaspération, comme je viens d'essuyer le tien.

En prononçant ces mots, je tends mon arme vers lui : la détente part, et mon adversaire bondit sur ses jarrets en lâchant un cri, et en tombant à la mer renversé sur le dos.

A moi le brick et les esclaves ! m'écriai-je en sautant sur le pont. L'équipage espagnol s'ébranle : le mien court à moi ; mais les Espagnols jettent bas leurs armes, et leur second, élevant son chapeau en l'air, crie : *Vive le capitaine Léonard ! Santa Maria vient de punir l'infâme Raphaël !*

Pitre m'embrasse, pleurant de joie et d'émotion. Chacun de mes hommes veut me presser la main. Les Espagnols me touchent comme une relique. On panse ma plaie, assis au milieu de tout ce monde, et personne ne songe à regarder le long du bord ce qu'est devenu Raphaël. Ma balle lui avait traversé le cœur.

— Ce n'est pas tout, dit Pitre, il n'y a que le plus pressé de la besogne de fait. Actuellement, il nous faut transborder en double tous les nègres de la cale du brick dans la nôtre, et nous n'avons pas de temps à perdre pour faire le délogement, car voilà un navire qui m'a l'air de nous tomber rondement sur le corps.

Pitre descend dans l'entrepont avec quelques-uns de nos matelots et trois ou quatre Espagnols : ils déferrent un à un les esclaves, qu'on fait passer à bord de la *Rosalie.* J'ordonne de prendre autant de vivres que l'on pourra en loger dans nos soutes, pour le supplément de nègres que nous avons conquis.

Pitre, en cet instant, sort tout radieux de la cale

du brick, et tenant par les oreilles un vieux nègre qui détourne la face, il me demande presque suffoqué de joie et de surprise :

— Reconnaissez-vous celui-là, capitaine?

— Mais n'est-ce pas ce gredin de Boulou, qui voulait conduire à la Havane la traite de Raphaël?

— Tout justement, c'est lui; c'est ce bon cher prince, avec qui précisément nous avions un vieux petit compte à régler. Je l'ai trouvé lové comme un vil et vilain serpent qu'il est, entre deux barils de goudron de sa couleur. Voulez-vous que je lui fasse sa dernière affaire, sans tambour ni trompette?

— Non, le misérable, qu'on l'enchaîne à bord comme un tigre, et s'il fait le difficile, qu'on le jette à mes deux chiens.

— Bah, vos chiens, ces pauvres terreneuves, qu'ont-ils donc fait pour cela? Est-ce qu'ils voudraient d'un vieux cuir aussi coriace et aussi peu régalant. Ah! je vous ai toujours dit, capitaine, que vous étiez trop bon, et que vous ne péririez que par là.

— Voyons, délivre-moi vite de la vue de ce monstre.

— Vous appelez cela un monstre? Bien honnête; dites plutôt un empoisonneur, qui est mille fois pire que tous les monstres que l'on pourrait arrimer en bloc.

— Un empoisonneur!

— Tiens, pardieu, n'a-t-il pas insinué un bouillon d'onze heures à nos gens de garde à terre, ce bon prince, que la griffe du diable avait accouplé si bien avec sa défunte gueuse de Fraïda !

— Qu'on l'amarre au pied du grand mât du brick. Oui, tu as raison, Pitre, un empoisonneur mérite quelque chose de mieux qu'un monstre ordinaire.

Et que voulez-vous faire du brick.

— Le couler !

— Vous n'aurez pas grand peine à prendre pour ça ; il fait de l'eau déjà comme un panier à salade. D'ailleurs les Espagnols veulent tous passer avec nous à bord de la *Rosalie*. Ainsi tout cela va s'arranger pour le mieux de la chose et le bien du service.

Le navire depuis longtemps aperçu approchait de nous : c'est un grand brick, me criait-on, pendant que Pitre, pour exécuter mes ordres, amarrait Boulou au pied du grand mât.

— Voyons, dis-je à l'équipage espagnol, résolu à me suivre : si ce brick, devant lequel nous allons prendre chasse, vient à nous gagner et à nous attaquer, puis-je compter sur vous tous pour le combat ?

— Oui, capitaine, oui, jusqu'au dernier d'entre nous ! me répondirent mes nouvelles recrues.

— Eh bien ! passez tous à mon bord, et aussitôt que

nous aurons transbordé tous les esclaves, qu'on me largue les voiles du brick, et que le feu soit mis á sa coque, à son gréement, à sa mâture ! En le coulant, il serait peut-être encore à flot quand ce croiseur, qui nous chasse, sera près de nous. Mais une fois livré au feu, bien malin sera celui qui trouvera moyen d'en sauver un paquet d'étoupes. Dépêchons-nous donc d'en finir avec le transbordement de nos nègres !

La nuit, une nuit douce et calme, descendait déjà du ciel étoilé sur la scène horrible qui se préparait dans l'espace resserré qu'occupaient les deux navires. Le brick, que nous avions à peine remarqué pendant mon duel avec Raphaël, n'était plus qu'à quelques portées de canon; la brise du soir, étendant son souffle à peine sensible sur les flots polis comme une glace, l'avait plutôt fait doucement dériver que cingler vers nous. Le vaste silence, qui régnait alors dans les airs, et qui a quelque chose de si solennel dans l'imposante solitude de l'Océan, n'était interrompu que par la voix de mes matelots et les commandemens de Pitre, qui ne cessait de répéter, pour encourager nos gens à la besogne qu'il nous importait tant d'achever : Allons, mes fils, faisons vite, pour mettre le feu à cette barque et faire rôtir les noirs gigots du prince Boulou ! Oh ! que ces hommes se hâtaient, avec quelle activité ils travaillaient à m'obéir, et quelle affreuse gaîté reluisait dans leurs farouches regards ! Quel spectacle ils se promettaient en pensant à l'effet que produirait l'incendie du brick de Raphaël, sautant en l'air avec ses poudres, qu'il n'avait pas osé employer à sa défense ! Que de bons mots ils rencontraient en voyant les grimaces et la contenance fort peu héroïque, il est vrai, du prince

Boulou, accroupi au pied du grand mât, dans l'attente du châtiment que nous lui préparions ! Pour moi, je l'avoue, si, moins avancé que je ne l'étais dans l'accomplissement de ma vengeance, il m'eût été possible d'en suspendre les effets, en rétractant ma parole trop imprudemment engagée, rien n'eût été plus propre à m'inspirer un généreux retour sur moi-même, que la joie dont les apprêts de cette exécution cruelle remplissaient les féroces exécuteurs de mes ordres barbares.

Quant au malheureux Boulou, il ne trouvait plus de force, en face des derniers préparatifs de son supplice, que pour appeler sur ma tête la fureur de tous les Zombi (1) de la Guinée. Les vœux du misérable martyr de ma sanglante justice ne devaient être que trop tôt et trop fatalement exaucés.

Enfin mon second vint m'annoncer que tout était prêt; que ma cale était, jusqu'aux pannoaux, bondée d'esclaves, et qu'il n'y avait plus que le feu à mettre à bord du brick espagnol.

Je n'eus qu'à faire un signe, et des torches de goudron, déjà allumées, firent courir une flamme dévorante dans le gréement et la voilure du navire voué à la destruction ; les cris de Boulou se perdirent dans les craquemens de la mâture en feu et les hurlemens de la flamme en fureur. La *Rosalie*, toutes voiles dehors, s'éloigna du foyer de l'incendie, et les ombres de la nuit

---

(1) *Zombi*, nom que les nègres de la côte donnent à leurs démons.

enveloppèrent les ondes brûlantes que le vent lançait vers le ciel, qui paraissait s'embrâser au-dessus de nos têtes de l'ardeur de ce cratère volcanique. Les regards de mes hommes s'étaient attachés immobiles et avides sur le brick, qu'ils s'attendaient à voir sauter à chacune des minutes qu'ils calculaient avec agacement. Déjà ils accusaient la lenteur de l'explosion sur laquelle ils comptaient, comme sur un droit que ma promesse leur avait assuré. Une ombre se dessine au même moment sur le fond de l'horizon qu'illumine la sinistre lueur de l'incendie que nous laissons derrière nous : cette ombre est celle de la haute voilure du brick qui nous a chassés, et qui, lentement poussé par la brise, est parvenu à passer entre le brick en feu et notre navire. Il défile silencieusement dans cet espace si rapproché de nous, et ses voiles, après avoir masqué un instant la rouge clarté du brasier qui s'élève du sein des flots, vont se perdre dans l'obscurité par notre côté de babord.

— Il va revenir sur nous, il va revenir sur nous, répètent tous mes hommes.

— Parons-nous alors au combat, dis-je à Pitre. S'il nous gagne et qu'il nous attaque, nous lui ferons payer cher sa témérité. Avec notre double équipage, qu'avons-nous à craindre d'un navire manœuvré par le petit nombre de combattans que lui a laissés la maladie qui a frappé tous les croiseurs?

Le second espagnol, en recueillant ces mots adressés à Pitre et propres à soutenir la confiance de nos hommes, vient m'assurer qu'il a appris que tous les bâtimens de la croisière de Fernando-Po ont perdu dans les hôpitaux la moitié au moins de leur personnel de manœuvre et de combat.

— Au surplus, ajoutai-je, qu'il soit bien équipé ou non, peu importe! Chacun à son poste pour l'aborder de bout en bout s'il nous approche et s'il ose nous engager!

Mes gens sautent aux caronades. Une explosion épouvantable ébranle tout notre navire, et une lame sourde vient nous pousser en avant et clapotter en fuyant le long du bord. Des débris de mâture, des bouts de filain en feu, des morceaux de fer rouges pleuvent de toutes parts autour den ous. C'est le brick espagnol qui vient de sauter en l'air, et le fracas de l'explosion nous étourdit long-temps encore après cette terrible commotion. Bientôt par la hanche de babord, nous distinguons le brick qui nous a chassés, et que la lueur éblouissante de l'incendie nous avait empêchés jusque-là de voir dans l'obscurité à si petite portée. Il nous poursuit et nous gagne. C'est un croiseur qui nous a reconnus : l'engagement est inévitable,

Pitre passe derrière pour m'annoncer que tout est prêt, et que l'équipage espagnol, dont jusque-là les intentions lui ont paru douteuses, fait la meilleure contenance. Jamais je n'avais vu mon second plus joyeux ni mieux disposé. Avant de regagner son poste, il me presse la main avec respect, avec affection; et puis, après avoir fait quelques pas, il revient pour me dire encore une fois adieu avant le combat, dont l'approche semble le remplir de bonheur et d'allégresse.

— Qu'as-tu donc, lui demandé-je, surpris de l'émotion que je crois remarquer dans la manière dont il me quitte ?

— Capitaine, ne croyez pas que ce soit la peur, au moins, qui me fasse vous dire adieu de cette manière ; au contraire, jamais je n'ai été si content de me donner une bonne peignée en règle. Vous vous rappelez bien ce que je vous ai dit qu'il nous fallait à vous et à moi... Eh bien ! voilà celui qui fera mon affaire... Et il me montre le brick qui s'avance ; il me demande la permission de m'embrasser, et après m'avoir pressé dans ses bras frémissants, il s'élance sur l'avant, en me disant : « Adieu, mon capitaine ; c'est aujourd'hui le dernier et le plus beau moment de ma gueuse de vie !

Un coup de canon gronde sur notre arrière, le boulet siffle et va couper une de nos drisses de bonnette. Je reviens au vent, et par le côté de tribord, le brick me présente la joue en faisant comme moi une oloffée. Sans que j'aie le temps de commander le feu, toute ma volée de tribord part, lancée par mes chefs de pièce qui n'ont pu résister au désir au besoin de riposter à l'ennemi. Dès lors le combat s'engage. J'essuie deux volées de la part du brick qui m'approche à une portée de pistolet, toujours en me tenant par la hanche ; ma petite artillerie est bien servie ; le feu de mon agresseur paraît se ralentir à mesure que la canonnade se prolonge et se nourrit de notre côté. Un morne silence règne à son bord ; des hourra accompagnent chacune de mes bordées ; les manœuvres, coupées par sa mitraille, pleuvent en tronçons et en pendilles sur nos têtes ; mais quelques-unes des voiles de mon adversaire tombent aussi dégréées et hachées par mes décharges redoublées. J'ordonne de pointer à la flottaison, pour tâcher de couler l'assaillant qui ne s'attache qu'à me démâter. Au bout d'un quart-d'heure, je crois remarquer que l'avantage me reste et qu'il y a de la coufusion à son bord : je fais lancer au vent, et nous combattons à échanger presque nos écouvillons. Mais, grand Dieu ! que cet exécrable combat me semble long et sinistre ! La blessure que Raphaël m'a faite au bras s'ouvre, saigne en donnant à la douleur qu'elle me fait souffrir l'exaltation de la démence. Mes deux chiens, qu'avant l'action on n'a pas eu la précaution d'enchaîner, hurlent sur le pont et remplissent l'air de leurs aboiemens lugubres. Cinq à six fois je suis tenté de les abattre, tant leurs cris m'importunent et m'irritent, et par un mouvement plus fort que ma résolution même, je les laisse errer, sans les tuer, autour de moi et sur le pont. A la lueur des coups de canon que m'envoie encore le brick, je remarque un homme qui se lève sur le bastingage de dessous le vent, à chaque volée, et qui paraît être le capitaine du navire que je veux forcer à fuir ou à amener. Un novice, qui charge à mes côtés les pistolets dont je me dispose à me servir, me passe ces armes que je décharge presque à bout portant en ajustant celui qui me semble commander la manœuvre à bord de l'ennemi. Ma main tremble d'abord ; je fais deux ou trois fois feu, et, à la clarté des volées que nous échangeons, je m'aperçois que mon adversaire ne reparaît plus sur le bastingage où j'ai dirigé mes coups.

« Hourra ! Hourra ! crie mon équipage : Hourra ! garçons, le brick éteint son feu ! » Et les décharges recommencent à mon bord avec cet impitoyable acharnement que redouble la presque certitude de la victoire. Bientôt le feu ralenti du navire ennemi cesse, et ceux de mes hommes placés sur l'avant me crient : « Capitaine, le brick est amené, il ne fait plus feu ! » A nous le coq !

— Pourquoi donc, demandé-je à ceux dont j'ai entendu la voix, Pitre ne me parle-t-il plus ?

— Capitaine, M. Pitre vient de tomber mort sur la bitte ! me répondent les hommes que je viens d'interroger.

Le brick ennemi ne gouvernait plus ; sa batterie paraissait ne plus être servie : je me décide à l'accoster en commandant l'abordage. Je pousse la barre au vent, et malgré la faiblesse de la brise, mon navire obéit au mouvement que je lui imprime, et j'engage mon beaupré dans les haubans de misaine du bâtiment ainsi élongé. Tous ceux de mon équipage qui ne sont pas blessés s'élancent à son bord : je les suis, et je vois avec étonnement mes deux chiens sauter dans le bâtiment abordé. Son pont était couvert de cadavres. Quelques hommes, groupés sur le gaillard-d'arrière, ne nous opposent aucune résistance : ils me font signe qu'ils sont rendus, et j'entends, avec effroi, les mots français qu'ils prononcent, pour me faire comprendre qu'ils ont amené pavillon. Un fanal, allumé près du dôme, me laisse voir, étendu sur des lambeaux de voiles, le corps d'un officier, revêtu d'un uniforme couvert de sang. Pendant que nos matelots parcourent le navire le sabre à la main, pour faire mettre bas les armes à ceux qui restent de l'équipage vaincu, moi j'approche de l'officier mourant. Mes chiens m'avaient devancé près de lui, et je les retrouve léchant les plaies de l'infortuné, sur la figure duquel je porte la lueur du fanal que j'ai trouvé au pied du dôme : ses yeux expirans s'entrouvrent alors et brillent encore à la clarté détestable qui lui laisse apercevoir mes traits : un cri horrible s'échappe de sa poitrine gonflée de sang, et ce cri, que je reconnais avec horreur, vient déchirer mes entrailles comme un coup de poignard qui assassine.... Il n'avait donc que trop bien deviné mon sort, et le crime dont je devais souiller mes mains, mon malheureux frère, lorsqu'en nous quittant à la Martinique, il m'avait dit, avec l'accent et le pressentiment d'une profonde et prophétique douleur : *Nous nous reverrons, Léonard!...* Je l'avais revu aussi, mais pour être son meurtrier ; mais pour le voir expirer de mes coups, en m'accusant de lui avoir arraché une vie pour laquelle j'aurais donné mille fois tout mon exécrable sang...

Je n'ai plus, aujourd'hui, la force de dire ce qui se passa à bord du bâtiment que je venais de souiller d'un fratricide. Par quelle inspiration infernale le prêtre de Saint-Pierre m'avait-il empêché d'arracher, de mes propres mains, une existence que le sort avait vouée au plus horrible de tous les meurtres.... La plume échappe à mes doigts, teints encore du sang si pur et si cher que j'ai versé. Je n'ai plus d'énergie que pour m'abhorrer, et pour appeler une mort que je veux contempler en face pour lui livrer avec rage tous les remords dont je suis déchiré... Elle viendra bientôt cette mort, et je veux m'en abreuver en jetant un dernier regard de haine et de fureur sur l'existence infernale qu'elle aura trop tardivement tranchée.

Ce fut deux mois après cet événement affreux que je vis expirer à Saint-Pierre (Martinique) le capitaine Léonard. Le journal de mer qu'il me confia en mourant m'apprit le secret que jusque là il m'avait tû avec une réserve qui, tout en me laissant deviner les tortures auxquelles son âme était livrée, me cachait encore le motif du remords dont il était dévoré. Jusqu'à son dernier soupir, il sembla prendre plaisir à narguer la douleur et à exprimer avec un rire sardonique la haine et le mépris qu'il avait depuis longtemps conçus pour la vie. La dépouille mortelle de cet infortuné fut déposée aux Pères-Blancs, entre la tombe de son ami et celle de sa maîtresse.

BIBLIOTHÈQUE IMPÉRIALE IMPR.

FIN.

TABLE

PREMIÈRE PARTIE.

SECONDE PARTIE.

www.ingramcontent.com/pod-product-compliance
Lightning Source LLC
LaVergne TN
LVHW010526100826
845148LV00001B/100

* 9 7 8 2 0 1 2 6 8 8 3 1 5 *